经典财务管理案例分析教程

(第二版)

袁振兴 主编

图书在版编目(CIP)数据

经典财务管理案例分析教程/ 袁振兴主编. —2 版.
—上海：立信会计出版社，2015.11(2021.1 重印)
ISBN 978-7-5429-4832-8

Ⅰ.①经… Ⅱ.①袁… Ⅲ.①财务管理—案例—教材 Ⅳ.①F275

中国版本图书馆 CIP 数据核字(2015)第 261782 号

策划编辑　方士华
责任编辑　方士华
封面设计　周崇文

经典财务管理案例分析教程(第二版)
Jingdian Caiwu Guanli Anli Fenxi Jiaocheng

出版发行	立信会计出版社	
地　　址	上海市中山西路 2230 号	邮政编码　200235
电　　话	(021)64411389	传　　真　(021)64411325
网　　址	www.lixinaph.com	电子邮箱　lixinaph2019@126.com
网上书店	http://lixin.jd.com	http://lxkjcbs.tmall.com
经　　销	各地新华书店	
印　　刷	上海肖华印务有限公司	
开　　本	787 毫米×960 毫米　　　1/16	
印　　张	22.25	
字　　数	452 千字	
版　　次	2015 年 11 月第 2 版	
印　　次	2021 年 1 月第 4 次	
印　　数	9 301—10 400	
书　　号	ISBN 978-7-5429-4832-8 / F	
定　　价	42.00 元	

如有印订差错　请与本社联系调换

前言
FOREWORD

案例教学始于20世纪初期的哈佛商学院。1980年我国开始引入案例教学,并在MBA教育中首先得到发展。目前,在高等职业教育、普通本科教育甚至在硕士研究生教育中得到了较为广泛的推广,而且加强案例教学已经成为高等教育工作者的共识。于是,财务案例教学就越来越多地被高校纳入到其财务学课程体系中。目前,在我国高等教育中的案例教材分两类:一类是国外案例教材,注重对案例本身和决策者主观判断的陈述;另一类是国内案例,注重案例本身长篇累赘的表述及对案例之外资料的分析。这两类书都不能很好地适用于教学,本书力求有所突破。

一、本书的宗旨及特点

财务案例教学是一种体验式和互动式学习,是理论联系与实践的一座桥梁,能够帮助学生感受、体会和把握财务管理知识的真谛和精髓,提高发现、分析和解决财务管理活动中实际问题的能力。

但是,在教学过程中,我们感到教与学的效果并不如意。首先,教师感觉案例教学非常困难,除了案例教学对教师的知识水平、知识结构、实践经验和教学水平等都有非常高的要求外,教师缺乏一个将案例中的诸多启发传授给学生的授业逻辑线索;其次,学生感觉案例学习非常有用,而学过后又觉得收获不大。原因有二:一是案例教学本身涉及的知识非常广泛,平时课堂知识难以满足案例学习;二是当学生拿到案例时,面对繁杂的资料无从下手,缺乏清晰的学习逻辑。最终形成"教师难教,学生难学"的局面。这时,对教师和学生而言,有一本合适的案例教材无疑是个福祉。为此,本书编写时遵循"让教师好教,学生好学"的宗旨,突出以下特点:

1. 精选案例。本书从国内外的 300 多个案例中选择了 19 个案例作为主题案例,19 个与主题案例相呼应的"案例拓展阅读"案例。这些案例都是真实的企业情况,为相关的管理人员及决策者所熟悉,代表了企业中各种紧要的财务问题,且大多数案例可以在相关公司的网站上查到更为详细的资料,以便教师和学生更好地理解案例。选编的案例既浅显又能反映高等教育(研究生教育以下)水平所涉及的一些基本财务知识,对一些同学们较为陌生的知识性问题,通过"小知识"予以解答。

2. 问题引导,建立授业与学习逻辑线索。本书的所有案例都遵循"本案例学习目标——问题的引出——案例陈述及阅读引导——案例分析——案例讨论——案例拓展阅读"的逻辑顺序。在整个案例中,以问题设计引导案例学习。学习目标使教师与学生有了方向,问题的引出明确了本案例要决策的问题或关注的事项,使学生一开始学习便知道最终要解决的问题,不再一头雾水。在"案例陈述与阅读引导"中,通过问题设计强化了授业与学习的逻辑线索,并提高了学习兴趣。

3. 互动式教学与体验式学习的设计理念。虽然本书作者遵循"案例是写案例者的案例"的理念,但是,本书还是通过主题案例的"案例分析"对案例的主题思想作一阐述,旨在以"抛砖引玉",紧接着通过"案例讨论"与"案例拓展阅读"来实现教与学的互动,通过学生与学生、学生与教师之间的辩论来实现体验式学习。

4. 体现案例教学的"决策性"。本书选编的案例大多属于"问题"案例,在说明现状及面临问题的基础上,描述了一些也许已经采用的行动方案,并提供了充分的信息,使读者直接处于决策阶段,从而直接面对分析问题决定行动方案的挑战。

二、本书的结构及写作分工

本书从内容设计上,涉及财务管理学中的五项基本内容:筹资、投资、分配、经营和并购与重组。在每一个部分组织了 3~5 个案例,当然,每一个案例的具体内容并非严格地可归入某一项内容,而是这个案例要分析的主题可能与这一部分内容更相关,例如,在筹资的案例中可能涉及公司的并购内容。每一个案例的结构如下:学习目标、问题的引出、案例陈述与阅读引导、案例分析、案例讨论和案例拓展阅读。

本书由袁振兴任主编,负责组织了案例的选择、写作范式和内容的确定,并总纂最终成稿。由王丽娜、毕艳杰和刘春芒任副主编。焦建玲和马召负责了案例的收集与整理。具体分工如下:

编者	负责内容	学术顾问
袁振兴	1. COX COMMUNICATIONS 公司(1999)筹资方式的选择;2. 伊斯特博洛机床公司——股息派发与股票回购决策;3. 福特汽车公司的价值提升计划——资本重组;4. 惠而浦欧洲公司——投资项目的评估;5. 花旗集团公司(Citigroup)收购耐特交易公司(Knight);6. 戴尔公司营运资金管理;7. 用友软件公司的股利分配。	杨淑娥(上海对外贸易学院,教授,博士生导师)
王丽娜	1. 中国国际航空公司境内首次公开发行股票融资;2. 华菱管线公司发行可转换债券;3. 银基发展股票回购;4. 马龙产业:华宁项目;5. 目标负债政策——杜邦公司(1983);6. 讯科公司(1996)——业务板块及风险与回报之间的权衡;7. 希尔顿与ITT公司之战——设定收购的竞价策略。	袁春生(山西财经大学,博士,副教授,硕士生导师)
毕艳杰	1. 绿远公司固定资产投资评价;2. 哈丁塑料模具公司长期投资决策——排队问题;3. 克拉克森木材公司;4. 尼利饮料公司的存货管理;5. 四川长虹的应收账款危机。	马春爱[中国石油大学(北京),博士]
刘春芒	本书的编纂、审核与校对。	
焦建玲、马召	案例收集与整理。	

三、本书的使用

1. 在教授每一个案例之前应当提前让学生做好案例的阅读,熟悉案例的内容。

2. 问题的引出是告诉学生本案例主要解决或关注的问题,使其在阅读案例过程中带有更强的针对性,减少盲目性。

3. 在案例陈述及阅读引导部分,我们沿着案例内容的陈述,在认为必要的地方设计了问题和知识点,使学生带着问题阅读案例,以提高学生的兴趣和解决问题的针对性。对于这些问题也只是为教师的教学提供一个逻辑线索。

4. 案例分析是我们做的一个"抛砖引玉"的部分,是作者从案例中得到的一些启发与看法。教师授课时，完全不必局限于此。

5. 所有收编的案例均作为课堂讨论的素材，为了更有成效，学生必须积极思考并做出决策，向同学们说明其分析，并为自己的见解答辩。因此，不必说明对有关管理问题解答的正误，也无需为防止脱离实际而诱导讨论。在讨论过程中，主观判断必须进入决策过程，因此，不必期望或要求达成全体一致的或最优的决策。但是，讨论结果的模棱两可最初会使许多学生感到无所适从，这与现实相符，不必介意。

本书可作为高等教育案例教学课程教材，特别适合会计学和财务学的高等职业教育和本科教育使用，相关专业的研究生读后也会从中受益。

由于我们首次根据自己在教学中的经验与感受编写此书，加上作者水平有限，书中难免有一些不足之处，恳请广大读者批评指正。

编　者

2015 年 11 月

目录 CONTENTS

第一章 公司筹资活动案例 ... 1
案例 1 COX COMMUNICATIONS 公司(1999)筹资方式的选择 ... 2
案例 2 中国国际航空公司境内首次公开发行股票 ... 18
案例 3 华菱管线公司发行可转换债券 ... 38
案例 4 目标负债政策——杜邦公司(1983) ... 61
案例 5 克拉克森木材公司的短期借款 ... 80

第二章 公司投资活动案例 ... 91
案例 6 惠而浦欧洲公司——投资项目的评估 ... 92
案例 7 马龙产业：华宁项目投资 ... 103
案例 8 讯科公司(1996)——业务板块及风险与回报之间的权衡 ... 133
案例 9 绿远公司固定资产投资评价 ... 157
案例 10 哈丁塑料模具公司长期投资决策——排队问题 ... 168

第三章 公司经营活动财务案例 ... 179
案例 11 戴尔公司的存货管理:产品与市场的对接 ... 180

案例12　尼利饮料公司的存货管理:最佳存货模型设计 …………… 199
　　案例13　四川长虹的应收账款危机 ………………………………… 206

第四章　公司利润分配活动案例 …………………………………………… 217
　　案例14　用友软件公司的现金股利分配 …………………………… 218
　　案例15　伊斯特博洛机床公司——股息派发与股票回购决策
　　　　　　 ……………………………………………………………… 230
　　案例16　银基发展股票回购 ………………………………………… 252

第五章　公司并购与重组案例 ……………………………………………… 277
　　案例17　花旗集团公司(Citigroup)收购耐特交易公司(Knight)
　　　　　　 ……………………………………………………………… 278
　　案例18　福特汽车公司的价值提升计划——资本重组 …………… 298
　　案例19　希尔顿与ITT公司之战——设定收购的竞价策略 ……… 314

参考文献 ……………………………………………………………………… 345

公司筹资活动案例

第一章

案例 1

COX COMMUNICATIONS 公司(1999)筹资方式的选择[①]

一、本案例学习目标

通过本案例的学习了解公司筹资的目标、公司的财务目标对筹资决策的影响;掌握公司在筹资决策中的影响因素;掌握不同的筹资形式对公司产生的影响,并了解不同筹资形式的优点与缺点。

二、问题的引出

> COX COMMUNICATIONS 公司为了获得重要的有线电视资产,赢得市场和节约成本,在未来拟进行一系列的收购。1999 年 7 月伊始,公司已经表态要在年底前完成超过 70 亿美元的收购。这就要求克莱门特的团队在未来 6 个多月的时间内为公司将来若干年的战略性收购匆忙筹集资金。
>
> 目前克莱门特团队面临的任务是为公司如何筹措资金出谋划策。

三、案例陈述及阅读引导

(一)问题背景

COX COMMUNICATIONS 公司(以下简称 COX 公司)的总部所在地是佐治亚州的亚特兰大市,那里的夏天通常不太热。但是,对于 COX 公司的财务主任达拉斯·克莱门特来说,1999 年的夏天异常干热。1999 年年初,克莱门特和他的团队知道公司将在接下来的三五年内进行几次大收购,可能要花费 70 亿~80 亿美元。然而,竞争对手间为收购

[①] 本案例选自李常青译:《公司财务管理》,中国人民大学出版社 2005 年版,第 190~207 页。

有价值的有线电视系统进行着前所未见的激烈竞争。这使得许多重要有线电视资产比预期更快地加入到竞争中来。从战略的角度看，COX 公司不能失去这些有线电视资产，特别是那些与公司现有系统联合起来能为公司赢得大量市场份额及成本节约的资产。7 月伊始，公司已经表态要在年底前完成超过 70 亿美元的收购，这将给公司带来分布在 8 个州的超过 160 万的新用户。这些收购交易将对公司结构复杂的资产负债表带来压力，这就要求克莱门特的团队要在 6 个月的时间内为公司将来若干年的收购匆忙筹集资金。

接着，在 7 月中旬，COX 公司得知 GANNETT 公司打算出售它的有线电视资产。COX 公司的母公司 COX ENTERPRISES 公司（以下简称 CEI）和 GANNETT 公司都是有着百年历史的报业公司，并都涉足其他通信业务，包括电视和电台广播、印刷媒体、电影制作与有线电视。GANNETT 之前并没有要将其有线电视系统出售的迹象，但收购方愿意为其有线电视用户支付的高价格显然已让 GANNETT 公司怦然心动。基于近期相近的交易，COX 公司团队估计，要想赢得为 GANNETT 公司 522 000 个用户服务的权利，公司大约要出价 27 亿美元。经过这次和不久前进行的几次收购活动，COX 公司的用户数将比年初增加 60%。当然，这次收购活动也将给公司的融资能力施加更大的压力，而克莱门特团队要就公司如何筹措资金出谋划策。

为了这些收购活动，克莱门特团队必须计算出：公司要发行多少债务、股权或股权连接型证券，或者要出售多少已增值的非战略性资产。他们就收购 GANNETT 公司资产而提出的融资建议要与公司为以后的收购活动筹资的长期能力相一致。他们尤其要注意筹资决策行动对公司投资及债券评级的影响，而这是公司董事会想力保的等级。同时，他们的建议也要考虑 COX 家族的偏好。COX 家族通过私人拥有 CEI 公司而持有了公司超过 2/3 的股权，并且要维持对 COX 公司的绝对控股。COX 公司总部外面的热浪远远不如克莱门特部门内那样热——克莱门特团队持续工作直到深夜。

> **问题 1**：对克莱门特来说，筹资需要考虑哪些重要因素？你能说出可能的理由吗？

（二）COX COMMUNICATIONS 公司和有线/宽带业务

从 1898 年成立直到 1962 年，COX COMMUNICATIONS 的主营业务一直是报业。公司在 1962 年通过购买加利福尼亚州、俄勒冈州、宾夕法尼亚州和华盛顿州各处的有线电视系统而首次进入了有线电视行业。这些有线电视系统通过同轴电缆将电视信号传送到千家万户，为用户提供清晰的接收信号和新的节目选择。到 1977 年，公司的有线电视分部在九个州运营，并为 50 万户提供服务。到 1990 年，公司服务的有线电视用户达到了 150 万户，而到 1999 年年初，有线电视用户数几乎达到了 370 万户。1995 年，CEI 通过成立 COX 公司的形式将公司有线电视业务部分剥离，但仍持有对 COX 公司绝对多数的控制权与经济上的所有权。

由于技术创新与政府的放松管制,对于有线电视运营商来说,20世纪90年代后期是个巨变时期。有线电视运营商花费数十亿美元将同轴电缆换成光缆,后者提供的容量是前者的1 000倍。增加的容量使得有线电视公司(现在被称为"宽带"公司以反映其提供服务的宽度)可向用户提供付费电视与数字有线电视服务、高速互联网接入及数字电话服务。有线电视运营商预期诸如此类及其他的新服务将使得公司利润至少在未来几年内得到增长。电信业务趋同的部分结果是,增加服务宽度使得宽带公司和范围更广的对手进行竞争,这些对手包括卫星系统、电话公司和无线公司。以1996年的《电信改革法案》为代表的放松管制允许有线电视运营商和电话公司互相进入对方的业务领域,这使得电信业的业务趋同成为可能。传统有线电视业仍然受到严格的管制,而如今的宽带行业成长及随之而来的竞争则在管制较松的范围内发生。

COX公司以自身提供的高质量技术和服务为荣,在网络升级和引进新服务方面非常积极。到1999年中期,COX公司60%的有线系统已经升级到750兆赫的容量(MHz)。由于模拟电视服务只有550 MHz的容量,该升级使得COX公司能通过COX@HOME向其用户提供调整互联网接入服务,通过品牌"COX数字电话"提供电话服务及通过品牌"COX数字TV"提供先进的数字电视节目。数字电视业务预计将带动COX公司核心电视收入的快速增长,若没有数字电视业务,公司在未来5年内的年增长速度将只有6%～8%。这一增长速度源于3%～5%的预期增长率和用户基数的自然增长。但是高速互联网接入和数字电话业务收入的预期增长速度却远大于此(见表1-1)。总体而言,这些增值服务预期会使公司经营性现金流每年以8%～15%的速度增长。那些仍处于概念阶段的增值服务,如家庭安全等,则并不包括在这一估计中。公司包括网络升级和服务扩展在内的资本性总支出估计在2000年为13亿美元,在2001年则接近11亿美元。

表1-1 有线服务的毛利率和增长率

项　　目	每月现金流量 (百万美元)	毛利率 (%)	当前用户渗透率 (%)	目标渗透率 (%)
模 拟 电 视	30	75	67	67
数 字 电 视	16～18	55	2	30
调整互联网	35～40	30	2	25
数 字 电 话	55～60	55	1	25

有线电视运营商意识到,公司要尽可能地增加用户数量以分摊公司运营和网络的固定成本。通过联合实现在区域市场上占有高的市场份额,就能达到区域规模经济,从而有效节约成本。在全国范围内,联合能增强有线电视运营商与制作并提供节目的内容供应商进行讨

价还价的能力。扩张也有助于有线电视运营商通过给更多家庭提供捆绑式服务而增加收入。

因此，COX 公司和它的竞争对手一样都通过收购活动快速扩张用户数。例如，1995 年 COX 公司收购了 TIMES MIRROR CABLE TELEVISION，从而增加了 130 万的用户。仅在 1999 年上半年，COX 公司就宣布了要从 MEDIA GENERAL 收购有线系统、与 TCA CABLE 合并及收购 AT&T 有线资产的消息。这些收购活动预期在 1999 年底完成，但并不是百分之百发生。它们有赖于监管当局的批准及地方社团特许权的转让，而获得必要的批准要花费 3～15 个月的时间。这些收购活动将使 COX 公司用户达到 550 万，分布在 18 个州，这将使得 COX 公司成为全美第五大有线电视公司运营商。

有线电视公司间对用户的争夺导致获得新用户的成本骤增。有些分析师认为，当微软公司的保罗·艾伦(Paul Allen)拥有的 CHARTER 公司在 1998 年 4 月购进 MARCUS CABLE 时，竞争白热化了。结果是，在 20 世纪 90 年代的大部分时期及近至 1998 年，有线电视公司在扩张有线电视运营时，为获得每个用户支付大约 2 000 美元，但到 1999 年该数字已经上升到超过 4 000 美元。随着可获得的有线资产迅速减少，行业中现有的公司要么支付这些价格，要么就得面临成为二流竞争者的可能。FORRESTER RESEARCH 估计，在 4 年内 5 家最大的有线电视公司所服务用户的占比将从现在的约 56% 增加到 70%。

实现规模经济需要付出高昂的代价。在 1999 年上半年 COX 宣布的收购交易中，若全部完成总共需要近 76 亿美元的资金。

当收购 GANNETT 的有线资产成为可能时，1999 年对于 COX 公司来说就变得非同寻常了。GANNETT 公司是一家多元化的媒体公司，由 FRANK GANNETT 于 1906 年创建。GANNETT 公司发行 75 份报纸，是全国最大的报业集团，同时公司 21 个电视台占有美国 17% 的市场份额。1995 年，GANNETT 公司购进 MULTIMEDIA 公司，从而拥有在印第安纳州、伊利诺伊州等几个州的有线系统，该系统在 1999 年大约有 522 000 个家庭用户。GANNETT 公司资产对 COX 公司的吸引力不仅在于用户的数量，而且也非常符合 COX 公司集中用户的地理分布以实现规模经济和范围经济的发展战略。然而，GANNETT 公司的有线系统价格不菲。GANNETT 公司打算将其有线资产通过拍卖的方式出售，COX 公司估计大约要支付 27 亿美元才能在拍卖中胜出。

问题 2：如果把收购看作是一项投资的话，克莱门特在筹资决策过程中需要考虑的第一件事是什么？

（三）为 COX 公司的增长和收购 GANNETT 资产而筹集资金

COX 公司董事会主席詹姆斯·肯尼迪(James Kennedy)和公司总裁兼首席执行官詹姆斯·罗宾斯(James Robbins)在公司年报中写道，"我们一直对潜在的成长机遇进行评估，以非常清晰的测试标准来衡量它们，即它们能否为股东创造大量的价值……部分由于我们强健的资产负债状况,COX公司拥有灵活性"。在对当前融资决策进行艰难抉择时,克莱门特和他的团队要考虑的关键问题是如何保持充分的财务灵活性以便能为计划中及未来预期的业务机会持续筹措资金。

显然,为这些收购项目筹资会影响COX公司的资产负债表。即使没有对GANNETT有线资产的收购,公司内部现金流也不足以为公司当前已经宣布的那些收购项目提供资金。COX公司对网络升级、收购项目、股权投资及新产品开发等资本性支出所需的资金来自19亿美元的内部现金流、19亿美元的净债务关系发行、3.7亿美元的股票发行(包括1995年的IPO)和9亿美元的非战略性资产出售。由于克莱门特和他的团队必须考虑众多的因素,公司融资和资产出售的选择变得非常复杂。特别是团队清楚地意识到了,市场条件的变化会大大影响公司的融资能力,从而影响其对GANNETT有线资产的收购活动。

1. 发行普通股

COX公司可以通过公开发行股票来筹得全部或部分所需资金。在大约4年前的1995年6月,公司曾进行了首次(也是唯一一次)股票发行。通过这次股票的公募和私募发行,公司募集了将近4亿美元的资金。但是,任何发行股票募集资金的建议都要留心COX公司独特的所有权结构。COX公司有两种普通股流通在外:A股每股有一个投票权,C股则有着超额投票特权——每股C股股票有10个投票权。两种普通股都不分红。COX家族通过CEI公司持有COX公司5.338亿A股中的3.792亿股及全部2760万股的C股。作为TCA公司交易的一部分,COX公司预计要在下一个财政季度发行3830万股普通股,即使这样,CEI公司仍持有COX公司67.3%的普通股和76.8%的投票权。CEI的董事会主席和首席执行官詹姆斯·肯尼迪是CEI创始人的孙子,也是COX公司董事会主席。

COX公司有许多财务目标。第一个目标就是公司规模5年翻一番;其次是保持COX家族对COX公司的控制权。1995年公司普通股的首次公开发行使得公司能够通过收购活动扩张公司规模,但CEI不希望它对COX公司的控制权被进一步稀释。为了保证它们作为公司管理层的利益与其他股东的利益相一致,COX家族认为应该占绝大多数的股权并对公司实施控制。由于任何股票发行都将降低CEI的持股比例,COX家族的偏好就限制了公司所能进行的股权融资的数量。最后,正如下文讨论的那样,公司并不愿提高公司的财务杠杆比率。

克莱门特也考虑到他在资本市场上发行大量公司股票的策略性能力。CHARTER COMMUNICATIONS预期于秋天进行首次公开发行。由于CHARTER公司和COX公司吸引了相似的投资者,克莱门特担心在CHARTER公司股票发行之后,投资者对COX公司股票的需求就降低了。如果真要发行股票,他会希望在CHARTER公司的IPO之前进行。克莱门特也要考虑市场的整体条件。由于美国持续的经济增长,美国股票市场有着长达近十年的高收益率,但很多市场权威人士警告市场将随时进行调整。

发行股票的直接成本(包括承销佣金与费用)也是一个值得考虑的必要因素。发行股票的直接成本大约为所筹资金量的2%～3%。此外,大规模的股票发行可能会产生"市场影响",市场往往以公司流通股价格的下跌来迎接公司新股票的发行。学术研究表明,尽管该影响在不同公司和不同的时期都不尽相同,但影响程度通常为公司股票价格3%～4%的下跌幅度。

问题3：发行股票时克莱门特考虑了哪些因素？这些因素将对公司目标产生什么影响？

2. 发行债券或借款

作为替代方案,COX公司也可通过债务形式(不管是发行债券,还是银行借款)为收购GANNETT有线资产筹措资金。债务结构可以有多种形式,这取决于债务来源、期限结构、现金息票水平及不同的选择权。1995年后,COX公司已经通过债务形式筹集了19亿美元。这些债务的到期期限5～30年不等,收益率则比同样期限美国国库券的收益率高65～115个基点。

但是,COX公司的高管却担心公司财务杠杆比率的增加。COX家族在债务的使用方面非常保守。在CEI公司全部子公司中,COX公司已经有了最高水平的债务融资。此外,COX公司有个公开的明确的目标,那就是保持债务评级的高等级。COX公司高管声称,"我们要想在债务和股权之间寻求良好的平衡。我们公司仍将是投资级的,而且这非常重要"。保持投资级评级要求公司对若干财务指标进行小心监控,这些指标中最重要的是"债务/EBITDA"比率。目前,COX公司的"债务/EBITDA"的目标比率为不高于5倍,这是公司高管认为维持公司投资级的最大倍数。从公司外部看,投资级公司债券的市场比非投资级公司的更大,也更稳定。非投资级公司可能会发现公司有时很难进入信贷市场,这些时期包括20世纪80年代后期和最近发生亚洲货币危机和1998年的俄罗斯债务危机。此外,比较BBB到BB级之间的收益率差和BBB到A级之间的收益率差,可以发现低于投资级的债务成本更高。如此境况可能会严重限制COX公司将来的财务灵活性。

除了要考虑1999年秋天时信用利差可能扩大的风险之外,克莱门特还要考虑到在过去6个月内30年期美国国库券收益率已经上升了超过0.5个百分点的事实。债券发行的直接和间接成本比股票要来得低。克莱门特认为交易费用低于2%,学术研究估计,发行债券(对COX公司股票价格)的市场影响大约在1%～2%。

问题4：发行债券对克莱门特的吸引力在什么地方？

3. 发行混合证券

另一个可能的选择是发行混合证券,这类证券同时有着债券和股票的特点。最常见的例子是优先股或可转换债券。在混合证券市场中最近的创新是"强制转换"结构证券和"信托优先"产品,它们试图将债券和股票的最好的特性结合起来。许多投资银行都提供这些产品,但最近提议给克莱门特的一个特定品种是由美林公司开发出来的股权连接型混合证券(FELINE Income PRIDES)。

这个证券同时有着债券和股票的成分。每单位的 FELINE Income PRIDES 含有:① 投资者在 3 年内购买固定金额的 COX 公司 A 股的义务;② 优先股。在税收处理上,COX 公司支付给 Income PRIDES 优先股成分的费用可作为税收扣除额,但由于证券持有者有义务在将来购买公司股票,所以,在财务报告上该证券被视为股票。

能实现如此处理的证券,它的法律结构在某种程度上是复杂的。从本质上说,COX 公司要成立一家法律实体(信托公司)来发行优先股和普通股。COX 公司购买信托公司全部的普通股,并完全控制该信托公司。信托公司的优先股和上述的股票购买义务捆绑在一起,然后,作为 Income PRIDES 卖给投资者。比如投资者支付 50 美元购买一单位 Income PRIDES,在三年内每年可收到基于 50 美元本金的 7% 的优先股股息。在 3 年后,投资者有义务通过:① 将优先股交换的方式;② 以现金的方式购买 COX 公司 A 股股票。在这两种情况下,COX 公司向 Income PRIDES 持有者出让的普通股数量取决于到期日时普通股的市场价格,一般而言,3 年内普通股价格越高,Income PRIDES 持有者将收到的普通股数量就越少。

在发行优先股之后,信托公司将以发行所得资金来购买 COX 公司新发行的债券。债券 7% 的利息和优先股的支付条件相匹配,因此,信托公司在事实上起到了将支付从 COX 公司转手到优先股持有者手上的作用。也就是说,COX 公司投资者将其债券卖给信托公司,信托公司再将其优先股卖给投资者。通过信托公司发行的普通股,COX 公司持有信托公司的剩余部分。

在财务报告上,这种结构对 COX 公司的好处在于,公司发行的债券将不在资产负债表上以债务出现。由于 COX 公司持有信托公司股份,COX 公司在事实上是发行债券给自己,所以,当两家公司的资产负债表合并后,债权和债务就相互抵消了。但在 COX 公司的财务报表上会出现"少数股东权益"这一项目,以反映信托公司发行的优先股。该会计项目出现在负债项目和股东权益项目之间。但在税收处理上,COX 公司可以抵免因这笔债务而支付给信托公司的利息,因此,在财务报告上,FELINE Income PRIDES 看起来好像是股票,而在税收上"背对背"债务的款项支付则被当做普通利息费用处理。此外,由于在 FELINE Income PRIDES 中,投资者有合同性义务在将来购买 COX 公司的股票,评级机构会给债券以权益级评级,因此,FELINE Income PRIDES 使得 COX 公司能在得到评级机构权益级评级和满足会计处理目标的同时,不仅发行了债券,而且得到了利息支出抵减税收的好处。

> **问题5**：对克莱门特来说,发行混合性证券有什么不好的地方?

4. 出售资产

正如将在与AT&T进行交易时那样,COX公司也可以出售、互换或变现公司的某些非战略性股权投资。例如,COX公司持有对Sprint PCS的股权投资,价值约41亿美元。同样,COX公司在Discovery Communications(25亿美元)、@Home(15亿美元)和Flextech(3亿美元)等公司也持有大量的股权投资,同时还持有其他公司较少量的权益。简单地将这些投资在公开市场上出售会给COX公司带来很沉重的税收负担。以一种能有效节约税收的方法将公司某些非战略性投资变现(即得到等值的现金)一直都是COX公司财务部的努力方向。

克莱门特可以在公开市场上直接出售公司的某些股权投资,并将出售所得资金用于购买GANNETT公司部分或全部的有线资产。直接出售股权投资的一个缺点是COX公司要为资本利得纳税。以节约税收的有效方式处理这些增值资产也是可能的,比如在与AT&T交易中,COX公司在没有触发应税事件的情况下就将它所持有的AT&T股票互换成对AT&T子公司的股权,这些AT&T的子公司拥有有线资产。通过其他方式的变现,COX公司能收到与这些资产价值等值的现金,同时将资本利得的税收向后递延若干年。然而在实践中,变现会受到一些限制。对Sprint PCS的投资在11月之前不能售出或套期保值。此外,相对于这些股票的每日平均交易量,COX公司持有Sprint、@Home和Flextech公司的股票规模太大,因此,通过市场交易售出这些头寸会有些困难。

> **问题6**：出售资产将给公司带来哪些影响?

(四) 市场条件

除了公司选择资本结构的政策问题之外,还有很多执行方面的重要因素需要考虑。如前所述,团队担心公司竞争对手的IPO会使COX公司发行股票筹资变得更难。从更大的范围看,人们普遍担心1999年秋天的市场前景。在1998年的秋天,当俄罗斯拒付它的部分债务时,资本市场几乎崩溃了。作为股票市场晴雨表的道琼斯工业平均指数在接下来的两周内下跌了10%。信用溢价(credit spread)(即公司债券收益率与相同期限国库券收益率之差)在5个月内几乎翻番。A级借款人的信用溢价从56个基点上升到135个基点,而BBB级借款人的信用溢价,则从95个基点上升到181个基点。

这导致了1998年下半年债券发行的严重不足。尽管市场在1999年上半年有点起色,但最近以来债券市场的弱势使得很多先前已宣布的交易被取消。例如,5月21日,一家Baa3/BBB一级的加拿大公司GREAT LAKES POWER公司就推迟2亿美元的10年期债券的发行,紧接着又推迟了超过10亿美元的债券发行。受到最大打击的是非投资级的债券发行人和互联网与电信公司。

另一个重要问题是Y2K问题的潜在影响。许多人害怕,当2000年到来时,使用两位数记录年份的计算系统可能会发生故障。尽管说出现巨灾有点夸张,但确实存在一种可能,那就是在某些Y2K风险化解之前对证券的发行反应冷淡。

> **问题7:市场反应对公司筹资有什么影响?**

(五)建议

不管COX公司是否要收购GANNETT有线电视业务,1999年公司的其他收购项目也会显著地改变公司的资产负债表。克莱门特采取的任何行动,一方面要考虑到它对所有权的稀释作用,另一方面也要考虑到信用评级机构的反应。此外,克莱门特团队需要对公司长期融资计划是否恰当进行评估,并在长期融资计划下评估公司收购GANNETT有线资产及最近已宣布收购项目的具体融资方案。

四、案例分析

(一)COX公司为什么融资

融资就是筹集公司进行财务活动所必需的资金。公司的财务活动众多,可分为日常经营活动、投资活动、融资活动、利润分配活动和企业收购与兼并等。这些活动的发生最终都围绕着实现公司的目标而进行。所以,公司的融资活动是为实现公司目标而发生。

COX公司的目标是为股东创造最大的价值,实现股东价值最大化的途径是多种多样的,如通过证券投资获得投资收益、引进先进设备降低成本等。目前,COX公司为实现股东价值的最大化,面临着一个机会——收购GANNETT公司,获得有线电视资源,以扩大市场份额和降低成本,但是,COX公司必须对未来潜在的成长机遇进行评估,并以清晰的测试来衡量它们。COX公司以报业起家,1962年通过收购进行有线电视服务行业,并使其成为主营业务。20世纪90年代对于有线电视运营商来说是个巨变时期,COX公司对这一时期的变革对公司的影响作出评估,认为竞争与机遇同在。首先,竞争是激烈的,当微软公司的保罗·艾伦(Paul Allen)拥有的CHARTER公司在1998年4月购进MARCUS CABLE时,竞争达到了白热化程度,这将增加公司扩大市场的成本和有线电视资产的减少,进而提高获得有线电视资产的价格。这些都是公司不得不接受的,否则公司将被轮为二流公司。然而,这也将为公司的发展提供机会,也就是通过收购GANNETT公司使得COX公司变得非同寻常,因为,GANNETT公司资产对COX公司的吸引力不仅在于用户的数量,而且也非常符合COX公司集中用户的地理分布以实现规模经济和范围经济的发展战略。

通过以上分析，公司认为收购 GANNETT 公司将会实现股东价值最大化，所以决定采取收购行动。要想收购成功需要支付一个不菲的价格，而公司的经营现金流量又不能满足收购的需求。为此，公司面临的问题是如何筹集收购所需资金。

(二) 影响融资决策的因素

公司在融资之前所要做的第一件事是对所筹资金的投资项目（即本案例中的收购项目）产生的效益和需要的资金数量进行评估。在决定为投资项目进行融资之后，需要分析影响融资的因素有哪些。在本案例中，考虑了以下主要因素。

1. 公司有哪些筹资方式可供选择

在本案例中，公司可发行普通股、公司债券或借款、混合性证券或出售公司的资产。这些筹资方式都有其优缺点（后面将进行分析），并对公司目标的实现产生影响。在筹资决策时应结合公司的需要进行分析。

2. 公司的财务目标

公司的财务目标有整体目标和具体目标之分，它对融资决策具有刚性约束作用。公司整体目标是通过实现具体目标来完成的。COX 公司的整体财务目标是实现股东价值最大化。这一整体目标是通过一些具体目标来体现的。例如，通过收购赢得市场份额和节约成本；为未来长期筹集资金保持财务的灵活性等。财务具体目标对融资决策的约束，在整体融资决定过程中都得到了体现。在本案例中，我们可以看到，公司的财务目标之一就是保持 COX 家族对 COX 公司的控制权。CEI 不希望它对 COX 公司的控制权被进一步稀释。为了保证公司管理层的利益与其他股东的利益相一致，COX 家族认为应该占绝大多数的股权并对公司实施控制。由于任何股票发行都将降低 CEI 的持股比例，COX 家族的偏好就限制了公司所能进行的股权融资的数量。公司并不愿提高公司的财务杠杆比率的意愿也会对公司选择筹资方式产生影响。

3. 公司投资级债券信用的等级

公司债券的信用等级表示公司债券的质量优劣，它反映了债券还本付息能力的强弱和债券投资风险的高低，同时也反映债券违约的可能性大小，亦体现债券持有者的投资风险。它在很大程度上会影响债券的发售能力和到期成本，因此，在考虑发行债券筹资时，财务经理人员必须认真对待预期的债券等级。按照国际惯例，可以把债券级别按风险程度的大小分为三等九级两大类。其中，两大类指投资类（包括一等的 AAA、AA、A 级和二等的 BBB 级）和投机类（包括二等的 BB、B 级与三等的 CCC、CC、C 级）。

本案例中，强调融资对公司投资级债券信用等级的影响，实质上是公司具体财务目标——保持公司长期筹资能力对融资决策约束的体现。事实上，COX 始终想保持保守的财务结构，并且 COX 公司有个公开的明确的目标——保持债务评级的高等级，这一点对于 COX 公司非常重要，因为，从公司外部看，投资级公司债券的市场比非投资级公司的更大，也更稳定，而非投资级公司可能有时很难进入信贷市场，比较BBB到BB级之间的收益率差和BBB到A级之间的收益率差，可以发现低于投资级的债务成本更高。如此境况可能会严重限制COX公司将来的财务灵活性。

4. 控股股东的偏好

控股股东不仅是公司的所有者，也是公司的实际控制权人，他的偏好将影响公司财务政策的制定，包括融资方式的选择，从而使公司的财务政策反映控投股东的意志。

控股股东有许多偏好，本案例中，控投股东的偏好有：对控制权的偏好、低负债的偏好、保持财务灵活性的偏好等，这些都能反映在对筹资方式的决策中。如由于对控制权的偏好可能COX家族担心发行普通会稀释其控制权，对低负债的偏好可能会比较抵制发行债券或借款，所以，COX公司高管声称，"我们要想在债务和股权之间寻求良好的平衡"。

控股股东的偏好是不稳定的，会受到资本、知识、信息与能力等禀赋状态变化的影响而改变。所以，公司最终采取什么的融资方式还要受到控股股东对待风险态度的影响。克莱门特在做出融资对策时，必须考虑控股股东的偏好，以免枉费心机。

5. 资本市场

资本市场是投资与融资的主要场所之一，其状况会关系到是否能成功融资以及融资额的大小。克莱门特也考虑到他在资本市场上发行大量公司股票的策略性能力。CHARTER COMMUNICATIONS预期于1999年秋天进行首次公开发行。由于CHARTER公司和COX公司吸引了相似的投资者，克莱门特担心在CHARTER公司股票发行之后，投资者对COX公司股票的需求就降低了。如果真要发行股票，他会希望在CHARTER公司的IPO之前进行。克莱门特也要考虑市场的整体条件。由于美国持续的经济增长，美国股票市场有着长达近十年的高收益率，但很多市场权威人士警告市场将随时进行调整。因为，市场状况会影响到公司发行股票的成功率和发行成本等。

当然，除此之外，在具体决策时，还要考虑到其他许多因素，如筹资成本、国家的融资政策等。

(三) 公司融资方式的选择

克莱门特及其团队在测算了收购GANNETT公司所需要的资金及其未来对公司可能产生的影响，并分析了筹资所要考虑的因素。接下来，他们的任务就是为了实现筹资目标选择适当的筹资方式。他们把发行普通股股票、公司债券或借款、混合型证券和出售公司资产纳入了视野。

1. 发行普通股股票

普通股是公司最基本的股份，也是没有特殊权利的股份。普通股股东具有以下的基本权利：普通股股东具有对公司的管理权，主要体现在其在董事会选举中具有选举权与被选举权，通过选举出的董事会代表所有股东对企业进行控制管理；分享盈余也是普通股股东的一项基本权利，盈余的分配方案由股东大会决定，每一会计年度由董事会根据企业的盈余数额和财力状况来决定分发股利的多少并经股东大会投票表决通过;有权出售或转让股票这也是普通股股东的一项基本权利,股东可能出于对公司的选择、对报酬的考虑或对资金的需求等原因而出售或转让股票;此外,当公司增发普通股股票时,原有股东有权按持有公司股票的比例,优先认购新股票;当公司解散、清算时,普通股股东对剩余财产有要求权。

与其他筹资方式相比,发行普通股筹措的资本具有永久性,它对保证企业最低的资金需求有重要意义;发行普通股筹资没有固定的股利负担,所筹集的资本是公司最基本的资金来源,可作为其他方式筹资的基础,增加公司的举债能力;由于普通股的预期收益较高,并可一定程度上抵消通货膨胀的影响,因此普通股筹资容易吸收资金;普通股筹资的限制较少,不会影响公司经营的灵活性。

但是普通股的资本成本较高,从投资者的角度讲,投资于普通股风险较高,相应地要求有较高的投资报酬率;对筹资公司来讲,普通股股利从税后利润中支付,不具有抵税作用,此外,普通股的发行费用也较高;可能分散公司的控制权。

COX公司非常重视股票的表决权,将公司的普通股股票设计为"一股一票"的普通股和具有超额投票权普通股——"一股股票有10个投票权",且两种普通股都不分红,这使公司具有一个特殊的股权结构。这一股权结构,使COX公司所有的股东都丧失了分配公司利润的权利。从"COX家族通过CEI持有COX公司5.338亿A股中的3.792亿股及全部2760万股的C股"的事实可以看出,COX家族作为控股股东对公司控制权的重视,不仅想通过"一股一权"普通股票来获得控制权,而且通过持有债券的"一股10票"的特种股票更是以少量资金牢牢地把握了控制权,从而使我们看到,公司立足于长远发展的战略和控股股东对控制权的偏好。

从克莱门特及其团队的决策中发现,他们除了考虑了控股股东对控制权的偏好之外,还考虑了公司的经营目标、交易成本、发行股票对股票市场的影响和公司未来财务的灵活性等因素。

2. 发行债券

债券是由中央或地方政府、金融机构、企业等机构向社会公众筹集资金而面向投资者发行的按一定的利率支付利息并按约定的条件偿还本金的有价证券,其本身是一种表明债权债务关系的凭证,并具有相应的法律效力。债券持有人(即投资者)为债权人,而债券发行人即为债务人。债权人有权按约定的条件向债务人取得利息和收回本金。

发行债券与发行普通股融资存在着一些差异。首先从筹资成本看,在债券融资中,债务的利息支出可以作为成本在税前列支,因而它有冲减税基的作用。而发行普通股,对公司法人和股份持有人进行"双重纳税",即股利必须从税后盈余中支付。此外,债券的发行费用低,且可以锁定成本,尤其是在预期利率上浮时期效果更明显。发行债券成本低是克莱门特考虑的一个方面。从控制权方面看,发行股票可以增加资本,把握更多的投资机会,保持较低的负债率和较高的投资信用等级,从而保证企业财务灵活性和资本市场再融资的低成本,这是克莱门特所看到的发行债券的好处,但是,对克莱门特来说面临的一个难题是发行股票可能会稀释COX家族的控制权,这与控股股东COX家族的偏好相悖,而发行债券则可避免控制权的稀释,然而,发行债券可能会使公司的信用等级下降和降低公司的财务灵活性,这也不符合COX家族的偏好,所以,这对克莱门特是一个两难的选择。

3. 混合证券

混合证券,这类证券同时有着债券和股票的特点。最常见的例子是优先股或可转换债券。当然还可以以其他的形式将债券和股票的特性体现出来。

(1) 优先股。优先股的主要特征就是股利分配权和剩余财产要求权优先于普通股股东。优先股股东还拥有管理权,但是,其管理权是有严格限制的,通常,在公司的股东大会上,优先股股东没有表决权,只有当公司研究与优先股有关的问题时才有权参与表决。

优先股没有固定的到期日,但大多数优先股又附有收回条款,这就使得使用这种资金更有弹性,当企业财务状况较弱时发行,而财务状况好转时收回,有利于结合资金需求,控制公司的资本结构;优先股股利的支付既固定,又有一定的弹性。一般而言,优先股固定支付的股利并不构成公司的法定义务,如果财务状况不佳,则可暂时不支付优先股股利;从法律上讲,优先股属于企业的自有资金,因而,优先股扩大了权益基础,可适当增加公司的信誉,加强公司的借款能力。优先股也有筹资成本较高、发行限制多等劣势。

(2) 可转换债券。可转换债券是债券的持有人在一定时间内依据约定条件可将其转换为发行公司的普通股股票的债券。它具有可选择性、债券性、股权性和可赎回性。发行可转换债券对公司的吸引力在于:① 有利于降低资本成本。可转换债券由于给予了债券持有人以优惠的价格转换公司股票的好处,故其利率低于同一条件下的不可转换债券的利率,降低了利息费用;此外,在转换为股票时,公司无需另外支付筹资费用,降低了发行成本;② 有利于筹集更多的资金。可转换债券在给投资人提供固定的利息收入的同时,又给投资人提供了一项选择权,对投资者具有一定的吸引力,有利于扩大债券的发行数量,筹集更多资金;③ 有利于稳定股票价格和减少对每股收益的稀释。可转换债券的股票转换价格一般要高于其发行时的公司股票价格,所以,当公司发行股票或配股时机不佳时,可以先发行可转换债券,然后通过转换实现较高价位的股票筹资的目的。这样一来不至于因为直接发行新股而进一步降低股票市价,二来由于可转换债券的转换时期较长,在将来转换股票时对公司股价的影响比较温和,从而有利于稳定股价。另外,由于可转换债券的转换价格高于其发行时的股票,所以转换成的股票股数会较少,相对就降低了由于增发新股对公司每股收益的稀释度;④ 有利于减少筹资中的利益冲突。由于日后会有相当一部分的债券持有人将其所持有的可转换债券转换为普通股,发行可转换债券不会使公司增加太多的偿债压力,所以其他债权人对此的反对会较小,公司受其他债务的限制性约束也会比较小。

可转换债券也有其不利之处：① 股价上扬风险。虽然可转换债券的转换价格高于其发行时的股票价格，但如果转换时的股票价格大幅度上扬，公司只能以较低的固定转换价格换出股票，从而降低公司股权筹资额；② 财务风险。如果公司业绩不佳，持有者将不愿意行使转换权力，从而使可转换债券被"悬挂"起来。可转换债券可能不能转换为普通股，公司必须及时偿还本金，这样就加大了公司的财务风险；③ 丧失筹资能力。可转换债券在转换前还是企业的债务，这些债务不能转换成权益成本，企业在收回这些债券之前将丧失一部分筹资能力；④ 丧失低息优势。可转换债券转换为普通股后，公司应会失去低利率筹资的好处，从而导致公司的综合资本成本上升。

当然，除了优先股和可转换债券之外，还有其他将股票与债券的特性结合起来的产品，COX公司就设计了一种实现其财务目标的混合性证券——股权连接型混合证券（FELINE Income PRIDES）。该混合证券更像是一种优先股。它有两个主要好处来满足COX家族对控制权和低负债的要求：第一，从该证券的发行实施过程来看，随着该证券的发行实施，新增持有者有普通股股东的普遍权利，且随着股票市场的走强，持有者交换普通股的数量将会减少，这样保证了COX家族的控制权不会因发行该证券而被稀释；第二，在财务报告上，公司发行的证券将不会以债务出现。但在COX公司的财务报表的负债与股东权益项目之间会出现"少数股东权益"项目，以反映信托公司发行的优先股。在税收处理上，COX公司可以抵免因这笔债务而支付给信托公司的利息，因此，在财务报告上，FELINE Income PRIDES 看起来好像是股票，而在税收上"背对背"债务的款项支付则被当做普通利息费用处理。此外，由于在FELINE Income PRIDES中，投资者有合同性义务在将来购买COX公司的股票，评级机构会给债券以权益级评级，因此，FELINE Income PRIDES使得COX公司能在得到评级机构权益级评级和满足会计处理目标的同时，还得到了利息支出抵减税收的好处。

4. 出售资产

通过出售资产获得现金，并将其用于COX的收购项目，实质上是将一种投资转换为另外一种投资的做法。一般来说，这种做法在公司投资战略性转变或不得已而为之的情况下实施。如果把COX公司的这次以及将来的收购计划看作是战略性的，那么，COX公司出售的资产是非战略的，这将意味着公司的发展更注重未来的长期性和战略性，使公司在未来更具有竞争力。但是，公司为此将付出代价：其一，出售资产将交纳高额的税金，这将降低股东的价值；其二，出售资产将受到市场状况的制约，被迫以较低价格出售资，使公司失去一部分资本利得。

五、案例讨论

1. 克莱门特及他的团队在筹资时考虑了哪些因素？

2. 公司在筹资时,为什么对所有权的稀释和信用评级机构的反应那么在意?
3. 请对克莱门特及其团队提出的筹资方式做出评价。
4. 如果你是克莱门特,应提出什么样的建议?

六、案例拓展阅读

可转换债券筹资分析案例①

香港著名华商郑裕彤财团从20世纪90年代开始,通过其旗舰企业新世界发展有限公司,大举进军内地的中低档房地产市场,成为北京、武汉、天津和沈阳等城市的房地产战略发展商。为此,需要筹集大量的资金。但是1993年的高峰期过后,许多城市的楼房大量空置,使得国际资本市场并不看好中国的房地产市场。在这种情况下,要说服他们为拓展内地房地产市场进行投资,难度可想而知。

香港汇丰投资银行亚洲有限公司(简称汇丰银行)第一次通过私募方式为新世界中国房主发展有限公司发行了5亿美元的股本。本次发行是香港历史上最大的私募发行,私人股本投资者占有43%的股份,新世界中国房主发展有限公司则持有57%的股权;第二次为新世界中国金融有限公司发行了3.5亿美元强制可换股担保债券。在私募成功发行1年后,新世界中国金融有限公司希望筹集更多的资金用于其在中国的投资活动。作为新世界中国房主发展有限公司的全资子公司,新世界中国金融有限公司的规模还太小,不具备上市的条件,而采用普通债券方式发行成本又较高。因此,汇丰银行设计了可换股债券的发行方式。

可换股债券的发行方式也存在缺点,即公司上市后债券尚未到期就可以转换为股票,在换股期间,会有大量股票突然涌入市场,给股价造成压力,甚至影响股票初次公开发行的价格。为了避免这种情况的发生,汇丰银行在设计此次筹资方式时规定:所有债券强制转换成股票,并在股票初次公开发行时作为发行规模的一部分,上市前必须决定是否换股,上市后就没有可换股债券了。这就给投资者提供了市场流通股股数的确切信息,虽然会给发行增加难度,但是却避免了上述缺点。此次发行汇丰银行承担了2.1亿美元的分销份额,创造了8.6亿美元的总需求,发行后债券交易价格一直高于发行价格。

在债券发行两年半以后,新世界中国金融有限公司准备在1999年到股票交易所上市,发行规模为5.68亿美元。这次发行面临的最大障碍在于,国际投资者对于中国

---

① 本资料来源于朱传华主编:《财务管理案例分析》,清华大学出版社、北京交通大学出版社2007年版。

(续上)

房地产业有很多误解,如何改变投资者的不良印象就成了发行成败的关键。为了让股本投资者能够更好地了解中国的房地产市场,汇丰集团下属的汇丰证券于1999年5月6~7日在中国香港和新加坡举办了中国住房改革研讨会;为配合全球发行,汇丰证券组织了两次独立的访问活动,活动之前都有详尽的研究报告作铺垫,活动横贯了亚、欧、北美三大洲;6~7月,汇丰证券又组织了大规模的全球路演,访问了三大洲的11个城市。为了一次发行而举行三次全球规模的推介活动,这是非常罕见的做法。经过这三次声势浩大的活动,终于消除了投资者的误解和顾虑。

在此次发行的过程中,可换股债券的换股程序是个关键环节。债券持有者的换股方式有三种:在初次公开发行中认购最大数量的股票;或是将债券折算成股票后出售,从而获得现金收入;或是只认购最大债券股的一部分,其余债券则兑现。经过路演,结果相当令人振奋:来自股本投资者的需求为7.83亿美元,来自债券持有者的需求为1.43亿美元,总需求达9.26亿美元。至此,由汇丰证券一手策划的为新世界中国房主发展有限公司总额超过14亿美元的筹资获得成功。

要求:1. 讨论发行可转换债券对公司有何利弊。
2. 可转换债券与普通债券、普通股股票的区别与联系。

案例 2

中国国际航空公司境内
首次公开发行股票[①]

一、本案例学习目标

通过本案例分析使学生了解普通股融资的特点以及我国股份有限公司首次公开发行股票的相关知识,包括普通股融资与其他融资方式的区别、公司上市地点和上市时机的选择、股票发行的监管制度和定价制度等。

二、问题的引出

中国国际航空公司近年来发展十分迅速,目前在中国各大航空公司中居于领先地位。与此同时,我国国内民航市场也呈现出高速的扩张趋势,为了保持行业领先地位,国航必须购买更多的飞机扩充运能,以占领更多的市场份额。同时,近年来油价上涨,国内航空公司尽管收益增长,却几乎被高油价抵消,甚至出现亏损。基于上述原因,国航产生了巨大的资金需求,积极寻找除自有资金和银行贷款外的更多融资方式,2004年12月15日国航在香港和伦敦成功上市,2005年5月26日在全国银行间债券市场发行20亿元人民币短期融资债券,2005年9月又发行了总额为30亿元的10年期固定利率公司债券。在外资股纷纷回归A股的大环境下,经过了境外上市、发行公司债和短期债券的过程后,国航管理层开始考虑在中国证券市场发行A股以筹集资金。

目前,国航的管理层面临着如何实施在国内A股市场发行股票筹资的决策。

三、案例陈述及阅读引导

(一) 公司背景简介

中国国际航空股份有限公司简称"国航",英文名称为"Air China Limited",简称"Air

[①] 本案例来源于汤谷良主编:《财务管理案例》,北京大学出版社 2007 年版。

China",经营范围包括国际、国内定期和不定期航空客、货、邮和行李运输业务;国际、国内公务飞行业务;飞机执管业务;航空器维修;航空公司间业务代理;以及与主营业务有关的地面服务和航空快递;机上免税品。主营业务是定期、不定期航空客、货运输。

国航股份前身是民航总局北京管理局,自1950年开始从事航空服务以来,一直是提供国际和国内航空服务的中国主要航空公司之一。为配合中国民航业的改革,1988年7月原中国国际航空公司成立,并承接了民航北京管理局的业务,是中国当时资产最多、运输周转量最大的航空公司。根据国务院批准通过的《民航体制改革方案》,2002年10月,中国国际航空公司联合中国航空总公司和中国西南航空公司,成立了中国航空集团公司,并以联合三方的航空运输资源为基础,组建新的中国国际航空公司。2004年9月30日,经国务院国有资产监督管理委员会批准,作为中国航空集团控股的航空运输主业公司,中国国际航空股份有限公司(以下简称"国航股份")在北京正式成立,员工23 000人,注册资本为人民币65亿元。2004年12月15日,国航股份在香港(股票代码0753)和伦敦(交易代码AIRC)成功上市。2005年11月29日,商务部以商资批[2005]2877号《商务部关于同意中国国际航空股份有限公司变更为外商投资企业的批复》批准公司变更为外商投资股份有限公司。国航股份具备很强的盈利能力,从2001年开始到2007年已连续实现7年盈利,在中国民航居于领先地位。

国航股份是中国唯一的载国旗航空公司,是国内最具领先地位的航空客运、航空货运及航空相关业务的运营商,拥有广泛的航线网络,为主要中国城市及国际目的地服务。根据民航总局统计,以运输总周转量计算,2005年公司的市场占有率为28.48%,居国内航空公司第一位。

问题1:作为一名投资者,如果一个像国航股份这样居于行业领先地位,而且连续盈利的公司发行股票,你会不会购买?影响你决策的有哪些因素?

(二) IPO前公司融资情况

面对激烈的市场竞争,为了保持行业领先地位和持续的盈利水平,国航股份必须不断扩充自己的实力,这就需要大量的资金。2004年9月30日,国航股份成立之时,资本全部来源于发起人,发起人中航集团和中国航空(集团)有限公司将拟投入净资产的评估值901 841.39万元按1:0.720 747 579 5的折股比例,折为公司每股面值为1元人民币的普通股65亿股。其中,中航集团公司持有50.54亿股,占已发行的普通股股份总数的77.76%;中国航空(集团)有限公司持有14.46亿股,占已发行的普通股股份总数的22.24%。未折为股本的251 841.39万元计入公司资本公积金。

国航股份成立后不久,首先选择了境外上市募集资金。2004年12月15日,在香港(股票代码0753)和伦敦(交易代码AIRC)成功上市。截至2005年1月11日,共计发行

H 股 2 933 210 909 股(含超额配售权部分)。发行 H 股后,总股本为 9 433 210 909 股,其中发起人股份实施国有股减持后变更为 6 206 678 909 股,占 65.80%;H 股 3 226 532 000 股,占 34.20%(其中战略投资者为 943 321 091 股,占总股本 10%)。

除了采用股权方式融资,国航股份也积极寻求除了传统银行贷款外的其他债权融资方式,于 2005 年 5 月 26 日在全国银行间债券市场发行 20 亿人民币短期融资债券,2005 年 9 月又发行了总额为 30 亿元的 10 年期固定利率公司债券。

中国航空集团公司(下称中航集团)在此次境内 IPO 前持有中国国际航空股份有限公司 51.16% 的股份,其境外全资子公司中国航空(集团)有限公司持有 14.63% 的股份,即中航集团直接和间接持有中国国际航空公司 65.80% 的股份,是该公司的实际控制人。国航股份境内 IPO 前的股权结构如图 2-1 所示。

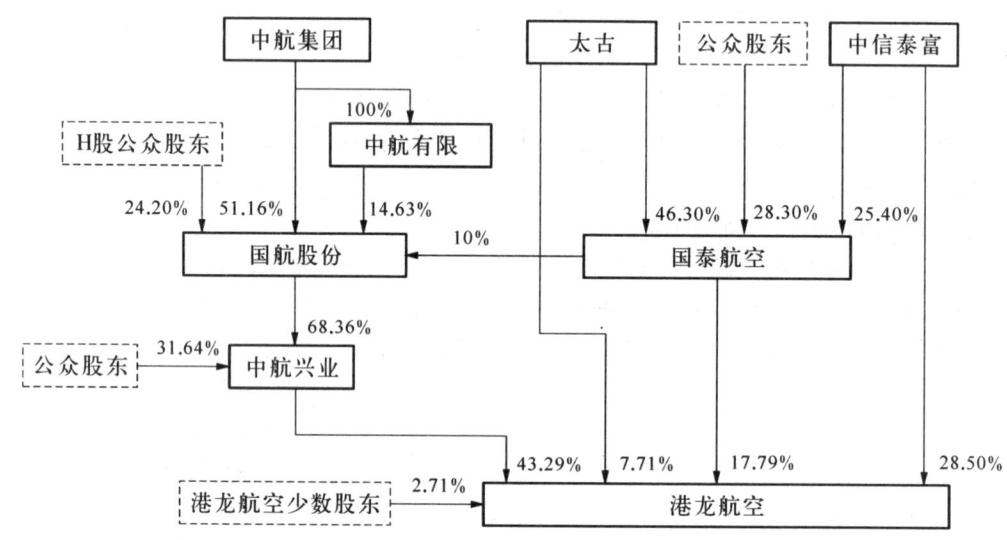

图 2-1 境内 IPO 前的股权结构

A 股、B 股、H 股、N 股和 S 股

公司股票按发行范围可分为 A 股、B 股、H 股、N 股和 S 股等。A 股的正式名称是人民币普通股票。它是由我国境内的公司发行,供境内机构、组织、或个人(不含台、港、澳投资者)以人民币认购和交易的普通股票。B 股的正式名称是人民币特种股票。它是以人民币标明面值,以外币认购和买卖,在境内(上海、深圳)证券交易所上市交易的。它的投资人限于:外国的自然人、法人和其他组织,香港、澳门、台湾地区的自然人、法人和其他

组织,定居在国外的中国公民,中国证监会规定的其他投资人。H股,即注册地在内地、上市地在香港的外资股。香港的英文是 Hong Kong,取其字首,在香港上市外资股就叫做 H 股。依此类推,纽约的第一个英文字母是 N,新加坡的第一个英文字母是 S,纽约和新加坡上市的股票分别叫做 N 股和 S 股。

> **问题2:** 国航在经过了境外上市、发行长期公司债券和短期融资债券后,为什么要进行境内普通股(A股)融资?普通股融资相对于其他融资方式有何特点?

(三) 股票发行和上市情况

国航股份之所以首先选择到海外上市,是因为纽约证券交易所、香港联交所等国际性资本市场能够更好地满足其融资的需要,也能够扩大企业的国际影响力。事实上,很多绩优的、大规模的国企都是首先选择到海外上市,如中石油、中国移动等,这些企业资金需求量比较大,国内资本市场往往无法满足其融资需求,因此通过海外发达的资本市场来解决筹集资金的问题。随着国内资本市场的发展和扩充,这些大盘蓝筹股开始有序地回归 A 股市场,从而有助于建立一个既能推动经济增长、合理分散风险、有效配置资源,又可使普通投资者分享经济增长财富效应的现代金融体系。国航股份正是在这样的背景下着手进行境内 IPO 的,根据公开披露的《招股说明书》,其发行和上市情况如下。

1. 股票发行情况

(1) 发行数量:163 900 万股。

(2) 发行价格:2.8 元/股。

(3) 发行方式:本次发行采用向战略投资者定向配售、网下向询价对象询价配售与网上资金申购定价发行相结合的方式。其中,向战略投资者定向配售 35 000 万股,网下向询价对象询价配售 46 950 万股,网上定价发行 81 950 万股。

(4) 募集资金总额:458 920 万元。发行费用总额及明细:本次发行费用总额为 7 600.4 万元,包括:承销费用 6 883.8 万元,注册会计师费用 400.8 万元,律师费用 179.9 万元,登记费用等其他发行费用 135.9 万元。每股发行费用:0.046 元。募集资金净额:451 319.6 万元。

(5) 注册会计师对资金到位的验资情况:北京天华会计师事务所对本次发行的资金到位情况进行了审验,并于 2006 年 8 月 15 日出具了天华(验)字[2006]023-046 号验资报告。

(6) 发行后全面摊薄每股净资产 2.20 元(按照 2005 年 12 月 31 日经会计师事务所审计的净资产加上本次发行募集资金净额之和除以本次发行后总股本计算)。发行后全面摊薄每股收益 0.15 元(按照 2005 年经会计师事务所审计的扣除非经常性损益前后孰低的净利润除以本次发行后总股本计算)。

境内 IPO 前后股本情况、境内 IPO 后的股权结构如表 2-1、图 2-2 所示。

表 2-1 境内 IPO 前后股本情况　　　　　　　　　单位：万股

		发 行 前	发 行 后
已发行未上市 社会公众股	总　　股　　本	943 321.09	1 107 221.09
	国家持股(限售)	482 619.60	482 619.60
	国有法人持股(限售)		138 048.29
	战略投资者持有股份		35 000.00
	一般法人持有股份		46 950.00
	境外法人股	138 048.29	
	合　　　计	620 667.89	702 617.89
已流通股票	人民币普通股		81 950.00
	境外上市外资股(H 股)	322 653.20	32 2653.20
	合　　　计	322 653.20	404 603.20

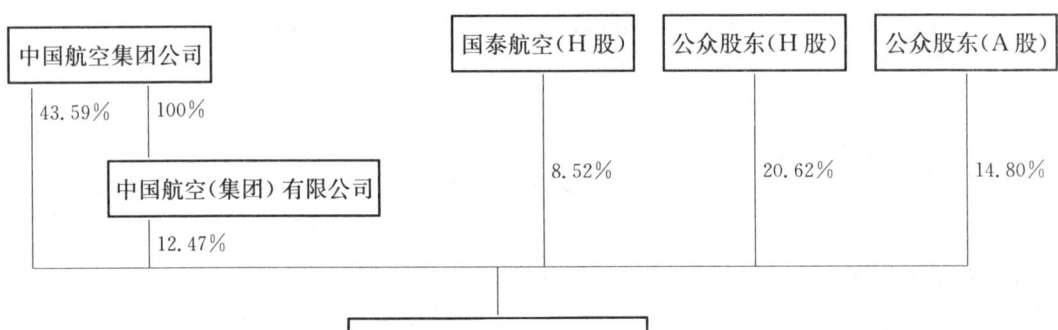

图 2-2　境内 IPO 后的股权结构

2. 股票上市情况

(1) 上市地点：上海证券交易所。

(2) 上市时间：2006 年 8 月 18 日。

(3) 股票简称：中国国航。

(4) 股票代码：601111。

(5) 本次发行完成后总股本：11 072 210 909 股。

(6) 首次公开发行 A 股股票增加的股份：1 639 000 000 股。

(7) 发行前股东所持股份的流通限制及期限：根据《公司法》的有关规定，发起人中国航空集团公司（"中航集团"）及中国航空（集团）有限公司（"中航有限"）持有的本公司股份，自公司成立之日起 1 年内不得转让。公司公开发行股份前已发行的股份，自公司股票在证券交易所上市交易之日起 1 年内不得转让。

(8) 发行前股东对所持股份自愿锁定安排的承诺：中航集团及中航有限承诺，自发行人 A 股股票上市之日起 36 个月内，不转让或者委托他人管理其持有的发行人股份，也不由发行人收购该部分股份。

(9) 本次上市股份的其他锁定安排：本次公开发行中向战略投资者定向配售的 35 000 万股股份自本次网上定价发行的股票在上海证券交易所上市交易之日起锁定 18 个月；网下向询价对象配售的 46 950 万股股份自本次网上定价发行的股票在上海证券交易所上市交易之日起锁定 3 个月。

(10) 本次上市的无流通限制及锁定安排的股份：本次发行中网上定价发行的 81 950 万股股份无流通限制及锁定安排。

(11) 发行人控股股东关于增持股份的承诺：本公司控股股东中航集团承诺，自本次网上资金申购定价发行的股票在上海证券交易所上市交易后，至 2006 年 12 月 31 日，在中国国航 A 股股票市场价格低于发行价格的前提下，中航集团将以不低于当时市场价的价格，按相关监管要求在二级市场上增持股票，直至恢复到发行价格为止，累计增持量不超过 6 亿股的 A 股股票。

(12) 股票登记机构：中国证券登记结算有限责任公司上海分公司。

(13) 上市保荐人：中信证券股份有限公司（"中信证券"）、中国银河证券有限责任公司（"银河证券"）、中国国际金融有限公司（"中金公司"）。

知 识 点

股票一级市场和二级市场

股票一级市场也即发行市场，在这个市场上投资者可以认购公司发行的股票，成为公司的股东，发行人筹措到了公司所需资金。前面所说的股票发行情况是针对一级市场而言的。

股票二级市场是指流通市场（交易市场），是已发行股票进行买卖交易的场所。二级市场的主要功能在于有效地集中和分配资金。已发行的股票一经上市，就进入二级市场。前面所说的股票上市情况是针对二级市场而言的。

3. 募集资金方向及用途

国航将 IPO 募集的资金用于投资以下项目(见表 2-2):

表 2-2 IPO 募集资金投向

序号	项目名称	2006 年	2007 年	2008 年	2009 年	投资额合计
1	购置 20 架空客 A330-200 飞机	6 架	7 架	7 架	0	28.60 亿美元
2	购置 15 架波音 B787 飞机	0	2 架	5 架	8 架	18.25 亿美元
3	购置 10 架波音 B737-800 飞机	0	3 架	7 架	0	6.55 亿美元
4	首都机场三期扩建工程国航配套扩建项目	2008 年与机场扩建项目同步完工				5.98 亿元人民币
	合 计					约 433 亿元人民币

在国航股份 2007 年的年报中对本次募集资金的使用情况说明如下:公司于 2006 年 8 月通过首次发行 A 股募集资金净额 451 319 万元,截至 2007 年 12 月 31 日,募集资金已全部使用完毕,其中本年度使用 237 036 万元。本公司募集资金严格按照《首次公开发行 A 股股票招股说明书》披露的资金运用计划使用,用于购置 20 架空中客车 A330-200 飞机,15 架波音 B787 飞机,10 架波音 B737-800 飞机以及首都机场三期扩建工程国航配套扩建项目,无其他改变募集资金投向情况发生。

问题 3:国航股份此次发行股票募集资金的用途是否可以改变?如果可以,国航股份应该如何披露有关信息?

4. 发行规模之变

根据国航股份 2006 年 7 月 31 日披露的《招股意向书》,本次股票公开发行的概况为:

(1) 发行股票类型:人民币普通股。

(2) 每股面值:1 元。

(3) 本次拟发行股数:不超过 2 700 000 000 股。

(4) 发行日期:2006 年 7 月 31 日。

(5) 拟上市证券交易所:上海证券交易所。

(6) 发行后总股本:不超过 12 133 210 909 股,其中 A 股:不超过 8 906 678 909 股;H 股:3 226 532 000 股。

(7) 本次发行前股东所持股份的流通限制、股东对所持股份自愿锁定的承诺:中国航空集团公司及中国航空(集团)有限公司承诺,自发行人 A 股股票上市之日起 36 个月内,不转让或者委托他人管理其持有的发行人股份,也不由发行人收购该部分股份。

(8) 保荐人（主承销商）：中信证券股份有限公司、中国银河证券有限责任公司、中国国际金融有限公司。

(9) 招股意向书签署日期：2006年7月27日。

(10) 有关本次发行的重要时间安排：

询价推介时间：2006年7月31日至2006年8月2日；

网下申购时间：2006年8月3日至2006年8月4日；

定价公告刊登日期：2006年8月8日；

网上申购日期：2006年8月9日；

预计股票上市日期：2006年8月22日以前。

根据时间安排，2006年7月31日至8月2日，本次发行保荐人（主承销商）对有关询价对象进行了初步询价，根据询价结果，确定本次网下向配售对象累计投标询价区间为2.75～2.95元/股。然而，2006年8月3～4日国航根据询价情况进行网下配售时却出师不利，仅有36家机构投资者向公司递交了《申购表》，其中有效的只有27张，申购总量为4.695亿股，只占此次发行总量的28.65%，与原计划网下配售的11.75亿股相比，缩水率超过60%。网下申购主要有中国人寿、嘉实基金、平安保险、华泰资产等机构，保险资金成为网下配售主力，基金、券商态度谨慎。在8月8日披露的"网下申购情况及定价结果公告"中，我们发现国航股份的股票发行规模大幅度"缩水"，发行价格也与询价区间的下限接近："发行人和保荐人（主承销商）根据本次发行网下申购情况及发行人的筹资需求，同时参考发行人H股在询价期间的价格情况，协商确定本次发行的发行价格和最终数量为：发行价格为2.80元/股，发行数量为163 900万股。本次发行向A股战略投资者定向配售35 000万股，占本次发行数量的21.35%；网下向配售对象配售46 950万股，占本次发行数量的28.65%；网上发行81 950万股，占本次发行数量的50%。"

除了发行规模和发行价格的改变外，另一个显著的变化是，针对IPO后可能出现的"跌破发行价"状况，国航股份的控股股东国航集团做出了关于增持股份的进一步承诺："发行人控股股东中国航空集团公司承诺：自本次网上资金申购定价发行的股票在上海证券交易所上市交易后，至2006年12月31日，在中国国航A股股票市场价格低于发行价格的前提下，中航集团将以不低于当时市场价的价格，按相关监管要求在二级市场上增持股票，直至恢复到发行价格为止，累计增持量不超过6亿股的A股股票。"

虽然国航的网下配售备受冷落，但网上发行则比较顺利，2006年8月14日，以20倍的超额认购和5.33%的中签率创下了证券市场的纪录。

问题4：为什么国航股份境内IPO发行规模会大幅度缩水？从中可以发现我国新股发行制度存在什么问题？

四、案例分析

（一）普通股融资与其他融资方式相比有何特点？国航为什么首先选择境外上市，而后才是境内上市？

对于企业而言，在发展壮大的过程中都必须不断筹集资金（即融资），但不同的企业在不同的时期所选择的融资渠道和融资方式也是不同的。企业的决策者，尤其是财务方面的决策者，必须能够从众多的融资方式和融资渠道中选择出最适合本企业发展的。

一般来说，企业筹集资金的方式包括吸收直接投资、发行股票、发行债券、银行贷款、租赁、商业信用等。银行贷款是目前债权融资的主要方式，其优点在于程序比较简单，融资成本相对节约，灵活性强，只要企业效益良好、融资较容易。缺点是一般要提供抵押或者担保，筹资数额有限，还款付息压力大，财务风险较高。公司债券是指由公司发行并承诺在一定时间内还本付息的债权债务凭证。体现了债务人与债权人之间的行为。债券在本质上也是借钱与还钱关系，但其与贷款的根本区别在于债券可以公开进行交易。而贷款除非债券化，否则是不进行公开交易的。相对于股权融资，债券融资的资金成本较低，可以发挥财务杠杆的作用，同时可以保证股本对公司的控制权。但与银行贷款有着类似的缺点，即财务风险较高、限制条款多，且融资规模有限。对于融入资金的公司来说，债券融资与银行贷款有相似的特点，一般把两者统称为债权融资。股权融资亦即公司发行股票进行融资。对上市公司而言，发行股票所筹集的资金属于公司的资本；对股东而言，所持有股份代表对公司净资产的所有权。相对于债权融资，股权融资有着自己的优势，如：股票属公司的永久性资本，不需要偿还，也不必负担固定的利息费用，从而大大降低公司的财务风险；由于预期收益高，易于转让，因而容易吸收社会资本等。但股权融资也存在着不可避免的缺点，如发行费用高、易分散股权等。

普通股与优先股

公司股票按股东的权利可分为普通股、优先股及两者的混合等多种。普通股是指享有普通权利的股份，构成公司资本的基础，是股票的一种基本形式，也是发行量最大、最为重要的股票。普通股的收益完全依赖公司盈利的多少，因此风险较大，但享有优先认股、盈余分配、参与经营表决、股票自由转让等权利。优先股是公司在筹集资金时，给予投资者某些优先权的股票，如享有优先领取股息和优先得到清偿等优先权利，但股息是事先确定好的，不因公司盈利多少而变化，一般没有投票及表决权，而且公司有权在必要的时间收回。优先股还分为参与优先和非参与优先、积累与非积累、可转换与不可转换、可回收与不可回收等几大类。

在本案例中,中航集团和中航有限公司于2004年9月30日发起设立了中国国际航空股份有限公司(以下简称国航股份)(其中,中航集团占已发行普通股总股数的77.76%,中航有限占22.24%),也即国航股份吸收了中航集团和中国航空(集团)有限公司的直接投资(包括投入的各项资产和承担的相应负债),这是国航股份最初的资金来源。2004年12月,国航股份以国际配售及香港公开发行的方式,向境外发行H股。这说明,国航股份成立后,首先选择了在境外(香港和伦敦)公开发行普通股(H股)的方式募集资金。实际上,由于国内市场容量有限,去海外上市成为中国企业的一种时尚,上市成功往往会成为企业明星。一大批优质企业争先恐后到境外上市,仅2003年,就有中国人寿、中国人保、首创置业、中芯国际等重量级国有企业及股份制企业相继在境外上市。其中,中国人寿以融资35亿美元创下当年全球IPO的最高纪录。此后,建设银行、中国银行等国有银行也陆续在境外上市。

企业选择上市地点,涉及上市地法律环境、上市公司自身资质等多种因素,应当综合考虑上市的市场环境、上市成本以及维持挂牌的后期资金和技术成本等,但更重要的还是要考虑企业的发展战略,融资是为什么,战略是什么,这些都要结合起来考虑。当年的大盘股纷纷选择境外上市,是由于这些公司筹资量大,在2001~2005年股市陷入低谷的时候如果在国内进行IPO,不仅发行规模和发行价格难以保证,提高融资成本,而且会进一步对市场造成冲击,不利于社会经济的稳定。具体到国航股份来说,由于其大量涉及国际航空运输,提高国际影响力是非常重要的,境外上市显然有利于公司拓展海外业务并提高国际知名度。因此国航股份在2004年中国股市低迷时选择境外上市是明智的。那么,国航股份2006年为什么又要回归A股市场呢?

首先,从宏观环境来看,随着国内市场资本的规模与总量日益扩大,股市也于2005年下半年开始回暖,2006年股指大幅上扬,很多投资者开始主动要求境外上市的中国公司实现"海归",一方面,可以使广大投资者分享这些公司的成长性;另一方面,如果能让这部分企业回归A股,不但有利于增强市场供给,缓解流动性过剩的问题,从而有效地降低A股市场整体市盈率,降低市场风险。此外由于这些企业经受了国际资本市场的熏陶和磨炼,积累了一整套成熟、规范、国际化的企业经营和管理经验,这些经验将有助于提高国内企业经营和管理的整体水平。所以,无论从民间还是从监管层,都是支持"海归"的。海外上市的国企有序地回归A股市场,更深层次的意义是建立一个既能推动经济增长、合理分散风险、有效配置资源,又可使普通投资者分享经济增长财富效应的现代金融体系。于是,在A股市场的一路高歌猛进中,很多境外上市的大盘蓝筹股开始了"海归"之路,大唐发电、中国银行、中国人寿、北辰实业、广深铁路是除了国航股份外在2006年从H股回归上证所的5家上市公司。

其次,就国际航空公司自身而言,为了应对国内民航市场的快速增长,国航也必须购买更多的飞机扩充运能,以占领更多的市场份额。同时,近年来油价上涨,国内航空公司尽管收益增长,却几乎被高油价抵消,甚至出现亏损。航空公司不得不使出浑身解数,寻找除贷款外的更多融资渠道。在经过了发行企业债和短期券的过程后,A 股发行为国航建立了一个新的融资平台。连续 3 年盈利是 A 股上市的硬指标,但照目前航空业的走势来看,国航盈利压力会越来越大。受累于高油价以及连续 3 年盈利的硬性要求,国航的上市显然宜早不宜迟。虽然这次国航上市前即缩减融资规模,但与发行企业债券、短期券或者需要付出高额利息的银行贷款等融资手段相比,回归 A 股市场仍是国航目前最佳的融资手段。

(二)国航股份发行规模缩水之思考

仔细分析国航股份的发行过程,可以看到,国航股份发行规模之所以大幅度缩水,主要原因在于网下认购不足。根据招股意向书,国航此次 IPO 计划发行不超过 27 亿股 A 股,其中战略配售 3.5 亿股,其余部分的 50%(不超过 11.75 亿股)网下配售,50%(不超过 11.75 亿股)网上发行。其中,战略配售部分锁定期 18 个月,网下配售部分锁定期 3 个月。根据我国现行的股票发行制度,发行人及其保荐机构应向机构投资者进行询价,初步询价确定发行价格区间,累计投标询价则确定最终的发行价格,并根据此价格优先向机构投资者进行网下配售。但显然,国航股份的网下配售是不成功的,2006 年 8 月 4 日,国航网下配售仅有 36 家机构投资者向公司递交了《申购表》,36 张《申购表》在不同价位的申购情况如表 2-3 所示。

表 2-3 网下配售申购表

价格(元/股)	该价格申购数量(万股)	该价格及以上累计申购数量(万股)
2.75	2 960	54 130
2.76	2 220	51 170
2.78	2 000	48 950
2.80	34 220	46 950
2.81	100	12 730
2.82	180	12 630
2.83	100	12 450
2.85	700	12 350
2.88	500	11 650
2.90	10 100	11 150
2.95	1 050	1 050

资料来源:国航股份首次公开发行 A 股网下申购情况及定价结果公告。

由于国航股份已经在香港上市,因此股东大会曾决议"本次发行价将不会低于A股发行询价期间发行人H股在香港联交所之平均收市价之90%"。在本次发行询价期间,即从7月31日至8月4日止,发行人H股平均收市价(2.970港元/股)之90%为:2.673港元/股(按照2006年8月4日中国外汇交易中心公布的1港元对人民币1.026 22元的汇率调整后,该价格约合2.743元人民币)。因此,根据本次申购情况,以及国航股份自身的基本面情况,国航股份和保荐机构确定本次发行价格为2.80元/股。这样,上述有效申购就只有27张,申购总量为4.695亿股,只占此次发行总量的28.65%,与原计划网下配售的11.75亿股相比,缩水率超过60%。相对比而言网上发行则是成功的,20倍的超额认购和5.33%的中签率创下了证券市场的纪录。那么,网下认购不足的原因何在呢?

众所周知,IPO抑价的现象在各国资本市场普遍存在,IPO抑价现象是指新股首日上市交易价格高于发行定价,投资者认购新股能获得超额报酬的现象。这种现象在我国尤为严重。根据陈工孟、高宁(2000)以1992~1996年发行上市的480只A股为样本,统计出的平均抑价率高达335%。蒋顺才等(2006)对中国证券市场成立时起(1990年12月)到2004年12月31日止,沪深交易所通过IPO发行上市的1 237家A股公司的首日抑价情况进行了统计,发现其样本平均抑价率为151.71%。因此,每逢新股上市,都会受到大力追捧,创造了"新股不败"的证券界神话。但为何到了国航股份这里"新股不败"的神话就破灭了呢?上市时机是最关键的一个原因。对于国航的发行,可以说是管理层在错误的时间安排了一个错误的公司。首先,如前所述,虽然2006年从整体来看中国股市是一个"牛市"的状态,但其间也存在震荡调整。在2006年上半年股市行情看好的情况下,很多航母级公司纷纷上市,如中工国际、大同煤业、中国银行和保利地产等,这些新股的发行无不顺利结束,申购收益率分别为0.58%、0.68%、0.45%和0.54%。但到了下半年,市场本身已有不堪承受之重,大秦铁路7月21日网上申购,8月1日上市,申购资金首日收益率为0.162 4%,与此前新股上市首日的表现相比,申购资金收益率缩水较多。大秦铁路仅0.16%的申购收益率,令一部分专门打新股的机构十分意外,他们不得不继续持有,没有在上市首日抛出,造成部分打新股资金沉淀。再加上机构投资者对股票投资本身有比例的限制,申购新股的资金量有限,因而只能作有选择的申购。可见,不少机构一时资金腾挪不出,是造成国航网下申购遇冷的一个重要原因。其次,国航股份上市前期大盘持续下跌导致一些基金的净值缩水严重,为了减少损失,这些机构对于认购新股比较谨慎,而且网下认购的股票需锁定3个月,为了规避系统性风险,很多询价对象放弃了网下申购。此外,8月份正好是一个大量非流通股解禁的月份,对市场也构成压力,进一步给国航股份的发行蒙上了阴影。

知识点

申购收益率

新股申购收益率计算模型：
(1) 成本＝发行价×单位股数÷中签率＝A
(2) 收益＝单位股数×(上市首日收盘价－发行价)＝B
(3) 申购收益率＝收益B÷基本费用A＝C
(4) 时间＝T＋4天
(5) 年化收益率＝250÷4×C×新股发行频率D＝E
注：1年有效工作日250天。

行业不景气也是导致国航股份发行规模缩水的原因之一。民航总局发布的2006年上半年国内航空业运行数据，全行业亏损6.4亿元，其中，航空公司巨亏25.7亿元，南航、东航等在国内上市的航空公司都有严重的亏损。市场对于航空股的盈利情况出现了质疑，因此普遍不看好航空股，这也在一定程度上影响了国航股份的股票发行。

既然网下配售严重缩水，网上发行的成败成为决定国航股份此次发行是否能够成功的关键。为了保证发行成功，为投资者树立信心，国航股份的控股股东中国航空集团公司做出了增持承诺：自本次网上资金申购定价发行的股票在上海证券交易所上市交易后，至2006年12月31日，在中国国航A股股票市场价格低于发行价格的前提下，中航集团将以不低于当时市场价的价格，按相关监管要求在二级市场上增持股票，直至恢复到发行价格为止，累计增持量不超过6亿股的A股股票。在IPO发行的同时，大股东宣布增持计划，这在内地证券市场也是第一次。果然，在股票上市后，接连8天跌破发行价，中航集团公司遵循承诺，通过上海证券交易所交易系统增持国航股份共计122 870 578股，占股份总数11 072 210 909股的1.11％，起到了稳定股价的作用。从2006年9月4日以后到目前，国航股票没有再发生跌破发行价的情况。

后续进展情况

根据国航股份2008年7月9日发布的公告，该公司于2008年7月8日收到中国证券监督管理委员会证监许可[2008]891号《关于核准中国国际航空股份有限公司增发股票的批复》，核准该公司公开增发股票不超过40 000万股。

(三) 对我国目前股票发行定价制度的看法

1. 关于我国股票发行监管制度的演进

新中国建立后，由于一直实行计划经济，股票市场没有存在的基础。改革开放后，随着市场经济体制的建立和完善，以及国有企业公司制改革的不断深化，1990年和1991年分别成立了沪深两个证券交易所，至此，我国的股票市场才算正式建立。股票市场的一个主要功能是优化社会资源的配置，但前提是必须对股票市场进行严格的监管，否则，极易形成股市泡沫，进而引发整个国家的经济危机，这在历史上都是有例可循的，远如美国1929年股市大崩盘引发的整个资本主义世界经济大危机，近如日本20世纪90年代的股市、楼市泡沫破灭后，导致了延续十年的经济衰退。股票发行监管制度是整个股票市场制度建设中最重要的基础环节之一，对资源配置效率的提高和投资者利益的保护有着重要的影响。

从各国证券市场的实践来看，股票发行监管制度主要有三种类型：审批制、核准制和注册制。其中，注册制则是目前成熟资本市场普遍采用的发行体制。

知识点

审批制、核准制和注册制

审批制是由国务院证券管理部门根据国民经济发展需求及资本市场实际情况，先确定在一定时期内应发行上市的总额度或企业家数，然后向省级政府和行业管理部门下达股票发行指标，省级政府或行业管理部门在上述指标内推荐预选企业，证券主管部门对符合条件的预选企业同意其上报发行股票正式申报材料并审核。

核准制是指发行人在申请发行股票时，不仅要充分公开企业的真实情况，而且还必须符合有关法律和证券管理机关规定的必备条件，证券主管机关有权否决不符合规定条件的股票发行申请。证券主管机关除了进行形式审查外，还对发行人的营业性质、发行人财力、素质及发展前景、发行价格、发行数量等条件进行实质审核，并由此作出发行人是否符合发行实质条件的价值判断。在核准制下，发行人的发行权由审核机构以法定方式授予。其理念是"买者自行小心"和"卖者自行小心"并行。

注册制强调发行人申请发行股票时，必须依法将公开的各种资料完全准确地向证券监管机构申报。证券监管机构的职责是对申报文件的全面性、准确性、真实性和及时性作形式审查，不对发行人的资质进行实质性审核和价值判断，而是将发行人股票的良莠留给市场判断。注册制的基础是强制性信息公开披露原则，遵循"买者自行小心"理念。

在2000年以前，我国股票的发行监管制度主要以审批制为主，发行额度和发行家数都由地方政府和国务院证券管理部门确定。2001年3月开始实行核准制，最初实行的是"通道核准制",即向各综合类券商下达可推荐拟公开发行股票的企业家数(通道数),到2004年2月,开始实行"保荐核准制"。保荐制的主体由保荐人和保荐机构两部分组成,满足一定条件和资格的人方可担任企业发行股票的保荐人,凡具有两个以上保荐人的证券公司(或资产管理公司)可成为保荐机构,并具备推荐企业发行上市的资格。保荐制就其本质来说,是希望对证券发行设立一个"第一看门人",即保荐人,凭借其在保荐过程中对拟上市公司的洞察、了解和勤勉尽责,从而达到选择质地优良的公司上市,提高上市公司质量的目的。保荐制由保荐人承担发行上市过程中的连带责任,这是该制度设计的初衷和核心内容。保荐人的保荐责任期包括发行上市全过程,以及上市后的一段时期(比如两个会计年度)。从长远看,中国股票发行监管制度的改革目标是加快市场化进程,确立市场机制对资本市场资源配置的基础性地位,因此,目前的核准制最终将转变为完全市场化的注册制。

2. 关于我国股票发行定价方式的演进

与股票发行监管制度相适应,A股市场证券发行定价方式也经历了非市场化—市场化—非市场化—市场化的反复,直到现在关于新股发行方式改革的讨论还在继续。在审批制下,新股发行经历了固定市盈率和开放市盈率的转变。20世纪90年代中后期,新股发行使用固定市盈率的定价方法,发行市盈率由证监会按照不同发行时期及发行人的微观特征确定在9~22倍。1999年7月,根据《证券法》的相关规定,证监会明确了发行价格由发行人和承销商协商确定的定价方式,同时要求定价须参考机构投资者意见,最终发行价格须通过证监会审核。发行定价市场化使新股发行市盈率大幅提高,2000年首发新股闽东电力达到了创纪录的88.69倍。然而市场化并没有得到市场和监管层的认可,大部分采用市场化方式发行的新股上市后大幅下跌。2001年下半年(11月以后),在发行定价市场化受挫后,监管层恢复了在首发新股中控制发行市盈率的做法,发行市盈率不超过20倍。后来又进一步将首发新股的融资额限制在发行前净资产的2倍,以此限制高价IPO融资。

2004年,伴随着"保荐核准制"的实施,证监会规定自2005年1月1日起,正式实施首次公开发行股票(IPO)询价制度,IPO询价制度是指首次公开发行股票的公司(简称发行人)及其保荐机构应通过向机构投资者询价的方式确定股票发行价格。根据中国证监会发布的《关于首次公开发行股票试行询价制度若干问题的通知》,自2005年1月1日起,所有首次公开发行股票的公司,均应通过向询价对象询价的方式确定股票发行价格。询价对象应为符合中国证监会规定条件的基金管理公司、证券公司、信托投资公司、财务公司、保险公司和合格境外机构投资者(QFII),或其他经证监会认可的机构投资者。根据通知,发行申请经证监会核准后,发行人应公告招股意向书,开始进行推介和询价。询价分为初步询价和累计投标询价两个阶段。在初步询价阶段,发行人及其保荐机构应向不少于20家询价对象进行初步询价,公开发行股数在4亿股(含4亿股)以上的,参与初步询价的对象应不少于50家。发行人及其保荐机构应通过初步询价确定发行价格区间,通过累计投标询价确定发行价格。在累计投标询价完成后,发行人及其保荐机构应向参与累计投标询价的询价对象配售股票。公开发行数量在4亿股以下的,配售数量应不超过本次发行总量的20%;公开发行数量在4亿股以上(含4亿股)的,配售数量应不超过本次发行总量的50%。其余股票以相同价格按照发行公告规定的原则和程序向社会公众投资者公开发行。

在上面的分析中,我们知道上市时机和行业不景气是国航股份发行受阻的主要原因,一般的分析都是如此评论的。但笔者认为,上市时机和行业不景气都是影响国航股份IPO的浅层次、表面因素,其根本原因还在于我国的股票发行制度。在案例资料中,我们知道国航股份此次IPO之所以引人关注,主要是出于两个焦点:其一是国内证券市场首次出现IPO发行规模缩水;其二是首次出现控股股东增持承诺。从深层次来讲,发行规模的大幅度缩水已经反映了我国股票发行制度中的弊端。

现行的股票发行制度(国航股份IPO适用的也是这个制度),是2006年"新老划断"以后开始实施的,其基本特征是建立了一个面向机构投资者的询价机制,同时也形成了一个向机构投资者倾斜的发行模式,并且是以资金量的大小为配售新股的最主要原则。截至目前,上百个新股依据这样的方案完成了发行,在筹资额度上屡屡打破历史纪录。应该说,现行的新股发行方案在这方面是起到了相应的作用,其影响也的确有积极的一面。然而,众所周知,新股发行涉及社会各个层面,又牵涉巨额利益的分配,因此这个制度的制定本身就是高难度的,而且也确实很难搞出一个十分合理、能够充分满足各方要求的方案。如前所述,自从开设股市、通过公开渠道发行新股以来,相关的制度就曾经搞过很多个,但也都因为各有其不足之处而在实施了一段时间后被停止执行。现行的新股发行制度,应该说也是在征求了市场各界的意见后,经反复修改推出来的,相对还是比较成熟的。但是,它也存在不小的缺陷。而且随着市场的发展,这方面的问题还在扩大,因此也就有及时进行调整、加以完善的需要。

缺陷之一:就是在询价环节中,受到各种因素的制约,询价流于形式,没有能够真正发挥应有的作用。询价制实施后,新股的发行价格以询价区间的上限发行已成为市场的"潜规则",就是询价流于形式的一种表现。而且"海归"的公司在定价时还会考虑海外市场的交易价格,如国航股份此次承诺"本次发行价将不会低于A股发行询价期间发行人H股在香港联交所之平均收市价之90%",事实上在A股发行期间,H股的股价经常会大幅上涨,这样就会出现H股"倒逼"A股定价的现象,使境内发行价格偏高,不过,在国内"新股不败"的情况下,这种现象没有引起重视。但国航股份此次IPO显然打破了这个"潜规则",此次国航的询价区间为2.75~2.95元/股,所对应的市盈率区间为20.07~21.53倍。如果按照以往的"潜规则",国航的发行价当定在2.95元/股。而事实上发行价却定在其询价区间中间价下方的2.80元。对照以往,国航的发行价已经算定得不高了,但网下配售依然困难重重。我们知道,2.75~2.95元/股的定价区间是经过初步询价确定的,询价对象与配售对象是一致的,2.80元的发行价格也是定在了这个区间之内,甚至已经接近最低价格了,怎么还会遭到冷遇呢?显然,国航股份的询价是不成功的。作为国内最优质的航空公司,国航应当是机构重点培植的股票品种,但在价值判断上,国航和投资机构缺乏沟通,从招股到配售结束,仅仅5天时间,这大大增加了推介的困难,这一点可以说是国航自身的因素造成的。但股票发行制度也难辞其咎,目前网下配售对象过于单一,很多时候,投资机构认不认购往往只是取决于基金经理和分析师的个人意愿,各机构的同行业分析师又基本属于同一圈子,很容易产生一些非理性的分析结果。

即使在发行价定得不高的情况下,IPO后仍然接连8天跌破发行价(当时市场暂时低迷也是一个原因),不过,跌破发行价其实并不可怕,只不过在中国的特殊国情下显得比较特别。在海外市场,新股跌破发行价是经常有的事情,上市后如果涨幅过大,实际上是意味着询价机制没有起到应有的作用,这对于承销人来说是种失职。但是,这种状况在我们的市场中却是一直在发生。当然,新股上市后如果涨幅很大,也不能排除有市场方面的原因,但如果每个新股都这样,这只能说明询价机制有问题。而由此产生的"新股不败"现象,对于证券市场风险与收益的平衡是不利的。

国航股份此后的股价一直稳定上升,没有再出现跌破发行价的现象,说明市场对国航股份的成长性是肯定的。在IPO过程中的一波三折,除了市场的原因外,股票发行制度的缺陷才是最根源的问题。

缺陷之二:是发行过程中有违公平原则,过度向机构投资者倾斜。由于发行分为战略配售、网下申购与网上申购三部分,而个人投资者只能参与网上申购,相对机构投资者来说,其中签的比例就低了不少,导致明显的不公,客观上还为权力寻租提供了空间。现在,虽然战略配售事实上已经停了下来,但机构仍然占据了进行网下申购的优势。国航股份IPO过程中,机构投资者和中小投资者的价值取向显然不同,机构过度低估了国航的价值(当然不排除机构故意压低发行价格,以赚取更大利益的情况),而参与网上申购的个人投资者对国航的成长性则是肯定的,认购也比较积极。

网下申购是与询价相配套的,前面我们已经阐述了现行询价制的弊端——询价往往流于形式,而且现行的询价制进一步加剧了机构投资者与个人投资者之间的不公平程度。在询价过程中,机构投资者拥有绝对的话语权,网下申购和网上申购的价格都必须按照询价结果来进行,只能参与网上申购的个人投资者只能被动地接受这个价格,那么在询价不能公开、公正地反映公司价值的情况下,个人投资者的利益无法得到有效保护。机构不仅可以对定价施加影响,而且可以同时参与网下申购与网上申购,由于资金优势,机构网上申购的成功率显然要大大高于个人投资者,这样,就算机构在网下配售不积极,也还可以通过网上申购再补充,而且还可以借此压低发行价格,赚取更大的利益。国航股份由于没有与机构投资者做好沟通,导致机构对其价值低估,最终以较低的价格发行股票,提高了融资成本。

缺陷之三:就是新股发行过程中以资金量作为配售的主要依据,将大量资金吸引到认购新股的行列之中。加上新股发行在安排上并不过多考虑时间因素,节奏时快时慢,结果导致巨额资金在银行与股票一级市场之间无序流动。显然,当几万亿元的资金聚集在一级市场,为认购新股而忙进忙出,无暇进入到正常的生产与流通领域的时候,很难想象这个时候的金融体系运行是平稳的,这种资金的流向是合理的。如果说,从金融市场的角度来说,这至少降低了资金的使用效率;那么站在金融安全的角度而言,则应该承认这不能说是一个正面的、有益的因素。在大盘股越发越多的今天,现行新股发行制度对金融稳定的负面影响是在不断加大。

2006年9月19日开始实行的《证券发行与承销管理办法》规定了首次公开发行股票数量在4亿股以上的,发行人及其主承销商可以在发行方案中采用超额配售选择权,即"绿鞋"机制。具体来说,是指在新股发行时,发行人授予主承销商的一定选择权,获此授权的主承销商按同一发行价格超额发售不超过包销数额15%的股份,即主承销商按不超过包销数额115%的股份向投资者发售。由于这个选择权的做法源于1963年美国一家名为波士顿绿鞋制造公司的股票发行,所以俗称"绿鞋"。"绿鞋期权"可以调节发行新股的需求与供给,满足了部分未购得新股投资者的需求,也保护了已购得新股的投资者的权益,可以起到稳定新股股价的作用。绿鞋机制的启用,在一定程度上可以避免国航事件再次发生。

五、案例讨论

1. 公司公开发行股票筹集的资金是有明确用途的,发行后公司是否可以改变募集资金的用途?如果可以,应该如何披露有关信息?有关法律法规对此有何规定?

2. 目前,新股发行制度的改革是理论界和实务界讨论的热点问题,结合本案例,请说出你对新股发行制度改革的建议。

六、案例拓展阅读

2006年高新张铜股份有限公司首次公开发行股票[①]

(一) 公司简介

高新张铜股份有限公司,是根据《公司法》等法律、法规的有关规定,经江苏省人民政府批准(苏政复[2001]223号文),由高新张铜金属材料有限公司整体变更设立的

---

① 资料来源:巨潮资讯网(www.cninfo.com.cn),《高新张铜股份有限公司首次公开发行股票上市公告书》和《高新张铜股份有限公司董事会关于募集资金使用情况的公告》。

（续上）

股份有限公司。2001年12月29日，经江苏省工商行政管理局核准登记，公司注册成立，注册资本为10 800万元。该公司属有色金属压延加工业，其经营范围为：有色金属加工。包括本企业自产产品及技术的出口业务；代理出口将本企业自行研制开发的技术转让给其他企业所生产的产品；经营本企业生产、科研所需的原辅材料、仪器仪表、机械设备、零配件及技术的进口业务（国家限定公司经营和国家禁止进出口的商品和技术除外）；经营进料加工和三来一补业务。

该公司为有色金属行业的铜产品制造厂商，主要从事空调制冷用铜管、铜水管及管件、铜合金系列产品的生产和销售。

该公司于2006年10月25日在深圳证券交易所上市，股票简称：高新张铜，股票代码为002075。

（二）股票发行情况

(1) 发行股数：9 000万股，占发行后总股本的比例为45.45%。

(2) 发行价格：4.25元/股。

(3) 发行方式：网下向询价对象定价配售和网上资金申购定价发行相结合，公司网下配售1 800万股，配售比例为0.885 434 6%；网上定价发行7 200万股，中签率为0.184 189 357 0%。

(4) 募集资金总额及注册会计师对资金到位的验证情况：本次募集资金总额为38 250万元，北京京都会计师事务所有限责任公司于2006年10月16日对公司首次公开发行股票的资金到位情况进行了审验，并出具了验资报告。

(5) 每股发行费用为0.193元。

(6) 募集资金净额为365 088 105.54元。

(7) 募集资金使用情况如表2-4所示。

表2-4 高新张铜股份公司募集资金使用情况表　　　　单位：万元

序号	项目名称	募集资金计划投入			截至9月30日实际投入		
		固定资产投资	流动资金	合计	固定资产投资	流动资金	合计
1	20 000吨环保铜水管技改项目	1 438	5 868	7 306	1 438	7 198.00	8 636.00
2	环保铜水管管件及配件技改工程项目	4 510	486	4 996	4 510	494.04	5 004.04
3	超细、超薄高效节能内螺纹铜盘管技改工程项目	4 350	580	4 930	4 350	3 224.73	7 574.73

(续上)

(续表)

序号	项目名称	募集资金计划投入			截至9月30日实际投入		
		固定资产投资	流动资金	合计	固定资产投资	流动资金	合计
4	高精度黄铜管工程项目	4 400	500	4 900	4 400	502.22	4 902.22
5	汽车同步器铜合金齿环及齿环材料技改项目	2 076	3 882	5 958	2 076	4 002.00	6 078.00
6	高精度黄铜棒工程项目	4 050	750	4 800	4 050	981.29	5 031.29
	合 计	20 824	12 066	32 890	20 824	16 402.28	37 226.28

公司首次公开发行前,六个募集资金项目已经以银行借款和自有资金全部投入完毕。募集资金到位后,公司已按照招股说明书披露,将募集资金净额中20 824万元(六个募集资金项目中固定资产投资部分)归还银行借款,将归还银行借款后的资金15 684万元补充到各募集资金项目的流动资金中。至此,公司募集资金已按照招股说明书披露的计划全部使用完毕。

(8) 发行后每股净资产:3.05元(按2006年6月30日经审计净资产值加本次发行募集资金净额之和除以发行后总股本计算)。

(9) 发行后每股收益:0.183元/股(按2005年经会计师事务所审计的、扣除非经常性损益前后孰低的净利润除以本次发行后总股本计算)。

发行后预测每股收益:0.242元/股(按2006年经会计师事务所审核的、扣除非经常性损益前后孰低的净利润预测数除以本次发行后总股本计算)。

要求:分析高新张铜股份有限公司首次公开发行股票定价和募集资金规模的合理性。

案例 3

华菱管线公司发行可转换债券①

一、本案例学习目标

通过本案例分析和学习,掌握可转换债券融资的特点以及公司发行可转换债券的动机,了解可转换债券发行规模、利率、转股价格、回售、提前赎回等条款的设计以及可转债的发行时机等。

二、问题的引出

> 湖南华菱管线股份有限公司是中国 10 大钢铁企业之一,近年来主营业务收入和净利润增长迅速并呈现出持续上升发展态势。2003 年,为提升产品结构,公司决定进行以下项目的建设:投资 100 000 万元用于薄板公司建设薄板项目二期工程;投资 32 007 万元建设公司湘钢事业部"精品工程"技术改造项目;投资 50 000 万元合资组建项目公司建设矽 100 无缝钢管机组技术改造项目;投资 8 184 万元增资华菱光远建设高效换热器铜盘管改造项目;投资 4 950 万元建设公司 ERP 整合系统技术改造项目。项目共需募集资金投入 195 141 万元。那么,华菱管线的管理层需要考虑的是应该采用何种方式进行融资,以获得项目建设所需资金?
>
> 我们将关注可转换债券融资的特点、动机、条款设计以及发行时机。

三、案例陈述及阅读引导

(一) 公司背景

湖南华菱管线股份有限公司(以下简称"华菱管线")是经湖南省人民政府湘政函

---

① 本案例来源于朱清贞等:《财务管理案例教程》,清华大学出版社 2006 年版。

[1999]58号文批准,由华菱集团作为主发起人,于1999年4月29日以发起方式设立的股份有限公司。公司于1999年7月5日发行20 000万股A股,同年8月3日在深交所挂牌上市,注册资本为125 230.00万元。公司股票简称"华菱管线",股票代码"000932"。

2000年7月24日,公司实施了1999年度利润分配方案,以1999年末的总股本为基数,向全体股东每10股送红股2股、派现金红利0.50元,并以公积金向全体股东每10股转增0.5股。该方案实施后,公司的注册资本变更为156 537.50万元。

2002年3月11日公司增发20 000万股A股,同年3月27日增发股份在深交所上市交易。该次发行后,公司注册资本变更为176 537.50万元。

华菱管线公司是我国电站用高压锅炉管、石油管、制品用优质线材、国家重点工程用优质螺纹钢的生产基地和中南地区最大的铜盘管生产基地,主要产品有线材、螺纹钢、无缝钢管、铜盘管等八大类5 000多个品种规格,国内市场占有率较高,部分产品出口美国、欧洲、新加坡、韩国、马来西亚、澳大利亚、中东、中国台湾等国家和地区。发行人是全国十大钢铁企业之一,已通过ISO9002质量体系认证和ISO14001环境体系认证,双菱牌螺纹钢筋获得国家免检产品证书,华光牌线材有2个产品获得国家质量金杯奖,锚链钢、船用不等边角钢分别通过中、英、美、挪威、日等国家船级社工厂认证,石油用钢管和结构钢管分别通过美国API认证和德国TÜV认证。

> **问题1**:请上网查找华菱管线公司的定期公告和临时公告,结合上述背景介绍,分析华菱管线发行可转换债券的可行性。

(二)可转债的发行情况

华菱管线公司的管理层最终决定采用发行可转换债券的方式来筹集项目建设所需资金。经中国证券监督管理委员会(证监发行字[2004]114号)文核准,该公司于2004年7月16日成功地公开发行了2 000万张可转换公司债券,并于2004年8月3日在深圳证券交易所挂牌交易,债券简称"华菱转债"(代码125932)。发行的基本情况如下:

(1) 债券类型:可转换公司债券。
(2) 发行总额:200 000万元。
(3) 发行数量:2 000万张(每张面值100元)。
(4) 票面金额:100元/张。
(5) 发行价格:按面值平价发行。
(6) 本次可转债基本情况:

债券期限:5年。

利率和付息日期:华菱转债按票面金额由2004年7月16日(发行首日)起开始计算利息,利率为第一年1%,第二年1.5%,第三年2%,第四年至第五年2.5%,每年付息一次。2005～2009年每年的7月16日为付息登记日。发行人在付息登记日之后5个交易日内完成付息工作。在付息债权登记日当日申请转股或已转股的华菱转债持有人,将无权获得当年及以后的利息。

初始转股价格:5.01元(以公布募集说明书前30个交易日公司A股股票的收盘价的算术平均值为基础,上浮0.1%)。

转股起止日期:自发行之日(2004年7月16日)起6个月后的第一个交易日(2005年1月16日)起(含当日)至债券到期日止的期间(2005年1月16日至2009年7月16日)为转股期。

华菱转债担保人:招商银行长沙分行。

资信评级情况:根据上海远东资信评估有限公司的评级结果,本次可转债的资信等级为AAA级。

(7) 发行时间:

原流通股股东优先认购和网上申购:2004年7月16日,深交所交易系统的正常交易时间,即上午9:30～11:30,下午13:00～15:00。

原法人股股东优先认购和网下申购:2004年7月16日的9:00～15:00。上述时间如遇不可抗力则顺延至下一交易日继续进行。

(8) 发行对象:

向发行人原股东优先配售:本发行公告公布的股权登记日收市后登记在册的发行人所有股东。

网下向机构投资者配售和深圳证券交易所交易系统上网向公众投资者定价发行:中华人民共和国境内持有深圳证券交易所股票账户的自然人、法人、证券投资基金等(法律法规禁止购买者除外)。

(9) 发行方式:

本次发行的可转债向原股东优先配售,原股东可优先认购的华菱转债数量为其在股权登记日收市后登记在册的"华菱管线"股份数乘以2.00元,再按100元1张转换成张数,不足1张的部分按照深圳证券交易所配股业务指引执行。

本次发行采用网下对机构投资者配售和通过深圳证券交易所交易系统上网定价发行相结合的方式进行。

本次可转换公司债券发行初步确定:网上向公众投资者上网定价发行的华菱转债数量为向原股东优先配售后的50%;网下对机构投资者配售的华菱转债数量为向原股东优先配售后的50%。根据实际申购结果,按照上网定价发行比例和网下配售比例趋于一致的原则,主承销商和发行人可在初定的网下配售数量和上网定价发行数量之间做适当回拨。

原股东除可参加优先配售外,还可参加原股东优先配售后余额的申购。

(10) 本次发行的华菱转债不设持有期限。

(11) 承销方式：由承销团余额包销。

(12) 上市安排：发行人将在本次发行结束后尽快向深圳证券交易所申请上市，办理有关上市手续，具体上市时间将另行公告。

> **问题 2**：从投资者角度看，华菱转债是否具有投资价值？

(三) 可转债的主要条款

1. 发行总额、票面金额及期限

本次发行的可转债总额为 200 000 万元人民币，每张面值 100 元，共计 2 000 万张。可转换公司债券期限为 5 年，由 2004 年 7 月 16 日起至 2009 年 7 月 15 日止。

2. 利率及付息

(1) 利率。可转债票面年利率初定为：第 1 年 1%，第 2 年 1.5%，第 3 年 2%，第 4～第 5 年 2.5%。可转债计息起始日为可转债发行首日。

(2) 付息。每年的计息日为本次可转债发行首日起每满 12 个月的当日，第一次付息日为本次可转债发行首日起满 12 个月的当日，本次可转债发行首日起至第一次付息日为一个计息年度，此后每相邻的两个付息日之间为一个计息年度。

本次发行的可转债存续期限为 5 年，利息每年以现金支付一次。

公司将在付息债权登记日之后 5 个交易日之内支付当年利息。在付息债权登记日前（包括付息债权登记日）转换成股票的可转债不享受当年度利息。

年度利息指可转债持有人按持有的可转债票面总金额自发行首日起每满 12 个月可享受的当期利息。每位可转债持有人当年应得的利息等于该持有人在付息债权登记日深交所收市后持有的可转债票面总金额乘以票面利率，结果精确到"分"。

年度利息计算公式为：

$$I = B \times i$$

其中：I 表示支付的利息额；B 表示可转债持有人持有的可转债票面总金额；i 表示可转债的当年票面利率。

公司将根据与深交所签订的可转债《上市协议》，委托深交所按上述办法通过其清算系统代理支付可转债的利息。

(3) 付息债权登记日。付息债权登记日为付息日前一个交易日，只有在付息债权登记日当日收市登记在册的可转债持有人才享受当年年度的利息。

3. 可转债转股的有关约定

(1) 转股的起止日期。自本次发行之日起 6 个月后至可转债到期日止为可转债的转

股期。

(2) 初始转股价格的确定依据及计算公式。根据《可转债实施办法》第 19 条之规定,本次发行的可转债初始转股价格以公布募集说明书之日前 30 个交易日公司股票的平均收盘价格为基础上浮 0.1%。

计算公式如下:

初始转股价格＝公布募集说明书之日前 30 个交易日该公司 A 股股票的平均收盘价格×(1+0.1%)

初始转股价自本次发行结束后开始生效。

(3) 转股价格的调整

第一,转股价格的调整方法及计算公式。在本次发行之后,当该公司因送红股、增发新股或配股、派息(不包括因可转债转股增加的股本)使股份或股东权益发生变化时,将按下述公式进行转股价格的调整:

送股或转增股本: $P_1 = P_0/(1+n)$

增发新股或配股: $P_1 = (P_0 + Ak)/(1+k)$

两项同时进行: $P_1 = (P_0 + Ak)/(1+n+k)$

派息: $P_1 = P_0 - D$

其中: P_0 为初始转股价; n 为送股率; k 为增发新股或配股率; A 为增发新股价或配股价; D 为每股派息; P_1 为调整后转股价。

在本次发行之后,当该公司因合并或分立等其他原因使股份或股东权益发生变化时,由公司股东大会按照公平、公正、公允的原则确定转股价格调整方法。

第二,调整程序。若该公司因上述原因决定调整转股价格、确定股权登记日时,公司将向深交所申请暂停转股并公告,在刊登正式公告前一天至股权登记日期间,深交所将暂停公司可转债转股,并依据公告信息对转股价格进行调整。股权登记日后的第一个交易日(即转股价格调整日)恢复转股申报,转股价采用调整后的转股价格。转股价格调整日为转股申请日或之后,转换股份登记日之前,该类转股申请应按调整后的转股价格执行。

(4) 转股价格修正条款

修正权限与修正幅度。当该公司 A 股股票在可转债转股期内连续 5 个交易日收盘价的算术平均值低于当期转股价格的 95% 时,公司董事会有权向下修正转股价格,但修正后的转股价格不低于关于修正转股价格的董事会召开前 5 个交易日公司 A 股股票收盘价格的算术平均值。

修正程序。如该公司决定向下修正转股价格时,该公司将在中国证监会指定的信息披露报刊及互联网网站上刊登董事会决议公告,公告修正幅度和股权登记日,并于公告中指定从某一交易日开始至股权登记日暂停可转债转股。从股权登记日的下一个交易日开始恢复转股并执行修正后的转股价格。

公司行使降低转股价格之权利不得代替前述的"转股价格的调整方法"。

(5) 转股时不足1股金额的处理方法。对申请转股的可转债不足转换为1股股份的可转债部分,公司将在转股后的5个交易日内,以现金兑付该部分可转债的票面金额及应计利息。

(6) 转换年度有关股利的归属。在当年度股利发放的股权登记日当日登记在册的所有普通股股东(含因转股形成的股东)均参与当期股利分配,享有同等的权益。

4. 转股的具体程序

(1) 转股申请的声明事项及转股申请的手续。可转债持有人可以依据本次可转债募集说明书的条件,按照当时生效的转股价格在转股期内的可转换时间,随时申请转换为公司A股股票。

持有人申请转股将通过深交所交易系统按报盘方式进行。在转股期内深交所将专门设置一交易代码供可转债持有人申请转股,持有人可以将自己账户内的可转债全部或部分申请转为公司股票。持有人提交转股申请,须根据其持有的可转债面值,按照当时生效的转股价格,向其指定交易的证券经营机构申报转换成公司股票的股份数。与转股申请相应的可转债总面值必须是100元的整数倍,申请转股的股份须是整数股,不足转换1股的可转债处理办法见上文"转股时不足1股金额的处理方法"。转股申请一经确认,不能撤单。若持有人申请转股的数量大于该持有人实际持有可转债能转换的股份数,深交所将确认其最大的可转换股票部分进行转股,申请超过部分予以取消。

(2) 转股申请时间。持有人须在转股期内的转股申请时间提交转股申请。转股申请时间是指在转股期内深交所交易日的正常交易时间,除了以下时间:在可转债停止交易前的可转债停牌时间;公司股票停牌时间;按有关规定,公司须申请停止转股的时间。

(3) 可转债的冻结及注销。深交所对转股申请确认有效后,将记减(冻结并注销)持有人的可转债数额,同时记加持有人相应的股份数额。

(4) 股份登记事项及因转股而配发的股份所享有的权益。登记机构将根据托管券商的有效申报,对持有人账户的股票和转债的持有数量作相应的变更登记。

提出转股申请的持有人在转股申请的第二个交易日办理交割确认后,其持有的因转股而配发的公司普通股便可上市流通。

因转股而配发的公司的普通股与公司已发行的普通股享受同等权益。

(5) 转股过程中的有关税费事项。转股过程中有关税费由可转债持有人自行负担,除非公司应该缴纳该类税费或者公司对该类税费有代扣代缴义务。

5. 赎回条款

(1) 赎回条件与赎回价格。在公司可转债转股期内,如该公司 A 股股票连续 30 个交易日的收盘价高于当期转股价格的 130%,公司有权赎回未转股的公司可转债。当赎回条件首次满足时,公司有权按面值的 105%(含当期利息)的价格赎回全部或部分在"赎回日"(在赎回公告中通知)之前未转股的公司可转债。公司在赎回条件首次满足后可以进行赎回,首次不实施赎回的,当年不再行使赎回权。

若在该 30 个交易日内发生过转股价格调整的情形,则落在调整前的交易日按调整前的转股价格和收盘价计算,落在调整后的交易日按调整后的转股价格和收盘价计算。

(2) 赎回程序。当前述赎回条件满足且公司决定执行本次赎回权时,该公司将在该次赎回条件满足后的 5 个交易日内,在中国证监会指定报刊和互联网网站连续发布赎回公告至少 3 次,通知可转债持有人有关该次赎回的各项事项,赎回日距首次赎回公告的刊登日不少于 30 日但不多于 60 日。

(3) 赎回的付款办法,当该公司决定执行全部赎回时,在赎回日当日所有登记在册的可转债将全部被冻结;当该公司决定执行部分赎回时,具体的执行办法视当时深交所的规定处理。

该公司委托深交所通过其清算系统代理执行赎回款项,深交所将在赎回日后 5 个交易日内办理因赎回引起的清算、登记工作。赎回完成后,相应的赎回可转债将被注销,同时深交所将按每位持有人应得的赎回金额记加每位持有人账户中的交易保证金;未赎回的可转债,于赎回后第 1 个交易日恢复交易和转股。

6. 回售条款

(1) 回售程序与回售价格。在公司可转债转股期间,如果该公司 A 股股票收盘价连续 15 个交易日低于当期转股价格的 85% 时,可转债持有人有权将持有的全部或部分可转债以面值 107%(含当期利息)的价格回售予公司。

持有人在上述回售条件首次满足后可以进行回售,首次不实施回售的,当年不能再行使回售权。

(2) 回售程序。在前款回售条件满足后的 5 个交易日内,该公司将在中国证监会指定报刊和互联网网站连续发布回售公告至少 3 次。行使回售权的可转债持有人应在回售公告期满后的 5 个交易日("回售申报期")内通过深交所交易系统进行回售申报,该公司将在回售申报期结束后 5 个交易日("回售日")内,按前款规定的价格支付回售的款项。回售申报期内不进行申报,不能行使当次回售权。

(3) 回售的付款办法。该公司将在回售日内将回售所需资金划入深交所指定的资金账户。深交所将在回售日后 5 个交易日内办理因回售引起的清算、登记工作。回售完成后,相应的回售可转债将被注销,同时深交所将按每位持有人应得的回售金额记加每位持有人账户中的交易保证金。

可转债持有人的回售申报经确认后不能撤销,且相应的可转债数额将被冻结。

回售期结束,公司将公告本次回售结果对公司的影响。

7. 附加回售条款

(1)附加回售条件与附加回售价格。本次发行可转债募集资金投资项目的实施情况与该公司在本次可转债募集说明书中的承诺相比,如出现变化,根据中国证监会的相关规定可被视作改变募集资金用途或被中国证监会认定为改变募集资金用途的,持有人有权以面值105%(含当期利息)的价格向公司附加回售可转债。持有人在本次附加回售申报期内未进行附加回售申报的,不应再行使本次附加回售权。

(2)附加回售程序和付款办法。在关于改变募集资金用途的股东大会公告后5个交易日内,该公司将在中国证监会指定报刊和互联网网站连续发布附加回售公告至少3次,行使附加回售权的持有人应在附加回售公告期满后的5个交易日内通过深交所交易系统进行附加回售申报,该公司将在附加回售申报期结束后5个交易日,按前款规定的价格将回售所需资金划入深交所指定的资金账户。深交所将根据公司的支付命令,记减并注销持有人的可转债数额,并加记持有人相应的交易保证金数额。

可转债持有人的回售申报经确认后不能撤销,且相应的可转债数额将被冻结。

附加回售期结束,公司将公告本次附加回售结果及其对公司的影响。

8. 向公司现有股东配售的安排

本次发行的可转债向现有股东优先配售,现有股东可优先认购的华菱管线转债数量为其在股权登记日收市后登记在册的"华菱管线"股份数乘以2元(即每股配售2元),再按100元1张转换成张数,不足1张的部分按照深圳证券交易所配股业务指引执行。

公司第一大股东湖南华菱钢铁集团有限责任公司根据承诺以现金认购本次可转债850万张(即85 000万元),同时放弃剩余的优先配售权;长沙矿冶研究院根据承诺全额认购本次可转债5万张(即500万元);公司其他国有法人股股东张家界冶金宾馆、湖南冶金投资公司和中国冶金进出口湖南公司均根据承诺全额放弃本次可转债的优先配售权。

9. 可转债流通面值不足3 000万元的处置

根据《可转换公司债券管理暂行办法》第25条的规定,可转债上市交易期间,未转换的可转债流通面值少于3 000万元时,深交所将立即公告,并在3个交易日后停止交易。

从可转债因上述原因被停止交易后至可转债到期日,公司有权按面值加上应计利息提前清偿未转股的全部可转债。

如发生上述情形,公司董事会将在5个交易日内,在中国证监会指定报刊和互联网网站连续发布提前清偿公告至少3次。公告中将载明提前清偿的程序、价格、付款方法和时间等内容。深交所将根据公司的支付指令,直接记加可转债持有人相应的交易保证金,同时注销所有可转债。

提前清偿结束后,公司将公告提前清偿对公司的影响。

10. 利息补偿条款

在公司可转债到期日之后的 5 个交易日内,公司除支付上述的第 5 年利息外,还将补偿支付到期可转债持有人相应利息。

补偿利息计算公式为:

补偿利息＝可转债持有人持有的到期转债票面总金额×2.5％×5－

可转债持有人持有的到期可转债 5 年内已支付利息之和

> **问题 3**：请查找国内外其他公司发行可转债的资料,与华菱转债的主要条款进行对比,分析可转债融资的特点以及发行动机。

(四) 湖南华菱管线股份公司可转债付息公告

湖南华菱管线股份有限公司于 2004 年 7 月 16 日发行可转换公司债券(华菱转债),截至 2005 年 7 月 15 日华菱转债期满 1 年。2005 年 7 月 11 日,根据公司《可转债募集说明书》有关条款的规定,该公司发布了华菱转债付息的有关事项。

1. 分红派息方案

按照该公司《可转债募集说明书》债券条款的规定:"可转债按票面金额由 2004 年 7 月 16 日起开始计算利息,利率为第一年 1％、第二年 1.5％、第三年 2％、第四年至第五年 2.5％。"2004 年度华菱转债派息方案为：每 10 张华菱转债(面值 100 元)派息 10 元,扣 20％个人所得税后,个人投资者和基金实际每 10 张派息 8 元。

2. 付息债权登记日与除息日

根据该公司《可转换债券募集说明书》债券条款的规定,本次付息债权登记日为 2005 年 7 月 15 日(星期五),除息日为 2005 年 7 月 18 日(星期一)。

3. 付息对象

本次付息对象为:截至 2005 年 7 月 15 日深圳证券交易所收市后,在中国证券登记结算有限责任公司深圳分公司登记在册的全部"华菱转债"持有人。

4. 付息方法

本次华菱转债所派利息于 2005 年 7 月 18 日通过股东托管券商直接划入其资金账户。

(五) 可转债的"回售风波"

"华菱转债"从 2005 年 4 月 20 日到 5 月 18 日,连续 15 个交易日股价低于转股价 85％的警戒线,6 家机构投资者公开声明要求华菱管线按承诺回售转债,这意味公司需支付21亿元回购。① 这是华菱管线上市以来遭遇的最大麻烦,在这场刚刚开始的博弈战中,多方暗中角力,华菱管线不得不预备4套方案应对机制。

第1套:华菱管线的股价低于净资产时,华菱管线将全部回购流通股,将股票注销,这样华菱管线的每股利润大幅度增加,回售转债就不成问题。

> 问题4:为什么回购股票会增加每股利润?回购股票将动用大量现金,怎么还能再接着回售转债?

第2套:华菱管线大股东华菱集团与潜在二股东米塔尔协议同时增持股票,稳定市场信心。

第3套:2005年中期进行高比例分红送股,振作信心,吸引机构进场,股价自然上扬。

第4套:继续下调转股价,这是华菱管线的股东们最不愿意接受的。

1. 修正转股价

(1) 面临回购压力,第一次修正转股价。由于该公司股票连续5个交易日收盘价低于当期转股价格的95%,已符合华菱管线在《可转债募集说明书》发行条款中的有关"转股价格修正条款"的条件,2005年5月17日上午,华菱管线召开临时董事会。公司向董事发出表决票14份,收回11份,全票审议通过了《关于修正公司可转债转股价格的议案》。董事会决定,将转股价从5.01元修正至4.5元。此次转股价的股权登记日为5月18日,5月18日停止转股一天,19日恢复转股并执行修正后的转股价。

(2) 采取派息方案,借机第二次修正转股价。公司可转债转股价格因派息从4.5元下调至4.4元。

2005年5月31日公司2004年度股东大会通过公司利润分配方案,每10股派现金1元(含税)。根据公司可转债募集说明书的相关条款,当可转债发行后,公司因派息等情况使股份或股东权益发生变化时,转股价格按下述公式进行调整:

$$P_1 = P_0 - D$$

其中:P_1表示调整后的转股价;P_0表示目前的转股价;D表示每股派息。

根据上述规定,公司在2005年7月29日实施2004年度每10股派1元(含税)的分配方案后,可转债的转股价调整为4.4元(4.5−0.1)。

2. 为提升股价,回购社会公众股

由于修正转股价空间较少,为减少回售的压力,公司决定回购社会公众股。

根据湖南华菱管线股份有限公司于2005年7月25日召开2005年第二次临时股东大会审议通过的《关于回购社会公众股份的议案》,该公司决定回购公司不超过10 000万

---

① 截至2005年3月31日,"华菱转债"仅有50 000元转成公司发行的股票,尚有1 999 950 000元在市场流通。直到2005年6月30日,可转债转股也仅有51 000元,尚有1 999 949 000元的可转债未转股。

股社会公众股份,并将该等股份予以注销。本次回购尚待中国证监会核准后方可实施本次回购后,该公司注册资本预计将由 176 537.5 万元最低减少至 166 537.5 万元。

3. 借股权分置改革,增加债券持有人转股意愿

2005 年 10 月 10 日,湖南华菱钢铁集团有限责任公司持有华菱管线的 647 423 125 股国有法人股转让给 Mittal Steel Company N. V(米塔尔钢铁公司)。湖南华菱钢铁集团有限公司持有华菱管线股份 665.076 875 万股,占公司股本总额的 37.673%,为公司第一大股东,股份性质为发起人国有法人股。Mittal Steel Company N. V(米塔尔钢铁公司)持有华菱管线股份 647.423 125 万股,占公司股本总额的 36.673%,为公司第二大股东。股份性质为定向法人外资股。

2005 年 11 月,占华菱管线非流通股股份总数 2/3 以上的华菱集团和米塔尔签订了《关于湖南华菱管线股份有限公司股权分置改革的协议书》,经协商一致提出公司股权分置改革动议,并愿意承担相应义务,以获得非流通股股东持有的非流通股股票的流通权。其他 4 家非流通股股东出具了承诺函,均支持华菱管线进行股权分置改革。除华菱集团和米塔尔以外的所有其他 4 名非流通股股东无须支付对价,也不获取对价,直接获得流通权,但必须遵守法定承诺义务。

2005 年 12 月 5 日,华菱管线宣布启动股改。公司非流通股股东华菱集团和米塔尔拟向方案实施股权登记日登记在册的流通股股东无偿派发认股权证(或认股权利)。股权分置改革后,公司的资产、负债、所有者权益、每股收益、每股净资产等财务指标全部保持不变。

股改启动后,经华菱集团和米塔尔与流通股大股东和大额转债持有人进行了充分的磋商沟通之后,2005 年 12 月 14 日,华菱管线公布调整后的股改方案:认股权证(或权利)的派发比例提高到每 10 股派 7~8.2 份;行权价则调高为 4.90 元。由此,权证(或权利)派发的总量增至不超过 633 180 800 份。

显然,如果按 6.33 亿份足额派发权证或权利,到期全部行权,华菱集团和米塔尔将需要支付高达约 31 亿元的资金。据有关人士透露,针对履约所需资金问题,华菱集团与其上级主管部门湖南省国资委及米塔尔方面进行了大量的沟通,最终才艰难地达成一致意见。这说明,华菱集团和米塔尔为了公司的股改得以顺利推进,已经尽了自己最大的努力。

与此同时,中国银行湖南省分行于 2006 年 1 月 19 日,分别向华菱和米塔尔出具了合计约 31 亿元的《不可撤销履约担保函》,为在本次股权分置改革中派发的华菱管线认股权证提供履约担保。这在股改中对投资者利益的保护,设立了最后的坚实屏障。

非流通股东的努力也得到了各方的积极响应。转债持有人纷纷选择转股,最终实现转股近 95%;[①]流通股东坚定支持非流通股东推出的方案,复牌后公司股价一路攀升,1

---

① 华菱转债持有人如果在相关股东会议股权登记日前一交易日(2006 年 1 月 19 日)当日或之前将所持"华菱转债"转换成股票并在方案实施股权登记日登记在册,有权获得非流通股股东作出的对价安排。截至 2006 年 3 月 31 日收盘,已有 1 893 722 100 元"华菱转债"转成公司发行的股票"G 华菱";尚有 106 277 900 元"华菱转债"在市场流通,占"华菱转债"发行总量的 5.31%。

月20日,华菱管线收盘5.28元,较启动股改时的价格4.75元上涨了11%,华菱管线的股权分置改革方案取得了各方共赢的局面。

4. 最终的回售

本公司的A股股票"G华菱"(股票代码:000932)的收盘价自2006年3月14日至2006年4月3日连续15个交易日低于当期转股价格的85%(即3.74元)。根据《湖南华菱管线股份有限公司发行可转换公司债券募集说明书》"回售条款"的约定,本公司可转换公司债券"华菱转债"(转债代码:125932)的回售条款生效。

回售价格:107元/张。

回售申报期:2006年4月11日至2006年4月17日。

回售资金到账日:2006年4月24日。

本次"华菱转债"回售申报期内,共有115 070张"华菱转债"进行回售。本次回售结束后,公司"华菱转债"余额940 353张。

> **问题5**:华菱转债为什么刚刚进入转股期就遇到第一次"回售风波"?为什么在第二次触发"回售条款"后,没有像第一次那样继续调整转股价格?

(六) 可转债的赎回

1. 2005年度分红派息公告暨修正转股价格

湖南华菱管线股份有限公司2005年度分红派息于2006年6月22日实施完成。本次分红派息股权登记日为2006年6月22日,除权除息日为2006年6月23日。根据公司《可转债募集说明书》的相关规定,公司可转债"华菱转债(125932)"于6月22日已暂停转股一天,从6月23日起"华菱转债"恢复转股,转股价4.3元。

2. 可转债2006年第二季度转股公告摘要

截至2006年6月30日,"华菱转债"已有1 894 491 700元转成公司发行的股票"G华菱"(代码000932);本季度转股数为174 904股;累计转股股数为430 564 382股,占公司总股本的19.61%;尚有94 001 300元"华菱转债"在市场流通,占"华菱转债"发行总量的4.70%。

3. 可转债赎回公告

公司股票(股票简称"华菱管线",股票代码为000932)自2007年3月6日至4月17日,已连续30个交易日的收盘价高于当期转股价格(4.3元/股)的130%,即高于5.59元/股,满足了"华菱转债"的赎回条款。本公司决定行使赎回权,将赎回日之前未转股的"华菱转债"全部赎回。

(1) 赎回价格:"华菱转债"将按面值105%(含当期利息)价格赎回,即105元/张(含当期未付利息),扣除当期未付利息税20%,个人和基金持有的"华菱转债"赎回价格为104.65元/张。

(2) 赎回日：2007年5月31日。

(3) 赎回对象：2007年5月31日深交所收市时在中国证券登记结算有限责任公司深圳分公司登记在册的全部"华菱转债"持有人。

"华菱转债"于2007年6月8日摘牌。

> **问题6**：在两次触发回售条款后，华菱转债为何能够最终顺利赎回？

四、案例分析

（一）可转换债券的特点及华菱管线发行可转债融资的动机

可转换公司债券是指发行人依照法定程序发行，在一定期间内依据约定条件转换成股份的公司债券。与普通公司债券相比，可转债可以被视为是一种附有"转换条件"的公司债券。这里的"转换条件"是指根据事先的约定，债券持有者可以在将来某个规定的期限内按约定条件将可转债转换为公司普通股票，其实质就是期权（Options）的一种变异形式，与股票认股权证（Warrants）较为类似。因此我们可以把可转债视做"债券"与"认股权证"相互融合的一种创新型金融工具——混合债券（Hybrid Bonds）。可见，可转债是一种金融衍生工具。由于这种特殊的"转换"期权特性，使得可转债得以兼具债券、股票和期权三个方面的部分特征：首先，作为公司债券的一种，可转债同样具有确定的期限和利率；其次，通过持有人的成功转换，可转债又可以以股票的形式存在，而债券持有人通过转换由债权人变为了公司股东。这一特性，主要体现在可转债较低的利率之上——显然，没有转换条件作为吸引，投资者是不可能接受这样的利率的；第三，可转债具有期权性质，即投资者拥有是否将债券转换成股票的选择权。上述这种多重特征的叠加，客观上使可转债具有筹资和避险的双重功能，因此，与单纯的筹资工具或避险工具相比，无论是对发行人，还是对投资者而言，可转债都更有吸引力。第一只可转债于1843年诞生于美国，经过150多年的发展，可转债已发展成为当今国际资本市场上重要的融资工具，并呈稳定上升趋势。据统计，美林证券、摩根斯坦利等投资银行2001年度包销的可转债达到了创纪录的1 450亿美元，远远超过IPO的筹资规模。

在华菱转债的设计条款中，充分体现出了可转换债券的特点。华菱转债的利率为第一年1%、第二年1.5%、第三年2%、第四年至第五年2.5%，均低于同期的银行贷款利率，甚至低于同期的银行存款利率，投资者之所以能够接受这样的低利率，是因为债券可以转换为股票。也就是说，购买可转债的人预期华菱管线的股票价格将会上涨，这样，投资者可以按照约定的转股价格（比市场价格要低）进行转股，以获得股息收入和股票转让差价收入。当然，如果华菱管线的股票价格没有上涨，甚至不断下跌，那么可转债持有人可以选择不转股,这样,到期仍然可以获得本金和利息,规避了股票市场的高风险,而利息补偿条款和回售条款则更加保证了债权人的利益。

一般而言,公司发行可转债有如下原因。

1. 解决"资产替代"问题,降低债务代理成本

根据 Jensen 和 Meckling(1976)的研究,企业在负债后,由于股东的有限责任制,股东在投资决策时,放弃低风险低收益的投资项目,而将负债资金转向高风险高收益的投资项目,如果投资成功,剩余收益完全归股东所有;如果投资失败,债权人将承担企业不能还本付息时所造成的损失。理性的债权人会预料到企业的风险偏好动机,因此会要求提高借款利率,债务代理成本由此产生。可转债由于同时具有股票与债券的双重性质而能有效解决"资产替代"问题。由于可转债中具有股票特性的那部分价值会随公司价值波动性的增加而增长,可转债持有人有可能从股东增加风险投资而获得的较高收益中分享部分利润,股东从事高风险投资的动机会因其考虑到这项因素而有所降低,从而降低了债务代理成本。一些实证研究表明,小规模的、处于创业期的、高成长性的公司,固定资产比例较低的公司,具有高杠杆率和容易面临财务困境的公司更容易产生资产替代问题,因此更愿意发行可转债融资。

2. 缓解由于信息不对称产生的逆向选择问题,降低股权代理成本

我们知道,公司管理层和外部投资者之间存在信息不对称,即管理层拥有关于公司经营状况的信息,而投资者对此却无从知悉。如果公司经营效益好,发行新股会稀释现有股东的收益,管理层代表现有股东的利益不会发行新股。因此,投资者会将公司发行股票视为"坏消息"或不是很好的消息,Smith(1986)研究表明,在美国市场,股票发行时产生的市场反应为-3.14%,而普通债券发行产生的市场反应为-0.26%。在有效市场假设下,投资者合理预期管理层会代表既有股东的利益,利用其信息优势以高于其实际价值的价格发行股票进行股权融资,作为对信息劣势方的补偿,投资者会降低对发行股票的出价(这一点,在国航股份 IPO 的案例中已经很明显的表现出来,由于信息不对称,国航股份不得不选择较低的发行价格,而且缩减了发行规模),形成了发行公司逆向选择成本,增加了发行公司的股权融资成本。因此,依据 Myers、Myers 和 Majluf(1984)的分析,公司存在这样一个融资顺序:留存收益、债务融资、权益融资,即优序融资理论。

可以预期,投资者和管理层的信息不对称问题越严重,逆向选择成本就越高,就越会优先选择债务融资。但债务融资又容易引起公司财务危机成本的上升,因此,在财务风险较大的公司,可转债较之普通债券就更具有优势。比如,一个大量举债的公司,只有在对未来股票价格前景较乐观的情况下,管理者才可能选择可转换债券融资,否则,一旦未来股票价格下跌,公司面临转股失败的风险,致使公司面临到期还本付息的巨大压力。同时,公司为了避免股票发行时因信息不对称造成的权益价值被低估,会倾向选择发行可转换债券进行融资,以获得延后的股票融资("后门股票")。由于可转债兼具债券和股票看涨期权的双重特性,不但降低了由发行普通债券带来的高额预期财务危机成本,还减小了

普通股发行中经常出现的严重负面公告效应,是一种介于与股票发行相连的负面信息结果和与债券发行相连的高额财务危机成本的有吸引力的中间方式。在中国,由于股权融资偏好的存在,公司融资的顺序是将权益融资放在了首位。在华菱转债的条款设计中,处处透露出鼓励转股的信息,虽然有一个约定的转股价格,但同时也赋予了发行人可以修订转股价格的权利,这就使回售条款形同虚设,避免了提前偿还本息的尴尬。而在赎回条款中规定,当华菱管线的股票价格在转股期内,连续 30 个交易日高于当期转股价格的 130%时,发行人有权赎回可转债。华菱转债的赎回触发股价比例定得很低,仅仅为 130%,国外一般都在 150%以上,而且赎回保护期较短(在转股期内均可赎回,条款规定"自本次发行之日起 6 个月后至可转债到期日止为可转债的转股期"),只有 6 个月,国外平均为 2.1 年以上。这样,赎回条款就能够很快、很方便的促成可转债的转股,把可转债当成"后门股票"的动机昭然若揭。不过,在我国特殊的制度背景下(后面会有详细分析),发行人发行可转债虽然是为了获得延后的股票融资,但并非起到降低债务代理成本和股权代理成本的初衷。

3. 平衡风险和收益

对于企业为什么使用可转换债券融资而不是选择普通债券融资,Brennan 和 Schwartz(1988)、Essig(1992)从公司所面临的各种风险角度给出了解释。他们认为,由于可转换债券在公司经营好的时候可以转股,而经营不好的时候可以继续持有以获得利息收益,因此对公司风险的变化不敏感,当投资者面临债券发行人存在大量不确定因素的基本风险时,选择可转换债券代替普通债券进行融资是最好的选择。Essig(1992)通过实证检验发现,固定资产比例较大的公司较少发行可转债,具有较多投资选择权的公司发行可转债的比例较高。Brennan 和 Schwartz(1988)实证结果表明:新型的、小规模的、现金流更易变的、具有高成长性的公司更倾向于发行可转债。投资者对此类公司的风险评价有较大的不确定性,可转换债券给予了他们平衡风险和收益的最佳选择。华菱管线的公司特征显然与此不符,其 2005 年年末的固定资产净额为 14 764 208 970.89 元,总资产为 33 358 929 102.90 元,固定资产占总资产的比例为 44%,说明华菱管线的固定资产比例比较大,而且,华菱管线显然也不属于新型的、小规模的、具有高成长性的公司。所以,这一条对华菱管线发行可转债动机的解释力度不大。那么,华菱管线又为何要发行可转债呢?如前所述,把发行可转债作为增发股票的替代手段或许才是发行人的真正动机。

4. 降低连续融资成本,防止投资不足和过度投资

如果企业的投资项目分为几个阶段,而且不同阶段间有依存关系,企业需要在每个阶段结束后才能决定是否需要进行下一段融资。投资者也要根据企业发展情况决定是否为企业进一步发展提供投资。企业每次进行大规模的融资都有额外成本,这种分阶段融资方式就会产生较高的成本。企业发行可转债进行第一阶段融资后,随着投资项目的进展,如果未来收益预期好,公司股价就会上涨,一旦满足了可赎回条款(本案例中的赎回条款

规定:"在公司可转债转股期内,如该公司 A 股股票连续 30 个交易日的收盘价高于当期转股价格的 130%,公司有权赎回未转股的公司可转债"),就可以将为转股的债券强制赎回。对债券持有人而言,由于此时的股价高于行权价,一般都会将债券转换为股票,从而使资金留在公司内部,满足后续的资金需求,节约了公司新发行证券的证券发行成本。同时,可转债的转股降低了公司财务杠杆,防止了在未来收益状况好时由于债务水平太高而产生的投资不足。如果公司未来收益状况不好,股价下跌,可能会引发可转债的回售,资金偿还给债券投资者,从而实现控制过度投资。华菱转债的回售条款规定:"在公司可转债转股期间,如果该公司 A 股股票收盘价连续 15 个交易日低于当期转股价格的 85%时,可转债持有人有权将持有的全部或部分可转债以面值 107%(含当期利息)的价格回售予公司。"回售条款其实是公司自发通过可转债提高公司治理水平的一种表现,但是,在中国目前的资本市场环境中,由大股东控制的上市公司自发改善公司治理的动机还显得不足,可转债控制过度投资问题的能力值得怀疑。如前所述,由于在条款中还规定了发行人可以修正转股价格,使回售条款的规定形同虚设。这在下面将会有进一步的分析。

投资不足与过度投资

投资不足:所谓投资不足主要是指在投资项目的净现值大于或等于零的情况下,投资项目的决策者仍然放弃投资的一种现象。因为债务融资过多可能出现公司对较高收益的投资项目无法融资、融资能力低下的债务高悬现象,还有可能使股东主动放弃对债权人而言有利的投资项目,这些都会导致公司发生投资不足。投资不足问题由 Myers(1977) 首先提出。

过度投资:过度投资问题由 Jensen(1986) 首先提出,主要是指在投资项目的净现值小于零的情况下,投资项目的决策者仍实施投资的一种现象。Jensen 认为,当企业拥有较多的自由现金流时,企业管理者易产生将这部分自由现金投资于一些净现值为负的新项目上的动机,即过度投资的动机。显然,这类项目的投资有损于股东利益,但是这类项目的投资却扩大了企业的规模。而当企业规模扩大时,管理者可以获得更多的金钱与非金钱收益。

以上动机是在国外成熟资本市场形成的,那么我国公司发行可转债的动机与国外公司是否相同呢?下面结合我国制度背景对可转债的发行动机进行系统阐述:

(1) 王一平等(2005)的研究发现,我国发行人选择可转债融资的一个重要原因是股权融资(增发和配股)受到限制,发行可转债是实现大规模股权融资的替代方式.发行可转债实际上是一种延迟的股权融资，这与我国上市公司的股权融资偏好是相吻合的。值得注意的是，这种延迟的股权融资并不是为了缓解公司管理层与外部投资者之间的信息不对称，降低股权代理成本，而是上市公司的一种变通的"圈钱"行为。这种"圈钱"的行为极大地损害了原有股东，特别是流通股股东的利益。2003年，招商银行在发行15亿流通股1年多之后，又决定发行100亿可转债，该方案公布之后10个交易日，上证指数从1 447.85跌至1 389.82，投资者的抵触情绪可见一斑。尽管基金公司联手抵抗，甚至闹出了沸沸扬扬的招商银行转债风波，但"胳膊扭不过大腿"，这场风波最终还是以招商银行于2004年成功发行可转债画上了句号。可见，流通股股东对上市公司的"圈钱"行为是深恶痛绝的。

(2) 在我国，由于股权的高度集中和股权分置的存在(股权分置改革目前已经完成，但在华菱管线发行可转债时，股权分置现象依然普遍存在)，大股东对上市公司的融资方式选择、融资条款设计等有绝对控制权。可转债成了大股东(非流通股东)变相盘剥流通股东的手段。比较可转债和配股这两种融资方式，法人股股东如果参加配股，获得的股份是无法流通的，但是通过可转债融资就不一样了，法人股东获得的可转债是可流通的，尽管可转债门槛比配股要高，但是在自身利益驱动下，大股东会尽可能地谋求通过发行可转债融资。大股东在条款设计上，会设计得有利于债权人，转债条件设计得越好，流通股东损失越大。从全体股东利益最大化的角度出发，通过更低的成本来融资才是理性的选择，但是大股东为了使可转换债券上市后，能够有很好的升幅，现有发可转债的公司通常制定十分优厚的条件，如逐年增加利率、转股价自动修正、强制赎回、无条件回售等。大股东宁愿通过提高融资成本，换得债券的价格上升，这实际上是损害了全体股东的利益。上市公司的大股东以成本价获得可转换债券后，往往在债券上市后便抛出，而坐收渔利，以江淮汽车(600418.SH)为例，其法人股股东在108元的价位将所持债券抛出，按照其法人股东持有399 950手计算，可以稳获31 996 000元的净利润。具体到本案例来说，流通股股东们以高出法人股股东数倍的价格获得了上市公司股份(1999年7月2日华菱管线IPO时发行价为5.3元/股)，而当时法人股股东不仅以每股1.0元的价格获得股权，而且在发行时从流通股股东手中赚取了资产溢价收益，现在又让法人股股东享有转债配售权并流通，是再一次套取流通股股东的利益。

(二) 华菱转债为什么刚刚进入转股期就遇到第一次"回售风波"？是如何解决的？为什么在第二次触发"回售条款"后，没有像第一次那样继续调整转股价格

1. 条款设计问题

典型的可转债条款包括发行规模、发行方式、票面利率、转股价格、发行期限和转股期、赎回条款、回售条款、重设条款(向下修正条款)、强制条款等。其中前五项条款为必备要素，后五项内容为选择性要素。影响可转债债性和股性条款主要包括：发行规模、票面利率、转股价格、发行期限和转股期、赎回条款、回售条款。表3-1是对2001~2006年我国非金融类公司发行可转债重要条款特征的描述性统计。

表 3-1 可转债主要条款及其特征描述性统计

主要条款及其特征		均值	中位数	最小值	最大值	标准差	样本数
发行规模	面额(元)	100	100	100	100	0.00	
	发行总额(亿元)	10.05	8.15	2.50	20.00	5.91	36
	发行相对规模 S(总资产)	0.261 7	0.215 6	0.113 0	0.576 6	0.120 3	36
	发行相对规模 D(总负债)	0.919 2	0.502 0	0.176 3	6.561 6	1.128 5	36
利率条款	票面利率(%)	1.81	1.87	0.90	2.28	0.34	34
	同期企业贷款利率(%)	5.98	5.85	5.58	6.48	0.34	34
	发行前股息率(%)	1.92	1.42	0.15	10.16	1.86	34
	相对贷款的利率优势(%)	−3.82	−3.77	−4.68	−3.30	0.35	34
	相对股息的利率优势(%)	−0.18	0.37	−8.32	1.97	1.94	34
期限条款	债券存续期限(年)	4.81	5.00	3.00	6.00	0.67	36
转股条款	转换溢价率(%)	2.61	3.52	−11.44	21.72	13.60	36
	转换比率(股/张)	12.69	11.64	4.43	22.99	4.70	36
	转换股权比例 A(总股本)(%)	17.36	16.07	5.31	41.42	9.49	36
	转换股权比例 B(流通股本)(%)	35.09	36.55	7.23	62.49	14.06	36
	转股保护期(年)	0.57	0.50	0.50	1.00	0.18	36
赎回条款	赎回保护期(年)	0.78	0.50	0.00	2.00	0.45	36
	相对赎回保护期	0.16	0.10	0.00	0.40	0.09	36
	触发计算天数(天)	23.57	20	20	30	4.79	35
	触发股价比例(%)	131.43	130.00	110.00	150.00	7.33	35
回售条款	回售保护期(年)	1.51	0.50	0.00	4.50	1.45	36
	相对回售保护期	0.33	0.13	0.00	1.33	0.34	36
	触发计算天数(天)	22.71	20	15	30	5.333	35
	触发股价比例(%)	73.82	70	60	85	6.038	34

注：① 发行相对规模＝发行总额/发行时最近一期财务报告的总资产(或总负债)；② 2001 年以后除了首钢转债等几个品种以外其余品种的票面利率全部采用累进利率，这里采用期间年票面利率均值作为代表；③ 同期企业贷款利率采用期间人民银行公布的 3～5 年期企业贷款基准利率，股息率采用可转债发行公告日为交易日计算得到的前一年标的股票股息收益率，相对利率优势＝债券票面利率－同期企业贷款利率(或标的股票发行前一年的股息率)；④ 转换股权比例＝可转债按初始转股价全部转股新增的股数/(发行时公司总股本或流通股本＋可转债按初始转股价全部转股新增的股数)，转换股权比例越高，说明转换比率越大，可转债的股性就越强，反之则反；⑤ 其他特征变量的读者可参阅有关教材。

资料来源：黄勇民：《我国可转换债券融资选择问题研究》，暨南大学博士学位论文，2007 年

与华菱转债"回售风波"直接相关的是回售条款的设计。回售条款是相对赎回条款而设置的赋予投资者的一项特权,当标的股票价格持续低于转股价格的一定幅度时,投资者可以按事前约定的价格将可转债回售给公司,从而避免遭受更大的损失。回售保护期是回售条款的重要变量,它表示投资者必须无条件历经多长的期限才能行使回售权,体现了对发行人利益的一项保护。国内可转债的回售保护期平均为1.51年,最高为4.5年。可见,相对于赎回保护,回售保护明显增强,有利于发行人实现股权融资。回售条款的另外两个设计变量是回售触发计算天数和股价连续跌幅,国内大多数可转债的回售触发计算天数为20天,少部分为15天或30天,触发股价比例绝大多数为70%(相对于转股价格),个别为60%或85%,与国外情况差不多。

从对回售条款的设计来看,华菱管线的回售条款中回售保护期为6个月,相对于其他可转债是比较短的,这也是其刚刚进入转股期就遭遇回售风波的原因之一。不过,由于华菱管线的转股价格修正条款规定了"当该公司A股股票在可转债转股期内连续5个交易日收盘价的算术平均值低于当期转股价格的95%时,公司董事会有权向下修正转股价格……",因此,此次回售风波最终以修正(降低)转股价而解决。

转股价格修正条款的目的是当公司股价下跌幅度超过一定比例时,允许发行人向下修正转股价格,重设条款的存在一方面有利于保护持有人的转股利益,并可减轻发行人的财务压力,但另一方面也会对公司的投资决策及管理产生不利影响。理论上,如果投资项目的实际回报达不到预期水平,持有人将不会转股,发行人将不得不按期偿付本金和利息,这是可转债融资能够发挥其治理效应的前提之一,也是可转债融资的一个优势。但是,转股价格修正条款的存在削弱了这一优势,尤其当对修正条件和次数没有严格限制的时候,这优势将无法发挥。从2001年以后发行的可转债来看,所有的品种都设置了向下修正的条款,而且修正条件较为宽松。这在一定程度上也说明我国可转债发行人总是想方设法让持有人转股,可转债融资的治理效应无从谈起,该条款对投资者保护的本意也就形同虚设。可能也正因为如此,发行人才可以放心大胆地不设置回售保护期。由于市场的长期低迷,很多转债已满足修正条款,而这其中就有多只转债面临着回售压力。华菱转债回售风波发生之后,钢联、山鹰、歌华、华电等几只转债也都陆续修正转股价。

2. 选择合适的市场时机

证券的发行时机是很重要的,在国航股份的案例中,发行规模大幅度缩水的一种重要原因就是发行时机不适当。Mann、Moore和Ramanlal(1999)的实证研究指出存在可转换债券发行的火爆市场扩展期。同时还发现,在股票收益和可转换债券发行选择之间存在一个显著正相关关系。当公司股票开始上涨时,管理者更可能发行可转换债券进行融资,并可能寻求一个好的市场时机。实际上,投资银行之间似乎有这样的观念:在股票处于牛市期间,可转换债券比普通债券更易销售。在股票市场上升期间,投资者担心错过投资于股票市场相关的预期投资收益,他们更可能愿意投资于股票而不是债券。可转换债券发行时赋予债券持有人一个转换期权,使债券更易吸引投资者购买,因为他们仍然能够从上升的股票市场中获得潜在股票投资收益。具体到本案例,影响发行时机的因素主要包括:

(1) 市场环境。2001年下半年,国有股减持的消息公布,使得股指狂泻,中国股市进入了5年的漫漫熊市,直到2005年的下半年才开始逐渐回暖。华菱转债选择在熊市时发行,发行时机是不恰当的,所以才会在刚刚结束回售保护期(6个月)时就遇到回售风波。从公司公告可以看出,华菱转债自2005年1月16日起进入转股期后,由于股价低迷,截至2005年9月30日,20亿的可转债只有51 000元转成公司发行的股票,如果此时进行回售的话,公司必然面临巨大的财务危机,最终不得不以降低转股价来解决。所幸市场环境在2005年发生了巨大变化,随着股权分置改革的启动,2005年成为市场由绝望的漫漫熊市转向波澜壮阔的新一轮牛市的过渡年。2005年12月5日,华菱管线发布了股权分置改革说明书,华菱转债持有人如果在相关股东会议股权登记日前一交易日(2006年1月19日)当日或之前将所持"华菱转债"转换成股票并在方案实施股权登记日登记在册,有权获得非流通股股东作出的对价安排。受此影响,截至2005年12月31日,已有1 294 907 700元转成公司流通股股份。截至2006年3月31日,转股数达到1 893 722 100元。但与此同时,2006年3月1日复牌后第一天,华菱管线的股价降到了3.87元(收盘价),此后,股价一直在低位徘徊。自2006年3月14日至2006年4月3日连续15个交易日低于当期转股价格的85%(即3.74元),回售条款生效。这次,由于大部分可转债已经转股,华菱管线没有再次降低转股价格,而是分别于2006年4月4日、7日及2006年4月10日发布回售公告,共有115 070张"华菱转债"进行回售,回售结束后,公司"华菱转债"余额940 353张。伴随着从2006年开始的一轮大牛市,华菱管线的股价从2006年下半年开始上升,自2007年3月6日至4月17日,连续30个交易日的收盘价高于当期转股价格(4.3元/股)的130%,即高于5.59元/股,满足了"华菱转债"的赎回条款。公司决定行使赎回权,将赎回日之前未转股的"华菱转债"全部赎回,"华菱转债"于2007年5月31日停止交易和转股。

(2) 监管政策。中国的上市公司具有股权融资的偏好,IPO后的再融资方式包括配股、增发和可转债。从1992年开始,从配股、增发到可转债,再融资的热点一直在转换。1998年以前,配股是上市公司再融资的唯一方式。增发始于1998年,但由于政策和市场的原因,1998年和1999年增发家数较少。2000年4月《上市公司向社会公开募集股份暂行办法》颁布后,增发的限制有所放松,该年度实施增发的公司数超过以往两年实施增发公司总和的58%。2001年3月颁布《上市公司新股管理办法》和《关于做好上市公司新股发行工作的通知》,对配股和增发的条件做出调整,大大降低发行条件,上市公司即刻一拥而上,表现出强烈的增发偏好。但配股与增发都直接导致公司股本规模即期扩张,每股收益摊薄,而募集资金项目匆匆上马无法产生预期的投资效益,于是造成投资者纷纷"用脚投票"。2001年下半年大量的增发出现余额包销,增发议案一经公告,股价应声下跌,股市又转入熊市,上市公司很难再通过"增发"进行再融资,证监会需要为上市公司寻找新的再融资渠道,于是可转债正式登陆国内市场。

证监会于2001年4月,发布《上市公司发行可转换公司债券实施办法》和3个相关配套文件,正式推出可转债。证监会2002年7月颁布《关于上市公司增发新股有关条件的通知》,对增发进行严格限制,自此上市公司的增发偏好有所衰减。至2003年,可转债的筹资额超过配股和增发,此时上市公司又由增发偏好转向可转债偏好。华菱转债的发行正是在这样的制度背景下发起的,实质上是对监管政策的一种迎合,但由于时机不符,所以遭遇回售风波。

综上所述,华菱转债从发行到赎回的过程中,市场环境和监管政策都发挥了重要的影响。

五、案例讨论

1. 请上网查找华菱管线的定期公告和临时公告,结合案例资料,分析华菱管线发行可转换债券的可行性。

2. 从投资者角度来看,华菱转债是否具有投资价值?

3. 在两次触发回售条款后,华菱转债为何能够最终顺利赎回?

六、案例拓展阅读

深圳万科可转换债券融资[①]

(一) 公司概况

万科企业股份有限公司前身为成立于1984年5月的深圳市现代企业有限公司。1991年1月29日,公司A股在深圳交易所挂牌交易,主管业务为房地产,是中国内地首批公开上市的企业之一。公司设立时股本总额为41 332 680股。公司设立后,经过数次送红股、公积金转增股本、配股、定向发行法人股、发行B股、发行职工股、发行可转换公司债券的行为,截至2006年6月30日的股本总额达到3 969 898 751股,期间累计总筹资额约46亿元人民币和4.5亿港币,累计现金分红17.32亿元。

1991年至2006年6月30日,万科送红股、公积金转增股本、配股、定向发行法人股、发行职工股、发行可转换公司债券、现金分红、增发、首发的行为。

---

① 本案例来源于汤谷良著:《财务管理案例》,北京大学出版社2007年版。

(续上)

(二) 2002年可转换公司债券发行及赎回

公司于2001年7月11日董事会审议并经8月15日临时股东大会表决通过可转换公司债券发行方案。2002年6月13日,公司发行总额为15亿元的可转换公司债券,期限为5年,自2002年6月13日(发行首日)起,至2007年6月13日(到期日)止。票面利率1.5%,每年支付一次。转股价格为12.10元/股,以公布募集说明书前30个交易日"万科A"股股票平均收盘价格11.86元为基准,上浮2%。转换期自2002年12月13日起至2007年6月13日。

发行方案约定:

(1) 当收盘价格连续20个交易日不高于转换股价格的80%时,公司董事会有权在不超过20%的幅度内降低转股价格,并且降低后的转股价格不低于降低前一个月收盘价的算术平均值。董事会此权利的行使在12个月内不得超过一次。在万科转债的存续期间修正后的转股价格不低于公司普通股的每股净资产和每股股票面值。

(2) 在可转换公司债券发行6个月后的转换期间,如果公司A股股票收盘价连续30个交易日高于当期转股价的130%,则公司有权以面值加当年利息的价格赎回全部或部分未转换股份的可转换公司债券。公司每年可按上述约定条件行使赎回权一次,但若首次不实施赎回的,当年不应再行使赎回权。

(3) 在可转换公司债券发行6个月后的转换期间,如果公司A股股票连续30个交易日的收盘价格低于当期转换股价的70%时,可转换公司债券持有人有权将其持有的可转换公司债券全部或部分按面值102%(含当年利息)回售给公司。可转换公司债券持有人每年(付息年)可按上述约定条件行使回售权一次,但若首次不实施回售的,当年不再行使回售权。每当公司本次募集资金投向出现中国证监会规定或中国证监会认定已改变了用途的情形时,万科转债持有人享有一次将其持有的可转换公司债券全部或部分按面值102%(含当年利息)回售给公司的权利。

自2004年1月15日至2004年3月8日,万科A股股票连续30个交易日的收盘价高于当期转股价格(5.85元/股)的130%,即7.605元/股。截至2004年3月4日,已有12.7亿元万科转债转换为公司发行的A股股票,占比84%。2004年3月9日、10日、11日万科连续三次刊登万科转债赎回公告,公司将按面值加当年利息的价格101.5元/张发行,赎回在赎回日之前未转股的全部万科转债,赎回日为2004年4月23日。最终,万科转债全部赎回数量为60 239张,共计6 114 258.5元,只占万科转债发行总额15亿元的0.4%,现金流出约6 114 258.5元,其余全部转股。

(三) 2004年再次发行可转换公司债券

在"万科转债1"仍在交易期间,公司于2003年9月5日召开董事会并经公司10

（续上）

月27日临时股东大会表决通过第二次可转债发行方案。2004年9月24日，万科发行规模为人民币19.9亿元、期限为5年的可转换公司债券，简称"万科转债2"，债券票面利率为第一年1%、第二年1.375%、第三年1.75%、第四年2.125%、第五年2.5%。每年付息一次。自发行之日起6个月转股价格为5.48元/股，以公布本募集说明书前30个交易日公司A股股票平均收盘价格5.22元/股为基准，上浮5%。

发行方案约定：

(1) 当公司A股股票连续30个交易日中累计20个交易日的收盘价格不高于当时转股价格的70%时，公司董事会有权在不超过20%的幅度向下修正转股价，但修正后的转股价格不能低于修正前连续20个交易日公司A股股票价格（收盘价）的算术平均数，也不得低于公司普通股的每股净资产和每股股票面值。

(2) 在本次发行的可转换公司债券的转换期间，如果公司A股连续30个交易日中累计20个交易日的收盘价格高于当期转换股价的130%，则公司有权以面值加当期利息的金额赎回全部或部分未转股的可转换公司债券，若在该30个交易日内发生过转股价格调整的情形，则在调整前的交易日按调整前的转股价格和收盘价计算，在调整后的交易日按调整后的转价格和收盘价计算。公司每年（付息年）可按上述条件行使一次赎回权。

(3) 如果公司A股股票连续30个交易日中累计20个交易日的收盘价格低于当期转股价的60%，可转换公司债券持有人有权将其持有的可转换公司债券全部或部分回售公司，回售价格为：面值的101%加付当年度利息（已含当期利息），具体为：第一年103.5%、第二年102.375%、第三年102.75%、第四年103.125%、第五年103.5%。公司经股东大会批准改变本次发行可转换公司债券的募集资金用途，或经股东大会批准公司合并或分立时，可转换公司债券持有人享有一次附加回售的权利。

"万科转债2"自2005年3月24日起开始转换A股股票，自2006年1月4日至2006年2月21日，公司A股股票连续28个交易日中累计20个交易日的收盘价格高于当期转股价（3.55元/股）的130%（即4.615元/股），公司行使赎回权利，将截至2006年4月7日之前未转股的3 869 600元（38 696张）"万科转债2"全部赎回。

要求：1. 在有效期内，什么情况下持有者会将可转换公司债券转为股票？
2. 在什么情况下，会出现可转换公司债券持有至到期的情况？
3. 比较万科转债和华菱转债条款设计的异同，说明对发行者和投资者有何影响。

案例 4

目标负债政策——杜邦公司(1983)[①]

一、本案例学习目标

通过本案例的分析和学习,应掌握资本结构的相关知识,资本结构的主流理论——权衡理论,影响资本结构政策的因素包括哪些,以及美国公司的优序融资理论。

二、问题的引出

> 1983年初,杜邦公司管理层回顾了公司在前20年曲折的经营历程。20世纪70年代的困难以及其与科纳克公司(Conoeo)的大合并使公司放弃了长期坚持的全部权益资本的资本结构。1981年收购完科纳克公司之后,杜邦公司的资产负债率曾高达42%——公司有史以来的最高点。财务杠杆的快速增加使杜邦公司丢掉了宝贵的AAA债券等级。尽管到1982年末,杜邦公司的资产负债率已降至36%,它仍未回到顶级。在过去20年中,杜邦公司的经营发生了戏剧性的变化。管理层在消化科纳克公司的同时,面临一个重要的财务政策抉择——决定80年代适合杜邦公司的资本结构。这一决策对杜邦公司的财务表现,甚至其竞争地位都很有意义。
> 我们主要关注影响资本结构政策的因素以及各种融资方式之间的优先顺序。

三、案例陈述及阅读引导

(一) 公司背景

在1802年成立时,杜邦是一家制造弹药的公司。1900年,杜邦开始通过兼并和收购迅速扩张。作为化学制品和纤维制品的技术领先者,杜邦逐渐成长为美国最大的化学制

---

① 本案例来源于凯斯特等著、冯梅等译:《财务案例》,北京大学出版社1999年版。

造公司。在 1980 年年末,该公司在《幸福》杂志全美 500 家工业企业排名中,名列第 15。1981 年,在收购一家大石油公司科纳克公司之后,杜邦的排名升至第 7 位。

(二) 资本结构政策(1965~1982)

过去,杜邦公司一直以其极端保守的财务政策而闻名。公司的低负债率部分是由于其在产品市场上的成功。它的高盈利率使其自身积累的资金就可满足财务需要(见表 4-1、表 4-2 财务资料节选)。事实上,由于杜邦公司 1965~1970 年的现金余额大于总负债,它的财务杠杆是负的。杜邦公司对债务的保守使用,加上其高盈利率和产品在化学工业中的技术领先地位,使它成为极少数 AAA 级制造业公司之一。杜邦的低负债政策使其财务弹性达到最大,经营免受财务限制。

20 世纪 60 年代末,纤维和塑料行业的竞争增加了杜邦公司执行其财务政策的难度。1965~1970 年,这些行业生产能力的增加大大超过需求的增加,从而导致了产品价格的大幅下降。其结果是杜邦公司的毛利和资本报酬率下降。尽管它的销售收入不断增加,但 1970 年的净利润较 1965 年下降了 19%。

20 世纪 70 年代中期,上述三因素的共同作用加剧了杜邦公司筹资政策的困难。首先,为保持其成本和竞争优势,杜邦在 70 年代初开始了一项重要的资本支出计划。到 1974 年,通货膨胀的节节上升已使该计划的成本超出预算 50% 还多。但由于这些资本支出对维持和提高杜邦的竞争地位很重要,因此它不愿缩减或延迟这些支出。其次,1973 年石油价格的飞速上涨增加了杜邦的原料成本;而石油短缺也增加了必需的存货投资。杜邦公司经受了 1974 年石油危机的全面冲击;它的收入增加了 16%,成本激增了 30%,从而导致利润下降了 31%。最后,1975 年的经济衰退对杜邦的纤维业有着极大的影响。从 1974 年第二季度到 1975 年第二季度,其纤维销量下降了 50%。1975 年的净利润下降了 33%。1973~1975 年,杜邦公司的净利润、总资本报酬和每股盈余的下降均超过 50%。

通货膨胀对其所需资本支出的冲击,石油价格飙升对成本的影响及纤维业的衰退导致了沉重的筹资压力。一方面,内部生成的资金减少,另一方面,营运资本和资本支出所需投资却急剧增加。为应付这种资金不足,杜邦公司缩减了营运资本投资。

由于这些措施不足以满足其全部资金需要,杜邦转向债务筹资。与 1972 年没有短期债务相比,到 1975 年末,公司的短期债务增至 5.4 亿美元。此外,1974 年,杜邦还发行了 3.5 亿美元 30 年期的债券和 1.5 亿美元 7 年期的票据。前者是 20 世纪 20 年代以来,杜邦公司首次在美国公开发行的长期债务。其结果是杜邦公司的负债率从 1972 年的 7% 上升到 1975 年的 27%,利息保障倍数从 38.4 降至 4.6。尽管杜邦担忧公司负债率的快速增加可能会导致降级,但在这段时间中,它还是保住了 AAA 级债券等级。杜邦是放弃了保守的财务政策,还是由于巨大的筹资压力而对此政策的暂时偏离?1974 年 12 月,杜邦公司的总经理欧文·夏皮罗说:"我们预备长期谨慎地运用债务筹资。"

表4-1 财务资料节选(1965~1982年)

(除每股数据单位是美元外,单位均为百万美元)

项 目 \ 年 份	1965	1966	1967	1968	1969	1970	1971	1972	1973	1974	1975	1976	1977	1978	1979	1980	1981	1982
1. 销售收入	$2 999	$3 159	$3 079	$3 455	$3 632	$3 618	$3 848	$4 366	$5 964	$6 910	$7 222	$8 361	$9 435	$10 584	$12 572	$13 652	$22 810	$33 331
2. 息税前盈余	767	727	574	764	709	590	644	768	1100	733	574	961	1141	1470	1 646	1 209	2 631	3 545
3. 利息	2	4	7	7	10	11	15	20	34	62	126	145	169	139	143	111	476	739
4. 税后利润	407	389	314	372	356	329	356	414	586	404	271	459	545	797	965	744	1 081	894
5. 税后利润/销售收入(%)	13.6	12.3	10.2	10.8	9.8	9.1	9.3	9.5	9.8	5.8	3.8	5.5	5.8	7.5	7.7	5.4	4.7	2.7
6. 总资本税后报酬(%)	18.5	16.6	13.0	14.2	12.8	11.1	10.9	12.1	15.1	9.0	6.6	9.7	11.1	13.7	15.1	10.9	7.5	6.6
7. 权益报酬(%)	18.6	16.8	13.0	14.6	13.3	11.8	11.5	12.7	16.3	10.7	7.1	11.4	12.6	16.7	18.2	13.1	10.3	8.2
8. 每股盈余	$2.96	$2.83	$2.24	$2.66	$2.54	$2.29	$2.44	$2.83	$4.01	$2.73	$1.81	$3.30	$3.69	$5.18	$6.23	$4.73	$5.81	$3.75
9. 每股股利	2.00	1.92	1.67	1.83	1.75	1.68	1.57	1.82	1.92	1.83	1.42	1.75	1.92	2.42	2.75	2.75	2.75	2.40
10. 平均股价	81.04	80.88	54.42	54.25	44.46	38.29	47.92	54.77	58.13	43.92	35.96	46.42	40.04	39.34	42.63	40.35	45.88	37.19
11. 平均股价/每股盈余	27.40	28.60	24.30	20.40	17.50	16.70	19.60	19.40	14.50	16.10	19.90	15.00	10.90	7.30	6.60	8.40	10.00	9.80
12. 市价/账面价值	5.40	5.28	3.26	3.07	2.38	1.98	2.40	2.61	2.49	1.81	1.46	1.76	1.41	1.26	1.22	1.09	1.04	0.83
13. 标准普尔400市价盈率	16.80	15.20	17.00	17.30	17.50	16.50	18.00	18.00	13.40	9.40	10.80	10.40	9.60	8.20	7.10	8.40	8.50	10.40
14. 标准普尔400市价/账面价值	2.13	1.96	2.00	2.12	2.07	1.69	1.95	2.10	1.89	1.34	1.31	1.46	1.33	1.20	1.17	1.26	1.22	1.16

资料来源:杜邦公司年报;标准普尔公司。

注:总资本税后报酬=息税前盈余(1-税率)(所有负债+权益)。平均股价是当年高低价值的平均数。每股数据调整为与1982年12月31日发行在外的股数可比。

表 4-2　与资金需要和财务实力有关的节选资料

单位：百万美元

年份 项目	1965	1966	1967	1968	1969	1970	1971	1972	1973	1974	1975	1976	1977	1978	1979	1980	1981	1982
资本支出	$327	$531	$454	$332	$391	$471	$454	$522	$727	$1 008	$1 036	$876	$704	$714	$864	$1 297	$2 389	$3 195
营运资本变动	—	(163)	121	102	154	135	(39)	63	278	561	(122)	20	243	341	438	17	2 046	(987)
资本结构																		
流动负债	$0	$0	$31	$57	$45	$56	$0	$0	$169	$320	$540	$259	$229	$258	$230	$393	$445	$319
	0%	0%	1.2%	2.1%	1.6%	1.9%	0%	0%	4.2%	6.5%	10.3%	4.6%	4.0%	4.2%	3.5%	5.5%	2.6%	1.9%
长期负债	$34	$58	$95	$150	$141	$160	$236	$240	$250	$793	$889	$1 282	$1 236	$1 058	$1 067	$1 068	$6 403	$5 702
	1.5%	2.4%	3.7%	5.5%	4.9%	5.3%	7.1%	6.8%	6.2%	16.2%	16.9%	23.0%	21.4%	17.4%	16.1%	14.9%	37.0%	33.8%
权益	$2 190	$2 317	$2 409	$2 540	$2 685	$2 790	$3 095	$3 267	$3 593	$3 782	$3 835	$4 032	$4 315	$4 761	$5 312	$5 690	$10 458	$10 850
	98.5%	97.6%	95.1%	92.4%	93.5%	92.8%	92.9%	93.2%	89.6%	77.3%	72.8%	72.4%	74.6%	78.4%	80.4%	79.6%	60.4%	64.3%
总资本	$2 224	$2 375	$2 535	$2 747	$2 871	$3 006	$3 331	$3 507	$4 012	$4 895	$5 264	$5 573	$5 780	$6 077	$6 609	$7 151	$17 306	$16 871
	100.0%	100.0%	100.0%	100.0%	100.0%	100.0%	100.0%	100.0%	100.0%	100.0%	100.0%	100.0%	100.0%	100.0%	100.0%	100.0%	100.0%	100.0%
利息保障倍数(倍)	383.5	181.8	82	109.1	70.9	53.6	42.9	38.4	32.4	11.8	4.6	6.6	6.8	10.6	11.5	10.9	5.5	4.8
债券等级	AAA	AAA	AAA	AAA	AAA	AAA	AAA	AAA	AAA	AAA	AAA	AAA	AAA	AAA	AAA	AAA	AA	AA

资料来源：杜邦公司年报。

注：营运资本投资在这里被定义为扣除现金、可出售的证券和短期债务之外的净营运资本。

不过,杜邦很快降低了负债率。1976～1979年,筹资压力减轻了。随着20世纪70年代初开始的资本支出项目接近尾声,资本支出从1975年的最高峰下降了。同时,相对平和的能源价格上涨和1974～1975年经济衰退后的全面复苏,使公司的利润在1975～1979年增加了3倍多。1977～1979年,杜邦公司持续降低其总债务。到1979年年末,杜邦的债务已减至总资本的20%左右,利息保障倍数也从1975年的4.6回升至11.5。公司又一次很稳固地位于AAA级之列。但是,尚不能确定公司是否会恢复到过去的零负债政策上。1978年,杜邦公司的一位高级副总裁理查德·黑科特指出:尽管目前,我们预计债务会进一步减少,但我们仍有可观的借款能力及很大的财务弹性。

1981年夏天,杜邦突然偏离了其财务弹性最大化的政策。7月,杜邦开始竞标收购一家大石油公司科纳克公司,它在美国工业企业排名中占第14位。经过一场简短而又疯狂的战斗,杜邦公司在1981年8月成功地购买了科纳克公司。80亿美元的价格使其成为美国有史以来最大的合并,并意味着高于科纳克收购前市场价格77%的溢价。收购之后,杜邦公司的规模翻了一倍,且大大提高了它在无差别商品生产中的竞争地位。但杜邦公司的股票价格和行业分析家对此项收购的反应均很消极。主要的问题包括杜邦公司所支付的高价格以及科纳克如何有助于杜邦实现其战略目标。

为筹集收购资金,杜邦公司发行了39亿美元普通股和38.5亿美元浮动利率债务。此外,杜邦还承担了19亿美元科纳克公司的债务。收购使杜邦公司的负债率从1980年末的20%出头升至将近40%。杜邦公司的债券等级降至AA级,公司有史以来第一次掉下AAA级。

对杜邦公司而言,合并后的第一年是困难的一年。科纳克公司的业绩受1982年石油价格下降的负面影响,经济衰退又一次席卷化学行业。尽管杜邦公司1982年的收入是1979年的2.5倍,1982年的净利润却比1979年低,总资本报酬率在这一期间降低了一半,每股盈余降低了40%。

杜邦公司的管理层在设法为合并后的公司制订和实施连贯战略的同时,也努力恢复公司融资环境的各方面。为减小利率风险,杜邦公司用固定利率的长期债务代替了多数浮动利率债务。但因受阻于低迷的能源价格,出售科纳克公司20亿美元的煤矿和石油,以取得收入偿还债务的计划不能实施。一位分析家抱怨道:"杜邦公司在石油行业周期的最高点购买了科纳克公司,而现在他们却欲出售这种充斥市场的、很难卖出的煤矿"。不过,到1982年年末,杜邦公司已将其负债比率从收购后的最高点42%降至36%。1982年少得可怜的盈余使其利息保障倍数降至近期最低点4.8。公司仍在AA债券级。

收购科纳克公司所引起的负债比率的增加标志着在10年内,杜邦公司又一次偏离了其传统的资本结构政策,连同杜邦公司经营范围的根本变化,要求公司确定新的、合理的资本结构政策。

问题1：为什么杜邦公司在过去一直采取保守的财务政策？收购科纳克公司对公司的资本结构有何影响？

（三）未来的资本结构政策

杜邦的融资政策一向侧重于财务弹性的最大化。这保证了公司的竞争战略不受融资限制的干扰。然而，杜邦公司的竞争者在财务杠杆的使用上与其有很大差别，且它们之间也互不相同（见表4-3）。为什么杜邦公司不像多尔化工和人造丝公司那样，坐收冒险型负债融资的好处，而不顾它所导致的债券等级的进一步下降呢（见表4-4中债券等级的资料）？当然，电力等公用事业公司和电话公司即使有很多债务，也仍然保持较高的债券等级（见表4-4）。杜邦公司业绩的波动性比AT&T这样的公司大，但却比其许多竞争者和其他行业的公司小（见图4-1）。

表4-3　某些化学公司的财务资料(1980～1982年)　　　　单位：百万美元

项　目	杜邦公司		多尔化学公司		蒙萨特公司		塞兰尼斯公司	
	1980年	1982年	1980年	1982年	1980年	1982年	1980年	1982年
销售收入	13 652	33 331	10 626	10 618	6 574	6 325	3 348	3 062
10年销售增长率（复利）(%)	14.2	22.5	18.7	16.0	12.8	11.0	12.4	7.4
10年每股盈余增长率（复利）(%)	7.5	2.9	19.9	5.7	8.3	9.9	8.9	7.3
净利润	744	894	805	399	149	352	122	(34)
净利润/销售收入(%)	5.4	2.7	7.6	3.8	2.3	5.6	3.6	(1.1)
总资本报酬(%)	10.9	6.6	7.2	7.9	5.3	8.3	9.3	(0.3)
权益报酬(%)	13.1	8.2	18.1	9.6	5.5	10.1	11.2	(1.2)
股利支付率(%)	58.1	64.0	36.2	101.7	86.6	45.2	42.7	42.7
股票价格/每股盈余	8.4	9.9	7.6	13.7	13.7	8.3	6.3	6.7
市场价值/账面价值(%)	109	82.9	138	93.4	72	84.7	67	75.7
负债/总资本(%)	20.4	35.7	48.5	42.7	33.4	24.5	40.7	42.9
利息保障倍数(倍)	10.9	4.8	2.2	1.6	2.8	7.1	4.5	3.8
债券等级	AAA	AA	A	A	AA	AA	A	BBB

资料来源：穆迪投资者服务。

注：① 塞兰尼斯10年每股盈余增长率、股利支付率、股票价格/每股盈余、利息保障倍数用1981年的数据代替1982年的。

② 市场价值/账面价值和股票价格/每股盈余均指当年高低股价的平均值。

表 4-4　各债券等级的中值(1979～1981 年)

项　目	AAA	AA	A	BBB	BB	B
工业企业						
利息保障倍数(倍)	18.25	8.57	6.56	3.82	3.27	1.76
总负债/总资本(%)	17.04	23.70	30.41	38.62	48.07	58.77
电力公司						
利息保障倍数(倍)	>4.00	3.25～4.25	2.50～3.50	<3.00	—	—
总负债/总资本(%)	<45	42～47	45～55	>55	—	—
电话公司						
利息保障倍数(倍)	>4.5	3.70～4.70	2.80～4.00	<3.00	—	—
总负债/总资本(%)	<40	40～48	48～58	58～64	—	—

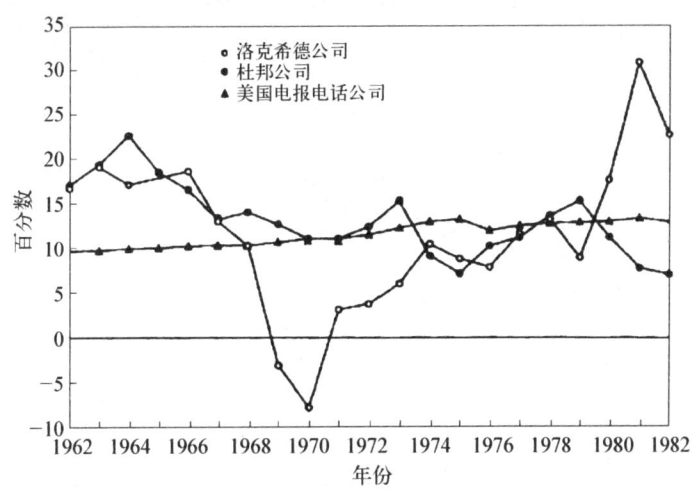

图 4-1　总资本报酬率

在制订负债政策时,一个重要的因素是杜邦公司的商业风险。这一因素的大小有助于确定杜邦公司可以在其资本结构中安全地使用多少负债,而不致过度限制其竞争战略。在过去的 20 年中,杜邦公司主要业务的波动性增大,许多产品的竞争地位和盈利能力都下降了。在许多领域,杜邦的产品已差不多与其竞争者无差别的普通商品,竞争更加激烈。过剩的生产能力和高固定成本的行业性质同时影响价格,压低利润。而且,科纳克公司亦处于一个剧烈波动的行业,一个杜邦公司管理层没有经验的行业。杜邦公司经营风险的增加,要求一个相对保守的资本结构。

不过,其他几个因素又表明公司可以采纳冒险型的负债政策。杜邦仍是全美最大的化工产品制造商,规模经济是化工产品制造过程的普遍特征。它仍是其行业的技术领头人,且它在 R&D 上的成功是首屈一指的。杜邦公司正在实施的资本支出项目旨在降低其所有经营领域的产品成本。公司的产品和市场已广泛多元化。过去,杜邦的经济力量常受制于激进的反垄断政策,但近期的经济环境很可能会更为宽松。而关于科纳克公司对杜邦公司商业风险的影响问题,某些分析家认为,这一重大的多元化举措会大大降低杜邦公司盈余的波动性。爱德华·杰斐逊是继欧文·夏皮罗之后的新一任杜邦总裁,其持上述观点,理由是合并将会减少能源价格波动对公司的影响。

尽管杜邦公司的毛利在回升,销售增长强劲,科纳克公司的财产亦被顺利出售,但在1983~1987年间,杜邦每年仍需寻找外部资金来源(见表4-5的预测)。这主要是因为杜邦仍有较大的资本支出。由于资本支出是公司降低现有产品成本,迅速高效研制新产品的关键,因此它被视为杜邦未来成功的保证。基于此,资本支出不得推迟并且还要经常补充,而非在时机不佳时缩减。

表 4-5 财务预测(1983~1987 年)　　　　　　　　单位:百万美元

项　　目	1983 年	1984 年	1985 年	1986 年	1987 年
资金来源					
净利润	1 009	1 196	1 444	1 591	1 753
折旧	2 101	2 111	2 212	2 396	2 667
经营活动所取得的资金	3 110	3 307	3 656	3 987	4 420
出售财产	600	600	600	0	0
现金减少	199	(200)	(200)	(150)	(150)
其他来源	74	135	135	135	135
新筹资之外的资金来源合计	3 983	3 842	4 191	3 972	4 405
资金运用					
股利	571	658	794	896	964
资本支出	2 767	3 386	4 039	4 202	4 667
净营运资本的增加	973	414	594	587	650
其他	10	10	10	10	10
运用合计	4 321	4 468	5 437	5 695	6 291
净筹资需要	338	626	1 246	1 723	1 886

资料来源:分析家的预测和案例作者的估计。

注:① 预测的假定如下:销售额是分析家预测的平均值;年平均销售增长率为 10%;到 1985 年,息税前盈余恢复为销售收入的 8.1%。净营运资本(扣除现金)等于销售收入的 13%。股利支付率为55%,并不允许减少股利。净固定资产为销售收入的 40%。折旧是上年净固定资产的 15%。
② 净营运资本扣除了现金、可出售证券和短期负债。

由于其庞大的、不可推迟的资金需要,杜邦公司需斟酌各种融资方式的可行性和成本(见表 4-6 中融资成本和数量的资料)。负债比率高、债券等级低的公司在某些时候举债

表 4-6 负债筹资的成本和数量（1970~1982 年）

单位：百万美元

年份 项目	1970	1971	1972	1973	1974	1975	1976	1977	1978	1979	1980	1981	1982
工业公司发行的新债券总额													
AAA 级债务	$9 200	$13 000	$13 100	$11 100	$1 650	$2 875	$700	$800	$275	$1 550	$1 750	$1 852	$543
AA 级债务	6 800	13 500	1 300	9 100	2 415	3 310	2 030	1 125	700	1 800	2 900	2 458	3 347
A 级债务	3 500	3 200	3 100	1 500	2 060	5 355	2 205	960	1 310	1 500	4 220	3 887	3 075
BBB 级债务					440	420	1 010	445	210	0	345	0	1 357
发行的普通股和优先股													
取得的现金			$13 100	$11 100	$7 400	$11 900	$13 300	$14 100	$14 600	$17 100	$28 600	$34 400	$38 700
现金净额①			1 300	9 100	4 300	10 500	10 300	6 800	(1 400)	(1 900)	18 200	1 200	16 400
工业股票提供的现金			3 100	1 500	1 000	2 400	2 800	2 300	2 900	3 600	10 400	11 900	9 600
新发行债务的到期日分布													
中期(%)						43	30	16	21	30	44	55	62
长期(%)						57	70	84	79	70	56	45	38
利率													
90 天期商业票据(%)	7.89	5.12	4.63	8.11	10.06	6.41	5.28	4.45	7.73	10.72	12.37	15.15	11.91
新发行的 AAA 级债务	8.39	7.39	7.10	7.42	8.57	8.70	8.15	7.88	8.63	9.39	11.74	14.30	14.14
新发行的 AAA 级与 AA 级债务之差	0.26	0.12	0.10	0.10	0.20	0.27	0.17	0.09	0.14	0.22	0.44	0.50	0.38
新发行的 AAA 级与 BBB 级债务之差	1.35	1.07	0.71	0.75	1.67	2.57	1.44	0.79	0.81	1.12	1.95	2.09	1.87
标准普尔 500 的市盈率	16.50	18.00	18.00	13.40	9.40	10.80	10.40	9.60	8.20	7.10	8.40	8.50	10.40

资料来源：所罗门兄弟公司，银行信托公司，以及标准普尔公司。

注：① 股票发行减股票回购。

比较困难。而债券等级为 A 级以上的公司举债则比较容易。与 AAA 级公司比较，A 级公司举债的资本成本要更高一些，且两者的差别在高利率的环境下会扩大。考虑到公司未来资金需要的重要性和规模，杜邦非常关注举债的成本和数量可能对其实施资本支出项目能力的影响。

问题 2：在决定公司资本结构政策时，公司管理层应该考虑哪些因素？

（四）资本结构政策的备选方案

杜邦公司的一种选择是保持其传统的财务实力和 AAA 型的债券等级。考虑到杜邦将来庞大的资本支出要求，恢复到零负债水平是不可能的。25%（负债与总资本的比）的目标资本结构应足以保证较高的财务弹性，并使公司的竞争战略免受资本市场的影响。然而，达到这一负债比率并非易事（见表 4-7 备选方案的资料）。只有每年发行大额权益，才能将负债率从 1982 年的 36%降到 1986 年年末的 25%。而在 1987 年，要保持 25%的目标负债率，仍需注入大量权益资本。到 1982 年年底，杜邦公司的股票价格尚未从市场对收购科纳克公司的消极反应中恢复过来，而持续的经济衰退无异于雪上加霜。这些都对为达到 25%的负债率而需发行的大额权益的可行性及具体条款提出质疑（见表 4-6 的权益数据）。

表 4-7　两种财务政策下预计的财务业绩（1983～1987 年）

项　　目	1983 年	1984 年	1985 年	1986 年	1987 年	1987 年假定息税前盈余降低 20%
40%负债的方案						
负债/总资本（%）	36.00	37.10	39.70	40.00	40.00	40.00
利息保障倍数①（倍）	3.67	3.88	3.95	3.89	3.86	3.09
每股盈余（美元）	4.20	4.98	6.02	6.31	6.62	4.83
每股股利（美元）	2.38	2.74	3.31	3.56	3.64	—
总资本报酬（%）	7.90	8.60	9.30	9.30	9.20	7.40
权益报酬（%）	9.00	10.10	11.50	11.50	11.40	8.30
新增权益（百万美元）	0.00	0.00	0.00	704.00	816.00	816.00
发售股票数（百万）	0.00	0.00	0.00	11.70	13.00	13.00
25%负债的方案						
负债/总资本（%）	33.80	31.40	28.20	25.00	25.00	25.00
利息保障倍数（倍）	3.91	4.60	5.57	6.23	6.17	4.94
每股盈余（美元）	4.13	4.77	5.41	5.46	5.60	4.27
每股股利（美元）	2.29	2.49	2.71	2.72	2.72	—

(续 表)

项目	1983年	1984年	1985年	1986年	1987年	1987年假定息税前盈余降低20%
总资本报酬(%)	7.90	8.60	9.30	9.30	9.20	7.40
权益报酬(%)	8.80	9.80	10.70	10.40	10.20	7.80
新增权益(百万美元)	398.00	686.00	1 306.00	1 783.00	1 271.00	1 271.00
发售股票数(百万)[②]	9.50	14.30	28.80	36.20	25.20	25.20

资料来源：分析家的预测和案例作者的估计，仍基于表4-5的假设。
注：① 利息保障倍数被定义为息税前盈余/利息。
② 假定新股按市盈率为10的价格出售。

尽管保守的资本结构具有传统的力量，但尚不清楚这种保守的资本结构是否适合20世纪80年代的杜邦。保守结构的成本很明显（见表4-7）。如果杜邦永久地放弃其传统的保守资本结构，而保持40%的目标负债率，则许多财务状况指标都会好转。在表4-5和表4-7所预计的复苏方案中，高负债政策预计会产生较高的每股盈余、每股股利和权益报酬。截至1985年，公司不需发行股票，1986年和1987年所发行的股票也比低负债政策下预计的少得多，且更易安排在市场状况比较有利的时机。但是，由于高财务杠杆带来高风险，在悲观方案中（如经济衰退），每股盈余和权益报酬在高负债政策下会下滑得更厉害。有关这种高负债方案的其他顾虑还有在各种经济情况下取得资金的可行性，以及其对公司经营的限制。

问题3：你认为杜邦公司会选择哪一个筹资方案？或者除了这两个方案外，还有其他更优的方案？

(五) 决策

杜邦公司的业务范围在过去20年中发生了根本变化，而对科纳克公司的历史性收购使业务范围达到顶点。这一收购也使杜邦公司大大偏离了长期坚持的资本结构政策。这些变化对杜邦公司重新审视其融资政策而言，既是要求，也是机会。鉴于杜邦公司负债率的上升，债券等级的下降，以及股票市场对收购科纳克公司的消极反应，它的财务政策有相当程度的不确定性。这使得杜邦公司在近期确定资本结构政策变得尤为重要。

四、案例分析

(一) 在决定公司资本结构政策时，公司管理层应该考虑哪些因素

现代资本结构理论源于著名的 MM(Modigliani and Miller) 命题，即在不存在税收的

情况下,资本结构(负债—权益比)不影响公司的价值,这就是说,公司的管理层根本不用费心考虑财务政策的问题,筹集资金时,是选择举债还是选择发行股票是无关紧要的。但显然,现实的世界不是这样的,这是因为 MM 命题的成立必须建立在一系列严格的假设基础之上,当我们逐渐放松这些假设时,就越来越接近现实世界了。MM 命题的意义在于为我们研究资本结构理论提供了一个起点和思路,这是非常重要的。

1. 税收(主要是所得税)

一般各国税法都规定:债务的利息可以税前扣出,而股利则必须在税后利润中支付。因此,债务就产生了一种避税的作用(被称为"税盾")。只要公司有(且将继续有)应税所得,增加债务就能够减少公司的所得税费用,进而增加税后利润,最终增加了企业价值和股东财富。那么,为了避税,是否可以无限制的增加负债,直至采用全部由债务构成的资本结构?答案当然是否定的。事实上,现实中的企业除了经营不善导致巨额亏损而使净资产(所有者权益)降至零或者负数之外,都会将负债控制在一定的范围之内。这是因为,虽然债务为企业提供了税收优惠,但也给企业带来了一系列的额外成本,这些成本被称为"财务困境成本"。

2. 财务困境成本(也称"破产成本")

财务困境成本包括:

(1) 清算或重组的法律成本和管理成本。企业的负债越多,其产生财务危机的可能性就越大,尤其是在经济衰退的时候,由于财务杠杆的作用,负债比率高的企业会比负债比率低的企业面临更沉重的负担。如果企业因为财务危机而无法支付债务利息和本金,债权人很可能将企业起诉到法院,要求企业破产或者重组偿债,这期间就会产生大量的律师费用和诉讼费用。

(2) 影响经营损失。当企业发生财务危机时,客户由于对企业提供后续服务的能力产生怀疑,可能会不再购买企业的产品;一些供应商由于信用风险增大会暂停或取消材料的赊购,而要求企业直接支付现金,这些就进一步加大了企业的财务危机,可能会由此引发企业破产。

(3) 代理成本。当企业拥有债务时,在股东和债权人之间就会产生利益冲突,股东为了自身利益的最大化,可能会侵占债权人的利益,尤其是一个濒临破产的企业,这种冲突会更加严重,由此产生高昂的债务代理成本。比如,代表股东利益的企业会将资产投资于高风险项目,如果投资成功,股东将获得全部剩余收益,而债权人只能按照既定的利率收取利息;相反,如果投资失败,债权人与股东一样,要承担损失。再如,企业在财务困境时期可能会支付额外股利或其他分配项目,因此剩余给债权人的就更少了。此外,濒临破产的企业即使有投资机会且该项投资机会能够给企业带来现金净流入,但如果价值的增加不能阻止破产,或者现金流入大部分由债权人获得(因为债权人的求偿权优于股东),那么代表股东利益的企业可能不会选择该项投资,债权人的利益无法得到保护。

当然，理性的债权人知道当财务危机逼近时，股东是不会保护他们的利益的，而且，由于清算和重组成本的存在，他们能够收回的资金变得更少了。因此，债权人往往通过提高债务的利率或规定苛刻的限制性条款来保护自己，这些条款一般包括：

（1）限制公司的股利支付额。
（2）公司不能将其任一部分资产抵押给其他债权人。
（3）公司不能兼并其他企业。
（4）未经债权人同意，公司不能出售或出租主要资产。
（5）公司不能发行其他长期负债。
（6）公司必须将公司的营运资本维持在某一最低水平。
（7）公司必须定期提供财务报表给债权人。

综上所述，由于财务困境成本的存在，虽然债务具有税盾作用，但公司不可能无限制地扩大负债，随着负债率的上升，公司发生财务困境（或破产）的风险就越高，财务困境成本就越大，最终，当财务困境成本的增加等于税收优惠的增加时，公司达到了最佳的债务水平。因此，公司的资本结构决策变成了在债务的税收优惠和财务困境成本之间的权衡，这被称为"权衡理论"。权衡理论只是指出了最优资本结构的理论结合点，但无法精确地确定出具体公司的最优债务水平，这主要是因为无法精确地衡量财务困境成本。

虽然财务困境成本无法精确衡量，但是可以通过一些因素来进行推测。首先，财务困境成本取决于公司所拥有的资产类型。例如，如果公司在土地、建筑物和其他有形资产上有大量的投资，其财务困境成本将小于大量投资于研究开发上的公司，因为，研究开发支出是一种沉没成本，其价值在发生财务困境时无法像有形资产那样容易收回。其次，经营的不确定性。经营不确定性大的公司经历财务困境的可能性较高，即使其没有负债也会这样。比如，表4-4表明，在同一债券等级上，电力公司和电话公司的负债率要高于工业企业，也就是说，债权人认为，即使是同样的负债率，工业企业的风险要高于电力公司和电话公司。这是因为相对于电力公司和电话公司，工业企业的经营面临着较大的不确定性，发生财务困境的可能性也就比较高，因此，同样的负债率，债权人自然就会要求有更高的利率、更低的债券等级。

让我们回到杜邦公司的案例中来。从案例资料来看，杜邦公司一直奉行的是保守的财务政策，但到了1983年，由于收购科纳克公司所引起的负债比率的增加以及后续庞大的、不可推迟的资金需要，使杜邦公司的管理层面临一个抉择：是否需要改变保守的财务政策，增加资本结构中的负债比率？在决定最优的资本结构时，杜邦公司的管理层需要考虑哪些因素呢？也许"权衡理论"可以给出一个合理的答案。

根据权衡理论，债务融资的优点是可以起到税盾的作用，根据表4-1可以计算出杜邦公司从1965～1982年交纳的所得税如表4-8所示。

表 4-8 杜邦公司所得税计算表　　　　　　　单位：百万美元

年 份	息税前盈余	利 息	税后利润	所得税
1965	767	2	407	358
1966	727	4	389	334
1967	574	7	314	253
1968	764	7	372	385
1969	709	10	356	343
1970	590	11	329	250
1971	644	15	356	273
1972	768	20	414	334
1973	1 100	34	586	480
1974	733	62	404	267
1975	574	126	271	177
1976	961	145	459	357
1977	1 141	169	545	427
1978	1 470	139	797	534
1979	1 646	143	965	538
1980	1 209	111	744	354
1981	2 631	476	1 081	1 074
1982	3 545	739	894	1 912
合计	20 553	2 220	9 683	8 650

从表 4-8 可以看出，杜邦公司交纳的所得税占息税前盈余的 42%，几乎与其税后利润相当。因此，如果杜邦公司能够合理地提高负债率，就能够得到更多的税收优惠。而且，从表 4-8 我们还可以看出，由于杜邦公司的高盈利率使其自身积累的资金就可满足财务需要，因此长期采取保守的财务政策，1965～1972 年的负债率不足 10%，1973 年到 1980 年负债率不足 30%，到 1981 年和 1982 年负债率才超过了 30%。其债券等级在 1981 年以前一直保持在最高级别——AAA 级，1981 年和 1982 年降为 AA 级。与其他同行业公司相比（见表 4-3），杜邦公司无论从盈利能力，还是从偿债能力都具有明显的优势。由此可见，杜邦公司具有较高的融资能力。

当然，债务融资在发挥税盾作用的同时，也增加了发生财务困境的可能性。首先，杜邦公司处在完全竞争的工业企业中，激烈的竞争使其经营面临较大的不确定性，在收购了科纳克公司(一家大石油公司)之后,这种不确定性进一步加大,因为科纳克公司也是处于一个剧烈波动的行业,而杜邦公司对于管理这样一家企业并没有经验,但却因此支付了高达 80 亿美元的收购价格,从而使杜邦公司的负债率从 1980 年末的 20%出头升至将近 40%,发生财务困境的可能性大大增加。其次,在 1983~1987 年间,杜邦公司还必须持续投入巨额的研究开发支出,这对杜邦公司保持竞争优势是非常重要的,但如前所述,研究开发支出是一种沉没成本,其价值在发生财务困境时无法像有形资产那样容易收回,这就会进一步加大杜邦公司的财务困境成本。

财务困境成本的增大会降低杜邦公司的融资能力,提高其融资成本。作为 AA 级公司举债是比较容易的,而且融资成本也比较低,利率大概在 14.52%(见表 4-6),比 AAA 级公司仅高出 0.38%。但如果杜邦公司继续采用高负债的财务政策,比如,在 40%负债的方案中(见表 4-7),根据负债率和利息保障倍数,杜邦公司的债券等级可能降至 BBB 级(见表 4-4),其融资成本会比 AA 级高出 1.49%。而且,从融资额度来看,1982 年 BBB 级债务的融资总额为 1 357 000 000 美元,远远低于 A 级债务的 3 075 000 000 美元。因此,随着杜邦公司资金需求的逐年增加(见表 4-5),在 40%负债的方案里,1986 年和 1987 年除了债务融资外,还必须发行股票筹集剩余资金。

如前所述,当债务人的财务困境成本增大时,债权人除了通过提高利率来保护自己外,还会在债务契约中规定苛刻的限制性条款。这些限制性条款会进一步降低公司的融资能力(如公司不能发行其他长期负债),还会对公司的竞争战略产生一定影响(如公司不能兼并其他企业;未经债权人同意,公司不能出售或出租主要资产)。

综上所述,杜邦公司的管理层需要综合权衡债务融资带来的税收优惠以及财务困境成本,以确定一个合理的负债水平。

(二) 对杜邦公司资本结构决策方案的分析

从 1983~1987 年,杜邦公司自身的资金积累无法满足巨大的资金需求,因此必须要寻找外部资金来源(见表 4-5)。从备选方案来看,25%的目标资本结构意味着必须每年发行大量的股票,才能将负债率从 1982 年末的 36%降到 1986 年末的 25%。而 40%的目标资本结构则主要依靠债务融资,只需发行少量的股票。因此,两个方案的主要区别在于杜邦公司是选择债务融资还是股票融资。权衡理论是从税收利益、财务困境成本和代理成本的角度来评价这种选择,但是,权衡理论忽略了一个重要因素,即信息不对称。

我们知道,在公司管理层和外部投资者之间存在着信息不对称,管理层比投资者更了解其公司的前景,占有信息优势。假设企业有了一个新的投资机会需要筹集资金,如果这个投资机会是有利可图的,且管理者掌握了这项内幕信息,但投资者并不知道。这时,企业的股票价值就会被低估,如果此时发行股票,原有股东就会遭受损失,所以,管理者从原有股东的利益出发,不愿发行被市场低估的股票,而是选择其他方式(比如发行债券)筹集资金。与此相反，如果管理者掌握的内幕信息对企业不利，而投资者并不知道，这时，企业的股票价值就会被高估，在这种情况下，管理者总是愿意发行股票，哪怕发行后把筹集到的资金投资到净现值为零的项目也愿意。也就是说，对于管理者来说，只有在公司股票被高估的情况下才会发行股票。但这只是信息不对称问题的一个方面，在问题的另一个方面，外部投资者知道管理者的此类行为模式，因此，他们会把企业决定发行股票的决策当成是一个坏消息（或至少不是一个好消息）。美国的实证研究已经证明（如 Smith, 1986），当公司发布发行股票的公告时，公司股票的市场价格会下跌。[①] 这样就导致除非公司完全耗尽其举债能力，否则不会有公司会选择发行股票。

因此，我们在美国可以观察到的现象是：如果公司需要筹集资金，首先考虑的是从留存收益中筹集资金，[②] 如果需要外部融资，则债务融资优于股票融资。当然，由于财务困境成本的存在，使用债务融资不是无限制的，当债务融资超过一定程度，财务困境真正成为可能时，公司会发行股票。这被称为优序融资理论。

在一定程度上，杜邦公司的资本结构政策是符合优序融资理论的。首先，杜邦公司由于其高盈利率积累了大量的留存收益，因此一贯采取保守的财务政策，负债率很低。当内部资金积累不足以满足融资需求时，就首先选择债务融资，对于杜邦公司而言，40%的负债率可能是一个极限，超过这个限度，就有可能引发财务危机，1980年，为了收购科纳克公司，负债率就达到了40%，于是又发行了39亿美元的普通股以筹集收购资金。面对1983年后的资金需求，选择在股价被低估的时候靠发行股票筹集资金来降低负债率显然是不明智的[表 4-1 显示，在 1982 年，杜邦公司的市盈率为 9.80，市净率为 0.83，均低于标准普尔 400 的平均市盈率（10.40）和市净率（1.16），说明杜邦公司的股票价值被低估了]。因此，应该首先选择的是债务融资，当负债率超过 40%时，再选择发行股票。

事实上，从 1984~1990 年及 1993 年后，美国公司大量发行新债，用于融集资金赎回公司的股票，如表 4-5 所示。杜邦公司显然是与这一潮流相顺应的。

五、案例讨论

1. 为什么杜邦公司在过去一直采取保守的财务政策？收购科纳克公司对公司的资本结构有何影响？

2. 公司的资本结构如何与公司的竞争战略相结合？

---

① 股票回购的公告则会使股票价格上升。

② 实证研究证明，企业盈利能力与负债比率之间负相关，也即盈利能力越强的公司，其负债率越低。这也在一定程度上验证了优序融资理论。因为，如果股利政策相同，盈利能力越强则留存收益越多，越不需要进行外部融资。

六、案例拓展阅读

采用更多债务的决策：固特异橡胶轮胎公司①

当某一特定公司突然决定采用更多的债务时，实际会发生什么情况？我们考虑固特异(Goodyear)橡胶轮胎公司的经历，从而看看该怎样回答这个问题。

固特异橡胶轮胎公司是一个著名的橡胶产品制造商。汽车产品的销售额大约占60%。在1986年之前，固特异橡胶轮胎公司已成为世界上最大的轮胎制造商。固特异努力经营，获得了在"高效"轮胎产品上品质卓越的声誉。尽管固特异在轮胎制造业是世界的领先者，但当它试图在石油和天然气业进行多样化投资，并建造一条从得克萨斯到加利福尼亚的石油管道时遇到了困难。

在1986年12月，固特异橡胶轮胎公司开始对其4 000万股份以每股50美元的价格进行现金要约收购。这比其2个月之前的股票价格高出50%。股票市场的反应是大幅度提升固特异的股票价格。为什么固特异要购回几乎一半的流通股？一个原因是并购的威胁。几星期前，公司已与James Goldsmith先生所率领的集团达成协议，以每股49.5美元的价格获得他特有的固特异股份。固特异主要通过新债资产来筹措买断的资金。其结果是固特异对债务的依赖大幅度增加。

通常固特异财务结构调整的类型称为杠杆再资本化。再资本化是一个不精确的术语，它涉及公司资产负债表右半部分的变化。当此效应增加了公司对债务的依赖时，它被称为杠杆再资本化，通常包括回购股票和新的借款。固特异再资本化对其资产负债表的净影响是使其长期负债—权益比从1985年的28.4%增加到1988年的150.2%（见表4-9）。

表4-9 固特异橡胶轮胎公司

项目	1985年	1986年	1987年	1988年	1989年	1990年
长期债务（百万美元）	997.5	2 487.5	3 282.4	3 044.8	2 963.4	3 286.4
权益（百万美元）	3 507.4	3 002.6	1 834.4	2 027.1	2 143.8	2 097.9
流通在外的股票数（百万股）	216.2	194.2	114.0	114.9	115.6	117.0
权益收益率（ROE）	8.6%	9.2%	24.0%	17.7%	13.8%	负值

---

① 本案例来源于Ross等著、吴世农等译：《公司理财》，机械工业出版社2007年版。

(续上)

固特异的杠杆再资本化是一个好的决策吗？任何杠杆再资本化都会带来利益和成本，这从股票市场上能找到线索。股票市场对固特异杠杆再资本化的反应非常积极。在公告固特异杠杆再资本化的当日，固特异的股票跳升超过20%。

1. 利益

(1) 税收利益。众所周知，新债务能通过减少公司税收来增加公司价值。毫无疑问，由于对债务的依赖增加，固特异的税负大幅度降低。其利息费用从1985年的1.01亿美元增加到1987年的2.82亿美元，且应税所得减少。

(2) 更低的代理成本。通常认为财务杠杆降低源于管理层和股东之间的代理成本。因此，杠杆再资本化产生的新债务可被视为是固特异股东的一种控制手段。在1982年，固特异已通过收购Celeron公司(一家石油和天然气公司)来进行计划，随后又进行了几项多样化的尝试。更重要的是，固特异决定建造一条从得克萨斯到加利福尼亚的原油管道。股东不赞成固特异的多样化计划，在1982之后的3年半时间里，固特异的股票价格下跌了65%(相对于标准普尔500指数)。可以认为这是管理层以牺牲股东利益为代价来寻求自私短视目标的一个经典案例。固特异的多样化计划强加于股东，并因此造成代理成本。固特异的杠杆再资本化可能妨碍它进一步的多样化，因为固特异不得不出售大部分非轮胎资产以维护新债务。在1987年12月，它出售了Celeron石油公司。由于公司的借债额等于其可用于收购其他公司的过剩现金流量的现值，因而有效地阻止了固特异的管理者进一步的多样化。

2. 成本

(1) 财务困境。当诸如固特异之类的公司增加它们对债务的依赖时，它们也增大了财务困境的可能性。财务困境会导致企业正式的破产。迄今为止，固特异未提出过破产申请。然而，即使没有破产，财务困境也可能发生。在杠杆再资本化之后，固特异的债务被穆迪和标准普尔降级。这也许是财务困境出现的迹象。固特异在1990年发生资金损失，其权益收益率为负值。更重要的是，财务困境意味着发生诸如我们前面谈到的利己策略之类格外有害的情形。固特异声称，由于对债务的依赖，它被迫缩减曾经计划的研究开发和资本支出。它的资本支出水平从1986年的大约15亿美元减少到1988年的7.54亿美元。这可能是发生财务困境的迹象。如果情形确实如此，这就是由于杠杆再资本化而强加于固特异的一类成本。

(2) 高融资能力。新的债务增加了固特异的财务杠杆，完全超过了传统的工业标准。直到1985年，固特异才几乎没有债务，这导致当时的一些工业分析家坚信固特异有过剩的负债能力(即高融资能力)。然而，在1986年和1987年曾支撑了固特异借

（续上）

贷的超额现金流量在1988年消失了。至1988年年末,固特异耗尽了所有的高融资能力。若竞争者增加资本支出或降低价格,高融资能力的丧失会阻止战略性决策的选择。当固特异的主要竞争者Bridgestone宣布增加其在南美轮胎市场的资本支出时,许多分析家相信上述情形已经发生。固特异无法通过增加其自有的资本支出水平抵抗。固特异唯一能做到的方法可能是发行新的权益。但公司不想发行新权益,因为这样做的代价极其高昂,而且是优序融资选择中的最差选择。

可从债务的税收利益和财务困境成本间权衡的角度来局部分析固特异采用更多债务的决策。然而,固特异的经历表明,代理成本和高融资能力也是公司在运用债务时的决策要素。

3. 后记

在1990~1991年,固特异公司几乎倒闭,并被迫实行自20世纪30年代以来的第一次股利削减。在1997年,固特异公司的权益率接近20%,其长期债务减少到大约10亿美元。资本支出保持在大约6.2亿美元的较低水平。在1994年,它的石油管道第一次获利(但在1997年,固特异最终找到了一个其石油管道的购买者)。目前固特异公司仍是世界上最大的橡胶制造商,其市场资本化价值大约为30亿美元,其股利支付率由1991年的20美分提高到1999年的1.2美元。公司的ROE目前为10%。

要求:1. 固特异公司为什么要举借大量债务?对其有何影响?
2. 固特异公司在确定负债比率时应考虑哪些因素?

案例 5

克拉克森木材公司的短期借款[①]

一、本案例学习目标

通过案例分析使学生能够对公司财务状况、经营状况、风险转化能力进行正确的分析和评价,进而对短期筹资进行决策。

二、问题的引出

> 虽然克拉克森木材公司这几年的业务有了快速发展,利润也不错,但该公司还是发生了现金短缺的困难。该公司与原有银行(乡村国民银行)的合作已很难再继续。克拉克森先生希望能另外找到一个贷款供应者,从而得到一笔更大的贷款以满足公司资本运营的需要。
>
> 克拉克森先生需要为短期借款的筹集做一些工作。

三、案例陈述及阅读引导

继近几年业务快速发展之后,1996 年春,克拉克森木材公司希望其销售额有一个更大的增长。尽管利润不错,该公司仍然经历了现金短缺的困难,并且发现公司有必要在 1996 年春将乡村国民银行的贷款增加到 399 000 美元,而乡村国民银行的最高贷款额是 400 000 美元。因此克拉克森公司要取得这样一笔贷款就必须严重地依赖其商业信用。此外,该银行还要求克拉克森先生以个人的信誉来做担保。作为克拉克森木材公司的唯一所有者和总经理凯什·克拉克森先生希望能另外找到一个贷款供应者,从而得到一笔更大的贷款却无需以个人信誉来担保。

---

① 案例选自凯斯特等著,冯梅等译:《财务案例》,北京大学出版社 1999 年版。

最近,克拉克森先生认识了一个更大的银行——西北国民银行里的一名官员杰克逊先生。他们尝试着讨论了西北国民银行贷给克拉克森公司一笔高达750 000美元的借款的可能性。克拉克森先生认为,这样一笔贷款将使他能充分利用商业折扣的好处,从而提高公司获利能力。讨论之后,杰克逊先生安排银行信用部门对克拉克森先生及其公司做了一番调查。

克拉克森木材公司于1981年成立,当时有两个合伙人:克拉克森先生及其姐夫霍兹先生。1994年,克拉克森先生花200 000美元买下霍兹先生的股份。为了让克拉克森先生有时间筹资,霍兹先生先收取了一份200 000美元的票据,它将于1995年和1996年分期支付。票据的年利息率是11%,从1995年6月30日开始每半年支付利息50 000美元。

该公司位于西北太平洋地区的一座大城市的郊区,拥有一片邻近铁路的土地,其上有四栋存放货物的建筑。公司的经营活动仅限于在当地用火车运送木材制品,其主要产品包括夹板模具、百叶窗和门。顾客通常可以得到数量折扣和往来账户上30天的信用期。

销售量主要建立在成功的价格竞争基础上,而价格则通过严格地控制经营费用和以极大的折扣大批量购进原材料两方面来降低。销售产品中的大部分是用于修理工作的。大约55%的销售发生在4月至9月间,公司1993、1994、1995年的年销售额分别是2 921 000美元、3 477 000美元、4 519 000美元,相应的税后利润是60 000美元、68 000美元和77 000美元。表5-1给出了公司1993~1995年及1996年前3个月的经营状况。

表5-1　1993~1995年及1996年第1季度末经营状况表　　单位:千美元

项　　目	1993年	1994年	1995年	1996年1季度
销售净额	2 921	3 477	4 519	1 026
销货成本	2 202	2 634	3 424	799
期初存货	330	337	432	587
本期购货	2 209	2 729	3 579	819
期末存货	337	432	587	607
销售毛利	719	843	1 095	263
经营费用	622	717	940	244
息税前收益	97	126	155	19
利息支出	23	42	56	13

(续 表)

项 目	1993年	1994年	1995年	1996年1季度
税前净收益	74	84	99	6
所得税准备	14	17	22	1
净收益	60	67	77	5

注：① 1995年第1季度销售净额是903 000美元，净收益是7 000美元。

② 经营费用包括发给克拉克森先生的工资：1993年75 000美元；1994年80 000美元；1995年85 000美元；1996年第1季度22 500美元。

③ 克拉克森木材公司需预计其本纳税年度的所得税负债并分4个季度来支付，税前利润的前50 000美元按15％计税，其后25 000美元按25％计税；再其后25 000美元按34％计税。利润超过100 000美元但不足335 000美元的部分按39％计税。

问题1：如何分析克拉克森公司的盈利能力？

克拉克森先生是一位49岁、充满活力的人。他每天工作的时间很长。他有一个助手，该人名义上是西北国民银行的调查员，并且"能干任何克拉克森先生在公司干的活"。至1996年初，公司尚有另外15名雇员，其中8个在工场干活或开货车，另外7名做办公室和销售工作。

作为对潜在借款人例行调查的一部分，西北国民银行也向与克拉克森先生有业务往来的一些企业发放了调查表。某大供应商——本尼特公司的经理这么写道：

克拉克森公司的稳健经营吸引了我们。他从不把他的钱浪费在不相称的投资上。他的经营费用尽可能地低，并且他个人对业务的各个方面都加以了控制。他拥有良好的判断力，愿意尽可能地努力工作，这些加上他良好的品性，使其公司销售额很高。从我个人对他的了解来说，我想他会很注意自己的信用。

银行收到的其他回信也有同样的意见。

问题2：如何分析克拉克森公司的信用？

除拥有这家木材公司外，克拉克森先生与妻子还共同拥有他们所住的房子的产权。房子在1979年建造时花费了72 000美元，抵押贷款38 000美元。他还有一笔70 000美元的人寿保险，是付给克拉克森夫人的。克拉克森夫人还独立拥有一栋价值85 000美元的房子的一半产权。除此之外，他们没有其他大的个人投资。

银行特别注意到企业的负债状况和流动比率。据报告，公司产品的未来市场和销售预期都很乐观。银行的调查报告说："销售额有望于1996年达到5 500 000美元；如果近期木材价格上涨,销售额更会超过这一水平。"另一方面,大家也认识到一场普遍的经济衰退也可能减小销售额的增长率。但是,由于公司的大部分业务是修理所用材料,故销售额也可能因新建房屋的下降而得到某种程度的保障。1996年后的计划很难决定,但在可预见的将来,公司业务量的持续增长还是很有希望的。

问题3:如何分析克拉克森公司的偿债能力、营运能力?

银行同时提到克拉克森公司应付账款和票据在近几年尤其是1995年和1996年春的快速增长情况。通常商业购买的信用情况为10天内付款折扣率为2%,30天付款折扣率为0。但供应商一般也不会反对付款稍稍迟一点。近两年内,克拉克森先生由于要支付给霍兹先生的费用和增加营运资金,很少能取得购货的现金折扣。而1996年春,当克拉克森先生尽力要将乡村国民银行的贷款控制在400 000美元时,公司的商业信用已严重超支了。

杰克逊先生与克拉克森先生试着讨论的是一笔不超过750 000美元、循环式、有担保的90天借款。其特定细节还未确定,但杰克逊先生指出:合同中将包括针对这项贷款的一些标准保护条款:例如,对公司其他借款的限制;公司营运资金净额必须保持在银行允许的水平;对固定资产追加投资必须先得到银行的同意;克拉克森先生从企业撤资的行为也要受银行限制等。贷款利率是在基准利率的基础上加2%个百分点的浮动利率。杰克逊先生说公司最终支付的利率约为11%。另外,两人都很清楚,一旦克拉克森先生与西北国民银行签订了借款合同,他与乡村国民银行的关系就将会破裂。

循环式担保贷款允许借款人在贷款有效期内取得、偿还和重新取得借款,很像持续不断的投资借款。与透支借款一样,借款人通常使用营运资本(如应收账款和存货)作为担保品对其进行担保,但是非常大的公司可能不需要提供担保品。循环式担保贷款的优点在于提高了贷款灵活性,即在信贷限额内资金可以重复使用。因此,银行的承诺是"循环往复"的——只要不超过承诺总金额,借款人可以在提交符合要求的申请后,持续要求取得贷款。企业采用循环式担保贷款,除支付利息外,还要支付协议费。协议费是对循环贷款中未使用的部分收取的费用,正是因为银行收取协议费,才构成了银行为企业提供资金的法定义务。

四、案例分析

(一) 克拉克森公司的短期贷款申请

站在克拉克森公司的角度,需要分析公司目前的经营状况和财务状况,并结合行业和宏观经济环境分析,对未来的经营业务做出合理的预测,在此基础上,提出资金需求计划,并做出偿还贷款的资金来源预测。

克拉克森公司经过几年业务快速发展之后,尽管利润不错,但公司仍然存在现金短缺的困难,现金短缺的原因主要有两方面:一是由于克拉克森公司应付账款和票据在近两年的快速增长,导致现金流入和现金流出存在缺口。二是克拉克森公司的还款压力和营运资金的增加。因此,克拉克森提出了短期贷款的要求。

克拉克森公司近几年的财务状况还是比较乐观的,对未来的预期也令人满意,具有偿还贷款的能力,况且克拉克森本人也有较高的信用度,能保证款项的按时归还。克拉克森公司取得这一笔借款后,可以充分利用商业折扣的好处,进一步提高公司的获利能力。之前克拉克森公司一直和乡村国民银行保持业务往来,但由于乡村国民银行最高贷款额的限制,继续合作显然存在困难。因此,克拉克森先生希望能得到西北国民银行的帮助。

(二)银行对克拉克森公司短期贷款申请的评价

银行既要通过不断开发培育优质客户来拓展自己的业务,满足有发展潜力的客户的资金需求,又要保证自己的资金的安全性、盈利性和流动性。当银行承担的风险是合理的、可控的并且与自身资源和信贷能力相匹配时,一般会接受贷款企业提出的申请。银行在办理此类贷款时,一般要遵循以下惯例。

1. 确定贷款用途

克拉克森公司的借款主要是解决短期资金紧张的问题。克拉克森公司由于近两年应付账款和票据的快速增长,还有需要支付的固定费用以及营运资金的增加,使克拉克森公司很少能取得购货的现金折扣,这样无形中增加了采购成本。因此,克拉克森先生希望西北国民银行能贷给克拉克森公司一笔 750 000 美元的借款,使他能充分利用商业折扣的好处,从而提高公司获利能力。

2. 对客户进行信用度评价

首先是对借款人的信用度的评价,包括对公司经营者的管理能力、信用度及工作努力程度的数量化评估。通过银行的调查分析,克拉克森先生作为克拉克森木材公司的唯一所有者和总经理,是一位兢兢业业的管理者。例如,虽然克拉克森先生已经 49 岁了,但他充满活力,每天工作的时间很长。克拉克森先生还是一个合格的管理者。例如,克拉克森公司的稳健经营吸引了很多客户。他从不把他的钱浪费在不相称的投资上。他的经营费用尽可能地低,并且他个人对业务的各个方面都加以了控制。他拥有良好的判断力,愿意尽可能地努力工作,这些加上他良好的品性,使其公司销售额很高。他很注意自己的信用。

其次是对借款人的到期还贷能力和意愿的评价。准备好财务和经营预测报告,借以评价借款人未来生成充足闲置现金流量以用于到期还本付息的能力。西北国民银行调查了克拉克森公司的负债状况和流动比率。据报告,公司产品的未来市场和销售预期都很乐观。如果近期木材价格上涨,销售额更会超过这一水平。虽然普遍的经济衰退可能减小销售额的增长率。

但是，由于公司的大部分业务是修理所用材料，故销售额也可能因新建房屋的下降而得到某种程度的保障。总之在可预见的将来，公司业务量的持续增长还是很有希望的。

最后是对风险的确认和分析。贷款前必须确认和分析与特定贷款相联系的主要风险。有一些风险与借款人以及他的公司相关；与潜在的内外部的经营环境的变化相关；与该行业的周期性经营活动相关。总之，必须对未来影响借款人还款意愿和还贷能力的诸多要素进行全面考虑，并做出判断。一定要抓住潜在的关键风险，评估它们的严重程度、发生的可能性以及相关的预计成本，以此作为最终确定具体的贷款结构和贷款工具的依据。克拉克森先生除拥有这家木材公司外，克拉克森先生与妻子还共同拥有他们所住的房子的产权。他还有一笔人寿保险。另外克拉克森夫人还独立拥有一栋价值85 000美元的房子的一半产权。所有这些都可以作为还款能力的保证。

3. 确定贷款协议

一旦确认了借款人的信用度，并且银行同意且能够提供贷款，则银行和借款人就可以开始确定合适的贷款协议。银行在此步骤中可以借助于贷款协议的条款进一步保护资金安全。西北国民银行与克拉克森先生签订的是一笔750 000美元、循环式、有担保的90天借款。合同中包括了针对这项贷款的一些标准保护条款，例如对公司其他借款的限制；公司营运资金净额必须保持在银行允许的水平；对固定资产追加投资必须先得到银行的同意；克拉克森先生从企业撤资的行为也要受银行限制，等等。贷款利率是在基准利率的基础上加2%浮动利率，公司最终支付的利率约为11%。杰克逊先生给克拉克森先生提供的贷款需要担保，主要源于克拉克森先生与西北国民银行是初次合作，西北国民银行对克拉克森木材公司的信用还不是很了解。虽然克拉克森木材公司的盈利能力、偿债能力和运营能力能够令人满意。

五、案例讨论

分别站在克拉克森公司的角度和银行的角度对短期贷款事项进行分析。

六、案例拓展阅读

奇特原件公司短期贷款案例[1]

1988年10月，纽约帝国州立银行的信贷部主任乔治·墨菲先生正在审阅奇特元件公司的文件。奇特公司的管理阶层提出，鉴于电子元件部的销售增长缓慢，他们要

---

[1] 本案例选自王化成编：《财务管理教学案例》，中国人民大学出版社2001年版。

求银行追加100万美元的贷款,为两家新开张的特许经销企业融通资金。这只是个开始,以后奇特公司还要投入更多的资金来支持它的特许经销商。

帝国州立银行是一个由五家银行组成的贷款银团的代理人。这家银团已经把对奇特公司的一笔为期30天、金额为850万美元的贷款作了展期。奇特公司对保险公司还有一笔金额为790万美元的长期负债。

奇特公司建立于1951年,现在已经发展成为一家生产和销售计算机外围设备的公司,主要经营键盘、价格较低的显示器以及硬盘等产品。它下设计算机设备和电子元件两个独立的分部,每个部都有自己的生产厂家。由于两个分部生产所需的大部分零件都直接向合同人订购,所以它们之间的互相销售可以忽略不计。在与零件供货商的交易中,只要及时付款,就可以获得比较可观的购货折扣。为了能得到这部分商业折扣,奇特公司一般不增加他们的应付账款规模。奇特公司总部及所有的生产厂家都设在北卡罗来纳州的威尔明顿。奇特公司的产品价格合理、质量上乘,在同行业中一直享有较高声誉。

奇特公司现任的领导班子是1981年上台的,他们的战略目标是希望能够通过新产品的引进和销售的扩张来实现公司的发展。1981年,奇特公司开始销售计算机终端。到1988年,它已经可以提供6种不同型号的产品,价格从250~450美元不等。键盘生产的精选工作也已经完成,另外,其他外围设备的生产也有了长足的发展。在1988年会计年度,奇特公司又推出了三种新型的调制解调器,价格在90~200美元之间。这些产品主要通过专卖店、目录销售以及连锁店等渠道销往全美各地。计算机设备部的财务报表如表5-2、表5-3所示。

表5-2　计算机设备部1986~1988年会计年度损益表

单位:百万美元

项　　目	1986年	1987年	1988年
销售净收入	5.0	6.4	8.4
产品销售成本	3.4	4.4	5.8
其中:折旧	0.1	0.1	0.1
销售毛利	1.6	2.0	2.6
销售及管理费用	0.8	1.0	1.3
利息费用	0.2	0	0.1
税前利润	0.6	1.0	1.2
所得税	0.3	0.5	0.5
净收益	0.3	0.5	0.7

(续上)

表 5-3 计算机设备部 1986~1988 年资产负债表

单位：百万美元

项 目	1986 年	1987 年	1988 年
资产			
现金	0.2	0.3	0.5
应收账款	0.8	1.0	1.7
存货	0.8	2.0	2.6
流动资产合计	1.8	3.3	4.8
资产、厂房设备（净值）	0.8	0.7	0.9
其他资产	1.1	1.0	1.5
资产合计	3.7	5.0	7.2
负债及所有者权益			
应付账款	0.1	0.2	0.4
公司内部借款	0.1	−0.1①	0.8
其他在流动负债	0.3	1.0	1.1
流动负债合计	0.5	1.1	2.3
长期负债	0.4	0.6	0.9
负债合计	0.9	1.7	3.2
普通股	0.5	0.5	0.5
留存收益	2.3	2.8	3.5
所有者权益合计	2.8	3.3	4.0
负债及所有者权益合计	3.7	5.0	7.2

注：① 这是一笔金额为 10 万美元的由计算机设备部提供给母公司的借款。

插座、开关、线圈以及其他硬件附属元件的组装、制造和销售工作。这些产品的技术要求不高，售价也较便宜。除了少数组装件可卖到 100 美元左右以外，其他大部分元件的售价都低于 1 美元。电子元件部实现生产目标没有任何困难，因为可以很容易地将生产任务转包给其他厂商（近期有 30% 的产品是由转包商提供的）。如果不计利息，元件部每年的固定费用大约为 370 万美元。

奇特公司的管理层不打算扩大电子元件部的生产能力，而是想集中精力搞好这个部门的市场营销工作。管理层特别注意到电子元件部的销售业绩无法与计算机设备部相提并论。表5-4、表5-5是电子元件部的财务报表。

表5-4 电子元件部1986~1988年会计年度损益表　单位：百万美元

项　　目	1986年	1987年	1988年
销售净收入	22.1	20.7	22.5
产品销售成本	17.7	16.2	17.5
其中：折旧	0.2	0.2	0.2
销售毛利	4.4	4.5	5.0
销售及管理费用	2.8	2.6	3.1
利息费用	0.8	1.1	1.1
税前利润	0.8	0.8	0.8
所得税	0.4	0.4	0.3
净收益	0.4	0.4	0.5

表5-5 电子元件部1986~1988年资产负债表　单位：百万美元

项　　目	1986年	1987年	1988年
资产			
现金	0	0	0
应收账款	7.4	8.6	8.7
存货	7.3	7.8	8.9
流动资产合计	14.7	16.4	17.6
资产、厂房设备（净值）	1.4	1.6	1.7
其他资产	0.3	0.4	0.5
资产合计	16.4	18.4	19.8
负债及所有者权益			
应付账款	0.3	0.5	0.5
公司内部借款	10.1	11.6	12.5
其他在流动负债	0.4	0.4	0.3

（续上）

（续表）

项　目	1986年	1987年	1988年
流动负债合计	10.8	12.5	13.3
长期负债	0.4	0.3	0.4
负债合计	11.2	12.8	13.7
普通股	1.3	1.3	1.3
留存收益	3.9	4.3	4.8
所有者权益合计	5.2	5.6	6.1
负债及所有者权益合计	16.4	18.4	19.8

　　电子元件部将产品直接销售给全国性的连锁店。在1986年，它也开始利用特许经销商将产品销售给小的电子输出设备生产厂家。1986年、1987年和1988年三个年度对特许经销商的销售额分别为500万美元、570万美元和460万美元。在1986年会计年度，由于使用特约经销商这一市场经营策略，电子元件部的销售额由1 800万美元上升到2 210万美元。所以，这一策略立即成为奇特公司管理层倍加推崇的营销策略。在1986年，有10家厂商取得了特许经销权，不过以后就再没有增加过。奇特公司与特许经销商签订的协议特别规定：后者经销产品中，须有75%从奇特公司购进。同时，它们要全力推销奇特公司的产品，不得经营其他厂家生产的、有竞争性的同类电子元件。协议还特别指出：奇特公司不但要接受特许经销商开出的、期限为1年的应付票据，而且还必须将特许经销商无法销售出去的、残次冷背的本公司产品购回。这些特许专营经销厂商们的营运资金规模较小，所以为了使它们选择并推广本公司的产品，奇特公司必须经常向它们提供财务帮助。与此同时，奇特公司也经常向它们提出市场营销和经营管理方面的建议。

　　特许经销商报告说：1986年度、1987年度和1988年度的销售额分别为640美元、590万美元和650万美元。特许经销商对奇特公司的产品的价格加成率为25%。在它们的营业额中，大约有1/3经销的是其他公司的产品，奇特公司的流动资金比率必须保持在2.0以上；奇特公司估计电子元件市场的规模每年在50 000万美元以上，而且预计这个市场规模每年可以8%的增长率持续扩大。电子产业的发展具有一个明显特征，那就是受科技进步的影响很大。这早已被20世纪60年代中期晶体管的普及使用，70年代集成电路的推广以及80年代个人计算机的发展等事实所证明。电子元件产业的竞争很激烈，没有哪家公司的市场占有份额能达到10%以上。奇特公司

（续上）

的管理层认为，为了保证他们的销售额能按10%的年增长比率不断增加，必须尽快、尽多地发展特许经销商这一销售渠道。所以他们建议银行重新讨论目前的贷款协议，希望能够追加提供100万美元的贷款。

银行的贷款协议严禁奇特公司拥有其他的长期负债。协议同时要求：在每个会计年度末，奇特公司的流动资金比率必须保持在2.0以上；而且不论何时，公司的净营运资金都不得低于10 000美元。银行提供贷款的年利率为8%，保险公司所提供贷款的年利率为9.50%。从1989年到1998年，每年的12月31日公司都要分期偿付保险公司的贷款本金79 000元。

奇特公司有800 000股市场流通股，市场价为每股9.50美元。1986年市盈率在13～27美元间浮动；1987年，市盈率浮动范围为13～24美元；到了1988年，变成了在4～16美元之间浮动。1986年和1987年，公司都未支付股利，而且在将来也没有支付股利的计划。

帝国州立银行从1981年开始向奇特公司提供贷款。奇特公司的借款额有90%是由帝国州立银行提供的。虽然奇特公司的管理层偶尔不能及时提供银行所需信息，但双方的业务关系总体上是令人满意的。银行的信贷部认为延迟提供相关信息的情况是由于管理层的某些部门工作效率不高而导致的，并不是奇特公司想故意隐瞒什么情况。帝国州立银行已于1988年10月提高了相关利率，以防范奇特公司不能严格按规定期限偿还贷款这种不利情况的发生。

作为银团牵头行的信贷部主任，墨菲先生仔细考虑如何向贷款银团的高级决策层介绍这些情况，毕竟奇特公司的领导们要求他们在7天之内给以答复。

要求：1. 请你写一个短期银行贷款的申请书。
2. 你认为墨菲先生该如何决策？

公司投资活动案例

第二章

案例 6

惠而浦欧洲公司——投资项目的评估[①]

一、本案例学习目标

通过本案例分析使学生了解投资项目评估的目标,以及为实现该目标应该如何决策。具体包括:如何描述所投资的项目、影响投资项目的主要因素、评估投资项目的方法和投资项目决策的过程。

二、问题的引出

近十年惠而浦公司开拓欧洲市场取得了较大的成效,在欧洲的市场占有率已经提高到了13%,这个份额是相当高的。现在惠而浦欧洲公司的首席财务官和物流副总裁正在评估一项在企业资源规划(ERP)系统上的投资计划,用来整合惠而浦公司的所有信息流,该项目被命名为"大西洋项目"。如果成功,这个项目将增强公司在销售和营销、运作和物流以及财务领域的营运效率和效果。然而,这个项目的成本是惊人的。公司的高级管理层已经将成本和收益进行了量化,现在,需要对这些数据进行评估。

那么惠而浦的首席财务官和物流总裁面临的问题是如何对这些数据做出评价,从而为是否对该项目投资提出建议。

三、案例陈述及阅读引导

(一) 公司背景

1989年,惠而浦公司通过支付4.7亿美元购买荷兰飞利浦电气公司在家电事业部

[①] 本案例节选自李常青译:《公司财务管理——哈佛商学院案例》,中国人民大学出版社2005年版。

53%的股份开始进入欧洲市场。两家公司成立了一家名为 WIBV 的合资企业,1 年后发起了一个双品牌活动,将惠而浦品牌加入到飞利浦的产品线中。1991 年 7 月,惠而浦公司用 6 亿美元收购飞利浦电子公司剩余 47%的股份,成为 WIBV 的唯一所有者。

惠而浦欧洲公司根据销售预算和预测组织生产,然后,以产成品的形式持有存货。欧洲公司的制造基地包括 11 家工厂,其中,10 家在欧洲,1 家在非洲。

预算和预测的区别:财务预算是指运用科学的技术手段和数量方法,对未来财务活动的内容及指标所进行的具体规划。财务预算是以财务决策确立的方案和财务预测提供的信息为基础编制的,是财务预测和财务决策的具体化,是控制财务活动的依据。财务预测是根据财务活动的历史资料,考虑现实的要求和条件,对企业未来的财务活动和财务成果作出科学的预计和测算。

由于每个国家都会有一些特别的要求,如语言、产品偏好和电气规格,导致一款产品有多种库存保有单位(Stock-keeping unites)。产品在到达顾客之前先从工厂运抵两个中央配送中心,再从中央配送中心送往 12 个地区中心,最后运抵消费者。

在每个主要的欧洲市场,有一个全国性的销售办公室负责和顾客打交道,具体从事销售货物、销售预测、订单处理和跟踪、发出账单和收取货款等业务。惠而浦欧洲公司正在使用的许多信息系统是相互独立的,这些信息系统分别由各个工厂、配送中心或销售办公室根据自己的业务需要开发完成。信息很难在不同部门和组织之间共享,经常出现信息不一致并无法调和。比如,销售部门须通过查询多达 13 个独立的存货系统,才能获得供应链上的存货信息。

公司的顾客可以分为两类:一类是家庭顾客,他们为自己的住家购买可独立作用的电器;另一类是建筑承包商,他们为了装修新建的住宅或改建旧厨房而购买嵌入式电器。前一类销售的成功取决于产品的质量、价格和是否有及时的现货供应。惠而浦欧洲公司估计配送中心持有的存货可以满足家庭顾客 79%的需求。如果出现无货可供的经常结果是公司失去销售机会。后一类顾客往往要求在业主下过订单后的短短几周内进行。惠而浦公司估计这部分的市场将成长到占厨房家用电器市场的 25%左右。为了向建筑承包商市场供应嵌入式电器,惠而浦公司必须在承包商下订单后的 10 天内交货。在公司现有的存货和信息系统条件下,惠而浦公司无法可靠地满足承包要求的交货期要求。

问题 1：你认为目前公司在存货的配送上存在的主要问题是什么？这一主要问题将给公司带来什么样的后果？应如何解决？

（二）大西洋项目

1. 项目描述

大西洋项目是通过设计和实施 ERP 系统，使得惠而浦欧洲公司可以更好地满足家庭顾客市场对独立使用电器的需要，以及建筑承包商市场对嵌入式电器的需要，与此同时，能够将存货周转天数减少 12 天。这两个似乎矛盾的目标将通过信息系统得以实现，这个系统可以允许一个国家的销售办公室查询到供应链上的所有产品，所以，能够大大提高配送过程的效率。公司还期望大西洋项目可以使得公司与供应商之间进行某种整合，以增加存货供应的透明度。这将使得公司能够在降低存货水平的同时，提高供应现货的能力。另外，ERP 系统将允许惠而浦公司按照建筑承包商的特殊订单生产产品。

惠而浦公司实施 ERP 系统是分阶段进行的，首先从北美、巴西和精选的欧洲中部国家开始，大西洋项目将重点关注其他欧洲国家。实施 ERP 后，惠而浦欧洲公司各自为战的信息系统将停止运行，取而代之的是全欧洲统一的信息处理体系结构。公司计划建立一个标准化的 ERP 系统，不需要任何修改，不要求公司对业务流程进行重大改动。因此员工对变革的接受程度对于成功是很关键的。

该项目的管理将按项目小组的形式进行，项目小组以国家为单位。表 6-1 和表 6-2 是详细的分组名单以及各项目小组的实施时间表。

表 6-1　大西洋项目的实施分组

西部小组	南部小组	中部小组	北部小组
比利时	意大利	捷克共和国	丹麦
法国	葡萄牙	匈牙利	芬兰
荷兰		波兰	爱尔兰
加：仓库管理和物流配送		斯洛伐克	挪威
			英国

表 6-2　项目小组实施时间表

项目	西部小组	南部小组	中部小组	北部小组
开始日期	1999 年 5 月	2000 年 5 月	2001 年 3 月	2002 年 1 月
结束日期	2000 年 4 月	2001 年 2 月	2001 年 12 月	2002 年 8 月

小结：项目描述要回答：项目的目标(为什么)、内容(是什么)、项目的实现途径(怎么办)以及项目的可行性(能否实现吗)。

问题 2：如果你是一个决策者，一般来讲，你是如何确定某一个投资项目是否可行的？

2. 项目收益

减少营运资金

公司现在的存货周转天数(DSI)是 51 天，其中，大约 8 天用于仓储和分配，9 天用于在途运输，3 天被闲置。ERP 系统将使惠而浦公司的供应链更加透明和高效，因此可以消除仓储、分配和闲置的时间并减少在途运输的时间。通过对存货进行统计分析，惠而浦欧洲公司得到了一个理论模型，存货周转天数的理论目标是 29 天。大西洋项目预计将使每个项目小组的存货周转天数减少 12 天——现实存货周转天数和理论模型值之差的一半多一点。表 6-3 是 1997 年的分组数据，包括产品的存货周转天数。表 6-4 是预计的降低存货周转天数的详细时间表。

表 6-3 惠而浦欧洲公司 1997 年的数据

项目小组	存货周转天数	可供现货率(%)	销售数量	销售收入(千美元)	销售毛利(千美元)
西部小组	45	73.5	2 271 139	477 784	58 859
南部小组	51	83.1	1 415 949	283 549	46 241
中部小组	67	76.8	977 665	185 635	43 678
北部小组	55	83.2	1 443 156	280 901	29 818

表 6-4 可供现货率的计划改进时间表

项目小组	可供现货率累计改进程度					
	2000 年	2001 年	2002 年	2003 年	2004 年	2005 年
西部小组(%)	25	40	35			
南部小组(%)		35	40	25		
中部小组(%)			40	40	20	
北部小组(%)				40	40	20

> 迈克·戴尔认为:"库存不是资产而是负债。在戴尔公司,库存只是信息。"

增加收入和提高销售毛利

该 ERP 系统的一个首要目标是通过提高供应链的透明度,整合销售预测和存货管理来提高现货的可供应率。公司的目标是将可供现货率提高到 92%。根据预测,ERP 系统和流程重组将使产品销售数量增加,增加的幅度相当于可供现货率增加的 25%。那些增加的销售收入将提高惠而浦欧洲公司的获利能力。表 6-3 包括了公司 1997 年按项目小组分类的可供现货率、销售数量、销售收入和销售毛利。表 6-4 是详细的可供现货率改进的计划时间表。

由于缺少一个统一的信息系统,公司无法在产品线、客户、订单层次评估获利能力。例如,定价决策有时是在信息不完整、不及时的情况下做出的。通过建立 ERP 系统,公司预计在项目实施后的第二年可以将销售毛利提高 0.25%。为了预测现金流量,公司以 1997 年的收入作为基准,计算销售毛利每年递增率。表 6-5 是项目小组每年预计的销售毛利的改进程度。

表 6-5 销售毛利的计划改进时间表

项目小组	2000 年	2001 年	2002 年	2003 年	2004 年	2005 年
销售毛利累计改进程度						
西部小组(%)	0.06	0.25	0.25	0.25	0.25	0.25
南部小组(%)		0.10	0.25	0.25	0.25	0.25
中部小组(%)			0.13	0.25	0.25	0.25
北部小组(%)				0.13	0.25	0.25

> 公司对现金流量往往是以销售收入为预测起点的。

节约其他成本费用

ERP 系统将显著地简化业务流程和顾客订单管理。系统实施后,现有的 79 名订单处理人员可以减少 18%,每个员工每年的平均成本是 4 万美元。ERP 系统也简化了会计职能,将使现有的 60 名财务人员减少 15%,因而节约每个员工每年的平均成本 4.5 美元。

ERP 系统还可以节约其他成本费用。惠而浦公司支付的仓储费用是每年每平方米 40 美元,由于 ERP 系统将减少存货,仓库面积可以减少 15%(现有 7 200 平方米)。另外,顾客的退货率一般是 3%,每件退货惠而浦公司需耗费 30 美元的费用。ERP 系统将减少错误的发货数量。ERP 系统还可能降低坏账的费用和信息系统的费用。表 6-6 是详细的费用节约清单。

表6-6 其他费用的预计节约金额　　　　　　　　　单位：千美元

项目	2000年	2001年	2002年	2003年	2004年	2005年	2006年	2007年
减少订单处理人员	0	190	411	442	474	506	537	569
减少财务人员	81	135	216	324	405	405	405	405
仓库空间	18	72	155	230	274	288	288	288
坏账费用	102	512	922	1 024	1 024	1 024	1 024	1 024
信息系统	420	840	840	1 280	1 280	1 280	1 280	1 280
合计	621	1 749	2 544	3 300	3 457	3 504	3 534	3 566

3. 项目的成本

资本性支出

公司需要在1999年支付430万美元的设备支出，2000年支付860万美元，2002年支付410万美元。1999年和2000年将分别支付60万美元和30万美元的软件版权使用费。设备支出的折旧采用直线法，折旧年限为5年。

项目实施成本

项目的实施需要进行大量的培训、对新业务流程的编制、测试和整理文档，当然还有ERP软件的安装。每个项目小组的实施平均需要50名惠而浦公司的现有员工，他们将与外部的咨询三联单一起工作，每位员工的成本估计需要4.5万美元。根据预测，公司在1999年将需要19名咨询顾问，2000年需要9名，2001年需要7名，之后每年需要4名，每位顾问每月平均成本是1.54万美元。

为了保证项目能按计划进行，公司计划从2000年7月至2004年6月建立一支三人的任务小组随时待命，每年的成本是60万美元。

管理和维护成本

从2003年开始，当所有项目小组的实施都完成后，每年预计需要300万美元对新信息系统进行管理和维护。尽管如此，因为每个项目小组的上线时间不同，管理和维护成本将提前发生。1999年公司估计将发生60万美元的管理和维护成本，之后每年增加60万美元，到2003年达到300万美元。

软件版本维护预计在2000年是10万美元，之后每年增加10万美元，直到2003年达到每年40万美元。除非更换系统，否则，这项成本每年都会发生。

4. 资本成本和公司所得税税率

惠而浦欧洲公司使用9%的资本成本对ERP项目进行折现。公司所得税税率是40%。

问题 3：如果你是惠而浦的首席财务官和物流总裁的私人财务顾问，根据以上资料你可以为他们寻找一种决策方法，并建立一个决策模型吗？

四、案例分析

（一）投资项目的发现

公司财务管理的目标是不断增加公司的价值，这需要采取各种措施增加企业的财富，而投资是增加公司财富的途径之一。公司通过投资或者可以增加公司的利润，或者可能降低公司的风险，或者两者兼而有之。通过投资是否能够实现投资目标，项目的发现与选择成为关键环节。

公司发现投资项目可以有两个角度：一个是从企业的外部寻找能够增加公司财富的项目，即对外投资；另一个是从公司的内部寻找能够增加公司财富的项目，即对内投资，如本案例便是一个内部投资项目。内部投资项目的发现往往源于公司经营中产生问题所带来的压力。在本案例中，对于投资项目——"大西洋项目"ERP 的发现，源于公司在欧洲市场上信息处理系统对存货管理带来的效率低下的缺陷。公司保持一定数量的产成品存货有利于销售、组织均衡生产和降低成本等好处，但是，保持存货也会发生一些成本，如取得成本、订货成本、储存成本和机会成本等。一个适当的存货数量应该是其收益与成本之间的权衡，然而，公司这一方面存在一些问题：公司在欧洲市场上有 10 个生产厂家，12 个产品销售配售中心，以及每个欧洲主要市场上的销售中心。这些分厂或部门使用的信息系统是分别由各个工厂、配送中心或销售办公室根据自己的业务需要开发完成的，它们相互独立，信息很难在不同部门和组织之间实现共享，经常出现信息不一致并无法调和情况。表现为：① 销售部门必须通过查询多达 13 个独立的存货系统才能获得供应链上的存货信息；② 公司无法可靠地满足承包商和家庭顾客的期限要求。这样，一方面，使公司存货水平保持在一个比较高的水平；另一方面，又使得公司产品销售配送过程中的效率降低。因此，失去了一些客户，降低了公司的获得能力，而这一个相互矛盾的两个方面的问题似乎都与对欧洲市场上各个工厂、部门的信息系统的相互独立相关，于是，公司需要整合欧洲市场上的信息系统，通过对信息系统的整合，以期解决目前公司在欧洲市场上存在的问题。

在说服管理层投资该项目时，首先需要一个对项目投资的陈述。

（二）投资项目的陈述

项目的陈述包括项目的目标、内容、实现途径及可行性等。

(1) 项目陈述的目标是指投资目标，它主要是针对所要解决的问题而提出。本案例中,投资项目的目标有两个:提高产品存货配送过程的效率;提高现货供应能力。

(2)项目内容是指投资项目的具体内容。本案例的投资内容是建立一个全欧洲统一的信息处理体系结构。

(3)实现途径,即具体如何实施投资项目。该项目分阶段进行,首先从北美、巴西和精选的欧洲中部国家开始,大西洋项目将重点关注其他欧洲国家。建立一个标准化的ERP系统,不需要任何修改,不要求公司对业务流程进行重大改动。实施ERP后,惠而浦欧洲公司各自为战的信息系统将停止运行。

(4)项目的可行性,即如何实现投资项目盈利。本案例的两个投资目标将通过信息系统的整合得以实现。① 通过设计和实施ERP系统,可以使得惠而浦欧洲公司更好地满足家庭顾客市场对独立使用电器的需要,以及建筑承包商市场对嵌入式电器的需要,与此同时,能够将存货周转天数减少12天。② 这个系统可以允许一个国家的销售办公室查询到供应链上的所有产品,所以,能够大大提高配送过程的效率。③ 公司还期望大西洋项目可以使得公司与供应商之间进行某种整合,以增加存货供应的透明度。这将使得公司能够在降低存货水平的同时,提高供应现货的能力。④ ERP系统将允许惠而浦公司按照建筑承包商的特殊订单生产产品。

(三)投资项目的决策

1. 确定决策基本标准——期望报酬率

在投资前投资者都会对该投资产生一个想得到的回报,即期望报酬。期望报酬有期望报酬额与期望报酬率之分,一般都用期望报酬率来表达心中对回报的渴望。它往往会成为投资者对投资项目的决策标准。如果预测的项目报酬率大于期望报酬率,则决定投资,否则,可能会放弃该项目。所以,怎么确定期望报酬和如何测算项目的投资报酬成为决策的关键。期望报酬率的大小因人而异,它不仅与投资者经济状况、所处的经济环境等因素相关,还与投资者的风险态度、经历、个人偏好等因素有关,但是,一般来讲,投资者还是可以确定的一个最低期望报酬率的,这一最低期望报酬率就是资本成本。在本案例中,惠而浦欧洲公司使用的资本成本是9%,它可以成为本案例的最低期望报酬率,用以对ERP项目进行折现。

2. 评估项目的现金流量

对投资项目的评价可以选择不同的变量,人们常用的变量有两类:一类是利润,如净利润、息税前利润等;一类是现金流量,如经营活动现金流量、投资活动现金流量、筹资活动现金流量以及现金流入量、现金流出量和现金净流量等。然而,从最近的实践来看,人们更偏好使用现金流量这个变量来评价投资项目,并依据该评价来进行决策。这是因为用现金流量评价投资项目有其优越性。首先,现金流量充分地考虑了货币时间价值,而利润则没有考虑这一方面的因素,事实上,货币的时间价值对人们的财务行为影响是如此重大。其次,现金流量作为评价投资项目的变量更具有可操作性和可靠性。这因为,一方面,人们对利润的计算没有一个统一技术标准,在一定程度上受到对存货计价、费用摊销、折旧计提等方法选择的影响;另一方面,在会计中,存在着大量的对收入、损失等确认与计量的主观判断,而这些主观判断会被操纵,所以,可靠性差。此外,利润反映的是某一会计期间的"应计"现金流量,而非现实的现金流量。

在本案例中,选择了投资项目的现金流量作为项目的评价变量。

使用现金流量评价投资项目时,首先要对项目产生的现金流入量和现金流出量进行测算,并对其作出评价。本案例以估计投资项目现金流入量和现金流入量。现金流入量包括投资项目新增现金流入量和节约的现金流出量,具体有增加收入和提高销售毛利、减少营运资金、节约的其他成本费用。现金流出量包括项目投资新增现金流出量,具体有资本性支出、项目实施过程中增加的支出以及管理和维护项目运行成本。此外,还应该考虑所得税对项目现金流量的影响——具有"税盾效应"还是具有"增税效应"。

在对投资项目的现金流量做出测算之后,应该设计一个决策模型,并据以进行决策。

3. 项目决策模型

建立项目决策模型首先要确定决策方法,然后,根据决策方法确定一个适当的决策模型。

用现金流量决策的方法包括非贴现方法和贴现方法两类。在贴现方法中有净现值法、内含报酬率法、获利指数法等。本案例使用的净现值法。但是,在案例中并没有设计出净现值的决策模型。

> 请同学们为公司设计一个净现值决策模型。

请注意,在净现值决策模型中各参数的设计,如贴现率的确定,对风险因素的考虑是采用风险调整贴现率,还是使用确定约当现金流量?

4. 决策

根据决策方法确定一个决策原则,如当采用净现值法进行决策时,可以把决策原则设定为"净现值大于零为可投资的项目,在资金限量的情况下,应选择净现值最大的项目"。在确定的决策原则之后,根据项目决策模型计算出决策变量——净现值,根据决策原则做出决策。例如,本案例的净现值大于零,则投资项目可行。

五、案例讨论

1. 请同学们讨论:如何寻找投资项目。

2. 当你面临一个投资项目时,根据什么决定是否进行投资呢?在做出决策前你都考虑了些什么呢?

3. 你能为本案例设计一个投资决策模型,并给出一个投资建议吗?

六、案例拓展阅读

长江电力估值应至少提高10%[①]

作为国内最大的水电公司,长江电力(600900)相对于环保成本日益上升的火电公司,环保成本优势明显,公司长期竞争力和资产价值被市场低估。而对长江电力的投资,不仅需要结合市场整体走势的判断以及公司的基本面,更需要关注是否有其他超出市场前期预期之外的东西。从估值角度看,应对一般的DCF(现金流贴现)及DDM(股利折现)模型进行适度优化,以符合长江电力资本支出期限较长、经营存续期也较长的客观事实。2005年,长江电力股改方案中推出股本认购权证,具备再融资特性,但直到2006年5月,认购权证的实施时间和价格才明确。

2006年9月,三峡大坝开始第二阶段的蓄水,目前蓄水已经达到156米,计划2009年三峡右岸电站12台机组投产前,大坝蓄水高度将进一步抬高到175米。随着蓄水位的不断抬高、库容增加带来的防洪能力的提高以及季节调节效应,丰枯季节机组产能都有所提高,对于水电机组产能将产生正向拉动作用。预期2007年、2008年长江电力将会继续对三峡机组进行收购,2007年总计投产的三峡机组将达到20台,长江电力如果采用比较均衡的收购进度,每年将收购2~3台机组。

2007年,长江电力股本权证实施后可以筹得65.70亿元资金,流通股股东参与股本权证认购的前提是股价需在7.15元以上,否则三峡总公司将自行实施收购,资金压力较大。从现金流情况而言,长江电力在2007年实施3台收购具备现实可行性。2006年,长江电力未实施收购,账上现金较为充裕,2006年年底经营性现金流可达70亿元,加上出售建行股权获得的现金,公司从资金安排上有能力实施3台机组的收购计划。预计长江电力2008年、2009年经营性现金流入将分别达到75亿元和85亿元,加上其他结构性融资方法,公司可以较为轻松地实施2台机组的收购。2010年之后,16台以上的机组每年产生的经营性现金流将能够满足公司每年收购2台机组的负债型收购。长江电力上市招股说明书中预测,未来26台机组全部投产后,年均利用小时为4 660小时。2005年,我国水电机组的平均利用小时为3 642小时。三峡26台机组的发电功率和流量较为匹配,远高于一般水电机组的利用小时。预计,三峡机组实际利用小时较招股说明书中的4 660小时乐观,平均机组利用小时可能达到5 000小时以上,保守预测也在4 800小时。未来三峡蓄水到176米高度后,较高的水位和丰沛的流量有助于保证丰水期机组的利用小时。

[①] 资料来源:袁晓梅:2006年11月25日《证券市场周刊》。

在对未来收购进度、机组利用小时进行预测后,在3.6%的无风险利率、8.5%的市场风险溢价、8.04%的加权资本成本、1%的终期成长率、67%的目标债务比率下,DCF估值结果为8.70元。

长江电力靠收购母公司资产拉动业绩增长的成长方式透明稳定,WIND资讯显示,最近100周长江电力股票beta值为0.55,计算得出加权平均资本成本仅为6.85%,显著低于A股市场平均水平。A股市场上一般投资者们对风险和收益的要求均较6.85%高,偏好超额收益的多数A股市场投资者很难因为股价稳定、风险较小而给予长江电力合理的溢价。长江电力在股权分置中承诺,2010年之前公司每年的分红收益率不低于65%,采用DDM估值,假设2010年之后公司的分红收益率仍保持在65%。由于长江电力的经营性现金流在2010年之后将会逐步增加,公司盈利能力不断提升,在考虑1%的终期成长性的情况下,2010年之后65%以上的分红收益率是相当保守的。在上述假设下,考虑年8.04%的折现率,长江电力DDM估值的结果为7.43元。

由于水电生产企业后期现金流将会更加充沛,长江电力目前的ROE(净资产收益率)水平和ROIC(已投资本回报率)水平远远高于债务成本。因此,在风险可控的背景下,加大债务融资的力度,后期能够降低WACC(加权平均资本成本),从而提升估值会产生积极影响。DCF估值中,如果其他假设前提不变,提高资产负债率到50%,那么长江电力的估值将有大幅提升,将达到11.61元。出于谨慎考虑,绝对估值假设中对于长江电力的终期成长性的估计较为谨慎。事实上即便不考虑三峡总公司后续开发的金沙江水电站的4个电站,长江电力日益壮大的实力会使得它具备与国民经济发展以及相应的能源需求相匹配的成长性。考虑到1%~1.5%的终期成长性,以0.60~0.80的beta值区间,长江电力合理估值的区间在8.07~10.69元之间。

如果长江电力收购三峡机组的进度加快,2007年至2010年分别收购6台、6台、6台、2台三峡机组,采取的融资方式分别为认股权证、配股以及新增贷款,资产负债率在50%以下,长江电力合理估值将进一步提升至12.41元。

总之,不同估值假设下长江电力价值区间在7.43~12.41元,而截至11月22日,长江电力二级市场股价为7.86元,远低于合理估值区间的中枢,距8.7元的目标价位也有10%的差距。

要求: 1. 对长江电力公司进行估值。
2. 写一个收购长江电力公司项目的陈述书。

案例 7

马龙产业：华宁项目投资[①]

一、本案例学习目标

通过本案例分析使学生了解投资项目现金流量的分析方法和投资项目评价的基本方法，具体包括净现值法、现值指数法和内含报酬率法。

二、问题的引出

> 马龙产业(600792)是中国目前最大的黄磷生产企业，也是中国黄磷生产行业唯一的上市公司，在经历了 2003 年和 2004 年的业绩大幅度增长之后，2005 年的经营业绩却较 2004 年出现了大幅度下滑。在 2005 年年报披露之后不久，公司就出现了人事变动。2006 年 4 月 29 日，董事会决议提名束荣桂先生为公司董事兼总经理，以代替"由于工作变动"而辞职的前董事、总经理王章锐先生。值得注意的是，1 年前的 2005 年 1 月 17 日，却是来自云天化集团的王章锐先生接替了"因工作需要"而离职的束荣桂先生就任总经理一职。同时，作为调整经营战略的第一步，公司董事会决定投资近 1.9 亿元，在华宁县青龙镇新建 4×10 500 吨/年的黄磷生产装置。
> 我们将关注马龙华宁项目的预期现金流量分析和投资决策评价。

三、案例陈述及阅读引导

(一) 黄磷生产行业

1. 黄磷产品及其用途

黄磷作为一种重要的基础化工原料，广泛应用于洗涤、农药、化肥、轻工、医药、食品及

[①] 本案例来源于尹晓冰、姚建文、冯景雯：《公司财务案例》，南开大学出版社 2007 年版。

国防工业。工业级黄磷,磷含量≥99.95%,二硫化碳和苯不溶物均≤0.1%,外观黄色蜡状。黄磷的主要用途是制造热法磷酸、三氯化磷以及赤磷、五硫化二磷、次磷酸盐、六偏磷酸盐、五氧化二磷等。

热法磷酸是黄磷的主要用户,其消费量占黄磷总消费量的70%左右;而三聚磷酸钠又是热法磷酸的主要用户,约50%以上的热法磷酸用于生产三聚磷酸钠。近年来食品磷酸和食品磷酸盐生产刺激了工业直接用酸生产的发展。尽管面临着湿法磷酸的冲击,热法磷酸在高品质工业磷酸盐制品产业仍有较大的市场发展空间。热法磷酸最大的下游产品三聚磷酸钠(五钠)在中国的生产起步于20世纪60年代,随着洗涤剂在居民生活和工业生产中的广泛使用,五钠的生产也随之飞速发展。自90年代开始,国内某些地区为了防止水体富营养,限制或禁止在洗涤剂中加入磷酸盐。但是,随着国内洗涤剂工业的发展,国内五钠的生产依旧发展迅猛。目前中国五钠产品的年生产能力已达150万吨,实际年产量约90万吨,居世界首位。

三氯化磷是黄磷的第二大用户,其消费占国内黄磷总消费量的15%左右。国内三氯化磷主要用于生产农药中间体如甲基酰胺磷、敌百虫、久效磷、杀灭威、倍硫磷等,此外还用于生产三氯氧磷、三氯硫磷、三乙基磷、三苯基磷及亚磷酸等,进一步用于生产水处理剂、医药、染料、增塑阻燃剂及其他有机合成产品。

近年国内有机磷农药生产发展缓慢,但水处理剂、增塑阻燃剂、医药及有机合成产品生产发展较快,它们在三氯化磷消费中所占的比例逐年增长。而且,过去一向作为中间产品的三氯化磷及三氧化磷生产的商品销售市场发展也非常快。

黄磷在其他方面的用途主要是生产次磷酸钠、五硫化二磷、赤磷、六偏磷酸盐、五氧化二磷等,年消费占黄磷总消费量的15%左右。近年次磷酸钠生产发展较快,在其他方面消费中占有较高比例。预期次磷酸钠、赤磷、五硫化二磷生产发展较快,消费比例将会有所提高。

2. 黄磷的市场状况

国外黄磷生产受到资源和环保等诸多因素的限制,生产几乎被禁止。此外,电价水平长期上升也促使国外黄磷生产量急剧减少。因此,黄磷生产目前主要集中在中国等发展中国家。如果单纯从经济的角度讲,像云南这种磷矿和电力资源较为丰富的省份的黄磷生产企业确实存在着一定程度的市场机会。

2000年世界黄磷产品的进口总量为19.02万吨,2004年增加到29.99万吨,年均增长率为12.1%。德国、日本、波兰、捷克、印度、英国和巴西等国家在2004年共进口黄磷18.6万吨,占世界黄磷总进口量的62%。其中,巴西和捷克黄磷进口量近年来迅速增长。另外,意大利、阿根廷和比利时近年来的黄磷进口量也有所增加。2006年,世界黄磷进口总量达到28万吨,为竞争激烈的国内黄磷市场提供了很大的释放空间。

近年来,全球黄磷出口市场增长较为明显。2000年黄磷出口量为16.84万吨,2004

年为24.13万吨,增长近50%。中国是第一大黄磷出口国,日本、印度、美国、意大利和韩国一直是中国黄磷的主要进口国。但是随着哈萨克斯坦、荷兰、美国黄磷出口份额的增长,中国黄磷的出口量从2002年的16.89万吨迅速萎缩至2004年的11.32万吨。2000~2004年,中国黄磷出口量占世界出口市场的份额由75.8%降到了46.9%。哈萨克斯坦则从5.8%升至21.9%,成为世界第二大黄磷出口国。荷兰和美国的市场份额也分别由14.6%、2.1%升至18.7%、5.6%。

黄磷作为高能耗加工业,在能源日趋紧张的情况下,中国政府近年来对其实施了较为严格的宏观调控。例如,从2005年1月1日开始,黄磷产品的出口退税被取消,同时加征10%的出口关税。2005年6月1日之后出口关税进一步提高到20%。

3. 黄磷的生产状况

中国黄磷生产能力从1980年的5.6万吨,迅速发展到2005年的146万吨,增加了近20多倍。现有黄磷生产厂100多家,其中规模大于1万吨/年的企业约40家,约占总产能的65%,一般厂生产规模为0.5万~0.75万吨/年,最小的仅0.1万吨/年。大型黄磷生产厂有:云南马龙产业集团(装置能力13.7万吨/年),云南南磷集团股份有限公司(8.5万吨/年),云南江川磷集团股份有限公司(4.8万吨/年),云南陆良五星黄磷有限公司(2.0万吨/年),四川安县启明星磷化工有限公司(2.6万吨/年),四川川投电冶有限责任公司(6万吨/年),湖北兴发集团(3万吨/年),贵州天和磷业集团公司(4.6万吨/年)。

相比之下,美国、荷兰和哈萨克斯坦等国的黄磷生产装置都已实现大型化,产能均在6.0万吨/年以上,且主要集中在少数几家企业。2005年年底,云南省黄磷产能达到近70万吨/年,贵州省36万吨/年,四川省36万吨/年,湖北省10万吨/年,总产能达到146万吨/年以上。

(1)云南的黄磷产业。黄磷是标准化的大宗工业原料,每生产1吨黄磷,需要耗用含28%的P_2O_5标准磷矿约8.5吨,耗用电能(动力电和电炉电)约14 000~14 500千瓦·小时。由此可见,黄磷产业资源性成本比例超过80%,矿、电资源的价格对其产品成本影响极大。充分而又较便宜的电能及原料矿石的供应,是发展黄磷工业的主要条件。

云南拥有较为丰富的磷矿资源和水电资源,磷化工行业也是云南为数不多的出口创汇行业。因此,云南黄磷在全国乃至全球占据主导地位。

近年来,云南黄磷产量稳居全国第一位,占全国总产量的1/2以上,占世界总产量的1/3。除了马龙产业以外,云南省主要的黄磷生产企业还包括云南南磷集团公司、云南红河磷电公司、云南澄江德安集团公司、云南江磷集团公司等。

(2)黄磷产业的最新情况。由于西电东送和水电生产的季节性因素,2005年年底开始,云南省政府被迫要求马龙产业等黄磷生产企业限电停产半年,这导致黄磷价格有所上涨。但是,磷矿供应市场已经出现供不应求的局面。磷矿价格(28%的擦洗矿)已经从2004年底的80元/吨(不含运费)上涨到2005年11月的140元/吨(而且是在云南全省黄磷行业限电无法生产的情况下),2006年5月全行业平均又上涨至200元/吨。

除了电力供应和电价之外,磷矿供应也是制约黄磷产业的主要因素。可以说,磷矿的供应和电力的获得价格将决定黄磷的供应量以及黄磷生产企业的命运。

由于近年来国内电力供应紧张导致的黄磷行业限电较为严重,因此造成了黄磷产能开工率不足、产量下降、市场价格升高的现象。所以,国内仍然有一些不具备资源和条件的地区和企业纷纷投资建设新的黄磷生产装置。

问题1: 国家为什么要取消黄磷产品的出口退税?同时还征收了20%的出口关税?这对黄磷产品的生产和销售情况会产生什么影响?

(二) 马龙产业

作为目前中国最大的黄磷生产企业,马龙产业的发展可以分为三个阶段。

1. 滇能控股托管之前的马龙产业

马龙产业的前身是创建于1978年的云南马龙化建股份有限公司(马龙化建)。马龙化建在1996年12月18日以每股4.80元的价格发行1500万股(总股本达到5100万股),1997年1月23日在上海证券交易所上市。之后,由于生产规模较小,经营状况一直比较严峻,甚至出现了拖欠电费的情况。

由于该公司在2000年和2001年连续两年亏损,被上海证券交易所给予特别处理。公司简称也改为"ST马龙"。

为了扭转经营颓势,早在2000年4月27日,持股达3600万股(占总股本70%)的公司大股东马龙县国资局将其中的3000万股(占总股本58.82%)的股权协议转让给云南昭晖投资管理有限公司。但是,这一转让协议因未获批准而被解除。

2. 滇能控股托管时期的马龙产业

2001年12月27日,云南滇能控股以每股3.7元、总计5472.3万元的代价受让马龙县国资局所持3600万股当中的1479万股(占总股本29%)。在未获得批准之前,马龙县国资局将3600万股全部委托给滇能控股管理。滇能控股因此成为公司的实际控制人,来自南方电网的夏蜀博士出任了该公司的董事长。

2002年,一方面,滇能控股与马龙产业签署《供用电协议》,将公司电价从0.303元/千瓦·小时降至0.215元/千瓦·小时。此举直接降低成本近2000万元。另一方面,夏蜀带领马龙产业收购华宁腾龙磷业、玉溪锦坤磷业和曲靖磷酸盐厂,组建华宁、沾益分公司和昆明公司,在1年之内将黄磷产能提高460%。马龙产业此时已经一跃成为中国最大的黄磷生产企业。此外,马龙产业还获得华融资产管理公司债务减免489.07万元,以及滇东电业局246.8万元的供(配)电工程贴费减免。

结果,马龙产业2002年的业绩大幅度增长,股价也在2002年7月12日涨到26元的历史高价①。

但是在2003年3月27日,马龙县国资局分别将剩余的1 355.58万股(占总股本26.58%)和765.42万股(占总股本15%)分别以每股3.7元和每股1.98元的价格转让给云天化集团和马龙万企化工(昭晖集团的下属企业)。最终,上述股权转让均未获得批准。

2003年和2004年,依旧在夏蜀等人的领导下,马龙产业业绩不断增长,总资产、净资产、销售收入和净利润都达到了创纪录的水平。通过送股和资本公积金转增股本,马龙产业的总股本增加到了11 475万股(马龙县国资局的持股也从3 600万股增加到8 100万股)。

此时,总部已经迁至昆明的马龙产业已由单一的生产企业发展成为拥有6家分、子公司的集团化企业,拥有和控制了中国全部单台年生产设计能力最大、最先进的黄磷电炉,有员工2 200余名,具有年产黄磷15万吨、三聚磷酸钠14万吨、85%磷酸36万吨的生产能力。

3. 云天化集团控制下的马龙产业

2004年9月17日,马龙县国资局公告将所持公司国家股份8 100万股(占公司总股本的70.58%)中的3 394.305万股(占总股本的29.58%)转让给云天化集团,1 147.5万股(占总股本的10%)转让给马龙企业,229.5万股(占总股本的2%)转让给云南国有资产管理公司。

相反,由于滇能控股是云南电力集团公司的职工持股会的企业而"不具备股份受让的法律资格",同时由于证监会发文禁止股权受让前的托管行为,最终导致2005年2月28日被解除股权转让协议和股权托管协议。

在2004年年底,云天化正式获批控制马龙产业。2005年年初,来自云天化集团的王章锐取代束荣桂担任马龙产业的总经理。2005年6月,夏蜀博士辞职,来自云天化集团的刘文章接任马龙产业的董事长一职。

马龙县国资局进一步在2006年4月7日,将原本要转让给滇能控股的股份3 660.525万股(占总股本的29%)的股权划转给云天化集团公司。至此,云天化集团以合计持股58.59%而绝对控股马龙产业。

但是,从2005年下半年开始到2006年的上半年,马龙产业的经营业绩却出现了很大的下滑。首先是电价连续三次上调导致成本不断攀升;然后又是13%的出口退税被取消,并被加征20%的出口关税;而且还因为政府的限电政策而被迫在2006年的上半年停产。

因此,公司在2005年业绩较2004年大幅度下滑的基础上,2006年上半年亏损2 522

---

① 由于夏蜀博士同时兼任云电财金管理公司的董事长,而云电财金管理公司主要从事证券投资业务,因此二级市场上一直存在着某种未经证实的传闻。

万元,经营活动产生的现金流量净额为－1 702万元。在此情况下,董事会在进行总经理调换的同时调整了经营战略,华宁项目也随之启动。

问题 2: 马龙的经营业绩为什么会在2005年大幅度下滑?马龙将采取什么措施制止这种下滑趋势?

(三) 华宁项目

1. 项目背景

要有效地降低黄磷的生产成本,必须实现矿—电—磷的有效结合。云南玉溪地区的华宁县就具有丰富的磷矿资源和水电资源。按照云南省政府提出的磷矿资源整合方案,云天化集团旗下的马龙产业负责华宁县境内的磷矿资源整合。当地政府也做出了"支持马龙整合华宁百分之百磷矿资源、支持马龙百分之百整合华宁磷化工产业"的决定。

因此,看起来华宁县似乎具有矿—电—磷相结合的先天优势和良好的政策环境。作为扭转经营滑坡的第一步,马龙产业拟在华宁县的青龙镇新建 $4\times10\ 500$ 吨/年的黄磷生产装置①。

2. 基础数据

(1) 项目投资。预计项目建设期为1年,项目经营期为15年。项目建设投资由设备购置费、安装工程费、建筑工程费和其他费用构成。固定资产投资涉及房屋和建筑物、机器设备、电子设备和运输设备等。

无形资产包括土地使用权征地费用和设计勘查费用,建设单位管理费和联合运转调试费及培训费等构成了长期待摊费用。

(2) 生产负荷。在磷矿和电力资源供应正常的情况下,设计产能黄磷 42 000 吨/年,投产后正常产量为:黄磷 40 000~48 000 吨/年,副产品磷铁 4 900 吨/年。其中,项目完工后的第一年产量约为正常产量的80%,第二年即可达到正常产量。

实际上,能否达到满负荷或超负荷生产的关键在于电力供应、电价和黄磷的市场价格。

(3) 生产成本。生产成本由直接材料、直接人工和制造费用构成。

直接材料包括原材料(电力、磷矿石、硅石、焦炭和石磨电极),以及燃料及动力(电力、新鲜水、循环水、蒸汽)。

直接人工包括生产工人和管理人员的工资及福利费。该项目预计生产人员(含车间管理人员)为220人,工人的薪酬待遇为2 000元/人·月,其中已经包括了工资、福利费(工资总额的14%)、职工教育经费(工资总额的1.5%)和工会经费(工资总额的2%)。

---

① 国家发改委明文要求淘汰单台生产能力小于10 000吨/年的黄磷生产装置。

制造费用包括生产用固定资产折旧、修理费用和其他项目。除折旧外,修理费用和其他制造费用大约占生产用固定资产投资入账价值的8%。

(4) 期间费用。营业费用、管理费用和财务费用这三项费用组成了项目开始运营后的期间费用。

其中,营业费用(销售费用)预计将被控制在销售收入的3%以内。

管理费用包括管理用固定资产折旧、无形资产的摊销、长期待摊费用的摊销,以及其他管理费用。其他管理费用包括管理人员工资及福利费、业务招待费(按照现行税务规定计提)、车辆费用和公司经费、办公费等各项杂费。预计其他管理费用大约为工人工资总额的200%。

财务费用主要是贷款利息(不含资本化利息)和数量较少,可以忽略不计的金融机构手续费支出。由于该项目的产品主要面向国内市场,因此暂不考虑汇兑损益。

(5) 税负。增值税税率为17%,城建税税率为5%,教育费附加为3%,所得税税率为15%。其他杂项税费在其他管理费用中列支。

(6) 产品及价格。项目的主要产品为黄磷,副产品为磷铁、炉渣和黄磷尾气。其中,黄磷和磷铁对外直接销售。黄磷的预计价格为9 500~12 000元/吨,磷铁预计售价为4 500元/吨。但是由于激烈的市场竞争,黄磷产品的价格存在着较大的市场风险。

炉渣产品可以用作水泥原料掺合剂。黄磷尾气是一种可以用于发电、供热的高热值燃料气,亦可用作化工原料。在项目的二期工程中,将采取尾气发电等措施加以利用。

(7) 营运资本。营运资本主要包括项目涉及的应收账款、存货、货币资金和应付账款。

按照项目的营运目标、市场条件和供应基础,预计华宁项目相应的应收账款周转天数为30天。

根据生产技术和物流状况预计,存货当中磷矿周转天数为7天,硅石周转天数为20天,焦炭周转天数为15天,石墨电极的周转天数为45天,水、电供应无须保留存货,在产品生产周期为1天,产成品的周转天数为12天。

根据与电力部门等供应商的结算关系分析,电力部分的应付账款周转天数为30天,其余采购部分均需现款支付。每年均按照360天计算。

为了保持必要的流动性和支付能力,该项目建设期预留建设投资的3%作为铺底流动资金,生产期预留各项成本费用(不含财务费用)3%的货币资金。货币资金的存款利息用作金融机构的手续费,分析时忽略不计。

(8) 融资安排和还本付息计划。该项目的融资安排为自有资金和借入资金分别占建设总投资的30%和70%。经过初步估算,马龙产业需要在云天化集团的担保之下,从银行借入期限为1~3年的中期借款13 200万元。还款计划分别为开始经营之后的第1~3

年分别偿还 3 200 万元、4 500 万元和 5 500 万元。目前,国内银行中长期借款的基准年利率为 6.03%。

另外,公司还准备在生产期的第 1 年和第 2 年分别借入 3 000 万元和 800 万元的短期借款补充流动资金,还需为偿还长期借款而在第 1～3 年分别借入 1 200 万元、2 000 万元和 3 000 万元的短期借款。

短期借款将在每年循环借入 4 000 万元、还款 3 000 万元的水平上,逐渐压缩短期借款规模。

目前,1 年以下的银行短期借款的基准年利率为 5.85%。

3. 工艺流程

磷化工产业发展形成了湿法和热法两种。其中,湿法工艺路线为磷矿粉＋硫酸—(萃取反应)—磷酸—重钙或磷铵及其他磷酸盐;热法工艺路线为磷矿石＋焦炭＋硅石—(电热反应)—黄磷—(燃烧水化)—磷酸—重钙或磷铵及其他磷酸盐。而且黄磷生产的磷化物是最主要的原料。

对比两种生产工艺路线,湿法路线成本较低,而且对电能依赖小。但是,湿法路线对磷矿要求较高。只有在磷矿石中的五氧化二磷含量不低于 30%、氧化镁含量为 1%、氧化铁和氧化铝含量为 3% 的情况下,才能作为湿法路线的理想原料,且对磷矿活性要求高。面对华宁县占磷矿储量近 60% 的贫矿(五氧化二磷含量 23%～27%,硅含量较高,其他杂质含量较高),热法路线是最为合理的选择。热法路线的缺点在于电能的消耗非常大,因此成本也比较高。在热法路线下,黄磷成为一种高能耗产品(每生产 1 吨黄磷将消耗 13 000 度左右的电能)。

根据马龙产业"磷—电结合、矿—企结合"的产业发展思路,结合华宁县高硅磷矿石的特点和县域内丰富的水电资源,华宁项目的一期工程定为工业黄磷,走热法工艺路线。二期工程将以黄磷为基础,实现以黄磷深加工为延伸的产业链发展模式。

4. 磷矿资源

马龙产业 2006 年 5 月 17 日公告宣布,在大股东云天化集团的协调下,将以 900 万元的代价取得华宁县 3 个矿区、工业储量为 1 800 万吨磷矿的采矿权,并预计该矿区磷矿成本为 50～80 元/吨(同期的市场价却是 180 元/吨)[1]。

5. 电力供应

电力供应对黄磷的生产发挥着至关重要的作用,马龙产业和附近的电力生产企业正在进行谈判,准备以合资或者是长期购电合同的方式来确保电力供应。

一种解决方案是马龙产业实施定向非公开发行,相关电力企业以电力资产实物出资

---

[1] 此间,该公司的股价业已连续 4 天都达到 10% 的涨幅限制,一改长期下跌的颓势。以此为依托,公司非流通股股东以 10 送 3.3 的对价顺利完成股权分置改革。

的方式入股。这样一来,电力价格有望从目前的 0.33 元/千瓦·小时降低到 0.25 元/千瓦·小时。

问题 3:结合资料,分析马龙投资华宁项目的预期现金流量,不考虑所得税因素。

问题 4:投资项目评价的基本方法包括哪些?你认为马龙的华宁项目适合哪一种方法?

表 7-1~表 7-10 为马龙产业的相关资料。

表 7-1 马龙产业 2004~2005 年的利润表 单位:元

项目	合并		母公司	
	2005 年	2004 年	2005 年	2004 年
一、主营业务收入	568 953 884.01	801 864 317.72	367 768 005.48	589 636 936.16
减:主营业务成本	444 952 887.21	559 063 785.92	267 578 079.12	399 744 887.45
主营业务税金及附加	26 676 082.68	34 518 601.50	26 676 082.68	32 903 299.00
二、主营业务利润	97 324 914.12	208 281 930.30	73 513 843.68	156 988 749.71
加:其他业务利润	6 310 731.29	711 342.77	5 946 607.79	−844 827.94
减:营业费用	33 685 684.11	50 874 031.88	24 230 269.24	36 244 628.03
管理费用	38 693 762.28	61 426 137.51	29 055 426.96	44 253 897.97
财务费用	11 590 497.69	7 584 210.37	7 670 394.67	5 248 399.23
三、营业利润	19 665 701.33	89 108 893.31	18 504 360.60	70 396 996.54
加:投资收益	578 942.86	8 668 497.48		
补贴收入	2 840 680.06	2 918 317.00	2 760 680.06	2 918 317.00
营业外收入	700.00	206 772.48	500.00	206 322.48
减:营业外支出	288 418.36	1 193 771.59	185 642.36	1 165 638.17
四、利润总额	22 218 663.03	91 040 211.20	21 658 841.16	81 024 495.33
减:所得税	4 365 947.24	16 057 953.20	4 192 087.27	11 549 788.67
少数股东损益	385 961.90	5 778 998.32		
加:未确认投资损失				
五、净利润	17 466 753.89	69 203 259.68	17 466 753.89	69 474 706.66

资料来源:公司年报。

表7-2 2000~2004年世界主要黄磷进口国进口统计　　　　单位：万吨

进口国或区域	2000年	2001年	2002年	2003年	2004年
德　国	3.0811	3.0497	3.4998	3.9212	4.4432
日　本	2.6163	2.6541	2.8213	3.2057	3.1602
波　兰	1.4865	1.7159	1.964	2.0721	2.7058
捷　克	1.4865	0.0001	0	1.4609	1.7857
美　国	0.2617	2.1379	3.46	1.6121	1.6871
印　度	1.3432	2.0821	1.8504	2.0049	1.6578
英　国	1.4729	1.4038	1.4373	1.25	1.6292
巴　西	0.0301	0.3615	1.529	1.6069	1.5277
其　他	5.9396	6.1252	6.8603	6.5243	6.9188
合　计	17.7179	19.5303	23.4221	23.6581	25.5155

资料来源：公司资料。

表7-3 2000~2004年世界主要黄磷出口国出口统计　　　　单位：万吨

出口国或区域	2000年	2001年	2002年	2003年	2004年
中　国	12.7648	15.2457	16.8943	14.2678	11.3217
哈萨克斯坦	0.9698	1.6979	2.1325	4.3292	5.2854
荷　兰	2.4531	3.3148	3.5137	3.6166	4.5158
美　国	0.3487	0.6327	1.0640	0.8742	1.3411
其　他	0.3070	0.2831	0.7652	1.2166	1.6679
合　计	16.8434	21.1742	24.3697	24.3044	24.1319

资料来源：公司资料。

表7-4 我国近年黄磷产能及实际产量表　　　　单位：万吨

项　目	2002年	2003年	2004年	2005年
生产能力	78	85	98	146
实际产量	69.46	70.9	65.98	60

资料来源：公司资料。

表7-5 华宁项目的基础资料

序号	项目名称	单位	指标	备注
7	蒸汽	千吨/年	80	
8	新鲜水	千吨/年	800	
9	循环水	千吨/年	3 800	
四、三废排放量				
1	黄磷尾气	Nm³/h	1 500	烟囱火炬高空排放
2	渣口铁口废气	Nm³/h	3 000	经环保处理后烟囱高空稀释排放
3	烘干废气	Nm³/h	24 000	经环保处理后烟囱高空稀释排放
4	余热发电系统废气	Nm³/h	25 420	经环保处理后烟囱高空稀释排放
5	含磷废水	M³/h	286	送污水处理站,全封闭循环
6	生活废水	M³/h	4	外排
7	磷炉渣	千吨/年	40	作水泥原料掺合剂
8	磷铁	千吨/年	4.900	副产品出售
五、总图				
1	厂区占地面积	亩	448	
2	建筑面积	M²	9 560	
六、年运输量				
1	运入	吨/年	518 000	公路
2	运出	吨/年	455 000	公路
七、操作日		天/年	300	
八、劳动定员		人	245	操作工人220人,工人的人均工资及福利费为24 000元/年
九、单位产品能耗指标		公斤标煤	5 723.71	
十、年综合能耗指标		万吨标煤	8.48	

资料来源:公司资料。

表 7-6 华宁项目生产用固定资产的项目投资概算　　　　单位：万元

序号	工程费用名称	设备购置费	安装工程费	建筑工程费	其他基建费	合　计	投资比例（%）
一、固定资产							
1	主要生产项目						
	1.1　原料工段	552.619 92	18.217 5	717.005 2		1 287.842 62	7.31
	1.2　电炉制磷工段	5 611.773 34	1 764.156 8	1 047.57		8 423.500 14	47.81
	小计	6 164.393 26	1 782.374 3	1 764.575 2		9 711.342 76	55.12
2	辅助生产项目						
	2.1　35KV变电站	464.4	374.74	140.644		979.784	5.56
	2.2　黄磷贮藏区	7.66	64.62	71.2		143.48	0.81
	小计	472.06	439.36	211.844	0	1 123.264	6.38
3	公用工程项目						
	3.1　循环水站			99	0	99	0.56
	3.2　污水处理站	136.086	19.011 4	740.74	0	895.837 4	5.08
	3.3　锅炉房	234.99	20.55	79.587		335.127	1.90
	3.4　取水站	136.398	275.884 8	273.6	0	685.882 8	3.89
	3.5　其他辅助工程(综合楼、倒班宿舍和食堂)		84.289	271.895 8	0	356.184 8	2.02
	3.6　中途运输及建设		130	765.296	0	895.296	5.08
	小计	507.474	529.735 2	2 230.118 8	0	3 267.328	18.55
	生产用固定资产合计	7 143.927 26	2 751.469 5	4 206.538	0	14 101.934 8	80.04
二、预备费							
1	预备费(生产用固定资产投资的浮动幅度)(%)	10	10	10			
	小计	714.392 726	275.146 95	420.653 8	0	1 410.193 48	8.00
	生产用固定资产投资概算合计	7 858.319 986	3 026.616 45	4 627.191 8	0	15 512.128 2	88.05

资料来源：公司资料。

表7-7 华宁项目无形资产和长期待摊费用的投资概算　　　　　　单位：万元

序号	工程费用名称	设备购置费	安装工程费	建筑工程费	其他基建费	合　计	投资比例（%）
三、无形资产							
1	设计费用				110	110	0.62
2	地质勘查费				30	30	0.17
3	土地使用权(488.53亩)				1 026.539	1 026.539	5.83
4	软件				0	0	0.00
	无形资产合计	0	0	0	1 166.539	1 166.539	6.62
四、长期待摊费用							
1	建设单位管理费				230	230	1.31
2	联合运转调试费及培训费				300	300	1.70
	长期待摊费用合计	0	0	0	530	530	3.01
	小计				1 696.539	1 696.539	9.63
五、管理用固定资产							
1	计算机及外围设备		47.179 2			47.179 2	0.27
2	汽车	165.287 8				165.287 8	0.94
3	办公用房屋和建筑物			196.646 9		196.646 9	1.12
	管理用固定资产小计	165.287 8	47.179 2	196.646 9	0	409.113 9	2.33
六、建设投资		8 023.607 786	3 073.795 65	4 823.838 7	1 696.539	17 617.781 1	100.00

资料来源：公司资料。

表7-8 华宁项目征地明细情况

	类　别	单价(万元/亩)	数量(亩)	投资额(万元)
1	水田	3.5	35.66	124.81
2	一类旱地	3	152.28	456.84

(续 表)

类别		单价(万元/亩)	数量(亩)	投资额(万元)
3	二类旱地	2.5	130.77	326.925
4	荒 山	0.2	139.82	27.964
5	公路占地	3	30	90
合 计			488.53	1 026.539

资料来源：公司资料。

表7-9　华宁项目单位黄磷产品原材料和燃料动力消耗定额表

1. 原材料、辅料及包装用量与价格（含增值税进项税及运费）

项 目	单 位	定额消耗量	单价(元)
磷矿石	吨	11.07	50.00～180.00
硅 石	吨	0	60
焦 炭	吨	1.83	630
石磨电极	吨	0.02	10 600

2. 燃料及动力用量与价格（含增值税进项税及运费）

电炉电	吨	13 000	0.38
动力电	吨	250	0.38
新鲜水	M^3	20	1
循环水	M^3	95	0.4
蒸 汽	吨	2	50

3. 制造费用

折 旧	生产用固定资产折旧
其他制造费用	生产用固定资产投资入账价值的8%

4. 直接人工

工人工资	人	220	24 000元/人·年

资料来源：公司资料。

表7-10　华宁项目固定资产分类及折旧政策

固定资产类型	折旧年限	残值率(%)	年均折旧率(%)
房屋、建筑物	40	5	2.37
机器设备	12	5	7.92

(续 表)

固定资产类型	折旧年限	残值率(%)	年均折旧率(%)
交通及运输设备	12	5	7.92
电器设备	10	5	9.50
电子设备	5	5	19
仪器设备	5	5	19
其他设备	5	5	19

资料来源：公司资料。

表7-11 华宁项目期间费用预算

1. 营业费用	销售收入的3%
2. 管理费用	除管理用固定资产折旧、无形资产和长期待摊费用摊销外，其他各项管理费用为工人工资总额的200%
3. 财务费用	贷款利息支出，但是不含可以资本化的建设期利息

四、案例分析

（一）马龙华宁项目的预期现金流量分析

所谓的现金流量，在投资决策中指一个项目引起的企业现金流出和现金流入的数量，是进行投资决策分析的基础。在投资项目的分析过程中，最重要同时也是最难的环节之一就是现金流量。现金流量包括项目所需的投资额、项目投入运营后的营业现金流量以及项目终结时的现金流量(残值收入和收回的流动资金等)。

在投资决策时，重点是现金流量，而不是会计利润。这是因为，当对项目投资时，投资者关心的是在某一时期内放弃的消费(现金)要换取未来更高的预期消费(现金)。利润由于采用权责发生制而形成的应计项目，使其无法与现金流量完全对应，可以说，利润是个会计概念，它是指一个现金流量离散的时段。实际上，虽然公司的一项投资对公司股东的财富能产生非常有益的影响，但它完全有可能在开始投资的时候导致利润的减少，因为在为投资而支出现金。假如股东们关心的是投资项目后他们的财富的总体增长水平，而不是某1年的利润增长，那么，现金流的评价方法则可以将投资期内全部现金流按照投资者要求的报酬率折算到一个特定的时点上，从而可以进行财富是否增加的比较与判断。因此，利润不是一个合适的投资评价判断指标。

华宁项目的现金流量预算如下。

1. 销售与现金收入预算(见表 7-12)

表 7-12 销售预算

单位：元

年	预计销售收入						小计	应收账款周转天数(天)	减:年末应收账款	加:年初应收账款	预计现金收入(不含税)	预计现金收入(含税)
	黄磷			磷铁								
	数量(吨)	单价	金额	数量(吨)	单价	金额						
2	32 000	9 500	304 000 000	3 920	4 500	17 640 000	321 640 000	30	26 803 333.33	0	294 836 666.67	344 958 900
3	40 000	9 500	380 000 000	4 900	4 500	22 050 000	402 050 000	30	33 504 166.67	26 803 333.33	395 349 166.67	462 558 525
4	40 000	9 500	380 000 000	4 900	4 500	22 050 000	402 050 000	30	33 504 166.67	33 504 166.67	402 050 000	470 398 500
5	40 000	9 500	380 000 000	4 900	4 500	22 050 000	402 050 000	30	33 504 166.67	33 504 166.67	402 050 000	470 398 500
6	40 000	9 500	380 000 000	4 900	4 500	22 050 000	402 050 000	30	33 504 166.67	33 504 166.67	402 050 000	470 398 500
7	40 000	9 500	380 000 000	4 900	4 500	22 050 000	402 050 000	30	33 504 166.67	33 504 166.67	402 050 000	470 398 500
8	40 000	9 500	380 000 000	4 900	4 500	22 050 000	402 050 000	30	33 504 166.67	33 504 166.67	402 050 000	470 398 500
9	40 000	9 500	380 000 000	4 900	4 500	22 050 000	402 050 000	30	33 504 166.67	33 504 166.67	402 050 000	470 398 500
10	40 000	9 500	380 000 000	4 900	4 500	22 050 000	402 050 000	30	33 504 166.67	33 504 166.67	402 050 000	470 398 500
11	40 000	9 500	380 000 000	4 900	4 500	22 050 000	402 050 000	30	33 504 166.67	33 504 166.67	402 050 000	470 398 500
12	40 000	9 500	380 000 000	4 900	4 500	22 050 000	402 050 000	30	33 504 166.67	33 504 166.67	402 050 000	470 398 500
13	40 000	9 500	380 000 000	4 900	4 500	22 050 000	402 050 000	30	33 504 166.67	33 504 166.67	402 050 000	470 398 500
14	40 000	9 500	380 000 000	4 900	4 500	22 050 000	402 050 000	30	33 504 166.67	33 504 166.67	402 050 000	470 398 500
15	40 000	9 500	380 000 000	4 900	4 500	22 050 000	402 050 000	30	33 504 166.67	33 504 166.67	402 050 000	470 398 500
16	40 000	9 500	380 000 000	4 900	4 500	22 050 000	402 050 000	30	0	33 504 166.67	435 554 166.67	509 598 375

注：① 由于资料没有提供黄磷的销售情况，分析中正常销售量设定为 40 000 吨，第一年为正常销售量的 80%，即 32 000 吨。黄磷销售价格设定为 9 500 元。关于销售量和销售价格的变化对于现金流量的影响可以通过敏感性分析进行测算。
② 根据资料，应收账款周转天数为 30 天，为简化起见，分析中应收账款周转次数=销售收入/期末应收账款余额，并假定经营期末应收账款全部收回。每年按 360 天计算。
③ 预计现金收入包含了增值税。
④ 第一年为建设期，下同。

2. 生产预算(见表7-13)

表7-13 生产预算　　　　　　　　　　　单位：吨

年	预计销售量	存货周转天数(天)	加：期末存货	减：期初存货	预计生产量
2	32 000	12	1 066.67	0.00	33 066.67
3	40 000	12	1 333.33	1 066.67	40 266.67
4	40 000	12	1 333.33	1 333.33	40 000.00
5	40 000	12	1 333.33	1 333.33	40 000.00
6	40 000	12	1 333.33	1 333.33	40 000.00
7	40 000	12	1 333.33	1 333.33	40 000.00
8	40 000	12	1 333.33	1 333.33	40 000.00
9	40 000	12	1 333.33	1 333.33	40 000.00
10	40 000	12	1 333.33	1 333.33	40 000.00
11	40 000	12	1 333.33	1 333.33	40 000.00
12	40 000	12	1 333.33	1 333.33	40 000.00
13	40 000	12	1 333.33	1 333.33	40 000.00
14	40 000	12	1 333.33	1 333.33	40 000.00
15	40 000	12	1 333.33	1 333.33	40 000.00
16	40 000		0.00	1 333.33	38 666.67

注：根据资料，产成品周转天数为30天，每年按360天计算，为简化起见，分析中存货周转次数＝年销售量/期末存货，并假定经营期末存货全部出售。

3. 直接材料、直接燃料及动力预算(见表7-14～表7-19)

表7-14 直接材料——磷矿石预算

年	预计生产量(吨)	定额消耗量(吨)	预计消耗量(吨)	存货周转天数(天)	加：期末存货(吨)	减：期初存货(吨)	预计采购量(吨)	单价(元)	付现金额(元)
2	33 066.67	11.07	366 048	7	7 117.6	0	373 165.6	65	24 255 764
3	40 266.67	11.07	445 752	7	8 667.4	7 117.6	447 301.8	65	29 074 617
4	40 000	11.07	442 800	7	8 610	8 667.4	442 742.6	65	28 778 269
5	40 000	11.07	442 800	7	8 610	8 610	442 800	65	28 782 000
6	40 000	11.07	442 800	7	8 610	8 610	442 800	65	28 782 000
7	40 000	11.07	442 800	7	8 610	8 610	442 800	65	28 782 000
8	40 000	11.07	442 800	7	8 610	8 610	442 800	65	28 782 000

（续　表）

年	预计生产量（吨）	定额消耗量（吨）	预计消耗量（吨）	存货周转天数（天）	加：期末存货（吨）	减：期初存货（吨）	预计采购量（吨）	单价（元）	付现金额（元）
9	40 000	11.07	442 800	7	8 610	8 610	442 800	65	28 782 000
10	40 000	11.07	442 800	7	8 610	8 610	442 800	65	28 782 000
11	40 000	11.07	442 800	7	8 610	8 610	442 800	65	28 782 000
12	40 000	11.07	442 800	7	8 610	8 610	442 800	65	28 782 000
13	40 000	11.07	442 800	7	8 610	8 610	442 800	65	28 782 000
14	40 000	11.07	442 800	7	8 610	8 610	442 800	65	28 782 000
15	40 000	11.07	442 800	7	8 610	8 610	442 800	65	28 782 000
16	38 666.67	11.07	428 040		0	8 610	419 430	65	27 262 950

注：① 根据资料，自产磷矿石成本为50～80元，分析时取中间值65元。
② 根据资料，磷矿石周转天数为7天，每年按360天计算，为简化起见，分析中存货周转次数＝年消耗量/期末存货，并假定经营期末存货全部消耗。

表7－15　直接材料——焦炭预算

年	预计生产量（吨）	定额消耗量（吨）	预计消耗量（吨）	存货周转天数（天）	加：期末存货（吨）	减：期初存货（吨）	预计采购量（吨）	单价（元）	付现金额（元）
2	33 066.67	1.83	60 512	15	2 521.33	0	63 033.33	630	39 711 000
3	40 266.67	1.83	73 688	15	3 070.33	2 521.33	74 237	630	46 769 310
4	40 000	1.83	73 200	15	3 050	3 070.33	73 179.67	630	46 103 190
5	40 000	1.83	73 200	15	3 050	3 050	73 200	630	46 116 000
6	40 000	1.83	73 200	15	3 050	3 050	73 200	630	46 116 000
7	40 000	1.83	73 200	15	3 050	3 050	73 200	630	46 116 000
8	40 000	1.83	73 200	15	3 050	3 050	73 200	630	46 116 000
9	40 000	1.83	73 200	15	3 050	3 050	73 200	630	46 116 000
10	40 000	1.83	73 200	15	3 050	3 050	73 200	630	46 116 000
11	40 000	1.83	73 200	15	3 050	3 050	73 200	630	46 116 000
12	40 000	1.83	73 200	15	3 050	3 050	73 200	630	46 116 000
13	40 000	1.83	73 200	15	3 050	3 050	73 200	630	46 116 000
14	40 000	1.83	73 200	15	3 050	3 050	73 200	630	46 116 000
15	40 000	1.83	73 200	15	3 050	3 050	73 200	630	46 116 000
16	38 666.67	1.83	70 760	15	0	3 050	67 710	630	42 657 300

注：根据资料，焦炭周转天数为15天，每年按360天计算，为简化起见，分析中存货周转次数＝年消耗量/期末存货，并假定经营期末存货全部消耗。

表 7-16　直接材料——石墨电极预算

年	预计生产量（吨）	定额消耗量（吨）	预计消耗量（吨）	存货周转天数（天）	加：期末存货（吨）	减：期初存货（吨）	预计采购量（吨）	单价（元）	付现金额（元）
2	33 066.67	0.02	661.33	45	82.67	0	744	10 600	7 886 400
3	40 266.67	0.02	805.33	45	100.67	82.67	823.33	10 600	8 727 333.33
4	40 000	0.02	800	45	100	100.67	799.33	10 600	8 472 933.33
5	40 000	0.02	800	45	100	100	800	10 600	8 480 000
6	40 000	0.02	800	45	100	100	800	10 600	8 480 000
7	40 000	0.02	800	45	100	100	800	10 600	8 480 000
8	40 000	0.02	800	45	100	100	800	10 600	8 480 000
9	40 000	0.02	800	45	100	100	800	10 600	8 480 000
10	40 000	0.02	800	45	100	100	800	10 600	8 480 000
11	40 000	0.02	800	45	100	100	800	10 600	8 480 000
12	40 000	0.02	800	45	100	100	800	10 600	8 480 000
13	40 000	0.02	800	45	100	100	800	10 600	8 480 000
14	40 000	0.02	800	45	100	100	800	10 600	8 480 000
15	40 000	0.02	800	45	100	100	800	10 600	8 480 000
16	38 666.67	0.02	773.33	45	0	100	673.33	10 600	7 137 333.33

注：根据资料，石墨电极周转天数为 45 天，每年按 360 天计算，为简化起见，分析中存货周转次数＝年消耗量/期末存货，并假定经营期末存货全部消耗。

表 7-17　直接燃料及动力——电炉电预算

年	预计生产量（吨）	定额消耗量（吨）	单价（元）	预计消耗金额（元）	应付账款周转天数（天）	减：年末应付账款（元）	加：年初应付账款（元）	付现金额（元）
2	33 066.67	13 000	0.38	163 349 333	30	13 612 444.44	0	149 736 888.9
3	40 266.67	13 000	0.38	198 917 333	30	16 576 444.44	13 612 444.44	195 953 333.3
4	40 000	13 000	0.38	197 600 000	30	16 466 666.67	16 576 444.44	197 709 777.8
5	40 000	13 000	0.38	197 600 000	30	16 466 666.67	16 466 666.67	197 600 000
6	40 000	13 000	0.38	197 600 000	30	16 466 666.67	16 466 666.67	197 600 000
7	40 000	13 000	0.38	197 600 000	30	16 466 666.67	16 466 666.67	197 600 000
8	40 000	13 000	0.38	197 600 000	30	16 466 666.67	16 466 666.67	197 600 000
9	40 000	13 000	0.38	197 600 000	30	16 466 666.67	16 466 666.67	197 600 000
10	40 000	13 000	0.38	197 600 000	30	16 466 666.67	16 466 666.67	197 600 000

（续　表）

年	预计生产量（吨）	定额消耗量（吨）	单价（元）	预计消耗金额（元）	应付账款周转天数（天）	减：年末应付账款（元）	加：年初应付账款（元）	付现金额（元）
11	40 000	13 000	0.38	197 600 000	30	16 466 666.67	16 466 666.67	197 600 000
12	40 000	13 000	0.38	197 600 000	30	16 466 666.67	16 466 666.67	197 600 000
13	40 000	13 000	0.38	197 600 000	30	16 466 666.67	16 466 666.67	197 600 000
14	40 000	13 000	0.38	197 600 000	30	16 466 666.67	16 466 666.67	197 600 000
15	40 000	13 000	0.38	197 600 000	30	16 466 666.67	16 466 666.67	197 600 000
16	38 666.67	13 000	0.38	191 013 333	30	0	16 466 666.67	207 480 000

注：根据资料，电的周转天数为30天，每年按360天计算，为简化起见，分析中应付账款周转次数＝年消耗金额/年末应付账款，并假定经营期末应付账款全部付清。

表7-18　直接燃料及动力——动力电预算

年	预计生产量（吨）	定额消耗量（吨）	单价（元）	预计消耗金额（元）	应付账款周转天数（天）	减：年末应付账款（元）	加：年初应付账款（元）	付现金额（元）
2	33 066.67	250	0.38	3 141 333.33	30	261 777.78	0	2 879 555.56
3	40 266.67	250	0.38	3 825 333.33	30	318 777.78	261 777.78	3 768 333.33
4	40 000	250	0.38	3 800 000	30	316 666.67	318 777.78	3 802 111.11
5	40 000	250	0.38	3 800 000	30	316 666.67	316 666.67	3 800 000
6	40 000	250	0.38	3 800 000	30	316 666.67	316 666.67	3 800 000
7	40 000	250	0.38	3 800 000	30	316 666.67	316 666.67	3 800 000
8	40 000	250	0.38	3 800 000	30	316 666.67	316 666.67	3 800 000
9	40 000	250	0.38	3 800 000	30	316 666.67	316 666.67	3 800 000
10	40 000	250	0.38	3 800 000	30	316 666.67	316 666.67	3 800 000
11	40 000	250	0.38	3 800 000	30	316 666.67	316 666.67	3 800 000
12	40 000	250	0.38	3 800 000	30	316 666.67	316 666.67	3 800 000
13	40 000	250	0.38	3 800 000	30	316 666.67	316 666.67	3 800 000
14	40 000	250	0.38	3 800 000	30	316 666.67	316 666.67	3 800 000
15	40 000	250	0.38	3 800 000	30	316 666.67	316 666.67	3 800 000
16	38 666.67	250	0.38	3 673 333.33	30	0	316 666.67	3 990 000

注：根据资料，电的周转天数为30天，每年按360天计算，为简化起见，分析中应付账款周转次数＝年消耗金额/年末应付账款，并假定经营期末应付账款全部付清。

表 7-19 直接燃料及动力——新鲜水、循环水、蒸汽预算

年	预计生产量(吨)	新鲜水消耗金额(元)			循环水消耗金额(元)			蒸汽消耗金额(元)		
		定额消耗量(M^3)	单价	付现金额	定额消耗量(M^3)	单价	付现金额	定额消耗量(吨)	单价	付现金额
2	33 066.67	20	1	661 333.33	95	0.4	1 256 533.33	2	50	3 306 666.67
3	40 266.67	20	1	805 333.33	95	0.4	1 530 133.33	2	50	4 026 666.67
4	40 000	20	1	800 000	95	0.4	1 520 000	2	50	4 000 000
5	40 000	20	1	800 000	95	0.4	1 520 000	2	50	4 000 000
6	40 000	20	1	800 000	95	0.4	1 520 000	2	50	4 000 000
7	40 000	20	1	800 000	95	0.4	1 520 000	2	50	4 000 000
8	40 000	20	1	800 000	95	0.4	1 520 000	2	50	4 000 000
9	40 000	20	1	800 000	95	0.4	1 520 000	2	50	4 000 000
10	40 000	20	1	800 000	95	0.4	1 520 000	2	50	4 000 000
11	40 000	20	1	800 000	95	0.4	1 520 000	2	50	4 000 000
12	40 000	20	1	800 000	95	0.4	1 520 000	2	50	4 000 000
13	40 000	20	1	800 000	95	0.4	1 520 000	2	50	4 000 000
14	40 000	20	1	800 000	95	0.4	1 520 000	2	50	4 000 000
15	40 000	20	1	800 000	95	0.4	1 520 000	2	50	4 000 000
16	38 666.67	20	1	773 333.33	95	0.4	1 469 333.33	2	50	3 866 666.67

4. 直接人工预算

年工人工资 = 220×24 000 = 5 280 000(元)

5. 制造费用预算

除折旧外的修理费用和其他制造费用(付现的制造费用) = 141 019 347.6×8% = 11 281 547.81

6. 营业费用预算

第一年付现营业费用 = 321 640 000×3% = 9 649 200(元)

第二年及以后每年付现营业费用 = 402 050 000×3% = 12 061 500(元)

7. 管理费用预算

除折旧、摊销费用以外的其他各项付现管理费用＝5 280 000×2＝10 560 000(元)

8. 现金流量分析(见表7-20)

表7-20 现金流量分析

(表中所有的现金流量都在年末发生) 单位：元

| 年 | 初始投资及追加投资① | 铺底流动资金② | 生产期流动资金 | | 营业现金净流量⑤ | 残值收入⑥ | 现金净流量⑦＝①+②+④+⑤+⑥ |
			流动资金余额③	应追加(收回)的流动资金④			
0	−176 177 811	−5 285 334.33					−181 463 145.33
1			−5 285 334.33	−2 708 612.36			−2 708 612.36
2			−7 993 946.69	−1 828 827.56	53 447 110.59		51 618 283.03
3			−9 822 774.24	−15 936.63	102 340 348.39		102 324 411.76
4			−9 838 710.87	2 648.44	109 290 643.01		109 293 291.45
5			−9 836 062.43		109 382 043.34		109 382 043.34
6	−9 047 718.49		−9 836 062.43		109 382 043.34		100 334 324.85
7			−9 836 062.43		109 382 043.34		109 382 043.34
8			−9 836 062.43		109 382 043.34		109 382 043.34
9			−9 836 062.43		109 382 043.34		109 382 043.34
10			−9 836 062.43		109 382 043.34		109 382 043.34
11	−17 816 731.49		−9 836 062.43		109 382 043.34		91 565 311.85
12			−9 836 062.43		109 382 043.34		109 382 043.34
13	−94 725 124.3		−9 836 062.43		109 382 043.34		14 656 919.04
14			−9 836 062.43		109 382 043.34		109 382 043.34
15			−9 836 062.43	−106 167.50	109 382 043.34		109 275 875.84
16			0	9 942 229.93	143 219 513.15	107 603 275.5	260 765 018.61

注：根据资料，铺底流动资金在建设期为建设投资的3%，即5 285 334.33＝176 177 811×3%，在第一年年初一次投入使用。在生产期流动资金余额为各项成本费用(不含财务费用)的3%，即附表7-20-1中，(直接材料＋直接人工＋制造费用＋营业费用＋管理费用)×3%。根据本期期末流动资金余额，以及下期应该预留的流动资金，计算出每年末(或下年初)应追加或收回的流动资金，比如，第一年年末应追加流动资金2 708 612.36元(7 993 946.69−5 285 334.33)。以此类推，直到最后一年全部收回垫支的流动资金。

附表 7-20-1　营业现金流量

单位：元

年	销售现金收入（含税）	减：付现成本							营业现金净流量
		直接材料	直接人工	制造费用	营业费用	管理费用	增值税	城建税及教育费附加	小计	

年	销售现金收入（含税）	直接材料	直接人工	制造费用	营业费用	管理费用	增值税	城建税及教育费附加	小计	营业现金净流量
2	344 958 900	229 694 141.78	5 280 000	11 281 547.81	9 649 200	10 560 000	23 191 573.92	1 855 325.91	291 511 789.41	53 447 110.59
3	462 558 525	290 655 060.33	5 280 000	11 281 547.81	9 649 200	10 560 000	30 363 304.14	2 429 064.33	360 218 176.61	102 340 348.39
4	470 398 500	291 186 281.22	5 280 000	11 281 547.81	9 649 200	10 560 000	30 695 211.07	2 455 616.89	361 107 856.99	109 290 643.01
5	470 398 500	291 098 000	5 280 000	11 281 547.81	9 649 200	10 560 000	30 692 323.01	2 455 385.84	361 016 456.66	109 382 043.34
6	470 398 500	291 098 000	5 280 000	11 281 547.81	9 649 200	10 560 000	30 692 323.01	2 455 385.84	361 016 456.66	109 382 043.34
7	470 398 500	291 098 000	5 280 000	11 281 547.81	9 649 200	10 560 000	30 692 323.01	2 455 385.84	361 016 456.66	109 382 043.34
8	470 398 500	291 098 000	5 280 000	11 281 547.81	9 649 200	10 560 000	30 692 323.01	2 455 385.84	361 016 456.66	109 382 043.34
9	470 398 500	291 098 000	5 280 000	11 281 547.81	9 649 200	10 560 000	30 692 323.01	2 455 385.84	361 016 456.66	109 382 043.34
10	470 398 500	291 098 000	5 280 000	11 281 547.81	9 649 200	10 560 000	30 692 323.01	2 455 385.84	361 016 456.66	109 382 043.34
11	470 398 500	291 098 000	5 280 000	11 281 547.81	9 649 200	10 560 000	30 692 323.01	2 455 385.84	361 016 456.66	109 382 043.34
12	470 398 500	291 098 000	5 280 000	11 281 547.81	9 649 200	10 560 000	30 692 323.01	2 455 385.84	361 016 456.66	109 382 043.34
13	470 398 500	291 098 000	5 280 000	11 281 547.81	9 649 200	10 560 000	30 692 323.01	2 455 385.84	361 016 456.66	109 382 043.34
14	470 398 500	291 098 000	5 280 000	11 281 547.81	9 649 200	10 560 000	30 692 323.01	2 455 385.84	361 016 456.66	109 382 043.34
15	470 398 500	291 098 000	5 280 000	11 281 547.81	9 649 200	10 560 000	30 692 323.01	2 455 385.84	361 016 456.66	109 382 043.34
16	509 598 375	294 636 916.67	5 280 000	11 281 547.81	9 649 200	10 560 000	32 380 738.31	2 590 459.06	366 378 861.85	143 219 513.15

注：销售现金收入来源于表 7-20，直接材料来源于表 7-14～表 7-19，直接人工、制造费用、营业费用和管理费用来源于前面表 7-15～表 7-18。

附表 7-20-2 折旧、追加投资与残值收入计算表

单位：元

类 别		原 值	浮动后原值	年折旧率	年折旧额	使用年限	残值收入	重置成本
生产用固定资产折旧	房屋建筑物	35 255 310	38 780 841	0.023 7	919 105.93	40	24 994 252.02	—
	机器设备	80 190 475.6	88 209 523.16	0.079 2	6 986 194.23	12	67 250 940.46	83 799 047
	交通及运输设备	8 952 960	9 848 256	0.079 2	779 981.88	12	7 508 310.37	9 355 843.2
	电器设备	8 391 400	9 230 540	0.095	876 901.3	10	4 846 033.50	8 769 013
	电子设备	0	0	0.19	0	5	0	0
	仪器设备	0	0	0.19	0	5	0	0
	其他设备	8 229 202	9 052 122.2	0.19	1 719 903.22	5	452 606.11	8 599 516.09
	小计	141 019 347.6	155 121 282.4	—	11 282 086.56	—	105 052 142.5	—
管理用固定资产	房屋建筑物	1 966 469	1 966 469	0.023 7	46 605.32	40	1 267 389.27	—
	交通及运输设备	1 652 878	1 652 878	0.079 2	130 907.94	12	1 260 154.19	1 570 234.1
	电子设备	471 792	471 792	0.19	89 640.48	5	23 589.60	448 202.4
	小计	4 091 139	4 091 139	—	267 153.73	—	2 551 133.06	—
合 计		145 110 486.6	159 212 421.4	—	11 549 240.29	—	107 603 275.52	—

注：① 根据资料，生产用固定资产投资浮动幅度为10%，分析时按照浮动后的原值计算折旧。

② 生产用各类固定资产的划分标准在资料中没有提供，分析中按照以下原则进行：房屋建筑物的范围包括除了中途运输及建设外的所有建筑工程费，加上其他辅助工程费的安装工程费。机器设备包括主要生产用的设备购置费，安装工程费，加上黄磷贮藏区的设备购置费，安装工程费。交通及运输设备包括中途运输设备购置费和安装工程费。电器设备包括变电站的设备购置费、安装工程费。其他设备包括污水处理站、锅炉房、取水站的设备购置费和安装工程费。

③ 除了房屋建筑物外，其他固定资产的使用期限均不满15年，因此，在本项目经营结束前，这些固定资产均需重置。其中，机器设备和交通运输设备应在第13年年末（开始经营后第12年末）进行重置，电器设备需要在第11年年末进行重置，其他设备需要在第6年年末和第11年年末分别进行重置。假设固定资产在使用期满后可以按照历史成本进行重置，其使用年限、折旧率和残值率均不变。最终的残值收入按照重置后的固定资产计算。在计算重置成本时，扣除了旧固定资产的残值收入。

附表 7-20-3　税金计算表

单位：元

年	销售收入（不含税）	销项税额	减：进项税额	交纳的增值税	交纳的城建税及教育费附加（交纳的增值税×8%）
2	321 640 000	54 678 800	31 487 226.08	23 191 573.92	1 855 325.91
3	402 050 000	68 348 500	37 985 195.86	30 363 304.14	2 429 064.33
4	402 050 000	68 348 500	37 653 288.93	30 695 211.07	2 455 616.89
5	402 050 000	68 348 500	37 656 176.99	30 692 323.01	2 455 385.84
6	402 050 000	68 348 500	37 656 176.99	30 692 323.01	2 455 385.84
7	402 050 000	68 348 500	37 656 176.99	30 692 323.01	2 455 385.84
8	402 050 000	68 348 500	37 656 176.99	30 692 323.01	2 455 385.84
9	402 050 000	68 348 500	37 656 176.99	30 692 323.01	2 455 385.84
10	402 050 000	68 348 500	37 656 176.99	30 692 323.01	2 455 385.84
11	402 050 000	68 348 500	37 656 176.99	30 692 323.01	2 455 385.84
12	402 050 000	68 348 500	37 656 176.99	30 692 323.01	2 455 385.84
13	402 050 000	68 348 500	37 656 176.99	30 692 323.01	2 455 385.84
14	402 050 000	68 348 500	37 656 176.99	30 692 323.01	2 455 385.84
15	402 050 000	68 348 500	37 656 176.99	30 692 323.01	2 455 385.84
16	402 050 000	68 348 500	35 967 761.69	32 380 738.31	2 590 459.06

附表 7-20-4 进项税额计算表

单位：元

年	焦炭 采购金额(含税)	焦炭 进项税额	石墨电极 采购金额(含税)	石墨电极 进项税额	电炉电 采购金额(含税)	电炉电 进项税额	动力电 采购金额(含税)	动力电 进项税额	蒸汽 采购金额(含税)	蒸汽 进项税额	合计
2	39 711 000	5 769 974.36	7 886 400	1 145 887.18	163 349 333.33	23 734 518.52	3 141 333.33	456 433.05	3 306 666.67	380 412.98	31 487 226.08
3	46 769 310	6 795 540.77	8 727 333.33	1 268 074.07	198 917 333.33	28 902 518.52	3 825 333.33	555 817.66	4 026 666.67	463 244.84	37 985 195.86
4	46 103 190	6 698 754.10	8 472 933.33	1 231 109.97	197 600 000	28 711 111.11	3 800 000	552 136.75	4 000 000	460 176.99	37 653 288.93
5	46 116 000	6 700 615.38	8 480 000	1 232 136.75	197 600 000	28 711 111.11	3 800 000	552 136.75	4 000 000	460 176.99	37 656 176.99
6	46 116 000	6 700 615.38	8 480 000	1 232 136.75	197 600 000	28 711 111.11	3 800 000	552 136.75	4 000 000	460 176.99	37 656 176.99
7	46 116 000	6 700 615.38	8 480 000	1 232 136.75	197 600 000	28 711 111.11	3 800 000	552 136.75	4 000 000	460 176.99	37 656 176.99
8	46 116 000	6 700 615.38	8 480 000	1 232 136.75	197 600 000	28 711 111.11	3 800 000	552 136.75	4 000 000	460 176.99	37 656 176.99
9	46 116 000	6 700 615.38	8 480 000	1 232 136.75	197 600 000	28 711 111.11	3 800 000	552 136.75	4 000 000	460 176.99	37 656 176.99
10	46 116 000	6 700 615.38	8 480 000	1 232 136.75	197 600 000	28 711 111.11	3 800 000	552 136.75	4 000 000	460 176.99	37 656 176.99
11	46 116 000	6 700 615.38	8 480 000	1 232 136.75	197 600 000	28 711 111.11	3 800 000	552 136.75	4 000 000	460 176.99	37 656 176.99
12	46 116 000	6 700 615.38	8 480 000	1 232 136.75	197 600 000	28 711 111.11	3 800 000	552 136.75	4 000 000	460 176.99	37 656 176.99
13	46 116 000	6 700 615.38	8 480 000	1 232 136.75	197 600 000	28 711 111.11	3 800 000	552 136.75	4 000 000	460 176.99	37 656 176.99
14	46 116 000	6 700 615.38	8 480 000	1 232 136.75	197 600 000	28 711 111.11	3 800 000	552 136.75	4 000 000	460 176.99	37 656 176.99
15	46 116 000	6 700 615.38	8 480 000	1 232 136.75	197 600 000	28 711 111.11	3 800 000	552 136.75	4 000 000	460 176.99	37 656 176.99
16	42 657 300	6 198 069.23	7 137 333.33	1 037 048.43	191 013 333.33	27 754 074.07	3 673 333.33	533 732.19	3 866 666.67	444 837.76	35 967 761.69

注：磷矿石、新鲜水和循环水属于自产，不用计算进项税金，蒸汽增值税税率为13%，其他材料及燃料的增值税率均为17%。

（二）投资项目评价的基本方法包括哪些？应如何对华宁项目进行评价

对企业投资项目的长期投资决策的评价按照是否考虑了货币时间价值因素分为两类：一类是贴现指标，即考虑了时间价值因素的指标，主要有净现值法、现值指数法、内含报酬率法；另一类是非贴现指标，即没有考虑时间价值因素的指标，主要有回收期法、会计收益率法。20世纪70年代以后，随着管理会计人员水平的不断提高和电子计算机在企业中的应用，企业开始陆续建立起以货币时间价值为基础的贴现现金流量法，并且这种方法渐渐占据了主导地位。因此这里主要讨论贴现指标的应用。

1. 净现值法和现值指数法

净现值法是指根据净现值作为评价投资方案的指标。所谓净现值，是指特定方案未来现金流入的现值与未来现金流出的现值之间的差额。如净现值为正值，即该贴现后的现金流入大于贴现后的现金流出，该投资项目的报酬率大于预定的贴现率；如净现值为负值，即该贴现后的现金流出大于贴现后的现金流入，该投资项目的报酬率小于预定的贴现率；如净现值为零，即该贴现后的现金流出等于贴现后的现金流入，该投资项目的报酬率等于预定的贴现。

现值指数法是指根据获利指数作为评价方案的指标。现值指数是未来现金流入与现金流出现值的比率，也称获利指数。该指标大于1，说明其收益超过成本，投资报酬率超过预定的贴现率；该指标小于1，说明其收益小于成本，即投资报酬率小于预定的贴现率；该指标等于1，说明其收益等于成本，即投资报酬率等于预定的贴现率。在一般情况下，净现值法和现值指数法使用相同的信息资料评价投资方案的经济效果，结论常常是一致的。但是在净增量投资额不同的方案选择中，则有可能得出不同的结论。

在实际工作中，企业追求最大收益，应选择净现值较高的方案。净现值越大，企业预期收益就越大 而现值指数法只反映单位投资回收现金能力的程度，不能反映投资收益具体为多少。因此，对于互斥选择的决策，应选择净现值较大的方案。即当净现值法与现值指数法结论不一致时，应以净现值法的结论为准。

2. 内含报酬率法

内含报酬率法是指根据方案本身的内含报酬率作为评价指标的方法。内含报酬率指能够使未来现金流入量现值等于未来现金流出量的现值的贴现率。在多数情况下，应用净现值法和内含报酬率法评价投资方案的结果是一致的，但是当投资方案的净增量投资额不同或现金流入的时间不一致时，两种方法评价投资方案会得出不一致的结果，比如，在互斥选择决策中，应用净现值法总能得出正确结论，而内含报酬率法却会得出错误结论。

总之，在无资本限量的情况下，利用净现值法在所有的投资评价中都能作出正确的决策，而利用内含报酬率法和现值指数法，在采纳与否决策中，也能做出正确决策，但在互斥选择决策中有时会得出错误结论。所以，在以上三种长期投资决策方法中，净现值法应是相对最优的决策方法。

根据上面的现金流量分析,估计华宁项目的净现值如表 7-21 所示。

表 7-21　净现值计算表　　　　　　　　　　　单位:元

年	现金净流量	折现率	现值
0	-181 463 145.33	1	-181 463 145.33
1	-2 708 612.36	0.943 4	-2 555 304.9
2	51 618 283.03	0.89	45 940 271.9
3	102 324 411.76	0.839 6	85 911 576.12
4	109 293 291.45	0.792 1	86 571 216.16
5	109 382 043.34	0.747 3	81 741 200.99
6	100 334 324.85	0.705	70 735 699.02
7	109 382 043.34	0.665 1	72 749 997.03
8	109 382 043.34	0.627 4	68 626 293.99
9	109 382 043.34	0.591 9	64 743 231.45
10	109 382 043.34	0.558 4	61 078 933
11	91 565 311.85	0.526 8	48 236 606.28
12	109 382 043.34	0.497	54 362 875.54
13	14 656 919.04	0.468 8	6 871 163.65
14	109 382 043.34	0.442 3	48 379 677.77
15	109 275 875.84	0.417 3	45 600 822.99
16	260 765 018.61	0.393 6	102 637 111.32
合　计	1 421 335 982.15	—	760 168 226.98

华宁项目的净现值为 760 168 226.98 元,因此是可行的。但是这里没有考虑所得税因素和风险因素,事实上,项目的生产情况和销售情况都存在较大的不确定性,这会给项目的预期现金流量带来风险,需要通过敏感性分析来进行测算。

五、案例讨论

1. 如果考虑所得税因素,华宁项目的现金流量将会发生什么变化?
2. 各种不确定因素(如电力供应、电价和黄磷市场价格)将会对华宁项目的现金流量和投资决策产生什么影响?

六、案例拓展阅读

新设项目投资决策[①]

得力电器制造厂是生产家用小电器的中型企业,该厂生产的小电器款式新颖,质量优良,价格合理,长期以来供不应求。为扩大生产能力,厂家准备新建一条生产线。负责这项投资决策工作的财务总监王刚及财务部人员经过调查研究后,得到如下资料:

(1) 该生产线的原始投资为650万元,其中固定资产投资600万元,分2年投入。第1年初投入500万元,第2期初投入100万元,第2期末项目完工可正式投产使用。投产后每年可生产小电器20 000件,每件平均销售价格为400元,每年可获销售收入800万元。投资项目可使用5年,5年后可获残值50万元。在投资项目经营期间要垫支流动资金50万元(于第2年末投入),这笔资金在项目结束时可全部收回。

(2) 该项目生产的产品成本的构成如下。

材料费用:200万元。

人工费用:300万元。

制造费用:100万元(其中,折旧费用60万元)。

财务部通过对各种资金来源进行分析,得出该厂加权平均的资本成本为10%,企业所得税税率为33%。同时还计算出该项目的营业现金流量、现金流量和净现值,并根据其计算的净现值,对该项目是否可行进行了决策。有关数据如表7-22和表7-23所示。

表7-22 得力电器制造厂投资项目营业现金流量计算表 单位:万元

项 目	第1年	第2年	第3年	第4年	第5年
销售收入	800	800	800	800	800
付现成本	540	540	540	540	540
其中:材料费用	200	200	200	200	200
人工费用	300	300	300	300	300
制造费用	40	40	40	40	40
折旧费用	60	60	60	60	60
税前利润	200	200	200	200	200
所得税(33%)	66	66	66	66	66
税后利润	134	134	134	134	134
营业现金流量	194	194	194	194	194

[①] 本案例来源于朱传华等:《财务管理案例分析》,清华大学出版社、北京交通大学出版社2007年版。

(续上)

表7-23 得力电器制造厂投资项目现金流量计算表　　　　　单位：万元

项　目	投资建设期			生　产　期				
	第0年	第1年	第2年	第1年	第2年	第3年	第4年	第5年
初始投资	−500	−100						
流动资金垫支			−50					
营业现金流量				194	194	194	194	194
设备残值								50
流动资金回收								50
现金流量合计	−500	−100	−50	194	194	194	194	294

计算得力电器制造厂投资项目的净现值。

该项目的净现值 = (−500) + (−100) × (P/F, 10%, 1) + (−50) × (P/F, 10%, 2) +
　　　　　　　　194 × (P/F, 10%, 4) × (P/F, 10%, 2) + 294 × (P/F, 10%, 7)
　　　　　　　= 26.85(万元)

分析结果：净现值为26.85万元，为正值。

王刚认为该项目可行，并将可行性研究报告提交厂部中层干部大会讨论。在讨论会上，厂部中层干部提出以下意见：

(1) 副总经理认为，在项目投资和使用期间，通货膨胀率大约在10%左右，将对投资项目的有关方面产生影响；

(2) 基建部门负责人认为，由于受物价变动的影响，初始投资将增长20%，设备残值将增加到60万元；

(3) 生产部门负责人认为，由于物价变动的影响，材料费用每年将增加14%，人工费用也将增加10%；

(4) 财务部门负责人认为，扣除折旧后的制造费用，每年将增加4%；

(5) 销售部门负责人认为，产品销售价格预计每年可增加9%。

要求：请你根据该厂中层干部的意见，对投资方案的可行性重新予以评价。

案例 8

讯科公司(1996)——业务板块及风险与回报之间的权衡[①]

一、本案例学习目标

通过本案例的分析与学习,掌握权益资本成本、债务资本成本以及加权平均资本成本的决定因素和计算过程,加权平均资本成本的确定对于企业投资决策和业绩评价的作用。

二、问题的引出

退隐的亿万富翁维克多·尤萨瑞恩已经购买了讯科公司10%的股份,并要求在董事会中拥有两个席位。昨天,此次购股行动通过美国证券交易委员会的备案资料和一封单独写给讯科公司首席执行官马可斯韦尔·哈珀的信函而浮出水面。信中指出:"公司在错误地配置资源,而且没有赚取足够的利润。""公司误入了计算机领域,应该悬崖勒马,出售其产品与系统板块。管理层必须集中精力为股东创造价值。"讯科公司发布了简短的声明,强调了电信行业与计算机技术相结合的好处。

资料来源:华尔街日报,1996年1月9日。

玛格丽特·韦斯顿,讯科(Teletech)公司财务总监,在1996年1月上旬的一个深夜获悉了尤萨瑞恩这封信件的内容。她很快安排了一组律师和财务人员来评估这一威胁。公司首席执行官马可斯韦尔·哈珀,安排在第二天下午以电话会议的形式召开公司董事会。哈珀和韦斯顿一致认为,他们需要在开会之前就尤萨瑞恩对公司投资回报的断言作出回应。

具有讽刺意味的是,投资回报是近几个月来公司高级管理层一直争论不休的问题。大家对公司在评估业绩和确定年度投资预算时所采用的门槛回报率已经产生了

[①] 本案例来源于 Robert F. Bruner 著,潘国英译:《金融案例研究》,清华大学出版社 2005 年版。

诸多疑问。由于预期公司在 1996 年将投资近 20 亿美元用于资本项目,就这些问题得出结论或达成一致意见成了玛格丽特·韦斯顿的当务之急。现在,尤萨瑞恩的信件加深了讨论这些问题的紧迫性。短期内,她需要回应尤萨瑞恩;长期内,她需要了解公司的竞争力,并视需要推行新政策。

那么,讯科公司两个业务板块的门槛回报率应该是多少?产品与系统板块真的能够支付自身的费用而不需要借债吗?我们将关注资本成本的计算及其对企业投资决策和业绩评价的作用。

三、案例陈述及阅读引导

(一)公司背景

讯科公司的总部设在得克萨斯州的达拉斯,公司确定自己为"信息移动与信息管理一体化的供应商"。公司有两个主要业务板块:电信服务板块和产品与系统板块,后者生产计算与电信设备。1995 年,电信服务板块的资本回报率(ROC)[①]达到 9.8%;产品与系统板块则达到 12.0%。公司当前的净资产账面值为 160 亿美元,其中电信服务板块为 114 亿美元,产品与系统板块为 46 亿美元。一项内部分析显示,电信服务板块占讯科公司市值的 75%,产品与系统板块占 25%。当前,电信服务板块提议的资本支出所能带来的预期内部收益率为 9.8%,而产品与系统板块的项目提供的预期内部收益率平均为 12%。总之,看起来公司的预期资本回报率为 10.35%。高层管理人员将 10.41% 的门槛回报率应用于所有资本项目,并用于评估各业务板块的业绩。

过去的 12 个月里,公司的股价走势没有与股票市场指数或与电话、设备或计算机行业的股票指数保持同步(见图 8-1)。

证券分析师对公司毫无生气的收益增长进行了评论,矛头直指电信行业日益激烈的竞争和该公司产品与系统板块令人失望的业绩表现。一位声望卓著的评论员在电视上发表看法说:"对电话公司的恶意收购尚无先例,但就讯科公司而言,没有理由不试一试。"

1. 讯科公司的信息服务板块

公司的电信服务板块为遍布美国西南和中南地区的 700 多万个客户提供长途、本地及手提电话服务。1989~1995 年,该板块的销售收入以平均 3% 的速度增长。1995 年,该板块的销售收入、税后净经营利润(NOPAT)和净资产分别为 110 亿美元、11.8 亿美元

---

① 资本回报率是税后净经营利润(NOPAT)除以资本的比率。

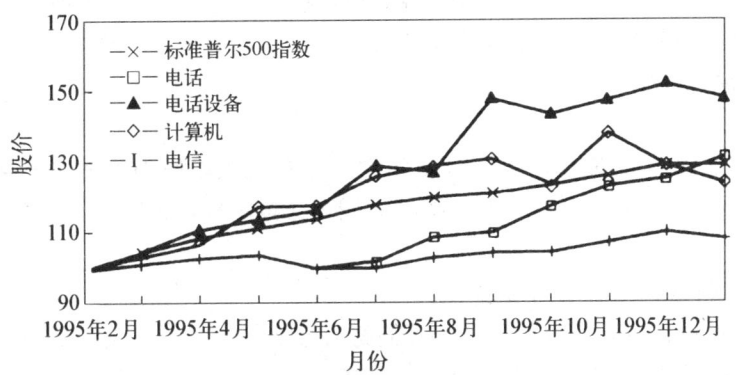

图 8-1 讯科公司股价表现与市场及行业指数比较

和 114 亿美元。自从 1983 年法院强令打破贝尔系统在电话行业的垄断之后,讯科公司已经通过积极拓展新服务和扩大服务区域以顺应业内逐步放松管制的形势。最近,该公司已经成为手提电话业务和特许提供个人通信服务(PCS)的主要投标商。此外,该公司在拉丁美洲的私有化拍卖中购买了许多电话营业公司。最后,该公司积极投资新技术——主要是数字交换机及光纤电缆——目的在于提高服务质量。所有这些战略举措都花费巨大:在过去的 10 年中,该板块每年的投资预算从 15 亿~20 亿美元不等。

不幸的是,若干年来,电信板块的毛利一直面临压力。政府部门在为讯科公司的资本投资提供减税方面的政策一拖再拖。其他主要的电信服务供应商已经侵入了讯科公司的市场地域,并在新技术和提高资产质量方面进行投资。讯科公司的管理人员注意到,大型有线电视公司可能进入电信市场并对毛利造成持续性压力。

此外,讯科公司是其地域市场的主要服务供应商。客户调查显示,该公司在产品质量和客户满意度方面是领先的。不论该行业如何变迁,讯科公司的管理层有信心能够收取较高的价格。

2. 讯科公司产品与系统板块

1990 年以前,电信一直是公司的核心业务,另外还有一个生产电信元件的设备生产部门。1990 年,该公司以应用先进的计算技术于电信设备为目标,收购了一家领先的计算机工作终端(Workstation)生产商。微机市场的爆炸式增长、电话线在连接家庭与办公室计算机中越来越多的应用,使讯科公司管理层对电信设备与计算技术相结合的潜在价值很有信心。随着运用讯科公司的资金基础、借贷能力及分销网络来推动增长,产品与系统板块的销售收入在 1995 年增长近 40%。该板块 1995 年的 NOPAT 及净资产分别达到 4.8 亿美元和 46 亿美元。

产品与系统板块被认为是该行业的技术领跑者。尽管这促成了企业的快速增长和议价能力,但要保持这种领跑地位需要在科技开发和固定资产方面进行大量的投入。技术更新的速度愈来愈快,近期管理层还认为依然有竞争力的产品却突然被讯科公司处置掉了。大型计算机制造商正在步入电信设备行业。在主要供应合同的投标过程中,外国制造商是强硬的竞争对手。

问题1:讯科公司的信息服务板块和产品与系统板块所面临的经营风险是否相同?如果不同,则投资者对两个业务板块的期望回报率是否相同?

(二)以讯科公司的价值为核心

讯科公司的经营宗旨中这样提道:"我们将通过从事赚取更高投资回报的商业活动来创造价值。"将这一宗旨转化为实际行动对玛格丽特·韦斯顿来说一直是个挑战。首先,有必要帮助各板块和业务部门的经理理解"创造价值"对他们意味着什么。由于各业务板块和较小的业务部门并没有在资本市场上发行证券,唯一客观的衡量标准是整个公司的证券价格——但任何一个经理的业务活动可能都不足以带动讯科公司证券的价格。因此,公司采用了应用于各板块和业务部门层面的价值创造的衡量标准,从而向投资者提供衡量公司各部门业绩表现的参照。该衡量标准,称为"经济利润",是公司业务板块的超额报酬率乘以已占用资本的积。

$$经济利润 = (资本回报率 - 门槛回报率) \times 已占用资本$$

其中: $ROC = 资本回报率 = NOPAT / 资本$

$NOPAT = 税后净经营利润$

每年,公司以经济利润为基准对各板块和业务部门的高级管理人员进行业绩考核。该标准是公司考虑资本配置、管理人员提升及薪酬奖励的主要因素。

价值创造理念对管理人员第二个方面的影响体现在对资本投资建议的评估。每项投资都采用公司的门槛回报率将预测的现金流贴现到当前价值,得出每个项目的净现值(或NPV)。正(负)的净现值说明公司若从事该项目将增加(减少)的价值。以下等式显示了门槛回报率是如何在大家熟悉的NPV等式中得以应用。

$$净现值 = \sum [自由现金流_t / (1 + 门槛回报率)^t] - 初始投入$$

问题2:门槛回报率在讯科公司的业绩评价和资本配置中发挥了什么作用?

(三)门槛回报率

近几个月来,用于估算经济利润和净现值的门槛回报率一直是备受争议的核心问题。门槛回报率是基于讯科公司的加权平均资本成本($WACC$)得出的。基于相关性,管理层完全同意用门槛回报率来代表资金的机会成本,但以WACC代表机会成本的观点则一直存在争议。这种衡量标准从来不被认为是完全科学的,不过已经被接受。例如,讯科公司的债信级别属于AA-与A+评级之间。一位投资银行家最近建议:按照这些评级,讯科公司新的债务资金成本可能是7.03%(考虑40%的税率因素,大约是4.22%)。当贝塔为1.041时,股本成本可能为11.77%。在按市值计算的债务权重为18%,股本权重为82%时,得出的WACC是10.41%。表8-1概括了计算过程。10.41%的门槛回报率被应用于公司所有项目和业绩衡量的分析当中。

表8-1 讯科公司WACC计算概要,以及各板块工作表

项 目	公 司	电信服务	产品与系统
资产市值权重(%)	100	75	25
债信评级	AA-/A+	AA	BBB-
税前债务成本(%)	7.03	7.00	7.78
税率(%)	40	40	40
税后债务成本(%)	4.22	4.20	4.67
股本贝塔值	1.04		
无风险投资回报率(%)	6.04		
风险投资(%)	5.50		
股本成本(%)	11.77		
债务重组(%)	18.00		
股本权重(%)	82.00		
WACC(%)	10.41		

问题3: 门槛回报率是由什么因素决定的?公司整体的门槛回报率是否可用于公司所有项目?

(四) 关于经过风险调整的门槛回报率的争议

在公司内部如何运用门槛回报率评价项目是另外一个争论话题。由于这两种业务的不同特征和所面临的风险不同,大家对一刀切地采用10.41%的门槛回报率来评估各业务板块项目的合理性产生了异议。电信服务板块的副总裁里克·菲利普斯是采用多个门槛回报率的主要倡议者,他的观点如下:

在每个阶段,我们的业务都有所不同。我们必须以不同的方式去竞争,必须以不同的

方式筹集资金。直到最近,电信行业还是被管制的行业,并且由于该行业的平稳性特征,我们的总资本投资回报率非常稳定。由于市场公认这类投资的安全性,许多电信公司可以在债务市场大举筹资。那些与我们的电信服务部门具有可比性的公司中,平均75%的资金需求是在债务市场上以反映稳固的AA级品质的债券利率筹集的——这比AA-或A+级别的公司债券融资划得来。此外,我相信电信服务板块的股本成本比产品与系统板块要低。我在将其和产品与系统板块进行比较时发现,尽管产品与系统板块的销售增长很快,利润很高,但风险大。独立的设备生产商是以BBB级别债券的较高利率和预期总回报率较高的股本来融资的。

依我看,产品与系统板块的门槛回报率应该反映这些较高的资金成本。没有门槛回报率的风险调整体系,电信服务板块将日趋资金匮乏,而产品及系统板块将被迫接受资金——这是因为我们的回报低于公司的门槛回报率,而他们的较高。电信服务板块使公司的整体风险降低,不应受到不公平的待遇。

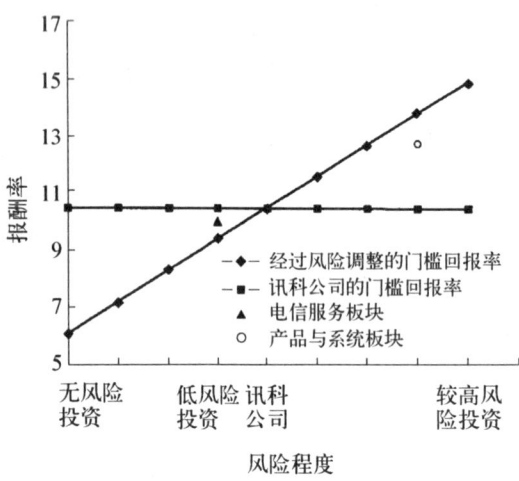

图8-2 固定的门槛回报率与经过风险调整的门槛回报率

图8-2说明了我认为正在发生的情况。电信服务板块能创造的资本回报率为9.8%,尽管这比公司的门槛回报率低,但在进行风险调整后,确实有利可图。图中的三角形显示了电信服务板块所处的位置。我的感觉是:对承诺达到12.0%资本回报率的产品与系统板块而言,情况恰恰相反。产品与系统板块位于图中的小圆圈附近。

在确定给我们多少贷款时,贷款方会考虑风险构成。如果资金流向更安全的投资,从长期而言,他们提供给我们的贷款成本就会降低。

我们的股东也同样关注风险。如果他们认为我们的业务比其他公司更具风险,他们就不会赋予我们的利润同样高的价格。也许这就是为什么大多数时候我们的市盈率比行业的平均值低的原因。这不是我们是否就风险进行调整的问题——我们已经以非正式的方式做过了。我头脑中唯一的问题是:我们是否应该进行系统性的调整。

尽管多个门槛回报率可能不会反映出资本结构的逐日变化,但从长期而言,它们将更真实地反映未来。按照我的理解,我们现在真正的问题在于:股本资金的不足及其高额成本。如果我们能合理分配股本资金,我们将可以努力获得其相应风险下的最大股本回报。采用多个门槛回报率会达到这一目标。

正如韦斯顿所理解的那样,菲利普斯的论述说明的观点是:如果公司的每个板块有不同的门槛回报率,不同形式的资本成本将保持不变。然而,计算中的资本构成将发生变化。低风险的业务将采用更多的负债,而高风险的部门只有少量或没有债务资金。低风险的业务板块应有较低的门槛回报率。

(五) 针对风险调整的门槛回报率的反对意见

菲利普斯的观点在讯科公司得到了若干人的支持,但反对声也很强烈,尤其是在产品与系统部门。海伦·布诺是该部门的执行副总裁,这样表述了她的观点:

钱都是一样的。投资者不会比我们自己更了解所从事的业务。对他们而言,公司就是一个半透明的盒子。他们雇佣我们来看管盒子里的东西,并通过盒子里产生的股息对我们予以评价。如果我们的投资者不这样想的话,我们就不能说盒子里一部分采用的门槛回报率与另一部分不同。就像我所说的,所有的钱都一样:所有在讯科公司的投资应该基于一个门槛回报率来评价。

多个门槛回报率是不合乎逻辑的。假设电信服务部门的门槛回报率比产品与系统部门低很多,如果我们从事达到板块门槛回报率水平的投资,我们会使股东价值遭受损失,原因是我们没有达到公司的门槛回报率。

作为经理人,我们的工作应该是将我们的钱投入到回报最高的地方。为了给利润更丰厚的部门注入更多资金,单一的门槛回报率可能会剥夺低利润部门的投资。但是,难道这不正是经营的目标吗?我们现今面临的挑战显而易见:我们必须获取所能达到的最高水平的绝对投资回报率。

实际上,我们并没有分别给各个部门融资。公司基于整体前景与历史业绩筹措资金。公司业务的多元化可能会帮助我们降低资本成本,并使我们能够从总量上比各个部门分别筹措资金借到更多的钱。因此,计算各自的门槛回报率既不现实还有误导。全体股东希望我们做的是:将资金进行明智的投资以提高其股票的价值。只有在我们选择了最有前景的项目,而不考虑它属于哪一个板块时,我们才会做到这一点。

> **问题4**:关于门槛回报率是否需要经过风险调整,讯科公司内部存在两种意见,你认同哪一种?为什么?

(六) 玛格丽特·韦斯顿的担忧

面对几个月的争论,韦斯顿对几个相关的问题越来越关注。其一,公司的战略使这两个业务板块朝着一体化方向发展。一方面,采用多个门槛回报率将使高科技研究与应用项目的建议更难以获得批准,原因是所要求的回报率提高了。她想,也许多个门槛回报率是正确的想法,但将其基于资本成本而不是基于战略考虑的想法可能是错误的。另一方面,或许应该采用基于资金成本的多个门槛回报率,但在分配资金上,应该就无法量化的战略考虑进行一些定性调整。配置资金时如何达到战略目标的理论在韦斯顿的头脑中是不清晰的。

其二，采用唯一的资金成本量度（门槛回报率或贴现因子）使净现值一定，至少在经济意义上如此。如果讯科公司在现金流贴现中采用了多种贴现率，韦斯顿担心净现值和经济利润的计算将失去意义，并失去在同行业中的可比性。对她来说，业绩衡量标准必须具有一致性并且可以理解。否则就没有使用价值。

此外，韦斯顿还关心如何在部门之间分配资金结构。在电信服务部门，新的大型交换站可以通过抵押债券获得融资。但对产品与系统部门来说，则无法直接借贷。实际上，只要公司对贷款提供担保，任何融资都是可行的。这些项目被认为具有高度风险，也许就应使该板块的债务降到最低水平。韦斯顿还考虑到，对公司的整体借贷能力进行决策已经够难了，更不用说对每个板块做决策。判断可能只是十分粗略的。

在公司进行关于采用多个门槛回报率的深入探讨中，韦斯顿的思绪沿着两条轨道延伸。

一种观点是，投资决策从来都不应该与融资决策搅和在一起。公司应该决定的是投资什么，然后才是如何最有效地为这些投资进行融资。在现值计算中画蛇添足地考虑负债结构会使结果发生扭曲。采用多个门槛回报率就是把投资决策与融资决策搅和在了一起。该观点还认为，单一的门槛回报率使风险确定简单明了：在风险加大时，管理层只需简单地调整标准（净现值或经济利润）即可。

另一种对立观点指出，加权平均资本成本倾向于代表市场对混合风险的平均反应。低于平均风险水平的项目或许可以被接受，尽管他们不能达到加权平均的评价标准。高于正常风险水平的项目需要提供回报溢酬。由于多个门槛回报率体系是达到这一目标的粗略方法，它至少是向正确的方向迈出了一步。此外，一些人士指出：讯科公司的目标应该是股本资金回报的最大化，由于股本资金过去是并将继续是相对稀有的资源，多个门槛回报率体系倾向于比单一的门槛回报率体系更好地促进股东回报最大化。

为了帮助解决这些问题，韦斯顿叫她的助理伯纳德·英格尔斯归纳出有关多个门槛回报率的学术理论。他的备忘录见表 8-2。她还要求他提供在计算板块 WACC 中可能用到的、与电信服务和产品与系统板块具有可比性的公司样本。数据概要见表 8-3。1996 年 1 月债务市场状况见表 8-4。

表 8-2 多个门槛回报率的理论概览

致：玛格丽特·韦斯顿
自：伯纳德·英格尔斯
日期：1996 年 1 月
主题：板块资本成本理论

鉴于您提出要大致了解有关多个门槛回报率的理论，这里就不进行特别详细地介绍。相关理论主要归纳为以下几点。

(续 表)

(1) 核心思想是要达到的回报率应该由风险因素决定。这是投资管理领域的主流观点,它基于大量理论与几十年来的实践研究。该思想从投资管理领域延伸到公司决策的过程是直接的,至少在理论上如此。

(2) 一个隐含的假设是:公司是透明的(即:投资者能够透过公司的面纱看清公司,并且能够评估公司正在从事的业务)。没有人认为公司是完全透明的,或投资者是完全知情的。但财务会计准则已经朝着使公司更为透明的方向演变,并且投资界成长迅速,具备实力进行更透彻的分析。目前跟踪了解讯科公司的分析员有36名,他们发布关于公司的分析报告和预测。实际上,就大型公众持有的公司而言,透明不是一个糟糕的假设。

(3) 另外一个隐含的假设是:整个公司的价值就是其各组成部分价值的相加之和——这源自价值可相加性的观点。我们或者将"组成部分"定义为公司的业务板块(资产负债表的左侧)或者定义为资本结构的组成(资产负债表的右侧)。市值(MVs)必须是平衡的。

$$MV_{讯科} = (MV_{电信服务板块} + MV_{产品与系统板块}) = (MV_{债务} + MV_{股本})$$

如果它们不相等,那么恶意收购者就会出现,并通过购买、出售整个公司或者公司的业务板块来利用差额进行牟利,这就是"套利"。通过购买和出售,恶意收购者会促成市值之间恢复平衡。

(4) 投资理论告诉我们,唯一关键的风险是不可分散的风险。这一风险通过"贝塔"来衡量。贝塔说明一种资产相对于投资组合的风险。由于假设投资者进行多元化投资,因此假设他对无法避免、不可分散的风险谋求回报。现在,重要的一点是资产组合的贝塔值等于资产组合的组成要素的加权平均贝塔值。将这一概念延伸至整个公司,公司的"资产贝塔"将等于公司组成要素的加权平均贝塔值——同样,公司的组成要素可以按资产负债表的左侧或者右侧进行定义。

$$\beta_{讯科资产} = (w_{电信服务}\beta_{电信服务} + w_{产品与服务}\beta_{产品与服务}) = (w_{债务}\beta_{债务} + w_{股本}\beta_{股本})$$

其中:w——基于市值的权重(百分比)

$$\beta_{电信服务} + w_{产品与服务}\beta_{产品与服务} = 业务板块的资产贝塔$$

$$\beta_{债务} = 公司的债券贝塔$$

$$\beta_{股本} = 公司的普通股贝塔$$

由于它意味着我们采用了资本资产定价模型估算板块的资本成本(即:采用板块的资产贝塔),这是一种将公司风险纳入模型的简便方法。

(5) 基于所有以上观点,得出公司各种资金成本(K)的加权平均成本(WACC),这一理论中正确的门槛回报率,就是板块 WACC 的加权平均值。

$$WACC_{讯科} = (W_{电信服务}WACC_{电信服务}) + (W_{产品与系统}WACC_{产品与系统})$$

其中:$W_{电信服务}$=市场价值权重

$$WACC_{电信服务} = (W_{电信服务板块债务}K_{电信服务板块债务}) + (W_{电信服务板块股本}K_{电信服务板块股本})$$

$$WACC_{产品与系统} = (W_{产品与系统板块债务}K_{产品与系统板块债务}) + (W_{产品与系统板块股本}K_{产品与系统板块股本})$$

(6) 第(5)中的思想在实践中可能不完全成立。第一,WACC 公式中的多数组成要素是有误差的估算值。第二,由于税收、信息的不对称或其他市场缺陷,资产可能没有严格按照模型得出的结果定价——就讯科这样的公司而言,假设任何错误定价都是暂时的,是一种合理的做法。第三,简单的两个板块的构成特点忽略了隐含的第三个板块:公司进行风险对冲、为整个公司谋求理想融资的资金部门——它在各板块的财务政策中发挥"减震器"的作用。将公司的资金部门纳入模型是十分困难的。

（续表）

大多数公司假设资金部门的影响不大，并忽略不计。我们也可以这样做，尽管我们还会再次讨论这一问题。

结论：

- 理论上讲，只有在评估具有和整个公司同等风险的资产时，采用讯科公司的 WACC 才是合适的。在评估与整个公司具有不同等级风险的资产时，采用讯科公司的 WACC 是不适当的。
- 板块 WACC 的计算方法与公司 WACC 类似。
- 从概念上讲，公司 WACC 是板块 WACC 的加权平均值。在实践中，由于市场缺陷或估算误差，加权平均的概念不一定成立。
- 如果我们开始计算板块 WACC，我们必须采用债务成本、股本成本和该板块的适当权重。为了正确地进行计算，我们需要诸多信息，或许我们真的需要超出常规作出一些假设。

表 8-3 可比公司样本

公司名称	1995 年销售收入（美元）	股本贝塔	资产贝塔	债券评级	账面价值债务/资本（%）	市净率	市值债务/资本（%）	市值债务/股本（%）	市盈率（倍）
Teletech 公司	16 000	1.041	0.92	AA−/A+	40	3.01	18	22	12.9
电信服务行业									
AT&T	80 000	0.90	0.85	AA	39	6.60	8.8	9.7	30.8
Alltel Corp.	3 160	0.75	0.63	A	49	2.99	24.3	32.3	16.0
Ameritech	13 325	0.75	0.67	AA	47	4.72	15.8	18.8	16.9
Bell Atlantic	13 500	0.80	0.68	AA	57	4.53	22.6	29.3	17.5
Bell South	17 780	0.75	0.72	AAA	44	11.90	6.2	6.6	19.0
Century Tel, Enterprs.	625	1.00	0.84	BBB+	46	2.63	24.5	32.4	15.8
Cincinnati Bell	1 350	0.80	0.69	AA	56	4.72	21.2	27.0	18.8
Citizens Utilities Co.	1 070	0.70	0.56	AA	42	1.68	30.1	43.1	15.8
Comsat	850	0.95	0.68	A	40	1.03	39.2	64.6	16.8
Frontier Corp.	1 750	0.80	0.74	A	42	5.50	11.6	13.2	28.3
GTE Corp.	20 250	0.80	0.66	BBB	69	6.52	25.4	34.1	16.9
MCI Communications	15 100	1.25	1.14	A	24	1.87	14.4	16.9	17.9
NYNEX Corp.	13 425	0.75	0.59	A−	62	3.75	30.3	43.6	15.6
Pacific Telesis	9 070	0.85	0.68	AA−	74	6.94	29.1	41.0	13.6
SBC Communications	12 560	0.90	0.80	A	54	5.59	17.3	21.0	18.0
Southern New England	1 840	0.75	0.58	AA	57	2.63	33.5	50.4	15.4
Sprint Corp	13 550	1.05	0.87	BBB	52	3.13	25.7	34.7	15.0

(续 表)

公司名称	1995年销售收入（美元）	股本贝塔	资产贝塔	债券评级	账面价值债务/资本（%）	市净率	市值债务/资本（%）	市值债务/股本（%）	市盈率（倍）
U.S. West	9 450	0.65	0.52	AA—	66	4.67	29.4	41.6	14.3
平均		0.84	0.72		51	4.52	22.8	31.1	17.9
电信设备行业									
ADC Telecomm. Inc.	586	1.35	1.35	无	0	4.05	0.0	0.0	28.0
Acma-Cleveland	120	1.50	1.49	无	1	1.51	0.7	0.7	12.8
Allen Group	325	1.60	1.55	无	13	2.75	5.2	5.4	18.8
Andrew Corp.	626	1.25	1.23	无	13	4.40	3.3	3.4	19.7
DSC Communications	1 450	1.30	1.26	无	18	3.72	5.6	5.9	17.9
Newbridge Networks	675	1.55	1.55	无	1	5.48	0.1	0.1	23.9
Qualcomm Inc.	386	1.55	1.52	无	9	3.41	2.8	2.9	58.3
Tellabs Inc.	645	1.50	1.50	无	1	7.96	0.1	0.1	26.6
平均		1.45	1.43		7	4.16	2.2	2.3	25.8
计算机及网络设备行业									
Amdahl Corp.	1 500	1.30	1.20	无	12	0.95	12.5	14.3	14.1
Bay Networks Inc.	1 342	1.75	1.74	无	10	9.03	1.2	1.2	26.0
Cabletron Systems	1 060	1.60	1.60	无	0	6.57	0.0	0.0	21.8
Cisco Systems	1 979	1.75	1.75	无	0	13.83	0.0	0.0	26.9
Digital Equipment	13 813	1.10	1.04	无	22	2.87	8.9	9.8	17.1
General Datacomm	221	1.85	1.79	无	17	3.96	4.9	5.2	无意义
Hewlett-Packard	31 519	1.25	1.24	无	6	3.33	1.9	1.9	14.6
SCI Systems	2 673	1.20	1.06	无	32	2.20	17.6	21.4	12.7
Sequent Computer	535	1.95	1.92	无	3	1.24	2.4	2.5	12.0
Standard Microsystems	345	1.60	1.52	无	10	1.31	7.8	8.5	29.8
Stratus Computer	580	1.60	1.59	无	2	1.36	1.5	1.5	13.3
Sun Microsystems	5 902	1.55	1.54	无	3	4.18	0.7	0.7	17.6
Tandem Computers	2 285	1.55	1.50	无	6	1.05	5.7	6.1	33.3
3Com Corp.	1 295	1.60	1.59	无	12	11.90	1.1	1.1	25.8
平均		1.55	1.51		10	4.56	4.7	5.3	20.4

资料来源：Bloomberg Financial Services。

表 8-4　债务市场状况(1996 年 1 月)

按债信级别分类的公司债务收益率(%)		美国国债收益率(%)	
工　业			
AAA	6.50	短期国债	5.20
AA	7.00	中期国债	5.43
A	7.64	长期国债	6.04
BBB	7.78		
BB	8.93		
B	10.49		
公用设施业			
AAA	6.53		
A	7.94		
BBB	8.06		

资料来源：Bloomberg Financial Services。

(七) 结语

韦斯顿不会不现实地指望所有摆在她面前的问题会迅速得到解决，以影响维克多·尤萨瑞恩对管理层的攻击。但这次攻击的确说明有必要就讯科公司两个业务板块的业绩表现进行客观的衡量——选择门槛回报率在这项分析中十分重要。不论怎样，她的确希望推出可行、适当的多个门槛回报率体系(或单一回报率)来帮助讯科公司在千变万化的环境中做出决策。对这两个板块而言，什么是适当的门槛回报率？产品与系统板块是如维克多·尤萨瑞恩所说的那样表现不佳吗？讯科公司对恶意收购者应该如何回应？

　　问题 5：根据资料，应该如何确定讯科公司各个业务板块的门槛回报率？新的门槛回报率会对讯科公司的两个业务板块产生什么影响？

四、案例分析

(一) 门槛回报率是由什么因素决定的？公司整体的门槛回报率是否可用于公司所有项目

　　门槛回报率听起来似乎比较陌生，但对于讯科公司来说，门槛回报率就是公司的加权平均资本成本(WACC),后者则是财务管理中的一个重要概念。从企业角度来看,资本成本就是企业使用资金的代价(或者叫机会成本);从投资者(包括股东和债权人)角度而言,资本成本就是投资者的期望收益率。债务的资本成本(债权人的期望收益率)容易确定,就是它的利率(用 R_B 来表示),由于对于公司来说,利息是可以抵税的,税后的债务资本成本为 $R_B \times (1-T)$。股票的资本成本(股东的期望收益率)则有几种计算方法,如果我们选择资本资产定价模型(CAPM模型),则股票的资本成本为:

$$R_S = R_F + \beta \times (\overline{R}_M - R_F)$$

其中,R_F 是无风险利率,$\overline{R}_M$ 是市场组合的期望收益率,则 $\overline{R}_M - R_F$ 是市场组合的期望超额收益率(或称市场风险溢价),β 是公司股票相对于市场组合变动的反应程度,反映了公司股票的风险程度。

有了债务资本成本和股票资本成本,就可以计算出加权平均资本成本。

$$R_{WACC} = \left(\frac{S}{S+B}\right) \times R_S + \left(\frac{B}{S+B}\right) \times R_B \times (1-T) =$$

$$\left(\frac{S}{S+B}\right)[R_F + \beta \times (\overline{R}_M - R_F)] + \left(\frac{B}{S+B}\right) \times R_B \times (1-T)$$

其中,S 为公司股票的市场价值,B 为公司债务的市场价值。

综上所述,门槛回报率(资本成本)的决定因素包括:① 公司的资本结构,即公司股票市场价值与公司债务市场价值在公司整体市值中所占的比重;② 无风险利率(R_F);③ 市场风险溢价($\overline{R}_M - R_F$);④ 公司股票的 β 系数;⑤ 债务利率(R_B);⑥ 公司所得税税率(T)。其中,无风险利率、市场风险溢价、公司所得税税率都是由外部因素决定的,对公司来说是既定的。公司的资本结构与债务利率是相关联的,随着资本结构中负债率的上升,公司的财务风险加大,产生财务危机的可能性就越大,为了补偿额外的风险,债权人就会要求提高利率。不过,对于不同行业的公司,同样的风险债权人要求的利率也是不同的,对于一些公用事业类公司,如电力公司和电话公司,由于其经营收入比较稳定,经营风险较小,在同样的债券等级上,负债率要远远高于其他行业公司,如高科技行业。这一点我们在杜邦公司的案例中已经进行了详细分析。我们再来看一下公司股票的 β 系数。某公司股票的 β 系数的定义是:

$$\beta_i = \frac{Cov(R_i, R_M)}{\sigma^2(R_M)}$$

其中,$Cov(R_i, R_M)$ 是该股票的收益率与市场组合收益率之间的协方差,$\sigma^2(R_M)$ 是市场组合收益率的方差。协方差度量的是某种股票的收益率与市场组合收益率之间的相关程度,除以市场组合收益率的方差是为了将协方差进行标准化,从而便于比较各个股票与市场组合相关程度的差异。因此,β 系数反映了一种股票对于市场组合变动的反应程度。

如果一种股票的 $\beta=2$，则意味着市场每变动 1%，该股票预期会朝着相同的方向变动 2%，是市场组合的两倍，风险比市场组合要大两倍。

根据资本资产定价模型：

$$R_S = R_F + \beta \times (\overline{R}_M - R_F)$$

当 $\beta=0$ 时，有 $R_S = R_F$。也就是说，某一种股票的期望收益率正好等于无风险资产的收益率，显然，β 系数为零的股票是没有风险的。

当 $\beta=1$ 时，有 $R_S = \overline{R}_M$。也就是说，某一种股票的期望收益率正好等于市场的平均收益率，显然，该股票的风险正好等于市场组合的风险。

综上所述，β 系数实际上是反映了一个公司股票的相对风险程度。

系统风险与非系统风险

系统风险是指对大多数资产（包括股票）发生影响的风险，只是每种资产受影响的程度不同而已，β 系数其实就是反映这种影响的程度的。

非系统风险是指只对某一种资产发生影响的风险，如果一个投资组合里的股票足够多，非系统风险是可以相互抵消掉的。因此我们在考虑投资者对某一种股票的期望收益率时，可以不必考虑非系统风险。

明确了门槛回报率的决定因素，我们再来分析一下对公司不同项目是否可以采用同一个门槛回报率。如前所述，在公司能够决定的范围内，影响门槛回报率的因素包括资本结构、债务利率和公司股票的 β 系数，而这三者显然都受到经营风险的影响，所以，如果一个项目的风险与其他项目或者与整个企业的风险不同，那么显然债权人和股东所要求的预期收益率也是不同的，风险越大，预期收益率就应该越高。从加权平均资本成本的计算公式来看，债务利率和公司股票的 β 系数都与加权平均资本成本正相关，也印证了这一点。可以说，除非公司所有项目都有相同的风险，否则使用统一的门槛回报率（资金成本）显然是不合适的。

对于讯科公司而言，其电信服务板块显然属于低风险行业，投资者对这一行业的预期收益率是比较低的：根据统计计算，电信服务行业的股本贝塔平均为 0.84，资产贝塔平均为 0.72，都远远低于电信设备行业和计算机及网络设备行业。而产品与系统板块属于电信设备行业和计算机及网络设备行业的一个结合，风险比较高，预期收益率也较高。显然，对这两个板块采用相同的门槛回报率是错误的，会产生不利的后果。比如，在投资决

策中,我们需要计算一个项目的净现值,净现值的计算公式为:

$$NPV = C_0 + \frac{C_1}{1+R_{WACC}} + \frac{C_2}{(1+R_{WACC})^2} + \cdots + \frac{C_T}{(1+R_{WACC})^T}$$

当我们对所有项目都采用同一个 R_{WACC} 进行折现时,风险高的项目的折现率就会低于其预期收益率,导致计算出来的净现值比实际要大,公司就可能会接受一些净现值为负的投资项目,进而减少了公司价值;而风险低的项目的折现率则会高于其预期收益率,导致计算出来的净现值比实际要小,公司就可能拒绝一些净现值为正的投资项目,造成投资策略的扭曲。

再如,按照讯科目前的做法,把门槛回报率应用于业绩评价。评价标准为:

$$经济利润 = (资本回报率 - 门槛回报率) \times 已占用资本$$

在上面的公式中,是把门槛回报率作为预期收益率,来衡量各个业务板块的超额回报。但如果采用同一个门槛回报率,对于低风险的板块是不公平的,因为他的风险低,预期收益率也就低,过高的门槛回报率显然侵蚀了低风险板块对于整体企业超额回报的贡献。

股本贝塔和资产贝塔

股本贝塔(或称权益贝塔)是一家公司股票的贝塔系数,反映了该股票的收益率对市场组合收益率的反应程度。其计算公式为:

$$\beta_{股票i} = \frac{Cov(R_{股票i}, R_M)}{\sigma^2(R_M)}$$

资产贝塔是企业总资产的贝塔系数,其计算公式为:

$$\beta_{资产} = \frac{负债}{负债+权益} \times \beta_{负债} + \frac{权益}{负债+权益} \times \beta_{权益}$$

在实际中,负债的贝塔很低,一般假设为零,如假设负债的贝塔为零,则:

$$\beta_{资产} = \frac{权益}{负债+权益} \times \beta_{权益}$$

对于杠杆企业,$\frac{权益}{负债+权益}$ 一定小于1,所以 $\beta_{资产} < \beta_{权益}$。

除非企业完全依靠权益融资,否则资产贝塔与股本贝塔是不同的。

（二）重新设定讯科公司的门槛回报率

如果使用统一的门槛回报率是不正确的,那么,应该如何重新设定讯科公司各个业务板块的门槛回报率呢？

显然,应该按照加权平均资本成本重新计算各业务板块的门槛回报率。但是,由于各业务板块和较小的业务部门没有在资本市场上发行证券,因此公式中公司股票的 β 系数没有办法根据企业自身历史数据来直接计算。但一般认为,运用整个行业的 β 系数可以更好地估算企业（或项目）的 β 系数。因为,在估计 β 时,证券组合的估计误差大大低于单个股票的估计误差。

根据统计计算,电信服务行业的平均 β 系数为 0.84,无风险回报率（R_F）为 6.04%,风险溢价（$\overline{R}_M - R_F$）为 5.50%,则电信服务板块的股票资本成本（门槛回报率）为：10.66%（6.04%+0.84×5.50%）。电信服务板块的税后债务成本为4.20%。电信服务行业的平均债务/资本比率（按市值计算）为 22.8%,则权益/资本比率（按市值计算）为 87.2%(1—22.8%)。

由此,可以计算出电信服务板块的加权平均资本成本（门槛回报率）：

$$R_{电信服务} = 22.8\% \times 4.20\% + 77.2\% \times 10.66\% = 9.19\%$$

由于讯科公司产品与系统板块是一个属于电信设备和计算技术相结合的行业,因此,根据统计计算,电信设备行业的平均 β 系数为 1.45,计算机及网络设备行业的平均 β 系数为 1.55,产品与系统板块的 β 系数就取两个行业的平均值 $1.50\left(\frac{1.45+1.55}{2}\right)$。因为无风险回报率（$R_F$）为 6.04%,风险溢价（$\overline{R}_M - R_F$）为 5.50%,则产品与系统板块的股票资本成本（门槛回报率）为：14.29%(6.04%+1.50×5.50%)。根据统计计算,产品与系统板块的税后债务成本为 4.67%。电信设备行业的平均债务/资本比率（按市值计算）为 2.2%,计算机及网络设备行业的平均债务/资本比率（按市值计算）为 4.7%,产品与系统板块的债务/资本比率取两个行业的平均值 3.45%,则权益/资本比率（按市值计算）为 87.2%(1—22.8%)。

由此,可以计算出电信服务板块的加权平均资本成本（门槛回报率）：

$$R_{产品与系统} = 3.45\% \times 4.67\% + 96.55\% \times 14.29\% = 13.96\%$$

根据统计资料,电信服务板块占讯科公司市值的 75%,产品与系统板块占讯科公司市值的 25%,根据上面行业数据的计算,电信服务板块的目标债务/资本比率（按市值计算）为 22.8%,产品与系统板块的目标债务/资本比率为 3.45%,两个板块加权平均后的债务比率为 18.0%(75%×22.8%+25%×3.45%)。这和中讯科公司的实际债务比率是一致的。

讯科公司应该按照两个业务板块各自的门槛回报率进行投资项目的决策和业绩评

价。根据资料,1995年,电信服务板块的资本回报率为9.8%,超过了其门槛回报率9.19%,因此,电信服务板块确实为讯科公司创造了价值;产品与系统服务板块的资本回报率为12.0%,低于其门槛回报率13.96%,因此,产品与系统服务板块实际上并没有为讯科公司创造价值。在1996年的投资项目决策中,对于电信服务板块的资本支出和产品与系统板块的资本支出应分别采用不同的门槛回报率来计算净现值和内部收益率,以做出正确的投资决策。

五、案例讨论

1. 在计算权益资本成本(从股东角度来看,就叫期望收益率)时,除了采用资本资产定价模型(CAPM模型),还可以采取其他什么方法?你认为在讯科公司的案例中,哪一种方法更为合适?

2. 如果讯科公司的两个业务板块分别采用不同的门槛回报率,那么,公司在决定融资方案时,不同板块的资本结构是否会有所不同?

3. 在确定了不同的门槛回报率后,你认为是否应该出售产品与系统板块?

六、案例拓展阅读

耐克公司:资本成本——公司的资本成本[①]

2001年7月5日,基米·福特,一家共同基金管理公司——诺斯皮因特集团(North Point)的基金经理,仔细阅读了分析员编写的运动鞋制造商耐克公司的分析报告。耐克公司的股票价格自年初起大幅下滑。福特正在考虑为她所管理的诺斯皮因特大盘股基金购买一些股票,该基金大多投资于《财富》500强,侧重价值投资。基金主要持有:埃克森美孚公司、通用汽车公司、麦当劳公司、3M公司及其他大盘股公司的股票,基本都是传统经济股票。虽然股票市场在过去的18个月中持续下跌,诺斯皮因特大盘股基金却表现极为出色。2000年,尽管标准普尔500指数下跌了10.1%,该基金在2000年的回报率却达20.7%。截至2001年6月末,该基金的年回报率为6.4%,而标准普尔500指数为-7.3%。

仅一个星期之前,耐克公司于2001年6月28日召开了分析员会议,发布其2001年会计年度的业绩。然而,该会议还有另外一个目的:耐克公司管理层希望在会上介

---

① 本案例来源于Bruner著、潘国英译:《金融案例研究》,清华大学出版社2005年版。

绍公司重振雄风的战略。自1997年，耐克公司的销售收入一直在90亿美元左右徘徊，而净利润已经由8亿美元下降为5.8亿美元（见表8-5）。耐克公司在美国运动鞋市场的份额由1997年的48%下降为2000年的42%。此外，近期的供应链问题以及强势美元都对公司的收入产生了负面影响。

在会议上，管理层披露了公司的最高产量增长计划和经营业绩预测。为增加销售收入，公司将在其近年来忽视的中档价位板块开发更多的运动鞋产品。耐克公司还计划进一步开拓服装业务，该项业务在业界元老明迪·格罗斯曼的领导下取得了出色的业绩。就成本方面而言，耐克公司将加强成本控制。最后，公司的高级管理人员重申，他们的长期销售收入增长目标是8%至10%，利润增长目标在15%以上。

分析员的反映各不相同。一些人认为财务目标太冒进。另外一些人则在服装业和耐克公司国际业务中看到了巨大的增长机遇。

福特阅读了所有能找到的关于6月28日会议的分析报告。但这些分析报告并没有给她指明方向：一份雷曼兄弟公司的报告建议"强力购买"，而瑞银华宝及瑞士信贷第一波士顿的分析员则表达了对公司的担忧，并建议"按兵不动"。福特决定自己进行现金流贴现预测以得出更清晰的结论。

她的预测显示，在贴现率为10%时，耐克公司当前42.09美元的股票价格是高估了（见表8-6）。尽管如此，她很快作出了敏感性分析，并显示当贴现率低于9.4%时，耐克公司当前的股价则被低估。她让她的助手乔娜·科恩来估算耐克公司的资本成本。

科恩立即搜集了她认为可能有用的所有数据（见表8-5～表8-8），并开始进行分析。在当天下班时，她把所估算的资本成本和解释其假设条件的备忘录（见表8-9）交给了福特。

表8-5 耐克公司合并损益表
（截至5月31日的合并损益表）

单位：百万美元，每股数据单位为美元

年份 项目	1995	1996	1997	1998	1999	2000	2001
销售收入	4 760.8	6 470.6	9 186.5	9 553.1	8 776.9	8 995.1	9 448.8
销货成本	2 865.3	3 906.7	5 503.0	6 065.5	5 493.5	5 403.8	5 784.9
毛利	1 895.6	2 563.9	3 683.5	3 487.6	3 283.4	3 591.3	3 703.9
销售及管理费用	1 209.8	1 588.6	2 303.7	2 623.8	2 426.6	2 606.4	2 689.7
经营收益	685.8	975.3	1 379.8	863.8	856.8	984.9	1 014.2

(续上)

(续表)

年份 项目	1995	1996	1997	1998	1999	2000	2001
利息费用	24.2	39.5	52.3	60.0	44.1	45.0	58.7
其他费用,净额	11.7	36.7	32.3	20.9	21.5	23.2	34.1
重组费用,净额	—	—	—	129.9	45.1	(2.5)	—
所得税前利润	649.9	899.1	1 295.2	653.0	746.1	919.2	921.4
所得税	250.2	345.9	499.4	253.4	294.7	340.1	331.7
净利润	399.7	553.2	795.8	399.6	451.4	579.1	589.7
摊薄后的普通股每股收益	1.36	1.88	2.68	1.35	1.57	2.07	2.16
平均总股数(摊薄)	294.0	293.6	297.0	296.0	287.5	279.8	273.3
增长率(%)							
销售收入		35.9	42.0	4.0	(8.1)	2.5	5.5
经营收益		42.2	41.5	(37.4)	(0.8)	15.0	3.0
净利润		38.4	43.9	(49.8)	13.0	28.3	1.8
利润率(%)							
毛利率		39.6	40.1	36.5	37.4	39.9	39.0
经营利润率		15.1	15.0	9.0	9.8	10.9	10.7
净利润率		8.5	8.7	4.2	5.1	6.4	6.2
有效税率(%)*		38.5	38.6	38.8	39.5	37.0	36.0

* 美国法定税率是35%,州税率从每年2.5%至3.5%不等。
资料来源:Company's 10-K SEC filing, UBS Warburg。

表8-6 耐克公司现金流贴现分析

单位:百万美元,每股数据单位为美元

年份 项目	2002	2003	2004	2005	2006	2007	2008	2009	2010	2011
假设										
销售收入增长率(%)	7.0	6.5	6.5	6.5	6.0	6.0	6.0	6.0	6.0	6.0
销货成本/销售收入(%)	60.0	60.0	59.5	59.5	59.0	59.0	58.5	58.5	58.0	58.0
销售及管理费用/销售	28.0	27.5	27.0	26.5	26.0	25.5	25.0	25.0	25.0	25.0

（续上）

（续表）

项目\年份	2002	2003	2004	2005	2006	2007	2008	2009	2010	2011
收入(%)										
税率(%)	38.0	38.0	38.0	38.0	38.0	38.0	38.0	38.0	38.0	38.0
流动资产/销售收入(%)	38.0	38.0	38.0	38.0	38.0	38.0	38.0	38.0	38.0	38.0
流动负债/销售收入(%)	11.5	11.5	11.5	11.5	11.5	11.5	11.5	11.5	11.5	11.5
年度折旧等于资本支出										
资本成本(%)	10.0									
终值增长率(%)	5.0									
现金流贴现										
经营收益	1 218.4	1 351.6	1 554.6	1 717.00	1 950.0	2 135.9	2 410.2	2 554.8	2 790.1	2 957.5
税金	463.0	513.6	590.8	652.5	741.0	811.7	915.9	970.8	1 060.2	1 123.9
NOPAT	755.4	838.0	963.9	1 064.5	1 209.5	1 324.3	1 494.3	1 584.0	1 729.9	1 833.7
资本支出,扣除折旧	—	—	—	—	—	—	—	—	—	—
营运资金净额变化	8.8	(174.9)	(186.3)	(198.4)	(195.0)	(206.7)	(219.1)	(232.3)	(246.2)	(261.0)
自由现金流	764.1	663.1	777.6	866.2	1 014.0	1 117.6	1 275.2	1 351.7	1 483.7	1 572.7
终值										12 733.3
现金流合计	764.1	663.1	777.6	866.2	1 014.0	1 117.6	1 275.2	1 351.7	1 483.7	14 306.0
现金流现值	694.7	548.0	584.2	591.6	629.6	630.8	654.4	630.6	629.2	5 515.6
企业价值	11 108.8									
减：当前债务余额	1 296.6									
股本价值	9 812.2									
当前总股数	271.5									
每股股本价值	36.14	当前股价 42.09								
股本价值对贴现率的敏感性分析										
贴现率(%)	8.00	8.50	9.00	9.36	9.50	10.00	10.50	11.00	11.50	12.00
股本价值	64.02	53.87	46.38	42.09	40.65	36.14	32.51	29.53	27.04	24.93

表 8-7 耐克公司合并资产负债表　　　　　　　单位：百万美元

项　目	2000 年 5 月 31 日	2001 年 5 月 31 日
资产		
流动资产		
现金及现金等价物	254.3	304.0
应收账款	1 569.4	1 621.4
存货	1 446.0	1 424.1
递延所得税	111.5	113.3
预付费用	215.2	162.5
流动资产合计	3 596.4	3 625.3
物业、厂房及设备,净值	1 583.4	1 618.8
可确定的无形资产及商誉,净值	410.9	397.3
递延所得税及其他资产	266.2	178.2
资产合计	5 856.9	5 819.6
负债及股东权益		
流动负债		
长期债务到期部分	50.1	5.4
应付票据	924.2	855.3
应付账款	543.8	432.0
应付负债	621.9	472.1
应付所得税	—	21.9
流动负债合计	2 140.0	1 786.7
长期债务	470.3	435.9
递延所得税及其他负债	110.3	102.2
可赎回优先股	0.3	0.3
股东权益		
普通股,面值	2.8	2.8
股本溢价	369.0	459.4
未兑现的股票薪酬	(11.7)	(9.9)
累计其他综合收益	(111.1)	(152.1)
留存收益	2 887.0	3 194.3
股东权益合计	3 136.0	3 494.5
负债与股东权益合计	5 856.9	5 819.6

资料来源：Company 10 - K SEC filing。

表 8-8 资本市场和金融信息

耐克公司股价相对标准普尔 500 指数的表现：
2001 年 1 月至 2001 年 7 月 5 日

（图：耐克公司股价与标准普尔 500 指数对比曲线，2000 年 1 月至 2001 年 7 月）

2001 年 7 月 5 日，耐克公司股价为：42.09 美元

股息历史及预测

付息日	3 月 31 日	6 月 30 日	9 月 30 日	12 月 31 日	合计
1997	0.10	0.10	0.10	0.10	0.40
1998	0.12	0.12	0.12	0.12	0.48
1999	0.12	0.12	0.12	0.12	0.48
2000	0.12	0.12	0.12	0.12	0.48
2001	0.12	0.12			

价值线公司对其从 1998~2000 年阶段至 2004~2006 年阶段的股息增长率预测为 5.5%。

当前美国国债收益率	
3 个月期	3.59%
6 个月期	3.59
1 年期	3.59
5 年期	4.88
10 年期	5.39
20 年期	5.74
历史股本风险溢价（1926~1999）	
几何平均	5.90%
算术平均	7.50%
耐克公司公开交易债券的当前收益率*	
息票	6.75%每半年付息
发行日	07/15/96
到期日	07/15/21
当前价格	95.60
耐克公司的历史贝塔值	
1996	0.98
1997	0.84
1998	0.84
1999	0.63
2000	0.83
1999 年 6 月 30 日至 2000 年 6 月 30 日	0.69
的整个年度	
平均	0.80
对每股盈利的普遍预期	
2002 年全年	2003 年全年
2.32	2.67

* 出于教学目的，对这些数据进行了修正。

资料来源：Bloomberg Financial Services, Ibbotson Associates Yearbook 1999, Value Line Investment Survey, IBES。

表8-9 乔娜·科恩的分析

致：基米·福特
自：乔娜·科恩
日期：2001年7月6日
主题：耐克公司的资本成本

基于以下假设，我对耐克公司资本成本的估算结果是8.3%。

1. 采用一个抑或是多个资本成本

基于耐克公司具有多个业务板块的情况，我考虑的第一个问题是应该采用一个还是多个资本成本。除了占其销售收入62%的鞋袜业务，耐克公司还销售服装（占销售收入的30%）作为鞋袜产品的补充。此外，耐克公司还销售运动球类、表、眼镜、滑雪板、球拍及其他为体育活动设计的装备。这些装备产品占销售收入的3.6%。最后，耐克公司还销售非耐克品牌的产品，例如：Cole-Hann服装及休闲鞋袜、冰鞋、冰刀、曲棍球球棍、曲棍球运动衫及Bauer品牌下的其他产品。非耐克品牌占公司销售收入的4.5%。

我问自己，就耐克公司各业务部门之间的风险差异程度而言，是否有必要分别估算资本成本。它们的情况真的不同吗？我的结论是，只有Cole-Hann产品线是有些不同的。其余都是和运动相关的产品。尽管如此，既然Cole-Hann仅占公司销售收入的很小一部分，我认为没有必要单独对其估算资本成本。作为服装及鞋袜产品线而言，它们通过相同的销售和分销渠道出售，并时常按设计相似的"系列产品"进行销售。我认为它们面临同样的风险因素，由此，我决定就整个公司仅计算一个资本成本。

2. 估算资本成本：WACC的方法论

由于耐克公司的资金来源于债务和股本，我采用加权平均资本成本（WACC）方法。基于拿到的最近期资产负债表，债务占总资本的比例为27.0%，股本占73%。

资本来源	账面价值（单位：百万美元）
债务	
应付票据	855.3
长期债务	435.9
	1 291.2 → 占总资本的27.0%
股本	3 494.5 → 占总资本的73.0%

3. 债务成本

我对耐克公司债务成本的估算是4.3%。我通过采用2001年利息费用总额除以公司平均债务余额得出这个结论。[①] 该利率低于国债收益率，但这是由于耐克公司以日元票据的方式筹资金满足一部分资金需求，该票据的利率在2%至4.3%之间。

进行税收调整之后，债务成本为2.7%。我采用的税率是38%，这是我通过在美国法定税率的基础上加3%的州税率得出的。从历史数据来看，耐克公司纳税的州税率在2.5%至3.5%之间。

4. 股本成本

我采用资本资产定价模型（CAPM）来估算股本成本。其他方法，例如股利贴现模型（DDM）和盈利资本化比率可以被用来估算股本成本。尽管如此，在我看来，CAPM是首选方法。

---

① 截至2000年和2001年5月31日，公司的债务余额分别是14.446亿美元和12.912亿美元。

（续上）

（续 表）

　　我估算的耐克公司的股本成本是 10.5%。我采用了当前 20 年国债的收益率作为无风险投资收益率，并采用大市对长期国债的复合平均溢价作为风险溢价(5.9%)。就贝塔而言，我采用了耐克公司 1996 年至今的平均贝塔值。

5. 整体运算

　　把我所有的假设纳入 WACC 计算公式，我估算得出的耐克公司资本成本是 8.3%。

$$WACC = K_d(1-t) * D/(D+E) + K_d * E/(D+E) =$$
$$2.7\% * 27.0\% + 10.5\% * 73.0\% =$$
$$8.3\%$$

要求：1. 与讯科的两个业务板块分别采取不同的资本成本相比，本案例中对耐克各业务板块都采用了相同的资本成本？为什么？

2. 你认为耐克公司的股票是否具有投资价值？

案例 9

绿远公司固定资产投资评价[1]

一、本案例学习目标

通过本案例分析使学生了解如何对固定资产的投资环境进行分析以及从财务角度评价投资项目的可行性。

二、问题的引出

> 某进出口(集团)总公司以"大经贸"、"市场多元化"、"以优取胜"为发展战略,积极同境内外经济组织、社会团体、工商企业开展多种形式的经济技术合作和贸易往来。集团化、国际化、实业化、多元化战略布局取得成效。近期该进出口总公司又与云南某生物制品公司合作开发一个芦荟生产项目,共同投资成立绿远公司经营该项目。
> 现在需要对这个投资项目做出评价。

三、案例陈述及阅读引导

(一) 公司背景

某进出口(集团)总公司成立于 1959 年,1993 年改组为综合型外经贸集团公司,注册资金为 4 亿元人民币,以"大经贸"、"市场多元化"、"以优取胜"为发展战略,大力开展技术与成套设备进出口、国际工程承包与劳务合作、实业投资及一般贸易等方面的经营业务,以平等互利为原则,积极同境内外经济组织、社会团体、工商企业开展多种形式的经济技术合作和贸易往来。集团化、国际化、实业化、多元化战略布局取得成效。

---

[1] 资料来源:朱清贞等,《财务管理案例教程》,清华大学出版社 2006 年版。

云南某生物(集团)公司是目前元江最大的芦荟种植加工企业,拥有近1 000亩芦荟,注册资金1 000万元。其中:总经理投资410万元,占股份的41%;县农资公司投资400万元,占股份的40%;县糖厂投资190万元,占股份的19%。生产的"生命故事"系列芦荟产品,包括化妆品、保健食品等,取得了良好的经济效益。

该进出口(集团)总公司和云南某生物制品公司合作开发一个芦荟生产项目,共同投资成立绿远公司经营该项目。

问题1:如何评价芦荟生产项目的投资环境?

(二) 项目生产能力及产品方案

公司相关负责人经过市场分析,认为年产40吨芦荟冻干粉的生产规模是比较妥当的。具体产品方案为:

(1) 芦荟浓缩液800吨(折合冻干粉40吨),建成芦荟浓缩液生产线一条。400吨供应冻干粉生产线作为原材料,其余400吨无菌包装后外销。

(2) 年产芦荟冻干粉20吨,建成芦荟冻干粉生产线一条。

(三) 厂址选择

该项目拟建于云南省玉溪市元江县城郊,距县城约3千米,在元江县供销社农资公司仓库南侧征地20亩,新建加工厂区。元江县供销社为本项目股东之一,对其原有仓库、办公楼等建筑物进行统一规划,留作安装芦荟终端产品生产线使用。

(四) 项目总投资估算

项目总投资3 931.16万元,其中:建设投资3 450.16万元,占总投资的87.76%;流动资金481.01万元,占总投资的12.24%。工程费用和其他费用形成固定资产,其中芦荟浓缩液车间、冻干粉车间、几个管理部门使用的固定资产分别为1 914.38万元、1 197.38万元和67.39万元;预备费用形成开办费用。

问题2:如何测算项目的投资总额?

(五) 资金的筹集与使用

1. 资金筹措

本项目总投资3 931.16万元,其中:1 965.58万元向商业银行贷款,贷款利率8%;其余1 965.58万元自筹,投资者期望的最低报酬率为24%。这一资本结构也是该企业的目标资本结构。

问题3:如何确定公司目标资本结构下的综合资金成本率?

2. 资金使用计划

本项目建设期1年,项目总投资中,建设性投资3 450.16万元,应在建设期期初一次全部投入使用,流动资金481.00万元,在投产第一年初一次投入使用。项目生产期为15年。

(六) 财务成本数据测算

1. 产品成本估算依据

(1) 材料消耗按工艺定额和目前价格估算。

(2) 工资及福利费。工资按定员与岗位工资标准估算。总定员120人,人均年工资6 420元。福利费按工资总额的14%计提。根据全厂劳动定员,计入芦荟浓缩液、冻干粉成本中的工资及福利费分别为321 480元和116 280元。其余部分计入管理费用和销售费用,已包含在下面的预计中。

(3) 制造费用估计。预计芦荟浓缩液、冻干粉的年制造成本分别为2 125 012.94元、1 375 747.94元,其中包含折旧费。折旧费按15年计算,残值率按5%计算。除折旧外,其余均为可变成本。

(4) 管理费用估计。开办费按5年摊销;折旧费按15年计算,残值率按5%计算;其他管理费用估算为80万元/年(含工资),其中60万元为固定成本。

(5) 销售费用估计。销售费用估算为288万元,其中包括人员工资及福利费、广告费、展览费、运输费、销售网点费等,其中200万元为固定成本。

2. 销售价格预测

本项目销售价格按国外报价的50%计算,即浓缩液60 000元/吨、冻干粉1 200 000元/吨。

3. 相关税率

为简便起见,本案例假设没有增值税。城建税和教育费附加等已考虑在相关费用的预计中。所得税税率按33%计算。

> 问题4:如何估算项目的产品成本?

四、案例分析

(一) 芦荟生产项目的市场前景

首先,从项目合作双方来讲,进出口(集团)总公司和云南某生物制品公司合作开发这一芦荟生产项目,能够实现两公司资源的优势互补。进出口(集团)总公司有多年合作开发的经验,这次合作提供资金支持、符合该公司"大经贸"、"市场多元化"、"以优取胜"的发展战略。云南某生物制品公司拥有芦荟原材料,并且有多年生产芦荟产品的经验,能够全方位的提供技术支持。因此,双方的合作可以说是强强联合,互利互惠。

其次,从国内外市场需求方面来说,芦荟产品的前景看好。国内市场需求方面,由于芦荟是百合科草本植物,具有护肤、保湿、抗菌、防辐射、提高免疫力等多种功能。广泛用于化妆品、保健食品、饮料工业等领域。伴随着人们收入的增加和生活水平的提高,化妆品和保健品的市场需求将迅速增加。作为化妆品、保健品新生力量的芦荟产品,将以高于整个化妆品、保健品产业发展速度增长,专家们预测,2005年芦荟工业原料的需求折合冻干粉48~80吨。国际市场需求方面,从芦荟市场的分布来看,当前芦荟市场主要分布在美国、日本及欧洲国家等少数发达国家。我国从事芦荟产业的企业较少,芦荟产业的发展也不均衡。因此,无论从国内角度,还是国际市场上,芦荟产品潜在的市场是巨大的,发展前景很广阔。

最后,绿远公司也考虑了芦荟项目的风险及如何规避的问题。芦荟项目需要建造芦荟浓缩液生产线一条和芦荟冻干粉生产线一条。预计生产能力年产40吨芦荟冻干粉。由于芦荟生产线投资金额比较大,投资回收期长,因此,风险性很大。绿远公司对于芦荟项目化解风险的思路是,如果市场不景气,没有达到设计的生产能力,或者未来不确定因素的影响不利于芦荟产品的生产,芦荟生产线还可以及时转为水果汁的生产,以降低风险和成本。

(二)芦荟生产项目的财务可行性

芦荟生产项目属于战略性决策,除了要确定项目的必要性,分析技术上的可行性,还必须研究它在经济上的效益性,认真细致地进行经济评价和风险分析是确定投资项目正确与否的关键。

1. 测算项目的现金流量

芦荟生产项目的增量现金流量包括建设性投资3 450.16万元,在建设期期初一次全部投入,垫支流动资金481.00万元,每年的现销收入、付现成本(包括材料费用、工资及福利费、制造费用、管理费用、销售费用等)和所得税等,以及投资期末的固定资产残值收入、垫支流动资金的收回和其他现金流入等。

2. 确定适当的折现率——资金成本或期望报酬率

资金成本是评价长期投资决策项目可行性的标准,只有当投资项目的预期投资报酬大于资金成本时,项目才可行,反之就应该被舍弃,因此,资金成本被称为投资项目的极限利率或取舍率。市场资金供求、市场平均收益率、项目投资风险等决定了贴现率的大小。在本案例中,项目总投资3 931.16万元,其中:向商业银行贷款1 572.46万元,贷款利率8%;其余2 358.7万元为自发募集,投资者期望的最低报酬率为24%。这一资本结构也是该企业的目标资本结构。所以根据目标资本结构和个别资金成本测算出的折现率为16%。

3. 计算评价指标

芦荟项目的评价指标包括静态指标和动态指标。静态指标包括投资回收期、平均投资报酬率,它在评价投资方案的经济效益时,没有考虑资金的时间价值,可以对芦荟项目的可行性作出初步判断。动态指标包括净现值、现值指数、内部收益率,这些指标考虑了货币的时间价值。本案例中使用静态指标和动态指标相结合对芦荟项目进行评价,能使评价结果更准确,更有利于做出正确的决策。

4. 判断项目的可行性

首先,根据芦荟项目的初始投资额和每年的现金流量计算出投资回收期,如果投资回收期小于项目生命期的一半,就可以接受此方案,否则应该放弃。其次,根据初始投资额和每年的收益计算投资收益率,如果投资收益率大于企业要求的投资收益率24%的话,就接受此方案;否则就放弃。这两个指标均属于静态指标,只能对项目作出初步判断。要想做出决策,还要结合动态指标的评价。根据初始投资额和每年的现金流量,考虑货币时间价值,可以计算出方案的净现值、现值指数和内含报酬率,如果净现值大于0,现值指数大于1,内含报酬率大于企业要求的报酬率24%的话,就可以接受此方案,否则应该放弃。

5. 敏感性分析

芦荟项目投资涉及的时间较长,而且未来收益和成本都很难预测,决策在不同程度上存在着不确定性或风险性,需要对这些不确定因素在变化时引起的各种经济效益的变化和变化程度进行敏感性分析,分析企业的抗风险能力。

五、案例讨论

1. 芦荟生产项目的市场前景如何?
2. 如何从财务角度评价芦荟生产项目的可行性?

六、案例拓展阅读

华特乐家电公司——资本预算案例[①]

(一) 合资的基本情况

上海福忠股份有限公司和浙江顺昌股份有限公司是两家国内著名的家电生产企业。市场占有率分别为10.3%和12.1%。他们发现,国内的家电市场竞争激烈,总容量增长缓慢,而M国市场刚刚开放,家电产品急需,价格高,当地居民的购买力也不低。上海福忠和浙江顺昌准备联手进军M国市场,在M国合资组建一家新公司——华特乐家电有限公司。为了提高合资项目的成功率,特委托瓦瑟斯坦对此项目进行评估。

---

① 迟国泰:《财务管理案例》,大连理工大学出版社2003年版。

瓦瑟斯坦是国际上一家著名的咨询公司的项目经理,他接受委托后,搜集了以下资料并进行了初步评价。

(1) 为了组建华特乐家电有限公司,共需固定资产投资18 000万M元,另需垫支营运资金3 000万M元。采用直线折旧法计算折旧,项目使用寿命为5年,5年后固定资产残值为3 000万M元。5年中每年的销售收入为12 000万M元,付现成本第一年为4 500万M元,以后随着设备陈旧,逐年将增加修理费600万M元。

(2) 18 000万M元固定资产和3 000万M元营运资金,由双方共同出资,出资比例为1∶1,即分别出资10 500万M元。

(3) 国内的企业所得税税率为33%。M国企业的所得税税率为30%,如果M国公司把税后利润汇回国内,则在M国的交纳的所得税可以抵减国内的所得税。

(4) 浙江顺昌每年可向华特乐家电有限公司销售1 500万M元的零配件,其销售利润预计450万M元,另还获得450万M元的技术转让收入,但要支付相关的费用125万人民币元。而上海福忠每年可以从华特乐家电有限公司获得1 200万M元技术转让收入,但要支付相关的费用375万人民币元。

(5) 华特乐家电有限公司实现利润的30%以公积金、公益金的方式留归华特乐使用,其余全部进行分配,上海福忠和浙江顺昌各分得50%。但是所提取的折旧不能分配,只能留在华特乐以补充资金需求。

(6) 投资项目在第5年以后出售给投资者经营。设备残值、累计折旧及提取公积金等估计售价15 000万M元,扣除税金和有关费用后预计净现金流量9 000万M元。该笔现金上海福忠和浙江顺昌各分得50%,且汇回后不需要再纳税。

(7) 瓦瑟斯坦测算,华特乐的加权平均资本成本为10%,上海福忠的加权平均资本成本为8%,浙江顺昌的加权平均资本成本为12%。

(8) 在投资项目开始时,汇率为1.20M元/人民币元。预计M元相对人民币将以3%的速度贬值。各年末的汇率预计如表9-1所示。

表9-1 M元/人民币元的汇率预计表

年	计算过程	汇率(M元/人民币元)	年	计算过程	汇率(M元/人民币元)
0		1.20	3	$1.20×(1+3\%)^{③}$	1.31
1	$1.20×(1+3\%)$	1.24	4	$1.20×(1+3\%)^{④}$	1.35
2	$1.20×(1+3\%)^{②}$	1.27	5	$1.20×(1+3\%)^{⑤}$	1.39

瓦瑟斯坦根据以上资料分别以华特乐、上海福忠、浙江顺昌为主体对投资方案的可行性进行了评价。

(续上)

(二) 以华特乐公司为主体的评价

1. 该投资项目的营业现金流量

计算投资项目的营业现金流量,如表9-2所示。

表9-2 投资项目的营业现金流量计算表　　单位:万M元

项　　目	1	2	3	4	5
销售收入	12 000	12 000	12 000	12 000	12 000
付现成本	4 500	5 100	5 700	6 300	6 900
折　旧	3 000	3 000	3 000	3 000	3 000
税前利润	4 500	3 900	3 300	2 700	2 100
所得税	1 350	1 170	990	810	630
税后利润	3 750	2 730	2 310	1 890	1 470
现金流量	6 750	5 730	5 310	4 890	4 470

2. 该项目全部现金流量

计算该项目的全部现金流量,如表9-3所示。

表9-3 投资项目净现值计算表　　单位:万M元

项　　目	0	1	2	3	4	5
固定资产投资	−18 000					
营运资金垫资	−3 000					
营业现金流量		6 750	5 730	5 310	4 890	4 470
终结现金流量						9 000
现金流量合计	−21 000	6 750	5 730	5 310	4 890	13 470

3. 该项目的净现值

计算该项目的净现值,如表9-4所示。

表9-4 投资项目现值计算表　　单位:万M元

年	现金流量	现值系数:$PVIF(10\%, n)$	现　值
0	−21 000	1.000	−21 000
1	6 750	0.909	6 136

(续上)

(续 表)

年	现金流量	现值系数：PVIF(10%,n)	现 值
2	5 730	0.825	4 733
3	5 310	0.751	3 988
4	4 890	0.683	3 340
5	13 470	0.621	8 365
净现值=5 561			

从华特乐公司的角度来评价，该项目有净现值5 561万M元，说明是一个比较好的投资项目，可以进行投资。

(三) 以上海福忠公司为主体的评价

1. 由技术转让收入而带来净现金流量

计算技术转让收入而带来净现金流量，如表9-5所示。

表9-5 投资项目营业现金流量计算表　　单位：万M元

项　目	1	2	3	4	5
技术转让收入	1 200	1 200	1 200	1 200	1 200
汇率	1.24	1.27	1.31	1.35	1.39
技术转让收入	968	945	916	889	863
付现成本	375	375	375	375	375
税前利润	593	570	541	514	488
所得税	193	188	179	170	161
税后净现金流量	397	382	362	344	327

2. 收到汇回股利的现金流量

汇回股利是根据华特乐公司实现的税后利润(见表9-2)扣除30%后的一半计算得出。计算收到汇回股利的现金流量，如表9-6所示。

表9-6 收到汇回股利的现金流量计算表

项　目	1	2	3	4	5
① 汇回股利(万M元)	2 625	1 911	1 617	1 323	1 029
② 折算成税前利润(万M元)=①/(1−30%)	3 750	2 730	2 310	1 890	1 470

(续上)

(续 表)

项目	1	2	3	4	5
③ M国所得税=②×30%	1 125	819	693	567	441
④ 汇率	1.24	1.27	1.31	1.35	1.39
⑤ 汇回股利(万元)=①/④	2 117	1 505	1 234	980	740
⑥ 折算成税前利润(万元)=②/④	3 024	2 150	1 763	1 400	1 058
⑦ 国内应交所得税(万元)=⑥×33%	998	709	582	462	349
⑧ M国已交所得税(万元)	907	645	529	420	317
⑨ 应补交所得税(万元)=⑦-⑥	91	64	53	42	32
⑩ 税后股利(万元)=⑤-⑨	2 026	1 440	1 181	938	709

3. 计算该项目的全部现金流量

计算该项目的全部现金流量,如表9-7所示。

表9-7　投资项目营业现金流量计算表　　　　　单位:万元

年	0	1	2	3	4	5
初始投资	-8 750					
技术转让净现金流量		397	382	362	344	327
税后股利		2 026	1 440	1 181	938	709
终结现金流量						3 237
现金流量统计	-8 750	2 423	1 822	1 543	1 282	4 273

4. 该项目的净现值

计算该项目的净现值,如表9-8所示。

表9-8　投资项目现值计算表　　　　　单位:万元

年	现金流量	现值系数:$PVIF(8\%,n)$	现值
0	-8 750	1.000	-8 750
1	2 423	0.926	2 022
2	1 822	0.873	1 424
3	1 543	0.816	1 112

(续上)

(续 表)

年	现金流量	现值系数：$PVIF(8\%, n)$	现 值
4	1 282	0.763	855
5	4 273	0.713	2 949
		净现值＝368	

从上海福忠公司的角度来评价,该项目有净现值368万元,说明投资项目效益不错,可以进行投资。

(四) 以浙江顺昌公司为主体的评价

1. 增加销售收入和技术转让带来的净现金流量

计算增加销售收入和技术转让而带来的净现金流量,如表9-9所示。

表9-9 投资项目的营业现金流量计算表　　　　单位:万元

项　目	1	2	3	4	5
销售利润(万 M 元)	450	450	450	450	450
技术转让利润(万 M 元)	325	325	325	325	325
汇率	1.24	1.27	1.31	1.35	1.39
销售利润折合人民币	363	354	344	333	324
技术转让利润折合人民币	238	229	219	208	199
税前利润合计	601	583	563	541	523
所得税	198	192	186	179	173
税后净现金流量	403	391	377	362	350

2. 收到汇回股利的现金流量

汇回股利是根据华特乐公司实现的税后利润(见表9-2)扣除30%后的一半计算得出。计算收到汇回股利的现金流量,如表9-6所示。

3. 该项目的全部现金流量

计算该项目的全部现金流量,如表9-10所示。

(续上)

表 9-10　投资项目营业现金流量计算表　　　　单位：万元

年	0	1	2	3	4	5
初始投资	-8 750					
销售和技术转让净现金流量		403	391	377	362	350
税后股利		2 026	1 440	1 181	938	709
终结现金流量						3 237
现金流量统计	-8 750	2 429	1 831	1 558	1 300	4 296

4. 该项目的净现值

计算该项目的净现值，如表 9-11 所示。

表 9-11　投资项目现值计算表　　　　单位：万元

年	现金流量	现值系数：$PVIF(12\%, n)$	现值
0	-8 750	1.000	-8 750
1	2 429	0.893	2 022
2	1 831	0.797	1 424
3	1 558	0.712	1 112
4	1 300	0.636	855
5	4 296	0.567	2 949
净现值 = -750			

从浙江公司的角度来评价，该项目有净现值-750万元，说明该投资项目没有效益，不能进行投资。

从华特乐、上海福忠公司的角度来评价，该投资项目不错，可以投资，而从浙江公司的角度来评价，该投资项目没有效益，不能投资。到底是怎么回事？瓦瑟斯坦陷入了沉思。

要求： 你能帮助瓦瑟斯坦解决这个难题吗？

案例 10

哈丁塑料模具公司长期投资决策——排队问题[①]

一、本案例学习目标

通过本案例分析使学生了解投资决策科学化的思想和方法,正确运用财务评价方法、步骤对项目进行科学合理的选择安排。

二、问题的引出

> 1993年1月11日,哈丁塑料模具公司(HPMC)财务委员会召开会议,讨论8个长期投资决策项目,出席会议的有罗伯特·L·哈丁(Robert L Harding)经理、苏珊·容根森(Susan Jongensen)会计长以及克里斯·韦尔德(Chris Woeld)技术开发部负责人。在过去5年中,公司财务委员会每月都开一次会对该期内发生的资本支出项目进行讨论并作出最终结论。
> 需要对长期投资项目进行讨论并决策。

三、案例陈述及阅读引导

(一) 公司背景

哈丁塑料模具公司由罗伯特·L·哈丁创建于1972年,专门为底特律的汽车制造商们生产塑料部件和塑料模具。最初10年,HPMC仅限于充当汽车制造商的分包商,不过后来为避免汽车行业所面临的周期性困难而致力于多元化经营。到了1988年,多

[①] 案例资料选自:王惠敏、余海龙等:《现代财务管理专业英语——理论与案例精选》,中国水利水电出版社2006年版。

元化经营战略已使HPMC生产出厨房用品、照相机外壳、留声机与录音设备等1 000余种产品。1982～1992年间的销售额增长了500%,与这惊人的增长相一致的,则是产量的相应增加,于是HPMC被迫于1991年底增容了生产设备。这次增容耗资约1 050万美元,生产能力提高了约40%。生产能力的提高使HPMC成功地介入了新业务,紧接着又于近日与一家大玩具公司和一家大的平价连锁店签订了合同。尽管如此,与汽车无关的业务仍只占HPMC全部业务总量的32%。于是HPMC继续寻求与汽车无关的业务,努力进行内部技术开发。这个月的财务委员会例会上有四组互斥项目需要讨论。

从决策的角度,可以把投资划分为采纳与否投资和互斥选择投资。采纳与否投资是指决定是否投资于某一项目的决策,如是否要购入一辆汽车、是否引进一条生产线、是否要建一栋厂房等都属于采纳与否投资决策。在两个或两个以上的项目中,只能选择其中之一的决策,叫互斥选择投资决策。例如,是建一条全自动化生产线还是建一条半自动化生产线就属于互斥选择投资决策。

(二) 公司的资本支出决策

近10年以来,HPMC的资本预算方法已经发展成了一套精细的程序。新建议被分成三类:利润型、技术开发型、安全型。

利润型投资决策是以为企业谋取利润为主要目的的决策;技术开发型长期投资是以企业可持续发展为主要目的的技术开发决策;安全型长期投资决策是以规避各种风险、企业经营安全为主要目的的决策。

落入利润型或技术开发型区域的项目以10%的机会成本,利用现值法进行评价,分类后落入安全型区域的项目评价起来就更为主观了。技术开发型项目除了应该以现值标准获得满足的收益外,规定还有项目投资总金额的限量——正常是每年75万美元。哈丁做出这样一个投资金额限制主要是由于塑料行业高质量技术人员的稀缺性。他觉得如果超过这一限额,"人力就无法恰当地管理它们了"。此外,安全型项目的受益不能用现金流量来衡量,因此对它们的评价不能使用现值法。评价安全型项目在实务中很困难,因为项目获利多少需要量化为美元数,所以安全型项目是由一个管理者委员会在既定预算下进行主观评价的。1月份要评估的这8个项目全都被确定为利润型项目。

问题1:如何确定公司资本支出的限额?

被列入会议议事日程的第一组项目是关于使用精密设备的。A项目是为一家大型五金连锁店生产暖水瓶的真空瓶胆,瓶胆要被制成5种不同的式样与颜色组合。项目需进行3年多,因此,HPMC可保证获得最低收益率加一定的销售百分比。B项目是为一家国营摄像器材批发店生产廉价的摄像设备,虽然HPMC现在工厂生产能力过剩,但每个项目都要使用那些能力过剩有限的精密设备。由于任一项目会使所有精密仪器耗完,而购买新设备既极其昂贵又会有大概两年时间的滞后,因此,项目A和B是互斥的(项目A、B的现金流量如表10-1所示)。

表10-1　A、B项目现金流量表　　　　　　　　单位:美元

年	项目 A	项目 B
0	−75 000	−75 000
1	10 000	43 000
2	30 000	43 000
3	100 000	43 000

第二组项目涉及超过1年期用于客户结算或许还有存货控制的计算机租用。项目C需要按高级计算机公司(Advanced Computer Corporation)的建议对客户结算系统作出评价。在这一系统下,所有由HPMC的会计部门做的簿记与账单处理都将交由Advanced处理,除节约簿记费用外,Advanced能提供一个更高效的结算系统,此外,它还能做出欠款客户信用分析,用于将来做出更深入的信用分析。项目D则是由国际计算机公司(International Computer Corporation)建议的,包括一个类似于Advanced的结算系统以及一个存货控制系统,它将能够随时追踪所有的原材料、库存情况和再订货情况,从而减小材料供应不上的可能性,这在近3年来已经发生得越来越频繁了(项目C、D的现金流量如表10-2所示)。

表 10-2　C、D 项目现金流量表　　　　　　　　　　　单位：美元

年	项 目 C	项 目 D
0	－8 000	－20 000
1	11 000	25 000

HPMC 的财务总监面临的第三项决策是关于制造硬塑料的一项已获得专利的新工艺。HPMC 可以制造并出售做这种塑料的专用设备，也可以把这项专利卖给 Polyplastics 公司——世界最大塑料产品制造商。一方面，目前，这项工艺还没有完全完成测试，如果 HPMC 打算自己销售的话，就有必要完成测试，立即开始生产设备。另一方面，把专利权卖给 Polyplastics 公司仅需要少量的测试及改进工作，这可在 1 年内完成。因此在这两种行为之间必须尽快作出决策（项目 E、F 的现金流量如表 10-3 所示）。

表 10-3　E、F 项目的现金流量表　　　　　　　　　　单位：美元

年	项 目 E	项 目 F
0	－30 000	－271 500
1	210 000	100 000
2		100 000
3		100 000
4		100 000
5		100 000
6		100 000
7		100 000
8		100 000
9		100 000
10		100 000

最后一组项目关于一些机器的重置问题。HPMC 可以在以下两种方案中选择其一：项目 G 建议购买安装价格适中的、特别高效的预期可使用 5 年的设备；项目 H 倾向于购买价格相仿，效率虽较低但却可望使用 10 年的机器设备（两者现金流量如表 10-4 所示）。

会议一开始，争论的焦点就集中到了何为项目评价的最佳方法上。哈丁认为既然要讨论的项目都是互斥型的，也许那些常用的净现值的资本预算标准都不合适，他觉得在检查项目时应更多地关注某一产量水平上的相对获利能力。容根森和韦尔德都同意哈丁的

表 10-4 G、H 项目现金流量表　　　　　　　　　　单位：美元

年	项 目 G	项 目 H
0	−500 000	−500 000
1	225 000	150 000
2	225 000	150 000
3	225 000	150 000
4	225 000	150 000
5	225 000	150 000
6		150 000
7		150 000
8		150 000
9		150 000
10		150 000

观点,但容根森建议用获利指数法,韦尔德偏向于使用内部收益率法。容根森争辩说,运用获利指数能够提供一个收益成本比率,直接反映相对获利能力,这样他们就只需要将项目排成队,选择出那些获利指数最高的。韦尔德认为计算内部收益率也能衡量获利能力,而且更易于理解。为了平息这场争论,哈丁建议他们计算全部三种数值,即使他们无疑能得出同样的排序。

由此争论转向了对项目 E、F 以及 G、H 存在不同的生命期这一问题的具体评价方法上。韦尔德主张这里没有问题,既然这些项目的所有现金流量都已确定,用任何一种折现方法进行资本预算都不错。容根森同意他是对的,但觉得还应对这些项目具有不同的生命周期这一事实有所补充。

> **问题 2：** 如何对不同寿命期的投资项目进行评价?

四、案例分析

长期资本投资程序

公司在高度竞争的市场中能否获取成功,很大程度上取决于公司能否作出与经营战略相一致的能够创造财富的资本投资决策。属于汽车分销商的哈丁塑料模具公司为避免

汽车行业所面临的周期性困难而进行了多元化经营。这一发展战略使公司得到了快速发展。为配合这种高速增长，该公司耗费巨资，增容了生产设备。生产能力的提高使该公司更有能力实行多元化的经营战略。因此，哈丁确定了八个投资项目，这些投资项目的决策过程包括确定预算、寻找和开发项目、项目评价需要考虑的因素和项目的最后评价。

1. 确定预算

一般情况下，企业长期投资涉及的资金额较大，如果安排不好，会影响企业正常的生产经营活动。因此，必须对企业长期投资项目进行科学合理的规划，定期编制一定时期和一定规模的资本预算，确保长期投资的资金来源和资金的合理使用。哈丁塑料模具公司根据本公司人力资源的情况和投资项目的特点，做出每年项目投资金额的限量是75万美元的预算。因此，公司拟投资项目的资金总额不能超过此预算。

2. 寻找和开发项目

哈丁塑料模具公司经过初步筛选、项目界定、项目分类，确定了8个投资项目。这8个投资项目均属于利润型的，盈利能力较强并有发展前景。

第一组项目A和B是利用公司精密设备的剩余生产能力的投资决策。哈丁公司源于增加了生产设备而产生了剩余生产能力。如果这些剩余生产能力不能被充分利用的话，对公司来说就是一种损失。因此，哈丁选择了第一组投资项目，但剩余生产能力仅能满足一个项目的生产能力需求。因此，必须在A和B两个项目中选择其中一个。

第二组项目是C和D。项目C除能提供一个更高效的结算系统外，还能做出欠款客户的信用分析，用于将来做出更深入的信用分析。项目D将能够随时追踪公司所有的原材料、库存情况和再订货情况，从而减小材料供应不上的可能性。这两个项目的应用范围都比较广，前景非常广阔，值得进行投资。

第三组项目是关于制造硬塑料的一项已获得专利的新工艺的。哈丁公司可以制造并出售做这种塑料的专用设备，也可以把这项专利卖给其他公司。这组项目属于该公司的主营业务。因此，必须在这两种行为之间尽快作出选择。

第四组项目是关于一些机器的重置问题。项目G建议购买安装价格适中、预期可使用5年的设备；项目H倾向于购买价格相仿，可使用10年的机器设备。这一组项目属于典型的固定资产更新决策。在分析更新决策时，我们分析更新时产生的额外成本和收益，而不是孤立的评估新设备的吸引力。

这8个项目的投资一方面充分利用了公司的剩余生产能力，另一方面也符合公司的发展战略。下面就是对这8个投资项目的可能收益和成本、预计经济寿命和贴现率的信息进行充分的调研，以便清楚地反映项目的经济可行性。

3. 项目评价需要考虑的因素

对这8个项目进行评价，首先要了解评价时需要考虑的因素，其中，货币时间价值、风险价值、资金成本和现金流量是必须要关注的。

（1）货币时间价值。时间就是金钱。现在的1元钱和1年后的1元钱对你的效用并不相等。如果将现在的1元钱存入银行，一年后可能得到1.1元（存款利率是10%的话）。这1元钱经过一年时间的投资增加了0.1元，这就是货币的时间价值。科学的投资决策必须考虑货币的时间价值，在决策时一定要弄清楚每笔预期收入款项和支出款项的具体时间，因为不同时间的货币具有不同的价值。在本案例中，我们在对8个投资项目进行评价时都必须要考虑货币时间价值。

（2）考虑风险也是至关重要的。一切有意义的投资决策都既包括收益，又包括风险。根据企业投资的性质，它要求今天付出一笔金额已知的资金，以期待未来不确定的收益。一般说来，投资的风险越大，风险报酬率越高，风险报酬额越大；反之，投资的风险越小，风险报酬率越低，风险报酬额越小。案例中的8个项目在评价时，如果投资的预期收益相同，我们选择风险较小的项目；如果投资项目的风险相同，我们选投资收益较高的项目。投资报酬率一般通过贴现率来反映。本案例中的贴现率10%除考虑了货币时间价值之外，也考虑了风险价值。

（3）资金成本也是非常重要的。资金成本是指企业为筹集资金和使用资金而发生的代价。在市场经济条件下，企业不能无偿使用资金，必须向资金提供者支付一定数量的费用作为补偿。资金成本是评价一个投资项目或方案是否可行或者是否被采纳的一个尺度。任何投资项目或方案，如果报酬水平低于资金成本，都是不能接受的。资金成本实际上也是投资者应当取得的最低报酬水平，是投资项目是否能接受的最低报酬率。本案例中的8个项目进行决策时使用的资本成本率是10%，可以看做是该公司要求的最低报酬率。

（4）现金流量——而非"会计利润"。只有现金才能使企业转动，现金之于公司，犹如血液之于生命。现金流量是指在投资决策中一个项目引起的企业现金流入和现金流出的数量，为正确评价某个方案经济效果的大小，必须对投资方案的现金流量进行科学的预测、计算，包括现金流入、现金流出和现金的净流量。非现金流量（如折旧费和其他会计政策调整）与决策无关。

如果一个投资方案的上述4个要素具备了，我们就可以采用具体的评价方法进行评价，以决定方案的取舍。

4．项目的评价

决策可以被视作一项增量活动。企业通常作为持续经营主体从事经营活动，具有相当明确的战略和规范的管理程序。决策是设法使组织从当前状况转变为目标状况所需采取的一系列活动的一部分。在分析项目时，同样的理念是显而易见的——决策者必须评估，作为项目选择的直接结果。企业长期投资决策的评价方法是评价投资方案是否可行或孰优孰劣的方法，主要关注投资方案的回收以及回报情况，采用一些投资决策指标来反映。概括起来，投资决策指标分为贴现现金流量指标和非贴现现金流量指标。

非贴现现金流量没有考虑货币时间价值,属于静态指标,包括投资回收期和投资回报率。贴现现金流量指标考虑了货币时间价值,属于动态指标,这类指标包括净现值、内部报酬率、获利指数等。显然,公司的项目决策不能只依靠某一种评估指标,而更愿意把简单和复杂的评估技术结合起来使用。因此,贴现现金流量法和非贴现现金流量法应该相互补充。

本案例中的 4 组项目均属于互斥方案。互斥方案在已具备财务可行性的前提下,可根据具体的决策对象,采用恰当的方法进行评价。第一组和第二组方案的寿命期相同,因此,可以采用净现值法、获利指数法和内含报酬率法。净现值法是属于绝对数的指标,可以计算出 A、B、C、D 4 个方案的净现值大小,如果净现值为正,选择净现值最大的项目;如果净现值都为负,拒绝所有的项目。获利指数属于相对数指标,适用于初始额不同的方案进行比较,因此 C 和 D 两方案除采用净现值法外,还可以采用获利指数法,能够真实反映投资项目的盈亏程度。获利指数计算出来后,如果大于 1,选择获利指数最大的项目,如果小于 1,放弃所有的项目,说明这些项目的未来报酬小于初始投资额,不适合投资。内含报酬率也是评价项目经常采用的动态指标,它能够反映投资项目的真实报酬大小,这对企业来讲非常重要。如果内含报酬率大于企业最低的投资报酬率,选择内含报酬率最大的项目;如果内含报酬率小于企业最低的投资报酬率,拒绝所有的项目。这三个指标综合起来运用,评价结果会更准确。一般情况下,这三种评价指标得出的评价结果一致,如果不一致,以净现值法的评价结果为准。

第三组方案的初始投资额不同,寿命期也不同;第四组方案的寿命期也不同,因此不能采用上述三种方法评价方法。我们可以采用年均净现值法进行决策。如果年均净现值大于 0,选择年均净现值最大的项目;如果年均净现值小于 0,放弃该项目。

值得注意的是,我们计算出了各方案的净现值、获利指数和内含报酬率之后,不能简单地以净现值最大、获利指数最高、内含报酬率最大来决定 8 个互斥方案的取舍,还要考虑公司可用的资本限额。哈丁塑料模具公司每年可用的资本限额是 75 万美元。这一资本限额的约束源于哈丁塑料模具公司人力资源的限制。因此在接受净现值大于 0、获利指数大于 1、内含报酬率大于最低的投资报酬率的项目后,还要对所有的项目在投资限额内进行各种可能的组合,然后计算出各种组合的净现值总额,加权平均获利指数等,最终选择净现值总额最大的组合或加权平均获利指数最大的一组项目进行投资。

五、案例讨论

1. 进行长期投资决策需要考虑哪些因素?
2. 如何对 8 个项目进行评价并做出决策?

六、案例拓展阅读

红光照相机厂投资决策案例[①]

红光照相机厂是生产照相机的中型企业,该厂生产的照相机质量优良、价格合理,长期以来供不应求。为了扩大生产能力,红光厂准备新建一条生产线。

王禹是该厂助理会计师,主要负责筹资和投资工作。总会计师张力要求王禹搜集建设新生产线的有关资料,写出投资项目的财务评价报告,以供厂领导决策参考。

王禹经过十几天的调查研究,得到以下有关资料。该生产线的初始投资是12.5万元,分两年投入。第1年初投入10万元,第2年初投入2.5万元。第2年可完成建设并正式投产。投产后每年可生产照相机1 000架,每架销售价格是300元,每年可获销售收入30万元。投资项目可使用5年,5年后残值可忽略不计。在投资项目经营期间要垫支流动资金2.5万元,这笔资金在项目结束时可如数收回。该项目生产的产品年总成本的构成情况如下:

原材料费用	20万元
工资费用	3万元
管理费(扣除折旧)	2万元
折旧费	2万元

王禹又对红光厂的各种资金来源进行了分析研究,得出该厂加权平均的资金成本为10%。王禹根据以上资料,计算出该投资项目的营业现金流量、现金流量、净现值如表10-5、表10-6、表10-7所示,并把这些数据资料提供给全厂各方面领导参加的投资决策会议。

表10-5 投资项目的营业现金流量计算表   单位:元

项目	第一年	第二年	第三年	第四年	第五年
销售收入	300 000	300 000	300 000	300 000	300 000
付现成本	250 000	250 000	250 000	250 000	250 000
其中:原材料	200 000	200 000	200 000	200 000	200 000
工资	30 000	30 000	30 000	30 000	30 000
管理费	20 000	20 000	20 000	20 000	20 000

[①] 案例选自王化成:《财务管理教学案例》,中国人民大学出版社2001年版。

(续上)

(续表)

项目	第一年	第二年	第三年	第四年	第五年
折旧费	20 000	20 000	20 000	20 000	20 000
税前利润	30 000	30 000	30 000	30 000	30 000
所得税(税率为50%)	15 000	15 000	15 000	15 000	15 000
税后利润	15 000	15 000	15 000	15 000	15 000
现金流量	35 000	35 000	35 000	35 000	35 000

表 10-6 投资项目的现金流量计算表　　　　　　　　　　单位：元

项目	第-1年	第0年	第1年	第2年	第3年	第4年	第5年
初始投资	−100 000	−25 000					
流动资金垫资		−25 000					
营业现金流量			35 000	35 000	35 000	35 000	35 000
设备残值							25 000
流动资金回收							25 000
现金流量合计	−100 000	−25 000					85 000

表 10-7 投资项目的净现值计算表　　　　　　　　　　单位：元

时间	现金流量	10%贴现系数	现值
−1	−100 000	1.000	−100 000
0	−50 000	0.909 1	−45 455
1	35 000	0.826 4	28 910
2	35 000	0.751 3	26 296
3	35 000	0.683 0	25 612
4	35 000	0.620 9	23 283
5	85 000	0.564 4	47 974
		净现值＝3 353	

在厂领导会议上，王禹对他提供的有关数据做了必要的说明。他认为，建设新生产线有3 353元净现值，故这个项目是可行的。

厂领导会议对王禹提供的资料进行了分析研究,认为王禹在搜集资料方面做了很大努力,计算方法正确,但却忽略了物价变动问题,这便使得王禹提供的信息失去了客观性和准确性。

　　总会计师张力认为,在项目投资和使用期间内,通货膨胀率大约为10%左右。他要求各有关负责人认真研究通货膨胀对投资项目各有关方面的影响。

　　基建处长李明认为,由于受物价变动的影响,初始投资将增长10%,投资项目终结后,设备残值将增加到37 500元。

　　生产处长赵芳认为,由于物价变动的影响,原材料费用每年将增加14%,工资费用也将增加10%。

　　财务处长周定认为,扣除折旧以后的管理费用每年将增加4%,折旧费用每年仍为20 000元。

　　销售处长吴宏认为,产品销售价格预计每年可增加10%。

　　厂长郑达指出,除了考虑通货膨胀对现金流量的影响以外,还要考虑通货膨胀对货币购买力的影响。他要求王禹根据以上同志的意见,重新计算投资项目的现金流量和净现值,提交下次会议讨论。

要求: 1. 王禹接到这项任务后,应如何进行测算?
2. 在考虑通货膨胀因素后,你认为该投资项目是否可行?

公司经营活动财务案例

第三章

案例 11

戴尔公司的存货管理[①]:产品与市场的对接

一、本案例学习目标

通过本案例的学习了解存货管理的财务学意义,公司的管理者如何通过存货管理实现公司价值的增值;掌握使公司通过存货管理实现价值增值的模式,并建立一种存货管理创新的理念。

二、问题的引出

戴尔电脑公司已经宣布,1996财政年度其销售收入大幅增长,较上年增长52%。行业分析师预计,在未来的3年里个人电脑市场将每年增长20%,而迈克尔·戴尔(Michael Dell)则希望他的公司通过按订单生产模式能继续实现两位数的增长。迈克尔·戴尔认为:"库存不是资产而是负债!在戴尔公司,库存只是信息"。戴尔的哲学是存货是危险的,存货的生命就像菜架上的鲜菜一样短暂。

戴尔坚信通过存货管理能够使公司与众不同,提高公司价值。

三、案例陈述及阅读引导

(一) 公司背景

戴尔电脑公司于1984年由当时年仅19岁的迈克尔·戴尔创立。该公司设计、制造、销售并服务于性能优异的与行业标准一致的个人电脑。刚开始,公司购买IBM公司的兼容个人电脑,将它们升级后再通过邮件订单直接销售给企业。后来,戴尔开始通过市场交易,并销售自有品牌的个人电脑,开通免费电话接受客户订单并直接将产品送交客户。

[①] 本案例来源于李常青译:《公司财务管理》,中国人民大学出版社2005年版。

直销是戴尔的核心战略。最初,戴尔在电脑交易杂志上发布广告,后来通过其产品目录进行宣传以实现销售额。戴尔将其低成本的分销模式与收到订单后再组织生产的生产流程结合起来。按订单生产模式使戴尔能在短短几天之内交付一个客户订单,而其他的竞争对手无法做到这一点。同时,戴尔也是电脑行业中第一家提供免费订货电话以及在线技术支持的公司,在客户服务方面戴尔努力做到与众不同。

问题1: 你认为直销是一种销售方式还是一种存货管理方式?从存货管理的角度来看,直销有什么好处?

(二) 戴尔的存货管理

戴尔公司接到客户订单后开始生产电脑,相反,该行业的领导者们根据预测进行生产,并在他们的仓库和分销渠道中保持一定水平的产成品存货数量。戴尔公司的按订单生产模式使其产成品存货水平非常低,到20世纪90年代中期,戴尔公司的半成品及产成品存货占总存货的10%~20%。与之形成鲜明对比的是,该行业中其他的领导者如康柏、苹果和IBM,它们的半成品及产成品存货占总存货的50%~70%,这还不包括经销商手中的存货。

戴尔保持了一定的零部件存货。个别零部件的成本,例如处理器芯片,构成了一台个人电脑约80%的成本。随着新技术取代旧技术,零部件价格平均每年下降30%。戴尔根据销售预测来订购零部件。在20世纪90年代中期,它的零部件来源于约80个供应商,最高时期达200多个。戴尔根据销售预测定期给供货商存货中的一定数量的产品发放"通行证"。许多供货商在戴尔的Austin Texas和Ireland工厂附近设有仓库,常常以日为时间单位给戴尔发送零部件。

正如迈克尔·戴尔所解释的:"其他公司为了给经销商和分销渠道备货而不得不保持高水平的存货。因为我们只是在顾客需要的时候生产顾客需要的产品,所以,我们不需要保持大量的占据空间、吞噬资本的存货。"就这样,戴尔的供货存货显著低于它的竞争对手,形成了一个竞争优势。几个主要竞争对手的存货周转天数见表11-1。

表11-1 存货周转天数[a]

公司名称	1993年[b]	1994年[b]	1995年[b]	公司名称	1993年[b]	1994年[b]	1995年[b]
戴尔电脑	55	33	32	康柏电脑	72	60	73
苹果电脑	52	85	54	IBM	64	57	48

a. 存货周转天数(DIS)=年末存货净额/(季度产品销售成本/90天)。

b. 戴尔的财政年度于1月结束;苹果为9月;康柏和IBM在12月。1995年的DIS分别表示:戴尔的DIS截至1995年1月29日,苹果截至1994年9月30日,康柏和IBM截至1994年12月31日。

资料来源:戴尔电脑公司1993~1995年财政年度报告;案例作者根据苹果电脑、康柏电脑,以及IBM 1992~1994年财政年度报告所估计的数据整理而得。

问题 2：戴尔公司的存货管理模式在哪些方面与其他公司不同？

(三) 戴尔公司的发展
1990 年 9 月至 1993 年 8 月

1990 年，戴尔仅占有美国 PC 市场 1% 的市场份额。迈克尔·戴尔预期，分散的 PC 产业酝酿着一场整合，并且戴尔公司因为规模太小很难在这场整合中生存下来。当时，戴尔解释说："我意识到我们不得不做抉择，是保持原样，然后面对结果，还是努力争取最高的增长……显然，我们选择努力去争取增长——大幅度增长。"

1990 年 9 月 10 日，为了争取小企业和新顾客的销售额，戴尔公司宣布它正在打破其直销模式，开始通过 CompUSA (以前的软件超级市场) 销售 PCs。① 接下来的两年半中，戴尔通过增加大量的市场零售商 (如 Staples 公司) 扩张了间接销售渠道，并专门通过普尔斯俱乐部在市场推广 Precision 系列产品。此外，戴尔公司还继续大力开拓海外市场，当时间限制与基础设施障碍使直销复杂化时，就通过经销商分销戴尔的产品。两年之内，它的年度销售额增长了 268%，相比之下整个行业的增长率仅为 2%，这使得戴尔的市场份额迅速上升到全球前五。表 11-2 详细描述了戴尔销售额以及行业的增长情况。

表 11-2 戴尔和行业的全球销售额年度增长率

日历年度	戴尔[a](%)	行业(%)	日历年度	戴尔[a](%)	行业(%)
1991	63	-2	1994	21	37
1992	126	7	1995	52	31
1993	43	15			

a. 戴尔的财政年度与上述日历年度一致。
资料来源：戴尔电脑公司 1996 年财政年度报告，案例作者根据国际数据公司数据估计行业市场份额。

1993 年 8 月，戴尔公司遭遇到了第一次亏损，1993 年第二季度亏损了 7 600 万美元，其中 7 100 万美元的损失主要是由于过量存货跌价以及废弃了一条令人失望的笔记本电脑生产线的成本。为了巩固欧洲已经多余且低效的业务，公司也花费了大量的重建费用。到 1993 年 5 月 2 日止，第一季度戴尔的利润率降至 2%，首次低于已连续 11 个季度都超额完成的公司目标 5%。拥有 3 200 万美元现金及现金等价物，分析家们预计戴尔有足够的现金和信用至少再坚持 1 年，但很多人想知道假如市场份额争夺之战加剧，公司是否有足够的资源继续其步伐。

---

① 通过分销渠道销售的电脑系统是预先确定好配置，不是按客户要求定制的。

问题 3：从存货管理的角度来看，戴尔公司陷入困境的原因是什么？

像许多公司一样，我们总是关注损益表，但现金流不是一个经常被讨论的主题。这就好像我们在驾驶的时候，只关注里程，而实际上我们的油已经用光了。

1993 年 9 月至 1996 年 1 月

戴尔公司将其工作重心从专注于增长转移到流动性、盈利性以及增长等指标上来。围绕着这个新重心，戴尔调整了整个公司的规则，要求每一个业务单元提供详细的损益表。1994 年 7 月，在公司转移工作重心不到 1 年的时间，戴尔退出了低利润率的间接销售渠道，在这个方面，其财务总监汤姆·梅雷迪斯（Tom Meredith）说："我们丢失了衬衫。"1995 年末，戴尔提出了投入资本回报率（ROIC）和现金周转周期（cash conversion cycle，CCC）的目标。表 11-3 给出了戴尔的 CCC 表现。公司还采取措施改进内部的预测、报告和存货控制系统。为了减少供货商数量，确保零部件质量和改进交货速度，公司实施了一项新的供货商认证计划。戴尔还引进了经验丰富的经理人员在下一阶段领导公司。

表 11-3 戴尔营运资金的财务比率　　　　　　　　　单位：天

时间	DIS[a]	DSO[b]	DPO[c]	CCC[d]
1993 年第 1 季度	40	54	46	48
1993 年第 2 季度	44	51	55	40
1993 年第 3 季度	47	52	51	48
1993 年第 4 季度	55	54	53	56
1994 年第 1 季度	55	58	56	57
1994 年第 2 季度	41	53	43	51
1994 年第 3 季度	33	53	45	41
1994 年第 4 季度	33	50	42	41
1995 年第 1 季度	32	53	45	40
1995 年第 2 季度	35	49	44	40
1995 年第 3 季度	35	50	46	39
1995 年第 4 季度	32	47	44	35
1996 年第 1 季度	34	47	42	39
1996 年第 2 季度	36	50	43	43
1996 年第 3 季度	37	49	43	43
1996 年第 4 季度	31	42	33	40

a. DIS（存货周转天数）＝存货净额/（季度产品销售成本/90）
b. DSO（应收账款周转天数）＝应收账款净额/（季度销售额/90）
c. DPO（应付账款周转天数）＝应付账款/（季度产品销售成本/90）
d. CCC（现金周转周期）＝DIS＋DSO－DPO
资料来源：戴尔电脑公司 1993～1996 年财政年度报告和季度报告。

这些变化，加上戴尔再次进入笔记本市场，还有它在英特尔公司新的奔腾微处理芯片基础上逐步开发的电脑系统，刺激了戴尔公司的复兴。戴尔与客户的直接接触能帮助其预测新开发的奔腾系列电脑的需求，386和486系列电脑的低存货使它能以较低的成本迅速转换。戴尔在市场上用奔腾系列电脑赢得了竞争，并且是该行业中第一家实现批量生产带有120 mhz奔腾处理器的电脑系统的厂家。表11-4列出了戴尔配有不同处理器型号的电脑系统销售额的百分比。

表11-4 戴尔不同处理器型号电脑系统销售百分比

电脑系统	1994财政年度(%)	1995财政年度(%)	1996财政年度(%)
386系列	7	0	0
586系列	92	71	25
奔腾系列	1	29	75

资料来源：戴尔电脑公司1994～1996年财政年度报告。

1995年7月，戴尔成为第一家将所有主要生产线全部转换为配备有奔腾技术生产线的厂家。到那个时候为止，在不到两年的时间里，奔腾芯片已经是133MHZ——第九代升级产品。当竞争对手在推销老一代的奔腾技术系统时，戴尔却能够以同样的价格提供速度更快的系统。由于产成品库存低，所以在1994年当英特尔公司发现其奔腾芯片存在瑕疵的时候，戴尔不仅不需要拆开电脑更换微处理器，而且能够迅速制造配有升级的奔腾芯片系统，然而此时其他的生产商（如康柏）却还在推销它们存货中有瑕疵的旧系统。与此相类似，戴尔公司也能够于1995年8月25日在微软发布Windows 95操作系统的当天就开始给戴尔系列电脑装载这一全新的操作系统。作为一个直销商，戴尔平均能够在35天之内向市场引入新的零部件技术，这仅为其他竞争者将新产品发送到间接渠道中所需时间的1/3。

问题4：低存货使戴尔具有怎样的竞争优势？

（四）未来展望

在截至1996年1月31日的1995财政年度，戴尔公布其销售总额为53亿美元，净利润为2.72亿美元，净利润约占销售总额的5.1%。销售收入比上一年增长52%，而同期行业增长率仅为31%。表11-5和表11-6分别给出了戴尔的损益表和资产负债表。虽然形势有利，但由于零部件的短缺，1996年戴尔还是遭受了一点挫折。迈克尔·戴尔预计公司明年的增长率将再次超过行业增长率。

表 11-5 戴尔电脑公司损益表　　　　　单位：百万美元

财政年度	1996	1995	1994	1993	1992
销售收入	5 296	3 475	2 873	2 014	890
销售成本	4 229	2 737	2 440	1 565	608
毛利	1 067	738	433	449	282
营运费用	690	489	472	310	215
营业利润	377	249	(39)	139	67
利息及其他收入	6	(36)	0	4	7
所得税	111	64	(3)	41	23
净利润	272	149	(36)	102	51

资料来源：戴尔电脑公司 1996 年财政年度报告。

表 11-6 戴尔电脑公司资产负债表　　　　　单位：百万美元

项目	1996年1月28日	1995年1月29日	1994年1月30日
流动资产：			
现金	55	43	3
短期投资	591	484	334
应收账款净额	726	538	411
存货	429	293	220
其他	156	112	80
流动资产合计	1 957	1 470	1 048
财产、厂房和设备净值	179	117	87
其他	12	7	5
资产总计	2 148	1 594	1 140
流动负债：			
应付账款	466	403	NA
应计及其他负债	473	349	NA
流动负债合计	939	752	538
长期负债	113	113	100
其他负债	123	77	31
负债合计	1 175	942	669
所有者权益：			

（续表）

项　　目	1996 年 1 月 28 日	1995 年 1 月 29 日	1994 年 1 月 30 日
优先股[a]	6	120	NA
普通股[b]	430	242	NA
留存收益	570	311	NA
其他	(33)	(21)	NA
所有者权益合计	973	652	471
负债及所有者权益总计	2 148	1 594	1 140

a. 1 190 000 股优先股于 1996 财政年度转换成普通股。
b. 资料来源：戴尔电脑公司 1994～1996 年财政年度报告。

四、案例分析

（一）戴尔存货管理模式的与众不同

1. 传统的存货管理模式

传统的观点认为存货是指企业在生产经营过程中为销售或耗用而储备的物资，是企业为维持正常生产经营而获利的必备资产，其作用是保证生产正常进行，便于组织均衡生产降低成本，有利于销售，可以防止意外事件造成的损失。这一观点将存货管理逻辑沿着企业的生产链从上游向下游的逻辑演化，即以生产采购为起点以产品销售为终点，是一个生产链的生态演变过程，这一逻辑造就了存货管理的"采购—生产—销售"模式。

在该模式下，生产部门的任务是保证完成销售部门所制定的计划，如果没有完成计划的产量则责任在生产部门。为了实现生产目标，就必须保证原料的供应及时，不至于发生原材料短缺的现象，因此采购计划必须按照生产计划来进行。生产部门只是管生产，其目标就是完成计划中的产量，如果完成了就没有自己的责任；采购部门按照生产部门的要求进行采购，只要保证原料供给正常，也就完成了自己的使命。因此，在这种管理模式下，存货的状态取决于销售部门预测及销售实际状态之间的差异，两者差异越小存货存量就越少，甚至存货短缺；反之，则存货存量应越多。

这种管理模式需要很长的前置时间（从订货到交货的间隔时间），漫长的前置时间需要销售预测来引导生产计划，而前置时间越长销售预测的准确性就越低，销售预测的失误会导致大量的成品库存。

总之，传统模式认为"存货有理"，存货是经营获利的必要手段。

2. 戴尔的存货管理模式

戴尔对存货有自己独特的看法,认为"库存不是资产而是负债! 在戴尔公司,库存只是信息"。以此为指导思想戴尔公司设计了以直销为核心的订单生产模式,使存货管理从"有多少存货"转向"存货速度有多快"。其逻辑是订单—生产—采购。

戴尔模式的一个基本特点就是减少库存,加快货物周转,它的模式是由以前的供需转换为需供。首先是订制,所谓订制就是按特定客户的需求来生产,就是先需求,然后再供应,再生产。大规模订制是把个性化的需求和大规模生产统一起来。戴尔有一种观点,多余的存货通常是源自对市场的盲目不清或源自对货物短缺的害怕。因此它的基本思路是用信息代替存货,之所以有存货是因为没有信息。为了省1 000万元的存货成本,买信息、建立信息系统可能只花50万元,这就是戴尔模式的本质。

戴尔模式是"适时生产"(JIT)技术与信息网络技术的完美结合。"适时生产"技术是存货管理的第一次革命,是1953年由日本丰田公司的副总裁大野耐一创造的。其基本思想是"只在需要的时候,按需要的量,生产所需的产品",也就是追求一种无库存或库存达到最小的生产系统。在日本,JIT又被称为"看板"管理,在第一个运送零部件的集装箱里面都有一个标牌,生产企业打开集装箱,就将标牌给供应商,供应商接到标牌后,就开始准备下一批零部件。理想情况是,下一批零部件送到时,生产企业正好用完上一批零部件。通过精确地协调生产和供应,日本的制造企业大大降低了原材料的库存,提高了企业的运作效率,也增加了企业的利润。

在20世纪90年代信息技术和互联网技术兴起之后,存货管理发生了第三次革命。借助现代信息手段减少货物库存,减少仓库,是现代存货管理的一个重要思想。通过信息技术在企业中的运用,可以使企业的生产计划与市场销售的信息充分共享,计划、采购、生产和销售等各部门之间也可以更好地协同。而通过互联网技术可以使生产预测较以前更准确可靠。戴尔公司是这次革命的成功实践者,它充分运用信息技术和互联网技术展开网上直销,根据顾客的要求定制产品。一开始戴尔公司只能通过电话网络来进行直销。但是,互联网逐渐普及之后,戴尔根据顾客在网上的订单来组织生产,提供完全个性化的产品服务。

(二) 戴尔如何通过存货管理提高利润

1. 戴尔树立了"存货不是资产而是负债"的理念

企业保持一定数量的存货会发生成本,主要包括采购成本、订货成本、储存成本,以及在储存过程中产生变质、毁损等损失。这些成本的发生会占用企业大量的资源——现金流,降低了企业资金使用效率,从而影响利润的提高,这一点对企业来说是致命的,至少在戴尔看来是这样的,因为,对一企业来说,最核心的是现金流,一旦资金周转不灵往往直接威胁到企业的生存。从这个意义上,存货无异于负债。所以,存货的管理目标被戴尔从"有多少存货"演化为"存货的周转速度有多快",尽量减少存货数量。关心存货的周转速度比关注存货的存量更有意义,这样做,一方面减少了存货而不减少销量,从而节约了大量的资金占用;另一方面提高了资金的使用效率,提高了利润产生的速度。

2. 戴尔是如何减少存货的

如何减少库存？戴尔有很多办法。一个办法是让供应商与戴尔双重接近。所谓双重接近,一方面是供应商的零部件厂与戴尔的工厂要足够近,做不到这一点就做不了戴尔的供应商。另一方面是通过戴尔的网站 Dell.com,供应商与戴尔虚拟地同步工作。例如,客户现在需要一台产品电脑,那么全球每一个零部件供应商都同时看到了,然后同时生产,同时工作。

戴尔的哲学是存货是危险的,存货的生命就像菜架上的鲜菜一样短暂。这一哲学思想使得戴尔公司在采购时尽可能买得少,但买的频率更高。戴尔在全球平均库存天数降到 7 天以内,网上订购存货时间降到 3 天,原材料库存按小时计算,戴尔的网上销售已经占总收入的近 50%,2000 年,网上成交额近 100 亿美元,一般电脑企业库存时间是两个月。

戴尔的管理目标是通过使供应商也根据订单来生产,以实现从供应链中除去所有零部件存货也就是实现零库存。现在戴尔与零库存一步之遥,所有的零部件存货时间也就是 1 个小时。戴尔提出了"摒弃库存、不断聆听顾客意见、绝不进行间接销售"三项黄金律。戴尔公司完全消灭了成品库存,其零部件库存量是以小时计算的,当它的销售额达到 123 亿美元时,库存额仅 2.33 亿美元,现金周转期则是 8 天。

五、案例讨论

1. 戴尔存货管理的核心思想是什么？
2. 戴尔管理思想与传统观念有什么不同？
3. 陈述低存货会给企业带来的好处,并结合案例描述戴尔公司通过存货管理增加盈利的模式图。

六、案例拓展阅读

联想的存货管理[①]

(一) 公司简介

联想集团（HKSE：992；ADR：LNVGY）是中国领先的 IT 企业。该集团主要在中国从事台式电脑、笔记本电脑和移动手持设备、服务器和外设的生产、销售。联想

---

① 本案例资料来源于朱传华：《财务管理案例分析》,清华大学出版社、北京交通大学出版社 2007 年版。

(续上)

的品牌电脑自1997年以来一直是中国最畅销的产品,在2003年占有中国电脑市场27.0%的份额。同年,联想电脑也以12.6%的市场份额在亚太区排名第一。

联想集团有限公司主要从事销售及生产联想牌个人电脑及手持设备、分销外国品牌之电脑及相关产品、系统集成、制造主机板及提供资讯科技及因特网服务。2003年4月,联想将其英文标识从"Legend"更换为"Lenovo",其中"Le"取自原标识"Legend"代表着秉承其一贯传统,新增加的"novo"取自拉丁词"新",代表着联想的核心是新。2004年,联想公司正式从"Legend"更名为"Lenovo",并在全球范围内注册。在国内,联想将保持使用"英文+中文"的标识,在海外则单独使用英文标识。联想在2005年5月完成对IBM个人电脑事业部的收购,这标志着新联想将成为全球个人电脑市场的领先者——年收入约130亿美元,服务于世界各地的企业客户和个人客户。

截至2005年12月31日,集团的净现金储备总额为港币96亿元。

(二) 联想的存货管理制度

联想的财务制度中规定其存货管理的目的是:满足集团公司发展需要,实现集团内规模化,统一管理需求;规范存货管理操作规程,达到有效的、统一的管理模式;提高进、销、存速度,减少不必要资源浪费,避免违规操作,杜绝违法行为,确保集团公司资产安全完整、保值、增值。

1. 企业供应链管理系统

1999年9月联想开始实施SCIVI企业供应链管理系统,并与ERP系统进作集成。

1) 联想供应链(SCM)

供应链(Supply Chain):相互间通过提供原材料、零部件、产品、服务的厂家、供货商、零售商等组成网络。

供应链管理(Supply Chain Management):对供应链中信息流、物流和资金流进行设计、规划和控制,从而增强竞争实力,提高供应链中各成员效率和效益,务求以最低供应链成本,向消费者或客户提供最大益处。

目的:帮助管理人员有效分配资源,最大限度地提高效率和减少工作日期,使供应链信息及时准确地交流,让货品、资金及原料储备透过制造、分销及零售过程,持续、顺畅地流通至内部供应链和外部供应链共同组成联想企业产品从原材料到成品到消费者的供应过程,以满足用户的需求。

销售管理:以ERP为基础和供应链管理系统以SCM计划系统为基础(实质),建立一个科学模型,不但能够预测短期(1~4个月)市场需求,也能够预测中长期(4~12个月)的市场需求。能够综合考虑历史销售曲线、年初目标、自己本身和代理商的库

(续上)

存变化等因素。能够根据调价、促销、产品切换等突变因素进行调整，利用修正以后的预测，可以产生采购计划。除利用销售预测以外，还会考虑库存信息、采购周期、采购规模效应、生产周期、生产产能等因素。采购计划包括立即生效的采购订单和中长期的采购预测，提供给供应商参考。采购订单和采购预测通过供应商协同网站传输到供应商端，可以实时反馈采购订单所处状态。

2) 联想采用 SCM 软件产品承担联想集团 SCM 实施工作

(1) 实现管理供应和需求所涉及活动优化和同步管理，提供能够快速带来投资回报的解决方案。SCM 解决方案在价值链管理实施阶段将规划和决策相结合。可以扩展供应商关系管理、供应链管理和需求链管理，实现不同行业领域的端到端供应链管理的解决方案。

(2) SCM 不仅可以动态地管理公司内部供应链，而且还可以跨公司进行价值链管理，提供多元化企业可视性、协作、智能决策支持和执行能力，实现跨多元化企业制定战略规划，并实施公司采购、制造、运输、仓储、执行和服务业务流程，从而实现整体盈利的端到端解决方案。

3) SCM 端到端解决方案的特点

(1) 在供应链设计伊始，就允许分析员进行模拟分析，确定分支机构网点和生产设备部署的最佳位置。

(2) 战略规划甚至可以具体到供应链中的一小节点。

(3) 需求规划可将公司不同职能部门提供信息以及客户和供应商实时协作相结合。

(4) 协作式需求规划，可满足生产、服务和零售业所有需求规划需要，而且还集成了供应规划系统，能够同时优化供应和需求规划。

4) 供应链管理(SCM)的主要流程

(1) 计划：包括需求预测和补货，旨在使正确产品在正确时间和地点交货。

(2) 实施：主要关注运作效率，包括如客户订单执行、采购、制造、存货控制以及后勤配送等应用系统。

(3) 执行评估：是指对供应链运行情况跟踪，以便于制定更开放的决策，更有效地反映变化市场的需求。

5) 供应链管理(SCM)协助公司降低成本、提高客户满意度

(1) 节约交易成本：降低供应链内各环节交易成本，缩短交易时间。

(2) 降低存货水平：供货商能够随时掌握存货信息，降低存货水平。

(3) 降低采购成本：供货商方便地取得存货和采购信息，采购预测精确度大幅度提高。

(续上)

(4) 收入和利润增加：使联想企业能履行合同，增加收入并维持和增加市场份额。

6) 存货控制目的

(1) 存货合理控制，能够减少公司财产损失。

(2) 存货合理控制，能够加速资金周转，促进资金流运作。

(3) 存货控制，是保障数据真实性的必要手段。

(4) 对于存货控制，其关键是把物管活，要流通、要周转。

2. 供应商管理库存

2004年，联想集团成功完成了一项供应链改革，实现了对库存的可视化管理。在工厂供应链前端推行供应商管理库存（Vendor Managed Inventory, VMI）模式，将大约90%的库存管理外包给了第三方物流服务商，通过在北京、上海、惠阳三地工厂附近的VMI仓库，联想集团只需要根据生产要求定期向第三方物流服务商发送发货指令，由其完成对生产线的配送。联想集团不再需要考虑如何管理庞大的库存，而把这个问题留给了第三方物流服务商。第三方物流服务商需要代替客户考虑许多复杂的问题。VMI仓库不仅需要管理数以百计的供应商的库存，而且经常会面临复杂的库存状况。VMI是以掌控销售资料和库存量，作为市场需求预测和库存补货的解决方法，进而由销售资料得到消费需求信息，供应商可以更有效地计划、更快速地反映市场变化和消费者的需求。因此，VMI可以用来降低库存量，降低库存存置成本，增加资金周转，增加库存周转，降低因塞货造成的退货等，进而维持库存量的最佳化。

(三) 联想存货的日常管理

1. "进"环节管理

存货的"进"环节，即采购商务经过：接受订单、申请编码、在途监控、提货或接货、办理入库的流程。

目前，联想采购物流主要供货方式有：① JIT（Just In Time）方式。联想不设库存，要求供应商在联想生产厂附近（一般距离厂区20分钟车程）设立备货仓库。如果联想发订单，供应商当天就能送货上门。② 联想自己负责进货。如原材料供货到联想设在香港仓库，联想再负责报关、运送到生产厂。③ 通过第三方物流。供应商委托专业物流公司运货到联想。

1) 采购原则

只有具备条件，方能进行采购；要有符合流程及规定销售订单支持；依据市场分析和预测，确能保障销路；依据总公司任务或者月季预算。

2) 采购审批规定

商品购入一律实行采购计划审批和订单管理制。

3) 接受采购订单流程

(1) 采购商接受由销售业务部门经理所下采购订单。

(2) 采购商务审核销售业务部门采购订单，不合格的采购订单返回销售业务部门，发出合格采购订单。

(3) 采购商务将采购订单发给储运商务，由储运商务做接货准备。

(4) 采购商务负责将采购订单替换成通用格式发给供应商。

4) 联系供应商和货运公司、进口商品报关、在途商品监控管理

分公司商务统计人员每日接收发货信息后，根据实际到货数量统计本公司在途情况，并逐日向集团公司商务部传送在途数据。对超出正常期限在途商品标注、说明，便于供应商及时协调与解决。对未按规定进行监管或虽已监管但未及时准确提交在途信息而造成损失的分公司，其损失由分公司分担，同时责任人应写出书面报告上报总经理。

5) 依据进口商发货资料核对公司入库信息，获取在途数据

6) 汇总分公司商品在途数量、在途金额一览表

7) 汇总分公司在途时间一览表

8) 存货到货、验收管理

商品到货是库房管理工作的开始，是商品验收前期的准备工作，其工作好坏直接影响到商品验收的工作质量。为保证商品到货和验收工作及时准确完成，提高验收效率，要求对商品数量和规格及外包装质量和运输情况进行检查和确认。采购商务认真按照要求填写单据，保证商品在途管理工作的顺利开展，为商品保管保养奠定良好的基础。

9) 存货入库管理

存货入库管理可以加速商品的流通速度，保证工作正常开展和商品入库环节的准确性、及时性和完整性。为商品在途管理和在途控制提供基础数据，保证在途控制环节畅通，更好地为销售业务部门服务，把好审核关，为财务成本核算准确及时地提供必要条件。

10) 购入商品计价

购入商品计价按实际价值入账，即，买价＋买方负担外埠运费、装卸费、保险费＋途中合理损耗＋关税估价。

(续上)

集团公司内购入存货,其估价入库依据集团公司提供的发票清单及销售记录。集团公司外购入存货,其估价入库依据应以采购订单注明价格扣除税后估价入库。

凡是按估价成本入账,在收到发票等结算凭证后均需调整为实际成本。如估价金额与实际金额一致,只作账务分录调整,可用原入库单复印件。说明内容:原入库单号、估价账务时间、凭证号。当估价金额与实际金额一致时,必须冲销原入库单,重新办理入库手续,据此作账务处理。

公司用现金采购进货要有供应商已收款证明,并收取供应商进货发票,没有发票则不能入账。如果供应商不开进项发票,则公司采购进货费用不能通过银行结算,而应支付现金或通过内部账户结算。进货发票在同一个月内入账,可不受开票日期限制,否则要用暂估价入账。暂估价入账需要有上一批次进货发票复印件或暂估价抵扣凭证。供应商销货清单即本公司进货清单,需要有发票专用章和财务专用章,填写不含税价。第一联:供应商存根联;第二联:附发票联(公司记账使用);第三联:记账联(供应商记账使用);第四联:抵扣联(公司交税务机关)。

2. "销"环节管理

商品出库业务是商务部门为公司生产和业务经营服务的直接环节,是仓库业务的结束。

商品出库工作的好坏,直接影响公司生产和业务经营的正常进行,需要保证储运商务员准确及时地把商品发出,更好地为销售业务部门服务,保证客户满意。因此,搞好商品出库工作具有十分重要的意义。

1) 贯彻先进先出原则

按入库时间顺序,先入库商品先出库,确保在库商品质量完好。

对有保修期、索赔期规定的商品更应在保管期限内出库,以免造成不必要的损失。储运商务员认真审核《商品销售单》的正确性、完整性,出库凭证和手续必须符合公司商务部物资管理制度的要求。

2) 销售出库规定

(1) 一切销售活动均须开具销售小票,各销售商务开具销售小票时应先查询储运商务员提供的库存报表进行数量、编码核实无误后再开销售小票,不允许以白条和口头方式提货。

(2) 开具《销售单》的人员必须是集团公司的正式员工。有人员编号的员工(正式或签约受控特聘员工)才有权开具销售小票。

(3) 销售商务员必须将《销售单》各项内容打印和填写完整、清楚、准确,按单据规定项数填写商品种类。

（4）销售小票有条件的用票据打印机打印，目前无条件机打的可用手填，必须把各项内容填写完整，禁止涂改，资金商务收款台检验无误后加盖收款章及人名章。如果有涂改或项目书写不清楚，储运商务员有权拒绝发货。

（5）未到货商品必须与正常入库商品分别开具销售小票。

（6）提货商品是否属于尚未办理入库手续，未办理入库手续商品不得提前提货，即不能未办理入库手续就出库，各分公司调货销售必须出、入库手续同时办理。

（7）销售小票在收款台加盖货款收讫章和收款员名章后一个月内提货有效。过期已销未提小票必须由总经理审批方可提货，最长有效期为1个月。

（8）欠款销售必须填写《欠款结算单》由总经理或其授权人签字审批方能生效。

（9）以支票付款结账，必须3日后方能提货。如不满足提货时间要求，必须由审批人签字或特殊情况由总经理或授权人签字审批。

（10）商品编号和名称与集团公司相一致。填写商品项数不能超过单据规定要求。

3）提货管理

（1）商品提货时，必须是公司的正式员工。客户自提时，如公司正式员工不能亲自提货，必须以书面形式写委托书，委托书内容要注明提货单位、提货时间、商品名称及规格、数量。委托人签字并加盖部门章，并与提货内容相一致，客户方可持委托书和对应出库凭证到库房办理提货。

（2）销售人员拿销售小票到库房提货时，储运商务员必须逐项审核销售小票的内容，传真件和原件核对，填写放行条，小票填写严禁涂改。

（3）销售业务部门经理必须审核销售人资格，销售价格、付款方式，特殊情况由总经理批准后方能到资金商务收款台交款。

（4）资金收款员审核小票填写是否正确，审核手续是否齐全，以支票、汇票结算坚持款到付货原则，资金收款员要认真查验持票人身份证，并登记其号码和联系电话，在小票上加盖支票结算，3日后提货。

（5）销售人员开好销售小票办理完交款后，必须及时持销售小票到库房提货（当月发生必须在本月25日前办理）对暂时无货或暂不提货的商品，销售部门应暂不开具销售小票。

（6）凡是已到货但未办理入库手续的商品，为了保证财务核算准确无误，暂不办理提货业务。有特殊情况的，由总经理或其授权人签字后可以持小票办理提货业务，但必须经商务统计人员核准后方可办理。

(续上)

(7) 以汇款方式结算,不能以传真件作为结算凭证,应按欠款销售处理。

(8) 储运商务员根据出库凭证内容,如商品编号、品名规格、数量等,每项与该商品编号对应实物、垛卡核对,出库点验、核对削减商品垛卡。

(9) 商品出库必须本着"出库复核制"原则,即一个储运商务员出库,另一个储运商务员复核,避免差错事故的发生。出库后,储运商务员应向提货人员认真交接,待提货人员清点核对认可后方可进行下一项保管业务。

(10) 每天及时接收商务统计岗商品编码,确保票据及时录入电脑登账、对数、出报表,每日定时将录入完的票据向商务统计进行传递(每天至少2～3次)记录各部门单据登记,由双方签字并保存,配合商务统计核对差异。

4) 储运商务员发货前审核内容,符合规定的,由储运商务员加盖货付讫章和人名章后方可发货

储运商务员如发现和遇到错误情况,不予办理。《商品销售单》的第一联:资金商务收款联(出纳记账、存查);第二联:储运商务联(凭此联提货、提货时交储运商务员);第三联:商务统计联(提货时交此联、由商务统计员录入);第四联:财务会计核对联(提货时交此联,由储运商务员转交财务会计核对提货);第五联:销售商务存查联。

5) 发货后储运商务员应按目及时将小票其余联次传递给商务统计岗

6) 商务统计人员将审核后销售小票及时上机勾对,并将财务联传递给财务人员岗

7) 发货后储运商务员及时登记垛卡,并及时录入销售小票

3. "存"环节管理

1) 盘点过程及流程

(1) 储运商务员与商务统计员共同对库存货物进行盘点与监控,确保存货数据的真实性。

(2) 日动碰。每日商品出库后,储运商务员要配合商务统计员把当日出入库动态较大、价值较高、库存较大的主要商品进行日动碰点,即账与实物核对,做到日清月结,结存数/整数(件、台、箱)对余数,并且打印储运与统计对账差异表无误后,打印每日库存日报。

(3) 每日商务统计员必须与储运商务员对账,清点实物数与报表数是否一致,核对库存差,查明差异原因,及时进行修改更正,如实填写盘点表,做到当日问题当日解决,确保储运账、统计账一致。如商务统计员没有盘点实物储运商务员有权在盘点表

（续上）

上签字,并向部门经理如实核对差异。

(4) 旬盘点。每旬储运商务员和商务统计员共同对所保管全部库存商品进行全面盘点,共同在盘点表上签字确认并打印旬报、月报,传递给商务统计员,保证账账相符,账实相符。

(5) 月对账。每月由商务经理、商务统计员、储运商务员三方共同进行全面盘点月底盘点无误后,进行账账核对,储运商务员与商务统计员应在月报表上共同签字认可,上报总经理及集团公司。集团公司商务部管理员据各地报送数据定期对分公司统计数据进行核实;对库存实物进行盘点。

(6) 通过监控,保证库存商品账、物、卡一致,确保存货数据的真实性。

2) 在核对账目或实物盘点时如发现错误情况,将对分公司商务统计、储运商务主管进行处罚。

例如,因管理不善造成货物损坏丢失现象、与向总部报送数据不符、未按规范操作流程操作。

3) 盘盈、盘亏处理

清查盘点中发现存货盘盈、盘亏或毁损,应认真查明原因,详细填列存货盘盈、盘亏或毁损清单,提供相应证据,视不同情况进行处理。

(1) 盈亏相抵,净亏价值在1 000元以内,分公司自行处理。

(2) 净亏价值在1 000~10 000元,报分公司管理部门批准,同时送财务部、商务部备案。

(3) 净亏价值在10 000元以上,报分公司管理部门审批,同时送财务部、商务部备案处理。

(4) 所有净亏损失均需对责任人进行处罚。

4) 库存分析报告

(1) 综合分析能提供指标。例如,存货周转情况、积压情况、商品在途数量与周期等各项综合指标、资产回收期与使用状况、借用与销售、借用与库存比例关系、其他报警信息。

(2) 综合分析角度与立足点。从部分到整体地对存货周转情况进行分析,能够使决策层及时了解销售趋势变化,同时使销售业务部门能够掌握存货的各种信息。存货积压是影响资金周转的关键环节,通过对积压时间段进行分析,主要是对将要产生积压或已产生积压的情况尽快向销售业务部门通报,引起其高度重视。对于在途数量与周期控制,是站在公司的立场上,纵观并判断作为点与点之间连接环节是否畅

（续上）

通，并对其进行最佳效果控制，以期达到最小的损失。对于资产分析，从回收期等数理角度进行其科学性分析，同时又大量地立足于市场，立足于公司实际运作，对其使用的合理性作出预见和总结分析。借用对于公司来说，它既是提高工作效率必不可少的手段之一，同时又是给公司造成经济损失的隐患，因此对于借用分析与跟踪，对于存货分析是重要指标之一。

5) 存货积压管理

对于库存中积压的存货应建立削价准备金制度，用于对分公司及业务部门内部的考核与评价。削价准备金计提的方式有以下几种：

(1) 未独立核算分公司财务部根据月末商务统计岗提供积压商品报表，确定积压存货金额和相应计提比例计算存货削价准备金，作为一项风险准备基金，抵减责任利润，以真实反映经营成果。

(2) 已独立核算的分公司按系统计算销价准备金作内部账务处理。

(3) 凡在库超过3个月库存商品(包括借用)，根据在库时间长短，存货削价准备金计提比率。在库1~2个月(不含2个月)，按库存金额10%提取存货削价准备金。在库2~3个月(不含3个月)，按库存金额25%提取存货削价准备金。在库3~4个月(不含4个月)，按库存金额的45%提取存货削价准备金。在库4~5个月(不含5个月)，按库存金额的70%提取存货削价准备金。在库5个月以上(含5个月)，按库存金额的100%提取削价准备金。

对于积压库存5个月以上，已经全部计提完削价准备金的商品，均需经当地税务部门批准。对于市场上有一定竞争条件、由于本地区管理不善造成积压的商品，应以原价尽快售出。处理积压商品，需经分公司总经理签字后，报分公司管理部门总经理审批后方可处理。对于积压处理商品应建立备查账，每月报送集团公司总部管理部门备案。

6) 存货计价

(1) 月末移动加权平均法。适用于有正常商品编号商品销售成本单价的确定。一般每月末计算一次，成本核算人员应对计算完单价进行认真检查，保证单价正确无误。

(2) 个别认定法。适用于外购商品单价的确定。

(3) 估价法。适用于已销未入库商品销售成本价格的确定。对因特殊原因形成已销未入库商品月末要估价，以估价计算结转销售成本，估价由业务员提供，财务成本核算员进行操作。

实行电算化的公司月末按菜单操作由机器自动计算结转销售成本,实行手工记账单位可分批计算结转。对于总部返还价格保护等配件成本要坚持配比原则,既可按当期实际发生额冲减当期成本,也可按当期存销比例分摊列入成本,但一个财政年度内结转方法要一致,存货中相应编号月末结存价值不得大于零。

(四)存货管理使联想形成"快速反应库存模式"拉动型生产

通过常年对市场观察,联想清楚地知道每一种每一型号产品自己的出货量。据此,联想对最好卖的产品留出1~2天的常备库存。

如果订单正好指向常备库存产品,就无须让用户等一个生产周期,可以直接交货,大大缩短了交货日期。

如果常备库存与客户所订货不吻合,再安排上线生产。在每天生产任务结束时,计算第2天产量,都要先将常备库存补齐,避免很多库存积压以及管理的随意性,存货周转天数从35天降为19.2天。

联想的经营意识非常贴近客户、贴近市场,通过常年经验的积累,摸索出行之有效的预测方法,力求预测与实际需求非常接近,而且每当出现偏差时,联想都要及时进行经验总结,避免同样的问题重复出现。

联想已经实现了从大规模生产千篇一律的标准化产品向生产客户订制产品转变。在柔性化生产线上,产品配置可以随用户需要进行调整,不同的CPU、硬盘、内存、软件系统等都可以按客户定制配装。

联想客户都是代理商,都有网上账户或赊账额度。联想销售时,代理客户从其相连企业的网络电脑上输入所购货物清单,电脑自动查询库存能否满足后,给出提示。如果可以,销售确认,财务会得到相关信息。因此销售就不用再去财务交货款,财务在进行了资金审核后,或通过网络确认信息传递给库房,库房收到信息后发货,发货条码扫描后,库存自动递减。

联想已从过去只是关心自己的库存、材料和成品自我控制,转向现在的供应链控制和协调工作,关心上下游,例如代理商库存与销售情况、供应商库存变化等,并通过信息技术手段得到详尽数据,使联想能够敏感的掌握上下游变化,提前准确地预测到市场波动。

要求:1. 讨论联想公司的存货管理模式与戴尔公司的存货管理模式有何不同?
2. 联想公司的存货管理遵循了一种什么样的管理理念?

案例 12

尼利饮料公司的存货管理[①]:最佳存货模型设计

一、本案例学习目标

通过本案例分析使学生了解存货管理的目标以及如何进行存货管理,具体包括:存货发生的成本、最佳存货水平的确定以及存货的日常管理等。

二、问题的引出

> 贾斯廷·尼利创办了尼利饮料公司,这家公司的存货随着收入的增长而呈同步增长,尼利对保持大量存货的合理性有所怀疑。尼利总是觉得库存大大超出需要的水平,尽管他找不到什么方式证明这种直觉。而生产经理约翰·威廉姆斯对总是能及时满足订单需要感到很自豪。
> **存货的管理是一门学问。**

三、案例陈述及阅读引导

尼利饮料公司(Neeley Beverage, Inc.)是美国东北部的一家软饮料经销商,这家公司在过去30年里一直从事这个行业。贾斯廷·尼利(Justin Neeley)创办了这家公司并使其蓬勃发展。但12个月以前开始的经济衰退导致了公司销售额一定程度的下降。公司的销售额在过去的5年里都有显著的增长,而只在去年有所下降。

尼利对公司的增长模式感到非常骄傲。然而,他也对快速增长所带来的问题保持着警惕,尤其是对他本人对公司实施足够控制的能力感到担忧。需要加以变化的地方很多,

---

① 本案例选自王惠敏、余海龙等:《现代财务管理专业英语——理论与案例精选》,中国水利水电出版社 2006 年版。

这使得尼利无法参与所有的决策，存货管理就是其中的一个问题。存货随着收入的增长而呈同步增长，尼利对保持大量存货的合理性有所怀疑。生产经理约翰·威廉姆斯（John Williams）对总是能及时满足订单需要感到很自豪。然而尼利总是觉得库存大大超出需要的水平，尽管他找不到什么方式证明这种直觉。尼利需要一种用来确定未来计划期最佳存货水平的定量分析方法，他声称可以用这样一种定量分析技术来进行决策，从而使他本人不至于面对存货管理方面的决策。

问题 1：存货管理的目标是什么？

为了寻求审查公司存货政策的可行方法，尼利拜访了管理咨询公司的总经理。总经理把这个任务交给了财务执行官，让他为尼利饮料公司开发一个存货模型。

问题 2：开发存货模型需要考虑哪些因素？

在参观公司经营场所的过程中，财务执行官检查了公司的记录并同有关人员进行面谈，最终得到以下信息：

（1）公司的销售在一定程度上受季节的影响，第一、二季度的销售额占总销售额的70%，剩下两个季度的销售额大致相等。营销部预计1993年的销售额将达到1 860 000美元。

（2）尼利公司有三条产品线，但College Delight占了总销售额的85%，其存货也占了大致的比例。剩下的两条产品线相对较新，还没有出现真正的存货管理方面的问题。

（3）饮料只在零售终端销售，每个包装包括6件不需返还的容器，售价是75美分。

（4）在审查了这种6件装生产线的生产和包装成本后财务执行官得出以下结果：

原材料	0.30 美元
人工	0.18 美元
容器	0.06 美元
分摊的费用	0.03 美元

（5）在生产过程中，管理人员先后采用了几种生产方案，例如，按每个季度的销售额安排生产。然而，经过调查以后，公司员工认为生产在整个年度内保持稳定的生产方案是最佳的。

（6）生产过程包括3个独立的步骤：① 生产饮料；② 制作容器；③ 灌装、密封并对容器加以包装。每个步骤所需要的机器启动时间分别是7小时、5小时和6小时。执行启动的人工资率是4.75美元，每个步骤都是一样的。除了人工外，启动阶段还需要几种关

键的原材料,经过仔细询问,财务执行官把每个步骤的成本确定如下:

    混合启动   48 美元
    容器启动   17 美元
    包装启动   24 美元

  (7) 1992 年的存货金额代表了当前的存货状况。可以看出,存货的大部分(60%)是以产成品的类型存在的,而这正是尼利所关心的部分。

  (8) 尽管产成品库存中的 College Delight 被认为过多了,但是还没有制定出一个衡量标准。在同有关人员交谈过程中,财务执行官发现了这样的两点。首先,由于银行不断施加压力要求提高公司赢利水平,尼利更加关心资产的利用效率。尽管还没有制定严密的计划,财务执行官已经开始调查同行业其他公司的财务状况。例如,按照 IRS 产业财务比率的数据,类似公司的平均存货周转率是 4.63 次。一般情况下,存货的 55% 是产成品;其余的 45% 是在制品和原材料。还有另外一种观点,尼利和威廉姆斯恰好相反,后者不希望有脱销的情况,而尼利则认为产成品脱销情况下,10% 的盈利水平应该是可以被接受的。不管使用哪个标准,马上加以调整是不太可能的,存货政策的修订要到年底才能完成。

> **问题 3**:尼利饮料公司存货管理的主要问题是什么?

  (9) 存货管理的其他成本包括:① 每个月的保险费,存货按生产成本的 80% 投保,每 1 000 美元保险费是 1.83 美元;② 存储设施的租赁费。每平方码的月租金是 10 美分,可以用来存放 90 件容器;③ 存货维护设备的固定折旧费 1 400 美元;④ 人工成本。1992 年的人工成本费 45 467 美元,这项成本与平均存货量有直接关系。

  (10) 公司资金的机会成本是 10%。

四、案例分析

(一) 存货管理的目标

  企业为了生产或销售的需要和降低进货成本而必须储备一定的存货,但是,过多的存货要占用较多的资金,增加包括仓储费、保险费、维护费、管理人员工资在内的各项开支,各项开支的增加直接会使成本上升并导致利润的损失。因此,进行存货管理,就是如何在存货的功能(收益)与成本之间进行利弊权衡,在充分发挥存货功能的同时降低成本、增加收益,实现它们的最佳组合。本案例中,尼利饮料公司产成品的存货占了 60%,而同类型公司产成品存货只占 55%,相比之下,尼利饮料公司存货所占的比例较多,占用的资金也较多,虽然有利于满足订单的需要,但增加了资金占用的成本。因此,应该调整存货的管理策略,降低存货数量。

(二)确定最佳存货水平

尼利公司与同行业相比显然还有一定差距。为提高营运能力,产成品存货应降低比例,况且经济衰退导致的销售额下降也要求降低存货比例。但持有较低水平的存货或耗尽存货也存在相关成本,比如,因不能在客户指定的日期交货而发生的商誉损失;因基础存货不足导致生产中断而发生的损失;更加频繁的再订货成本等。因此,最佳的存量方案是企业在成本—效益原则指导下,用科学方法分析和核实存货量,使其既能保证生产的需要,又不会由于过多的存货而使企业造成资金的浪费,也就是说,最适量的存货水平应能够以最小的费用支出来提供最大的经济效益。存货最佳水平的确定可以采用经济批量模型。经济批量模型所涉及的成本有储存成本和订货成本。储存成本和订货成本之和最小时的采购批量,就是经济订购批量。其中,订货成本是为订购材料、商品而发生的成本;储存成本是为保存存货而发生的成本。尼利饮料公司的储存成本包括保险费、租赁费、折旧费,其中保险费、租赁费和人工费属于变动储存成本,与存货量成正比例关系,折旧费属于固定储存成本,与存货量没有关系。尼利饮料公司采用经济批量模型后,就可以确定存货的最优水平,既能满足生产销售需要,又能满足库存控制的要求。

(三)存货管理策略

尼利饮料公司为降低存货管理成本,提高公司获利能力,可以尝试采用以下两种存货管理策略。

1. ABC 管理法

如果公司拥有成千上万的存货,他们应该如何为每种存货确定恰当的存货控制水平? 一种简单的存货分类方法通常称为 ABC 管理法,可以帮助我们确定应该如何密切控制存货。通常,公司可以将存货按金额标准、品种数量标准分为 A、B、C 三类,在进行存货控制时,价值最高的存货需要引起最大的注意。比如 A 类存货,需要对其进行定期预测和监控,需要仔细评估经济订货批量和适当水平的缓冲存货。尼利公司有三条产品线,但 College Delight 占了总销售额的 85%,其存货也占了大致的比例。可以看出 College Delight 产成品存货所占比重最大,价值也较高,因此应作为重点管理对象。B 类存货金额相对较小,企业不必像对待 A 类存货那样花费太多的精力。因此可以通过划分类别的方式进行管理。C 类存货品种数量繁多,价值金额却很小,按总额灵活掌握就可以了。通过 ABC 分类后,抓住重点存货,控制一般存货,制定出较为合理的存货采购计划,从而有效地控制存货库存,减少储备资金占用,加速资金周转。

2. 适时存货制

尼利公司还可以尝试采用适时存货(JIT)管理系统,这样可以大大降低成本,提高效益。传统观念认为依据经济批量模型订货或生产产品即可达到存货成本最低。但在 JIT 系统中,存货则被看成是一种资源的浪费,它占用了资金空间以及劳动力等资源,还掩盖了生产经营过程中的效率低下并增加了公司信息系统的复杂程度。因此，JIT 系统不承认存货成本存在的合理性，而是试图将其降为零。尼利公司的产品销售受季节的影响，第一、二季度的销售额占总销售额的比重较大，而其产品的生产是在整个年度内均衡生产的，如果预测不准的话，存货很容易造成积压，导致资金占用成本上升。如果采用适时存货制，企业在采购、生产、经营各个环节上使企业原材料、在制品和产成品的库存量趋近于零，可以避免存货占用资金的机会成本，并可防范存货过时、跌价、毁损的风险。适时存货制是由后向前拉动的生产方式，销售围绕市场转，生产围绕销售转，部门围绕生产转。企业根据客户订单所提出的有关产品数量、质量和交货时间等特定要求作为组织生产的基本出发点。

当然建立适时存货管理系统的成本很高。例如，它要求有一套十分准确的生产和存货信息系统、高效率的采购、可靠的供应商，和一个有效率的存货管理系统。但越来越多使用适时制的公司认为，适时制使存货水平显著下降，相应带来储存空间、仓储人员和融资成本的节约，是对传统存货管理方法的改进和创新，提高了生产效率。

五、案例讨论

1. 存货管理的目标是什么？
2. 尼利公司如何确定其最佳存货水平？
3. 尼利公司的存货管理应做哪些改进？

六、案例拓展阅读

德尔塔产品公司[①]

地处荷兰格罗宁根的德尔塔产品公司（Deita Products）生产门用五金件系列产品，如门把手与限位螺钉等。其产品尤以高质量、良好的安全性以及易于安装而享有盛名。德尔塔公司在其一个暑假进修项目中雇用了一名主修运营管理的 MBA 学生——尼基。她的任务是用这个暑假来分析一台多工位冲压机的运转和使用情况，这台机器是工厂当前的"瓶颈"机器。德尔塔公司将这台多工位冲压机用于其门用五金件把手的冲压成形，其每年的可用工时为 2 000 个小时。在暑假结束时，尼基要向部门经理及工厂经理提交有关改进多工位冲压机运行状况的报告。

---

① 杰克·R·梅雷迪思（Jack R. Meredith）、斯科特·M·谢弗（Scott M. Shafer）著，焦叔斌等译：《MBA 运营管理》，中国人民大学出版社 2007 年版。

在头一周中,尼基通过观察操作工的工作并向其提问,来使自己熟悉该冲压机的运转情况。一周结束时,她搞清楚了德尔塔公司在门用五金件中采用了6种独特的门把手。

她把自己的下一项任务定为获得门把手年需求量的一个大致估计。她研究了德尔塔公司的产品目录,明确了每类门把手所用的产品。接着,她从销售经理那儿得到一份有关过去3年每类产品的销售数据。大致看过这些数据后,她发现过去3年的销售额相当稳定。尼基计算出了过去3年的平均销售数据及每类门把手的使用量。

通过对产品门把手需求的分析,尼基将注意力转移到了门把手的实际生产方面。她把接下来的几周时间用在了数据的收集上,这些数据包括各类门把手在多工位冲压机上的加工时间,该机器在变换产品时的设置时间,以及当前采用的生产批量的大小。她还与成本会计人员紧密合作以确定门把手的库存持有成本。她还了解到机器操作工的收入为每小时15欧元,其中包括额外的补贴。尼基在她的报告中将这些信息归纳在表12-1中。

表 12-1 门把手需求量及生产情况

品 目	年需求量 (份)	单位加工时间 (小时)	设置时间 (小时)	年持有成本 (欧元/单位)	当前批量 (份)
把手 A	6 000	0.050 0	6.2	3.25	1 500
把手 B	3 000	0.042 0	4.6	3.85	1 500
把手 C	7 000	0.040 0	7.2	2.75	1 500
把手 D	10 000	0.038 0	5.4	3.70	2 000
把手 E	8 400	0.037 5	3.8	4.20	1 500
把手 F	9 400	0.048 0	6.8	2.25	2 000

接下来她的任务是分析已经汇集的信息并设法改进该机器的运行。在所获信息的基础上,她首先制作了一份计算表以计算经济订购批量(EOQ)。接着她又制作了一份计算表用来比较当前批量下的年度总成本与所计算出的经济订购批量的年度总成本。尼基发现,如果采纳她所提出的经济订购批量,每年德尔塔公司的一个部门就能节约7 000美元,这使她极为兴奋。经过仔细核对,她确信自己的分析是正确的,她迫不及待地想看到工厂经理对自己的报告的反应。她十分希望该工厂经理能对自己的工作留下深刻印象,从而在毕业后能为他提供一份全职工作。表12-2归纳了能够为德尔塔公司带来的节约。

(续上)

表 12-2 经济订购批量与当前批量的比较分析

品目	当前批量（份）	经济订购批量（份）	当前批量年总成本（欧元）	EOQ 年总成本（欧元）
把手 A	1 500	585	2 810	1 904
把手 B	1 500	328	3 026	1 262
把手 C	1 500	741	2 567	2 039
把手 D	2 000	662	4 105	2 448
把手 E	1 500	477	3 469	2 005
把手 F	2 000	923	2 729	2 077
合计			18 705.1	11 736.98
年节约			6 968.12	

最后一周的星期一，尼基见到了工厂经理乔和冲压部门的经理迈克。乔在称赞了尼基的报告写得很好之后，又询问了迈克的意见。迈克评论道：

我也对尼基的透彻分析印象深刻。她所收集的关于设置时间、生产时间以及持有成本的数据是有史以来我们对于自己的运营所拥有的最好数据。遗憾的是，虽然我还没有机会彻底地分析这些数据，但我认为尼基的分析存在一个问题。她的分析报告要求我们显著地减少批量的大小。尽管我同意削减批量可以让我们省钱，可事实在于，她所分析的多工位冲压机是我们的主要"瓶颈"之一。我们现在充分利用着 2 000 小时的机器可用时间中的每一秒。按照尼基建议的那样，削减批量将要求设置的次数更多，但我们完全没有时间用于额外的设置。

尼基为会谈的结果感到心烦意乱。还有一周的时间，她强烈地希望自己整个暑假所做的工作不致白费。她决心利用最后一周时间来找出一种既能为德尔塔公司省钱又不致超出其可用产能的办法。

要求：你能帮助尼基解决存在的问题吗？

案例 13

四川长虹的应收账款危机[①]

一、本案例学习目标

通过本案例分析使学生了解应收账款产生的原因,以及如何对应收账款进行管理。具体包括如何评价企业的信用?如何制定信用政策?如何进行应收账款的日常管理?

二、问题的引出

> 长虹是"十五"期间的156项重点工程之一,净资产从3950万元迅猛扩张到133亿元,是"中国彩电大王",它的股价曾达到66元,是上海A股市场的龙头,就是这样一家我国彩电行业公认的龙头企业、全球第三大彩电生产基地,并且其主导产品享有较高的市场份额的企业,却在2004年,股票连续一段时间暴跌,损失13.3亿。究其原因主要是应收账款居高不下,造成企业净资产虚化。可见应收账款是埋伏在企业身边的"定时炸弹",对企业财务安全存在着隐患。
> 为什么应收账款居高不下是埋伏在企业身边的"定时炸弹"?

三、案例陈述及阅读引导

(一)公司背景

四川长虹电器股份有限公司是1988年经绵阳市人民政府绵府发[1988]33号批准进行股份制企业改革试点。同年,中国人民银行绵阳市分行绵人行金[1988]字第47号批准该公司向社会公开发行普通股股票。1994年3月11日,中国证监会证监发审字[1994]7号批准长虹(600839.SH)社会公众股4 997.37万股在上海证券交易所上市流通。该公司

[①] 案例节选自朱清贞、颜晓燕、肖小玮:《财务管理案例教程》,清华大学出版社2006年版。

经营范围非常广,有视频产品、视听产品、空调产品、电池系列产品、网络产品、激光读写系列产品、卫星电视广播地面接收设备、摄录一体机、电子医疗产品、电力设备、安防技术产品、机械产品、数码相机、通信及计算机产品、化工产品的制造、销售、公路运输,包装产品及技术服务,电子产品及零配件的维修、销售,房屋租赁,转口贸易,电子商务,高科技风险投资及国家允许的其他投资业务。

(二) 应收账款危机始末

1. 应收账款危机的发生

自1996年以来,四川长虹的应收账款迅速增加,从1995年的1900万元增长到2003年的近50亿元,应收账款占资产总额的比例从1995年的0.3%上升到2003年的23.3%。2004年,四川长虹计提坏账准备3.1亿美元。四川长虹不仅应收账款大幅度增加,而且应收账款周转率逐年下降,从1999年的4.67%下降到2005年一季度的1.09%,明显低于其他三家彩电业上市公司的同期应收账款周转率。巨额应收账款大幅度减少了经营活动产生的现金流量净额,从1999年的30亿元急剧下降到2002年的-30亿元。截至2004年年底,其经营活动产生的现金流量净额为7.6亿元。

2004年12月底,长虹发布公告称,由于计划大额坏账准备,该公司今年将面临重大亏损,击晕了投资者以及中国家电业。受专利费、美国对中国彩电反倾销等因素影响,长虹的主要客户——美国进口商APEX公司出现了较大亏损,支付公司欠款存在较大困难。APEX是四川长虹的最大债务人,应收账款欠款金额达到38.38亿元,占应收账款总额的96.4%。

由此可以看到,导致长虹巨额亏损的罪魁祸首是其美国的经销商——APEX公司。APEX欠债长虹,可以称为2004年家电业最大的债务事件。美国APEX公司成立于1997年,是由美国三联公司、香港大洋公司和原镇江江奎公司成立的合资企业,季龙粉为公司董事长。从2001年7月开始,长虹将其彩电源源不断地发往APEX,然而产品是出去了,货款却没收到。APEX当家人季龙粉,这位被美国《时代》杂志评为2002年全球最具影响力的企业家,总是以质量问题或货未收到为借口,拒付或拖欠长虹货款。

长虹2003年年报、2004年半年报都显示,APEX拖欠长虹应收账款近40亿元。2004年3月23日,长虹发表的2003年度报告披露,截至2003年年末,公司应收账款49.85亿元人民币,其中APEX的应收账款为44.46亿元。2002年底,长虹应收账款达42.2亿元,其中未收回的APEX的应收账款数额为38.3亿(4.6亿美元),两相比较,应收账款不降反升。令人迷惑不解的是,尽管APEX欠下如此巨额的款项,但是在年报中,无论是监事会报告还是会计师事务所的财务报告,均没有对此作出特别提醒。

问题1:大量应收账款导致的后果是什么?

APEX 在与长虹的交易中,凡赊销均走保理程序。APEX、保理公司、长虹三家签订协议后,保理公司将会通知零售商如沃尔玛,不得向 APEX 直接支付货款,而是把货款交给保理公司,由保理公司将钱按 10%和 90%的比例在 APEX 和长虹之间分账。

APEX 公司称,对于没有进连锁超市的货,APEX 向长虹提供支票担保,而这部分货款数量很小。也就是说,长虹的货款回收有两种方式:保理程序和 APEX 的支票担保。对此,在国际贸易中,买方的支票担保对于卖方的保护程度与常用的信用证完全不同。支票担保的有效性取决于买方的信用及资金账户状况,银行不承担支付责任。

问题 2:销售过程中,保理程序和支票担保是如何化解应收账款风险的?

从长虹对 APEX 巨额的应收账款来看,长虹出口收入基本是通过 APEX 实现的。为了防范沃尔玛可能倒闭带来的风险,长虹和 APEX 双方另外向保险公司投保,保理公司如果在两个月之内收不到货款,保险公司就要赔付。但实际上,APEX 货款平均回收期绝对不止两个月,2002 年度长虹只回收 0.4 亿美元的货款,在 2003 年年报中,长虹披露,APEX 公司所欠货款,账期 1 年以内的为 35.12 亿元,1~2 年的为 9.33 亿元。同时,由于委托理财出现问题,长虹 2 亿元的资金暂时处于冻结状态。

长虹已对 APEX 超过 1 年期的应收账款提取了 9 000 多万元的坏账准备。2003 年,长虹公司主营业务利润 3.02 亿元,做 9 000 万元的坏账计提无疑大大侵蚀了公司的盈利能力。应收账款和存货总额共计 119.9 亿元,占总资产的 56%和净资产的 91%,这将影响到公司的资产质量。当时依照有关证券人士的预算,长虹 2004 年度可能会出现巨额计提高达 10 亿元,实际上 2004 年 12 月 31 日的坏账准备更是达到 2 611 155 059 元。显然,按照长虹近年的盈利水平,无力支撑这一高额费用。

2. 谋求化解危机

"冰冻三尺,非一日之寒"。长虹受 APEX 所累,已非一朝一夕。早在 2003 年 3 月 5 日就有媒体报道,APEX 和长虹之间的业务往来可能让长虹蒙受巨大损失。可是长虹并未紧急刹车。APEX 应收账款事件后,不管是绵阳市政府还是接任长虹董事长半年的赵勇,都已经决心对长虹进行一场脱胎换骨的"甩包袱",以便 2005 年轻装上阵,因此才会一年计提 26 亿元来自 APEX 应收账款的坏账,新管理者不希望这个包袱更持久地影响长虹。2004 年后半年以来,长虹在生死关头曾经谋划收购 APEX,重新启动国际化战略。而接收 APEX 的代价就是 APEX 的 4.7 亿美元货款。对于 APEX 来说,4.7 亿美元首先是偿付能力的问题,要 APEX 一时拿出这么多现金相当困难;即使有还款能力,APEX 也会想出种种办法予以拖欠。让 APEX 还款的路径已被证明是行不通的。以 4.7 亿美元接盘 APEX 为代价进军北美市场,可能是一种胜利,也可能是一种无奈之举。接收 APEX 至少有两个好处,一是借助收购 APEX 之渠道,长虹国际化一步登天;二是解决 APEX 遗留欠款问题,轻装前进。

接收APEX之后,长虹将在美国借助APEX现有渠道及产业上下游资源,销售APEX品牌的产品。这些产品不仅包括长虹自己的产品,也可能包括像现在APEX的合作伙伴天大天财、宏图高科、五矿等的产品。一个背景是,APEX在低端市场,是美国家电领域销量最大的品牌,拥有相当大的影响力。收购完成之后,就不会产生现在与APEX发生的问题,因为长虹面对的是沃尔玛等零售商,其即使拖欠长虹货款,性质也不会像现在这样严重,就像现在的长虹与苏宁、国美的合作一样,而略去了APEX这个麻烦的中间环节。

通过长时间的调查,长虹方面否决了"收购APEX股权以承接APEX公司资产的方式进行追债"的计划。长虹在调查过程中发现,作为私营企业,APEX在财务方面并不透明,很难判断APEX公布的财务状况与实际的财务状况之间有多大的差距,现在问题不是APEX这部分资产抵押的比例有多大,而是除了这部分资产APEX还有多大的还债能力。根据国际资信调查机构邓白氏的资料,APEX的净资产数字与其销售额相比小得可怜。而且从其历史记录来看,APEX是一个麻烦不断的企业,从2001年至今,牵涉多宗商业纠纷,包括银行、供货商、运输商和保理机构在内的许多交易对手向APEX发函,即要求提供抵押。APEX已抵押了其大量资产,个别资产甚至重复抵押。加上在调查过程中发现,APEX与合作伙伴大多都有逾期债务,长虹担心通过这种方式承接APEX公司的股权后,在承接到APEX的资产的同时,掉进APEX另一个庞大的"或有债务"的陷阱,同时要为APEX承担无休止的诉讼。

问题3:如何对企业进行资信评估?

为尽量收回货款、减少损失,2004年12月14日,四川长虹在美国洛杉矶高等法院起诉APEX公司,以APEX公司违反债务偿还协议,两次逾期不履行分期还款义务为诉求,要求被告美国APEX公司偿还4.72亿美元(约合人民币40亿元)的货款(连同利息及超期罚款共计标的额4.843亿美元)及律师费、诉讼费等,并要求法院发出禁令,禁止APEX转移资产及删改、毁坏账本,同时允许长虹查明APEX的财务状况。通过司法程序核实APEX的财务和经营状况,以利于APEX公司欠款问题的进一步解决。由长虹方面、律师、会计和司法部门的有关人员进入APEX开始查询公司有关财务状况和经营状况。

2005年7月,双方达成协议,APEX向长虹提供三部分资产抵押,作为其部分欠款1.5亿美元的担保。APEX抵押的三部分资产,一是APEX公司的不动产抵押担保;二是APEX及其总裁季龙粉持有的香港创业板上市公司"中华数据广播控股有限公司"股权担保;三是APEX商标担保,三部分资产的抵押登记手续当月办理完毕。

长虹同时表示正努力与APEX通过和谈的方式就双方的商业纠纷进行和解,双方同意暂时停止在美国的诉讼,并就下一步商业纠纷的解决进行磋商。

四、案例分析

(一)分析应收账款对长虹公司的意义

长虹通过赊销提供商业信用,一方面可以吸引客户,增加公司的销售量,提高公司的市场份额,公司的竞争能力也增强;另一方面,通过赊销,可以把公司的存货卖掉,虽然没有立即收回现金,但出手存货至少可以降低存货的管理成本。但如果对应收账款管理不善,可能直接威胁企业的发展前景,甚至将企业逼到生死边缘。"长虹事件"再一次说明加强应收账款管理的紧迫性。企业发生了应收账款后,会对企业产生一些负面影响。第一,降低了资金使用效率,提高了企业经营成本。与持有现金相比,应收账款增加的成本包括机会成本、管理成本和坏账成本。另外,跨年度销售而产生的应收账款,还可能出现企业垫付税款、股东年度分红的情况。第二,虚增了企业当期利润。企业的记账基础是权责发生制,应收款可能使企业的账面利润增加,而现金却不能即期流入,这在一定程度上夸大了企业的经营成果,增加了企业的风险成本。第三,容易造成企业资产不实。应收账款中的坏账,造成企业资产账实不符,使通过资产负债表反映的企业总资产负债实质与形式不一致。第四,加速企业的现金流出。赊销虽然能使企业产生较多的利润,但是并不能真正使企业现金流入增加,反而使得企业不得不运用有限的流动资金垫付各种税金和费用,加速了企业的现金流出。第五,延长了企业营业周期。我们知道营业周期为存货周转天数和应收账款周转天数两者之和。不合理应收账款的存在,会使营业周期延长,影响了企业资金循环,导致大量的流动资金沉淀在非生产环节上。致使企业现金短缺,严重影响了企业正常的生产经营。第六,应收账款加大了企业经营的风险。因此,企业发生了应收账款后,要做好应收账款的日常管理,在事后还应该有一套合理的收账程序和科学的讨债方法来应对,以避免成本的提高和风险的发生。

(二)导致应收账款成为"定时炸弹"的原因

1. 赊销结算盛行

伴随国际市场竞争的加剧,国际货物市场由卖方市场转向买方市场,制造商为了维持或扩大市场份额,迫于买方压力,只好采取赊销方式出货,这种结算方式大大增加了企业应收账款余额,加大了营运风险。另外,企业缺乏由自己掌控的国际销售渠道。长虹涉足国际市场时间较短,既无国际经营的经验,也无自己掌控的国际销售渠道,无法直接将自己的产品打入到发达国家的主流销售渠道,只好依赖第三方企业来完成这个任务。这些第三方企业往往资金实力较弱或信誉度较低,通常要求采取赊销方式进货。长虹公司的受累与其国际销售的缺失不无联系。还有,供货商的库存量太大。为了尽快降低库存,解决资金周转困难,供货商往往主动提出赊销供货,而国外不法分子抓住出口商的弱点,对其行骗。

2. 对国外进口商的资信缺乏了解

我国许多大企业不愿意花精力和时间对国外进口商作全面的资信调查,往往在一知半解的基础之上就贸然与对方签订合同,等到上当受骗才幡然悔悟,结果为时已晚。长虹公司在没有对 APEX 公司的一贯经营作风、财务状况、诚信度进行深入了解的情况下,就把巨额的货物赊销给他们,无疑等同于将自己置于风险之中。

3. 国际贸易结算手段使用不当

目前采用的国际贸易结算手段有信用证结算、汇付和托收、国际保理业务等方式。这几种结算方式各有利弊,出口商在确定使用哪一种方式时应当充分考虑,同时要对每种结算方式自身的风险有清醒的认识。如果使用不当,就会造成无法弥补的损失。本案例中应当说保理结算对长虹比较合适,为什么长虹回收应收账款仍然失败呢?原因是长虹公司与 APEX 公司和银行签署的三方协议并没有让银行承担应收账款的无追索赔付责任,保理商仅仅是对应收账户的管理,而不是对应收账户的购买,这是一种弱化了的买卖关系。保理商既没有对每笔交易的信贷额度进行审核和授信,也没有对呆账承担相应的赔付责任。长虹往往绕开银行,自主决定信贷额度。因此,银行承担的责任十分有限。另外,"保理商从零售商处收取货款,按比例分成"这种安排也存在瑕疵,银行对 APEX 公司将货物运往什么地方、卖给谁、怎样结算货款难以监控,而且银行是一家小银行,且该银行的应收账款信贷业务仅占其业务量的很小部分。可以看出,长虹所挑选的保理商难以承担长虹巨额应收账款的风险担保。如果长虹采用较为安全的双保理模式、挑选的保理商是世界上信誉卓著的大保理商、采用的是无追索的保理,长虹的悲剧是可以避免的。

(三) 警惕海外应收账款风险

长虹事件绝不是被海外代理商欺诈的简单个案。根据抽样调查的研究表明,中国外贸企业国际业务坏账率高达5%,超出发达国家平均水平的10倍。中国企业的"应收账款延迟收付"的比例超过了50%,远远高于欧美和亚太其他国家。国内厂商一定要对销售协议中的赊销条款予以警觉,即使是在美国等短期信用风险为 A1(最高分,风险最小)的国家,对方开具的支票和汇票也不是收账的依据。因此,国别的信用风险防范问题也越来越突出,甚至成为许多中国企业走向国际的瓶颈。我们必须采取措施,防范海外应收账款风险。一是应当制定严格的赊销信用政策和完善的国际应收账款管理措施。二是加强对进口商的资信调查。三是精心选择正确的结算方式。厦华、格力以及美的等家电企业均表示,在家电行业,产品的出口,只有在跟国际知名的大客户以及大的跨国公司合作时,才采用赊账方式。对方会考虑自己的声誉,不会轻易拖欠货款。长虹明显是这些审慎的"大企业作风"的一个例外。长虹和 APEX 签订的合同非常简约,难以厘清双方权利、义务以及潜在风险的分担。另外,长虹和 APEX 的交易,多为 APEX 以支票作为货款担保。如果 APEX 蓄意欺诈,使得这些支票无法兑付,长虹的损失就不可避免。四是要逐步建立由企业自己控制的国际销售渠道。长虹回收应收账款的失败,其中一个重要原因是长虹过度依赖 APEX 这一渠道。如果长虹公司以自己的名义直接与美国的零售商沃尔玛等进行交易，4 亿多美元的损失完全可以避免。五是要建立一套处理国际应收账款风险的应急机制。例如，尽快弄清货款不能回收的原因和相关当事人的责任，准备有关的证据，向有关责任方索要赔付。如果失败，应当迅速启动仲裁或司法程序。任何的拖延和漠视，都意味着国际应收账款回收可能性的减少。而这些长虹做得都不够。

（四）应收账款的管理策略

四川长虹之所以在此次巨额应收账款的"黑洞"中损失惨重，与其激进的策略有关，也暴露出其应收账款管理上的缺陷。因此，防范应收账款风险势在必行。一是树立坏账风险意识，建立应收账款坏账准备制度，防范财务风险。早在 2003 年，APEX 拖欠货款的问题早已暴露出极大的风险，但四川长虹方面却一直信奉"沉默是金"的原则，从未公告面临的巨大风险，还在各种场合表示与 APEX 的合作并不存在问题。二是建立完善的内部控制制度，信用管理部门确定赊销授信额度和进行资信调查，财务部门对应收账款进行分析管理，内部审计发挥其监督作用。四川长虹在决定到海外拓展市场时，如果公司内部有一套成熟的信用管理体系，也许就不会选择 APEX 公司，也就不至于陷入应收账款的巨额黑洞中。三是强化应收账款的日常管理，财务信用部门和销售部门进行应收账款跟踪管理服务。从赊销过程一开始，到应收账款到期日前，对客户进行跟踪、监督，从而确保客户正常支付货款，最大限度地降低预期坏账的发生率。很显然，四川长虹在这方面做得是不够的，虽在美国设立了一个联络点，但这个联络点却不负责 APEX 项目的监管，只负责接待。

五、案例讨论

1. 长虹应收账款产生的原因是什么？
2. 如何防范国际应收账款中的风险问题？
3. 如何对应收账款进行管理？

六、案例拓展阅读

乔伊斯化工公司应收账款管理案例[1]

当爱德华·卡明斯经过老板的房门时，布朗宁先生叫住了他："爱德华，进来。"他喊道："这儿有个情况需要尽快地审查一下，看看你能做些什么？"卡明斯先生拥有

---

[1] 案例节选自王化成：《财务管理教学案例》，中国人民大学出版社 2000 年版。

（续上）

工商管理硕士学位，他于1971年10月担任乔伊斯化工公司首席信用代表。毕业后先供职于一家银行，后来加入乔伊斯公司，主要在地区信贷经理布朗宁先生的领导下负责芝加哥地区的客户信用状况评价以及高风险的信用督导工作。虽然乔伊斯公司已形成了产销一条龙体系，但是它的信用管理工作依然是通过各地区的信用评估办公室来协同进行。乔伊斯公司是一个中等规模的化学企业，它的总部设在中西部地区。

在布朗宁先生的桌上厚厚地堆着一叠文件，他说："专门负责合成树脂销售的地区代表今早打电话来讲，听说一位我们感兴趣的顾客住进了医院。据说几天以前他就得了出血性溃疡。我敢打赌，虽然他的病史已经有几年了，但他在新年之夜肯定是毫无顾忌地放纵了一下，所以现在病情加重了。无论如何，我们的钱不是那么保险了。打电话去医院看你能否找到他，好好查看一下账簿，看看我们应该做些什么。你所受的教育就是用来做这种决策的。看你在午后能否提供一些建设性的意见。"布朗宁先生一边说一边把账簿推给了卡明斯先生。卡明斯先生向几个医院打了电话，最后找到了庞德先生。但是发现他病得很重，处于严密的护理之下，无法打扰。在拜访庞德先生的艾利奥特制造公司之前，卡明斯先生又重新熟悉了一下信用档案所提供的信息。

（一）乔伊斯公司的商业信用客户——艾利奥特制造公司

庞德先生在一家专门生产服装业所用的塑料衣架和塑料扣钳的公司做了多年的销售工作。20世纪60年代早期，庞德先生决定开展自己的业务，于是创立了艾利奥特制造公司。乔伊斯公司答应向他的公司提供原材料。

信用档案表明庞德先生是艾利奥特制造公司的独资所有者。同时他好像也是管理阶层中唯一既热心于公司事业，又具有生产和销售实际经验的人。在困难的1971会计年度，公司的其他两位领导人离开了公司，部分是由于经济原因，部分是由于与庞德先生在如何开展公司业务方面存在分歧。信用调查表明，对庞德先生领导下的新的公司管理阶层不应抱有任何信任。

塑料衣架生产这个行业的竞争很激烈。塑料衣架作为一种普通商品，在生产工艺及品牌上无任何差别。进入这个行业也相对比较简单，只要买一些比较便宜的二手压模设备就可以。制印模可能会贵一些，但是一旦到手，就可以做到真正无限期地使用。

塑料制造业主要通过价格、服务及送货等方式来进行竞争。而合成树脂供应者之间的竞争很少采取价格让步这种形式，相对来讲，信用融通更常用一些。所以，如果想在塑料衣架的生产行业中取得成功，就必须做到：努力提高产量，降低生产成本，最大限度地提高设备利用率（经常采用三班制），充分发挥销售人员的积极性，高层机构全面而谨慎地进行控制工作。按目前标准来衡量，艾利奥特公司的设备利用率较低。

庞德先生曾试图增加他的产品生产品种,但没有获得成功。所以虽然服装业的周期性特征经常给它的供应商造成长期的麻烦,艾利奥特公司的业务也不得不继续过分依赖于这个产业。

(二)乔伊斯公司与艾利奥特公司间的商业信用记录

最早在1963年,乔伊斯公司曾经为伊利奥特公司提供过一笔金额为5 000美元的赊销账款,信用期限为30天。到1967年,信用条款规定的赊销账款金额达到5万美元,期限延长为60天。虽然有几次乔伊斯公司面临的风险超过了信用条款的有关规定,但直到1968年,双方也未对这项信用安排进行调整。然而在1968年11月,艾利奥特公司未按期付款。在庞德先生的建议下,乔伊斯公司将他对艾利奥特公司的信用额度提高到100 000美元,并且又接受了艾利奥特公司开出的一份就1968年11月所购货物的延期付款单据,金额为31 000美元。查看了艾利奥特公司于3月31日结束的1969会计年度的经营表现以后,乔伊斯公司的市场部要求增加对艾利奥特公司的信用额度,以便保住这个客户。在1969年会计年度内,共有450万磅的合成树脂售给了艾利奥特公司。而乔伊斯公司的信用额度也已经超过了140 000美元,而且全部被用光。在1969年,艾利奥特公司利用应收账款代理商提供的一笔年息12%的3个月抵押贷款使它的生产能力翻了一番。

到1970年12月,乔伊斯公司面临的由艾利奥特公司引起的信用风险已达到15万美元,收款期限75天。另外还有一份自1971年3月起的为期12个月的、总额达5万美元的延期付款协议。为了降低这日趋增大的风险,乔伊斯公司采取了两项防范措施。首先,乔伊斯公司对艾利奥特公司的生产设备、应收账款和存货采取了资产保全措施。这些资产的变现价值可达30万美元,其中仅生产设备就价值5万美元。其次,乔伊斯公司每年交纳600美元的保险费,为庞德先生投保了总额达10万美元的人身险。

在1971会计年度,由于时装式样翻新以及服装业中出现的不确定性因素,使塑料衣架的需求下降。但艾利奥特公司却试图采取与市场走向背道而驰的销售政策。由于实行这种不合时宜的政策,艾利奥特公司不得不增加一笔用于催收账款的数目可观的费用。

然而,财务损耗仍然持续不减。为了降低成本,艾利奥特公司不得不放走他们的销售经理、主计长以及其他许多雇员。1971年3月,庞德先生试图说服乔伊斯公司解除资产保全措施,从而可以使艾利奥特公司有能力筹集到更多的资金,但遭到了拒绝。在多方面的打击下,庞德先生得了严重的溃疡症,病倒了。艾利奥特公司第一次没有承付他给乔伊斯公司所开的3月15日到期的应付票据。

这时,乔伊斯公司的市场部决定终止向艾利奥特公司提供商业信用,这一决定几

(续上)

乎导致艾利奥特公司的破产。卡明斯先生发现,由于艾利奥特公司将他的产品价格压得过低,以致他的竞争者们纷纷指责乔伊斯公司通过低价向艾利奥特公司提供原料的方式来推行价格压榨政策。对于这种不公正的指责,乔伊斯公司的市场部感到很尴尬。然而,在1971年剩下的日子里,虽明确要求艾利奥特公司向乔伊斯公司购进原料时须以现金支付,但艾利奥特公司仍努力支撑着他的业务运转。每星期艾利奥特公司都要求乔伊斯公司向其送货3~4次。每次货物价值达3 000~4 000美元,都用现金支付。

在1972会计年度的大部分时间里,销售都呈一种下降趋势。对艾利奥特公司的合成树脂销售量已降到420万磅。庞德先生乐观地预计这种情况在1973年度会有所转机。他很有信心地认为在1972年艾利奥特公司可以购进500万磅的合成树脂。

1971年后半期,乔伊斯公司同意接受艾利奥特公司开出的两张票据。一张是金额为15万美元的即期票据;另一张是分期付款票据,用来代替那未及时付清的5万美元货款。这5万美元的违约款按每月2 000美元的金额分期支付,到1972年3月全部付清。那张即期票据的实际付款时间要拖到1972年底。至于其他款项的支付都要在艾利奥特公司会计年度的年末才能够进行讨论。

在这段时间内,庞德先生主要利用乔伊斯公司提供的卖方信贷和应收账款代理人提供的款项来维持公司的业务运转。卡明斯先生可以从信用档案中得出的最乐观的结论是:乔伊斯公司是艾利奥特公司唯一欠款的客户。艾利奥特公司的应收账款代理人所提供的款项可以在双方确认的往来账户内冲销80%,这笔款项按13.5%的利率计息。

从1971年12月31日编制的资产负债表可以得知,应收账款代理商提供的一笔金额为3.75万美元的机构设备抵押贷款也已到期,正按4 000美元/月进行归还。卡明斯先生认为,用作贷款抵押的这些设备如果在公开市场上按正常手段进行变现,价值可达5万美元。其他各项资产,包括有希望收回的应收账款(虽然这些应收账款已大部分用来冲销同应收账款代理人的往来账户),总价值在1971年12月31日可估价1.41万美元。而其他5 000美元的杂项资产在变现时则无任何价值。

通过研究记录,卡明斯先生得出这样一个结论:庞德先生是一个难以与之进行对话的人,他反复无常的性情和行为很难得到公司其他员工的理解和支持。对他来讲,好像难以区分个人生活与公司事务之间的差别。所以卡明斯认为庞德先生个人对应付账款所做的担保是没有任何财务价值的。

(三) 结束语

研究完了信用档案,卡明斯先生与艾利奥特公司的第二把手主计长通了电话,了解公司的经营状况。"你们的老板现在怎么样了?"卡明斯先生问道。"他出去了,去做一次商业旅行。"电话那头的主计长回答说。卡明斯先生思考了一下,向主计长表示了谢意,并表示以后再同他们联系,然后挂上了电话。

要求:
1. 艾利奥特制造公司的财务管理存在哪些漏洞?由于这些问题的存在,将会给乔伊斯化工公司带来什么样的风险?
2. 针对艾利奥特制造公司的现状,乔伊斯化工公司应如何改进自己的应收账款政策?

第四章

公司利润分配活动案例

用友软件公司的现金股利分配[①]

一、本案例的学习目标

通过对本案例的学习,学生应理解财务理论中有关股利政策的经济含义、现金股利政策制定的路径,以及公司利益相关者围绕着利益分配展开的冲突。

二、问题的引出

> 用友公司公布了它的 2001 年年度报表和分配方案,每股 0.70 元的收益,每股派现 0.6 元(含税)。但是我们发现在其年报公布后,用友股价却出现大跌,而媒体也沸沸扬扬。有的认为,在目前管理层与媒体都提倡上市公司多用现金分红回报投资者的潮流下,每股分红 0.60 元应该是一个非常优惠的分配方案,是对股东负责的表现,为其拍手叫好。也有的认为这是典型的大股东利益最大化行为,有损小股东的利益,让许多用友软件的二级市场投资者颇为失望,表现出严重的不满。
>
> 这不得不让我们反思:为什么一种股利政策会产生不同的认识?其根源在哪里呢?

三、案例陈述及阅读引导

(一)公司背景

用友公司最初由两位自然人股东王文京和苏启强于 1988 年共同创建,1990 年 12 月、1993 年 3 月和 1993 年 7 月,公司的股权先后发生了三次转让。转让完成后,公司的股东为王文京、苏启强和郭新平,分别持有公司 45%、45% 和 10% 的股权。

[①] 本案例资料来源于汤谷良:《财务管理案例》,北京大学出版社 2007 年版。

2001年4月，经中国证监会核准，用友软件股份有限公司（以下简称"用友软件"）在上海证券交易所以上网定价方式向社会公众发行了2 500万股人民币普通股（A股）股票，每股面值1.00元，每股发行价36.68元，本次发行后，用友股份有限公司总股本为10 000万股。

> **问题1**：谁控制了用友公司？发起人与社会公众的持股成本一样吗？这可能意味着什么？

用友软件是国内软件业的龙头企业，具有软件自主研发和创新等核心竞争力，公司近年在向企业管理软件（ERP）开发的转型上取得了成功，上市后投资的多项软件业务也进入了收获期。公司的经营范围为：电子计算机软件、硬件及外部设备的技术开发、技术咨询、技术转让、技术服务、技术培训、企业管理咨询、数据库服务、销售电子计算机软硬件及外部设备、打印纸和计算机耗材、图书零售等。

2001年上市的用友软件，传统业务以财务软件为主。最近几年公司业务从财务软件向企业管理软件转型，持续保持较高的研发投入和销售服务能力建设，另外公司上市后投资的几项新软件业务处于投资培育期，导致公司合并净利润连续两年出现小幅下降。2005年，公司以用友ERP—u8、ERP—Nc、用友通、用友财政管理软件、用友金融企业管理软件、用友烟草企业管理软件和用友定制软件开发服务为基本产品线，完成了一系列产品的发行工作。同时，公司进一步优化了销售模式和销售组织，在全国各地建立了产品体验中心，开展客户现场体验、沙盘模拟等多种方式体验活动，进一步丰富了销售模式，并带来了明显的效果。

截至2005年年末，用友软件的前五大股东持股情况如表14-1所示。

表14-1 截至2005年年末公司前五大股东持股情况

2005年年末	持股数（万股）	所占比例（%）	王文京持股比例（%）
北京用友科技有限公司	6 480	37.50	99.000
北京用友企业管理研究所有限公司	1 296	7.50	76.260
上海用友科技咨询有限公司	3 240	18.75	66.536
上海益倍管理咨询有限公司	1 296	7.50	0
上海优富信息咨询有限公司	648	3.75	0
社会公众股	432	25.00	0
合　　计	17 280	100.00	55.320

(二) 公司收益及现金股利的分配

1. 用友软件自上市以来的重要财务指标(如表14-2所示)

表14-2 公司主要财务指标表   单位：万元

项　　　目	2005年	2004年	2003年	2002年	2001年
主营业务收入	100 076	72 587	60 157	48 822	33 348
主营业务利润	87 538	64 677	54 574	43 884	30 444
营业利润	4 707	3 415	5 154	5 829	5 011
投资收益	－47	－1 158	－1 096	647	－109
营业外收支净额	－48	－67	－32	0	－111
利润总额	11 838	7 884	9 003	10 345	7 924
净利润	9 884	6 944	7 491	9 161	7 040
净利润(扣除非经常性损益后)	9 747	7 001	7 751	9 181	7 124
经营活动现金流量净额	20 750	10 659	10 453	8 380	10 329
现金及现金等价物净增加额	－4 857	－5 842	－4 686	8 410	67 301
总资产	149 248	133 738	128 261	121 812	116 787
股东权益(不含少数股东权益)	120 685	114 717	111 394	103 392	100 232
每股收益(摊薄)	0.57	0.48	0.62	0.92	0.70
每股净资产	6.98	7.97	9.28	10.34	10.02
每股净资产(调整后)	6.81	7.74	9.25	10.30	9.96
每股经营活动现金流量净额	1.20	0.74	0.87	0.84	1.03
净资产收益率摊薄(%)	8.19	6.05	6.70	8.90	7.00

2. 股利分配方案

表14-3列示了用友软件2001～2005年的股利分配方案。

表14-3 用友软件历年股利分配方案

报告期	每股收益 (元)	每10股分红 (元,含税)	每10股转增 (股)	红利支付率 (%)
2005年	0.57	6.60	3	115.79
2004年	0.48	3.20	2	66.67
2003年	0.62	3.75	2	60.48
2002年	0.92	6.00	2	65.22
2001年	0.70	6.00	0	85.71

2001年度公司以年末总股本10 000万股为基数,向全体股东每10股派发现金红利6元(含税),共计派发股利60 000 000元,剩余利润留待以后年度分配,2001年度公司不进行资本公积转增股本或送股。

2002年5月20日,公司2002年度股东大会审议通过公司资本公积金转增股本议案,分红派息以2002年总股本1亿股为基数,向全体股东每10股派发现金红利6元(含税)。资本公积金转增股本向全体股东每10股转增2股,共计转增2 000万股,转增后公司总股本为12 000万股。截至报告期末,公司资本公积金转增股本议案实施完毕。

根据公司2003年度股东大会决议,分红派息以2003年年末总股本12 000万股为基数,向全体股东每10股派发现金红利3.75元(含税),资本公积金转增股本向全体股东每10股转增2股,共计转增2 400万股,转增后公司总股本为14 400万股。

2004年以总股本14 400万股为基数,向全体股东每10股派发现金红利3.2元(含税),资本公积金转增股本向全体股东每10股转增2股,共计转增2 880万股,转增后公司总股本为17 280万股。

2006年4月28日召开的公司2005年度股东大会,审议通过了2005年利润分配预案及资本公积金转增股本的方案,公司实现净利润9 884万元;以2005年末总股本17 280万股为基数,向全体股东每10股派发现金红利6.6元(含税),共计派发现金股利1.14亿元,同时还向全体股东每10股转增3股,共计转增5 184万股。

问题2:假设你是一个社会公众股股东,从2001年开始持有该股份至2006年,计算你最原始的一股股票可获得的现金股利;计算一个发起人的一股股票获得的现金股利。看一看谁"赢了"。

(三) 对用友软件股利分配方案的"媒体与专家的评说"

为了更全面地熟悉用友软件股利分配案例,下面摘录了几家报刊的"评说"。

用友软件从一上市就一贯保持高分红的策略。2002年5月,用友软件发布2001年度分红派息公告,每股派发现金红利0.6元(含税),通过分红,大股东王文京立刻收回3 312万元;接着,用友软件2002年度每10股转增2股再派6元的分红派息策略、2003年度每10股转增2股派3.75元、2004年度每10股转增2股派3.20元,在接连不断的高比例派现中,四年间,王文京总共从用友软件分红约1.1亿元(含税)。用友软件初始注册资本为7 500万元,王文京在其中所持有的股份为73.6%,折算出王文京的投资额约为5 520万元。数年来他所得的分红,已约为其原始投资的两倍。早在2002年5月份,用友软件发布2001年度分红派息实施公告,每10股派6元,就引起了市场的广泛质疑。当时大多数分析人士指出,由于王文京的持股成本只有1元/股,通过高派现后能收回大量成本,而流通股股东必须在二级市场上进行投资,购买价格是他的数十倍,所以,分红事实上就是肥了大股东,损害了小股东。

知识点

股东所持有的股票可以在股票二级市场上进行交易的股票被称为流通股股东,其持有者被称为流通股股东;股东所持有的股票不能在股票二级市场上进行交易的股票被称为非流通股股东,其持有者被称为非流通股股东。

2002年用友软件第一次分红时,北京标准咨询公司董事长刘纪鹏就曾表示,一股独大的民营企业上市获取资金是在合理合法条件下,利用市场缺陷进行的。因此,应当限制一股独大的民营企业上市公司的持股比例,这个比例应该在20%以下,否则,市场会出现利用市场缺陷圈钱而冒出亿万或数亿万富翁的现象。一方面是用友软件上市获取的近10亿元资金无处可花,另一方面是许多企业缺钱,市场资源没有能够得到有效配置。

国泰君安证券分析师岳林继却认为,用友软件的做法虽广受指责,但它并没有违反相关法律和规定,并且,也不违反国际上通行的证券法规。"国际上也主张分红,提倡回报投资者。不过,'圈钱式'的分红派现是不可能的——尤其是在利润下滑的情况下。用友软件的这种做法,在国外根本不可能获得股东大会和独立董事通过"。该分析师进而指出,国际上也有坚持不分红的例子,比如,全球软件业老大——美国微软公司,"从1986年上市到现在,一分钱都没有分过,所有的收益都用于再投资"。

清华大学朱武祥认为,用友软件的分红,按理是一种常规做法。所谓常规做法,是指当公司没有更好的投资机会的时候,把钱分配给股东,让股东自己决定再投资。这种常规做法是比较理性的。朱武祥在分析用友软件高比例派现原因时,认为可能是基于两个因素:一是王文京所持有股权的非流动性;二是公司后续再融资问题。对于前者,王文京作为股东,应该有投资收益要求的。如果王文京所持有的股票是全流通的,那么在股价非常高的情况下,抛出一些股权,王文京就很容易收回3 000多万元,对此,人们也不会产生任何异议。对于后者,在大量分红后,降低了公司的净资产规模,提高了每股净资产收益率,为后续融资创造了条件。对上市第一年就大量分红,朱武祥认为最根本的原因是公司没有寻找到更好的投资机会。用友在目前没有寻找到更好的投资机会的情况下,采取大量分红的做法是理性的。

中国社科院的研究员张承耀认为,如果用友软件不分红,势必驱使中小股东从股价波动中寻求投机差价,而这不利于市场的规范发展。用友软件注重当期回报的做法,是符合国际惯例的。从国际市场看,美国的企业一般是将税后利润的30%～40%进行分红。而日本企业,倾向于按照资本金的10%～15%进行分红,相当于股息化。因此为了减少市场股价的投机波动,应该提倡多分红。

> **问题 3**：你能为以上不同的评述找到理论依据吗？你怎么看待用友的分红方案？

四、案例分析

(一) 现金股利政策是什么

现金股利是公司分配给股东的利润,是对公司税后利润的一种分割,公司股利政策的核心内容在于如何确定现金股利与留存收益之间的比例关系,即公司将赚取的利润拿出多少来分配给股东。仅就现金股利作为利润的一部分而言,并无好坏之分,但是,如果把它作为一种利益分配政策,公司的利益相关者会从自身利益最大化的实现程度,为其贴上"好"与"坏"的标签,甚至认为股利政策制定者可能利用其控制权,通过制定有利于自己的政策侵害其他利益相关者的利益。在本案例中,对用友软件公司现金股利政策的争论,也概缘于评论者站在了不同"人"的立场,为其代言。仔细分析会发现,评论者分别站在了大股东——控股股东(非流通股股东)和小股东——非控股股东(流通股股东)的立场。前者认为高现金股利实现了股东利益的最大化,后者认为高现金股利有损于小股东的利益。随着现代公司理论、新制度经济学等理论的发展,以及人们对公司股利政策的实证研究,越来越多的理论表明,公司的现金股利政策越来越被工具化,即,现金股利政策被看作实现其利益最大化的工具。

(二) 现金股利政策理论——对现金股利政策的解释

仔细阅读一下本案例,然后再查找一下相关的研究资料,我们会发现,无论是赞成还是反对用友公司的高现金股利政策,都会有大量的理论来支持其观点。从现金股利政策理论研究的演化来看,现金股利政策理论发展的动力就在于公司没有一个固定的现金股利模式,然而,人们又对公司之所以采取的现金股利模式充满了好奇,并试图解释之,于是形成了"汗牛充栋"的理论。1956 年美国学者 Lintner 揭开了现金股利理论研究的序幕,在《Distribution of incomes of corporations among dividends, Retained earnings and taxes》一文中开创性的研究发现,公司的管理者精心设计着现金股利。1961 年,Miller 和 Modeglani 提出了著名的"股利无关论",标志着股利理论研究进入了一个崭新的阶段[①]。

1. 现金股利无关论

该理论首先由 Miller 和 Modiglani 在 1961 年提出的。他们认为,在完美的资本市场中,当公司的投资决策既定的时候,现金股利的支付纯粹是一个细枝末节的问题,它的多

---

① 魏刚:《中国上市公司股利分配问题研究》,东北财经大学出版社 2001 年版,第 1 页。

少不会影响股东的财富。因为,公司的价值完全取决于公司的盈利能力,或者说是公司的投资决策,股东对他们的收入是来自现金股利还是公司的资本利得并无偏好。现金股利政策只不过是公司的一种融资策略。

这一理论所导致了"剩余股利政策模型"。即如果公司把留存收益用于再投资所得报酬率大于同等风险条件下的投资报酬率,则是股东宁愿让公司把留存收益用于再投资,而不是用来发放现金股利。只有当有利的投资机会用完后,留存收益尚有剩余时,股东们才要求公司支付现金股利。我们在用友软件公司的招股说明中发现了公司发行股票所筹资金的投资机会,且在案例资料中,也看到了该公司正处于一个高速发展的阶段,充满了投资机会,但是,我们并没有看到公司在发行股票筹资之后的投资行为。显然,公司的利润并没有先满足投资的需要,后分配现金股利,"现金股利无关论"并有解释用友软件公司的股利政策。

2. "一鸟在手,胜过双鸟在林"理论

如果把现金股利和资本利得看作是两种可供选择的收益来源,股东对两者有偏好。这种偏好源于股东厌恶风险的态度和现金股利与资本利得的不同风险等级。现金股利的支付会消除股东获得报酬的不确定性,而资本利得的风险不能在当时被消除。所以,股东偏好现金股利而厌恶资本利得,希望公司有较高的现金股利政策。这一理论似乎支持用友软件公司的股利政策,高股利政策是为实现股东价值最大化而为。但是,从用友公司股票价格下降的事实来看,又似乎矛盾。既然高现金股利实现了股东价值的最大化,为什么市场投资者把它看作一个"坏消息",引起股票价格的下降呢?该理论也不能完全解释这一"用友现象"。

3. 税差理论

该理论认为股利发放存在着税收上的不利之处,因为一般来讲各国对股利的征税要比其他替代形式,如资本利得高得多。此外,股东还可以以继续持有股票来延缓资本收益的获得从而推迟为资本收益纳税的时间。因此,股利的发放会降低公司的价值,减少股东的税后收益,公司应当采取低股利政策,以实现其资本成本最小化和价值最大化。

在我国,上市公司发放现金股利需要交纳所得税,而股票的出售并不交纳资本利得税。显然,如果用友公司是为了实现股利价值最大化,没有必要支付高额现金股利,相反,应该制定低现金股利政策。

4. 信号传递理论

在非完全的市场中,公司的管理者与投资者关于公司的信息是不对称的。一般而言,管理者作为代理人是公司的"内部人",拥有信息优势,而投资者作为委托人是公司的"外部人",是信息弱势者。这种信息不对称的分布状态,使利益目标不一致的代理人与委托人之间产生的代理问题——逆向选择和道德风险,产生利益冲突。缓解代理问题的有效机制之一就是建立一种信息传递机制,以减轻委托人与代理人之间的信息不对称状态,现金股利政策恰好具有这种信息传递的功能与作用。当管理当局对公司未来前景看好时，他们可能不仅仅是对外宣布好消息，还会通过提高股利来证实此消息。如果公司以往的股利支付稳定，那么一旦增加股利，投资者就会认为公司管理当局对公司未来看好。换言之，公司提高股利支付水平意味着公司管理对公司未来能够保持较高的利润水平支持较高的股利充满信心，即股利增加表明公司盈利能力的"永久"增长。

最早用信号理论来解释现金股利政策的是 Lintner(1956)。他发现公司会精心设计其股利政策，按照长期的平均盈利水平制定了固定的股利支付率。在改变股利政策上，公司经理显得非常谨慎，只有当公司盈利发生"长期的显著"的变化后，才倾向于调整股利支付水平。

本案例是否可以用信号传递理论来解释呢？我们首先应该注意到现金股利能有效传递信号的前提：公司支付的现金股利在一个相当长的时期内保持固定，然后管理层通过改变固定的支付向投资者传递"好消息"或"坏消息"。考察一下用友软件公司的股利支付政策，并不是对保持一定稳定支付时期的改变，可以说毫无规律可言，连续几年既不是连续的增长，也不是连续的下降。投资者根本无法从其现金股利的政策中获得关于公司发展前景的信息。

5. 现金股利政策的代理理论

这一理论是利用公司的代理理论来解释现金股利政策的。公司并不像古典经济学假设的那样，是一个投入与产出的函数，而是由一系列委托—代理关系组成的集合。由于委托人与代理人的收益函数不一致，会导致两者之间的利益冲突，从而发生代理成本，最终将使委托人——股东的利益受损。高现金股利政策可以降低代理成本，其原因有二：一是公司将大多数现金以股利的方式支付给股东，可以迫使公司进行外部筹资，如发行债券或股票，这都能使公司引入外部监督者，而这些监督者往往几乎都是免费的；二是支付现金股利可以减少公司管理者手中控制的现金，可以防止管理者的"自利性消费"。

现金股利政策代理理论从委托代理的角度解释了高现金股利为股东带来的价值增值，对资本市场上的投资者来讲，高现金股利政策是个"好消息"，应该得到市场的积极反应，公司股票的价格应该上涨。但是，市场并没有把用友软件公司的高现金股利政策视为"好消息"，股票价格并没有上涨，反而被视为"坏消息"，导致了股票价格的下降，说明市场并没有认为高现金股利是投资者的"福祉"。所以，用代理理论来解释用友软件公司的现金股利政策也有些牵强。

（三）利益侵占假说——我们的看法

总体上来看，现金股利理论要解决的问题是：现金股利能最大化股东价值吗？现金股利是如何最大化公司价值的？回答这两个问题的关键是首先要界定清楚"谁"能来最大化股东的价值。"谁"有权力制定公司的现金股利政策，"谁"才有可能最大化股东价值。如果把公司看作是一个"虚构"的法律框架，那么，现金股利政策便是公司的"法律"。从这个意义上来看,只有公司的控制权人才能制定公司的现金股利政策,即公司的控制权人才可能最大化股东利益的价值。那么公司的控制权人又是谁呢?在股权分散的情况下,公司管理层是实际控制权人,公司的股东(委托人)与管理层(代理人)构成了公司的基本委托代理关系;在股权高度集中的情况下,大股东是公司的控制权人,大股东(代理人)与小股东(委托人)构成了公司的主要委托代理关系。根据经济人的假设,人们都会采取最大化自己的行为。这样公司的控制权人只能制定最大化自己利益的现金股利政策,从而使现金股利政策沦为最大化控制权人的工具。所以,委托人利益最大化的程度取决于其利益与代理人的利益一致性程度。当委托人与代理人利益存在冲突时,可能会牺牲委托人的利益,甚至侵占委托人的利益,控制权人有动力也有能力这样做。

在用友软件公司的案例中,前五大股东持股公司75%的股份,其中,第一大股东占37.5%,第二至第五大股东的持股比例分别占到18.75%、7.5%、7.5%和3.75%,股权高度集中,且均为非流通股股东。这样用友软件公司的控制权人是大股东——非流通股股东,小股东——流通股股东是非控制权人,公司的代理问题也主要是大股东——非流通股股东与小股东——流通股股东之间的代理问题。大股东沿着最大化其利益的路径制定现金股利政策。原因如下:

股东在公司中的收益主要有两个来源:出售股票的资本利得和持股期间收到的现金股利。在我国的上市公司中,非流通股与流通股之间存在利益形成机制的冲突。对于非流通股股东而言,其股份不能流通,便失去了获得资本利得的机会,现金股利成为其主要的收益来源,作为补偿,非流通股股东按面值取得普通股。对流通股股东而言,因其股份可以在市场上自由流通,按市场价取得股份,这样持有相同性质的股票,两类股东的成本相关甚远。这使得现金股利相对流通股股东的成本微不足道,流通股股东的现金股利收益甚微,他可能更关心资本利得,即股票的价格。在本案例中,大股东是非流通股股东,小股东是流通股股东,其利益冲突也由此引起。通过计算不难看出,大股东通过发放现金股利早已经收回了成本,而小股东并没有收回成本。如果用友公司是使用发行股票筹集的资金发放现金股利,这意味着公司在利用流通股股东的钱,为非流通股股东发放现金股利,这便造成了对小股东的利益侵害。

我们不难理解,股票市场对用友软件公司的股利政策的反应为什么如此消极。关于高现金股利政策符合国际做法,对股东是个"好消息"的说法,在于没有看到用友软件公司股权分置的现实,而导致的大股东与小股东市场角色与利益形成的非一致性。

五、案例讨论

1. 将学生分两组,支持高现金股利政策的一组和反对高现金股利政策的一组,对其支持与反对的理论进行辩论。

2. 现金股利政策的路径是什么?

六、案例拓展阅读

五粮液股份有限公司2000年股利政策分析①

(一) 五粮液股份有限公司2000年股利政策

宜宾五粮液股份有限公司(深市代号0858)2001年1月18日发布董事会公告,宣布公司2000年度的分配预案为"不进行分配,也不实施公积金转增股本",并将于2001年2月20日提交股东大会审议。同时拟以10:2配股,配股价25元,股权登记日为2月16日。最后该分配预案经审议通过。股权登记日前一天的股票市价为34.52元/股。国有股以实物资产认购其应配数的10%,放弃了90%的配股权。

(二) 财务数据:历史股利政策及经营业绩

五粮液1998年上市后一直被誉为股市"第一绩优股",这几年在绩优股纷纷滑坡的情况下,五粮液不仅净利润连续两年保持18%左右的增长,并且连续三年每股收益都在1.35~1.75元间,其经营业绩一直稳坐酿酒业头把交椅,2000年的每股收益也在两市中排名第一(见表14-4)。

表14-4 历年股利分配情况表

时　　间	业绩(元/股)	分　　红
1998年全年	1.729	10派12.5元(含税)
1999年中期	0.99	10转5股
1999年全年	1.352	不分红
2000年中期	0.895	不分红
2000年全年	1.60	10:2配股,配股价25元

五粮液公司1998年每10股派现12.5元(含税),1999年每10股转增5股,2000年为不分配、不转增,并拟按目前总股本48 000万股为基数每10股配售2股,配股价为每股25元。公司财务报表显示,公司2000年每股净利润1.6元,每股净资产6元,净资产收益率24.09%。截至2000年底,公司未分配利润为1 356 607 152.17元,按目前总股本48 000万股计算,平均每股未分配利润2.83元,每股公积金2.17元。

---

① 本案例资料来源于宋献中、吴思明:《中级财务管理》,东北财经大学出版社2002年版。

（续上）

　　五粮液到2000年底，公司的负债比率仅为30％，公司的长、短期贷款皆为0，并且在银行还有巨额存款（14亿元），当年的"财务费用"为—1 508万元；同时，当年的"利息收入"也高达159.1万元，"利息支出"却仅为69万元。

　　在五粮液的股权结构中，国家股占75％，而中小股东等社会股占25％。

（三）五粮液公司近期的资产置换计划

　　该公司的有关管理人员说，公司从长远发展的角度出发，想把自己的主业即白酒这块做大。但目前公司的白酒业这块很不完整，股份公司五粮液系列基础酒都是委托五粮液酒厂生产、加工，股份公司与集团公司之间每年的关联交易量非常大，证监会反复强调上市公司要尽可能减少和大股东之间的关联交易，在这种情况下，为了彻底解决股份公司与四川省宜宾五粮液酒厂之间基础酒环节的大额关联交易等问题，股份公司决定将所属宜宾塑胶瓶盖厂全部资产共计约3.87亿元（账面值）与四川省宜宾五粮液酒厂所属507、513、515、517和607酿酒生产车间资产共计约9.02亿元（账面值）经评估确认后进行资产置换。差价部分股份公司以现金补足。为完成本次资产置换工作，股份公司将支付5亿～6亿元的现金。

（四）中小投资者对该股利政策的反应与评价

　　五粮液2000年度分配预案一公布，立即引起相当一部分中小股东的强烈不满，甚至有中小投资者发出倡议书，希望五粮液股东积极参加股东大会（2001年2月20日），行使股东权利，并建议修改五粮液公司2000年度分配预案。他们认为既然五粮液当年经营业绩良好（在沪深两市中每股收益排名第一），并积累了如此多的未分配利润，是完全有能力进行利润分配的，也没有道理连续两年不给股东以现金回报。公司一方面不分配利润，另一方面又推出10配2的配股方案，配股价为25元，社会公众股股东不仅不能分到利润，还得给公司送上6亿元的现金，而作为大股东的国家股股东，只以实物资产认购10％的配股，一分钱不出，还可以通过资产置换拿回5亿～6亿元的现金。中小股东认为，该集团是把上市公司和投资者当成了"提款机"，大小股东同股不同权，小投资者利益受侵害。

（五）上市公司管理层的观点

　　(1)"五粮液0858"于1998年3月在深圳证券交易所发行上市以来，公司管理层和经营层一直是把股东利益放在首位的，致力于搞好经营，以优良的业绩回报股东，追求股东利益的最大化。1998年度，五粮液上市首年，公司根据当年的生产经营实际情况向全体股东每10股派12.50元（含税）现金红利，五粮液在1998年的大比例派现，创下了中国证券市场上市公司单股派现之最。1999年中期，五粮液实施公积金转

(续上)

增股本,每10股转增5股。证明公司在搞好生产经营的同时,公司管理层将股东的利益同样是放在了重要的地位,并不是漠然置之。

(2) 2000年度,公司根据生产经营的实际情况作出不分配的方案是基于以下几点考虑:① 理顺产业关系,实施资产置换需较大额度的资金。公司为减少关联交易,进一步完善公司的生产经营体系,近期将实施资产置换(前期已作公告),为完成本次置换工作公司将支付较大额度资金。② 目前公司正处于高速发展期,市场竞争异常激烈,五粮液正在进行第二次创业。四川省省委、省政府要求五粮液到2005年要在目前的产值、收入基础上翻一番,为四川的经济发展作出应有的贡献,因此,为了调整产业结构,进一步解决公司"三废"处理,为入世后公司所生产的五粮液系列酒走向国际市场打下基础,公司在2000年度进行了扩股,投资于环保和果酒等9个工程项目,该批项目除使用配股募集资金外,为完成项目的正常生产还需投入一部分自有资金,鉴于此,为了生产经营的正常开展,公司董事会作出了2000年度不分配的预案。③ 对任何一家公司来说,首先应该是生产经营,如果生产经营没有搞好,没有持续的生产经营业绩的稳步增长,股东的回报又从何谈起呢?稳定发展是回报投资者的基础。

(六) 影响股利政策的盈利预测、市场竞争、经营风险、投资机会等因素

据悉,五粮液公司早已展望了2001年的发展前景,2001年,公司的主营业务仍会有所增长,但受白酒整个行业发展滞缓的影响,其增长幅度将放慢,估计销量只能达到16万吨左右,销售收入也不会超过46亿元。同时,据传,五粮液公司2001年将利用配股的机会,上马果酒、饲料、环保等项目,实现产业多元化,降低营运风险。很明显,这都需要资金的投入。

另外,我国白酒股市状况并不理想,而整个白酒行业也正遭遇着信用、品牌与资本三大危机,走向下坡路,面对自己的诸多同行兄弟纷纷"江河日下",处于盛况的五粮液或许也会感到自己的命运。尤其值得一提的是,随着啤酒业、葡萄酒业卷起的并购浪潮,白酒业也迟早会打出资本牌,而在此之前,五粮液也许在通过各种途径积聚更多的资金以备长远打算。

要求: 1. 讨论为什么"五粮液"公司的中小股东欢迎高现金股利,而"用友软件"的中小股东对高现金股利则作出了消极反映?
2. 分析影响"五粮液"公司现金股利分配政策的因素。

伊斯特博洛机床公司——股息派发与股票回购决策[①]

一、本案例学习目标

掌握公司制定现金股利政策的过程,哪些因素将影响管理者的决策。了解不同类型的现金股利政策对公司利益将产生的影响,以及公司是如何被运用不同类型的现金股利政策实现其价值的?为什么说股票回购是现金股利的替代?这样做对公司有什么影响?

二、问题的引出

> 2001年9月中旬,伊斯特博洛(Eastboro)机床公司的财务总监詹尼弗·坎贝尔需要向伊斯特博洛机床公司的董事会提交关于公司股息政策的建议。这一直是公司高级管理层争论的议题。上个星期,恐怖分子对世界贸易中心和五角大楼的袭击使这一问题变得更加复杂。股票市场由于恐怖袭击发生骤跌,伊斯特博洛机床公司的股票价格随之下降了18%,跌至22.15美元。作为对股市暴跌的回应,许多公司随即发布了回购股票的计划,一些公司是为了显示对自身和美国金融市场的信心,一些公司则是出于机会主义的动机。
>
> 现在,伊斯特博洛机床是应该运用公司的资金支付股息还是回购股票?如果是支付股息,将采取什么样的股息政策呢?坎贝尔在苦苦思索。

三、案例陈述及阅读引导

(一)股息问题的背景

经过多年一贯强劲的盈利增长和可预见的股息增长之后,过去5年间,伊斯特博洛

[①] 本案例节选自[美] Robert F. Bruner 著、潘国英译:《金融案例研究》,清华大学出版社2005年版。

机床公司的经营一直颇为不顺。为此,公司管理层进行了两次重组。每次重组之后,公司都出现了净亏损。1996年以来,公司的股息连续3年超过了盈利。之后,在1999年,股息被减至盈利水平以下。尽管2000年出现了巨额损失,公司董事会还是宣派了低额股息。

2001年的前两个季度,董事会宣布不派发股息。但在致股东的特别信函中,董事会表示将尽快(希望是在2001年)重新派发股息。

问题1:董事会为什么如此坚持发放股息?

一个相关的事项是,高级管理层在考虑将公司名称更改为"伊斯特博洛先进系统国际公司"的同时,大力推广公司的企业形象。管理层认为这将改善投资界对公司的印象。

总的来说,管理层的观点是:伊斯特博洛是一家再度焕发出活力的公司,它展示出巨大的成长潜力和盈利前景。重组为公司的经营部门注入了活力。此外,有迹象显示,用最先进的计算机设计和开发的新机床颇受市场欢迎,并很有可能使竞争对手的产品成为明日黄花。公司内部的许多人士认为,2001年是代表新纪元到来的一年。不管公司近期的业绩表现如何,这都将使伊斯特博洛转变为成长型股票。由于没有债券,该公司没有穆迪或标准普尔的评级,但价值线公司[①]将其评为"A"级别的公司。

困顿的过去与光明的未来一道使坎贝尔陷入了两难境地。市场是把其看作日薄西山的企业、蓝筹公司,抑或是潜在的成长型公司?如果伊斯特博洛可以左右这种看法的话,它应该怎样去做?公司更名能够使投资者改变他们对公司的看法吗?公司的投资者是希望获取资本的增长还是稳定的股息?若不派发股息,而代之以股票回购的话,会以某种方式影响投资者对伊斯特博洛公司的印象吗?如果这些问题有答案,它对伊斯特博洛公司未来的股息政策意味着什么?

问题2:坎贝尔在决定股利政策之前,都考虑了哪些因素?坎贝尔为什么会想到这些问题?

(二) 公司经营的历史与未来

伊斯特博洛公司由两名工程师,詹姆斯·伊斯特和大卫·彼得波罗于1923年创立于新罕布什尔州的康科德市。这两个人曾一同上学,并对他们在一家农用设备制造厂的机

---

① 价值线公司的财务状况评级,从A++至C不等。它是用来衡量公司在不利经营环境下的承受能力。该评级基于负债水平、流动性、业务风险、公司规模、股票价格波动性和分析员的判断。

械师生活失去了兴趣。

早年,伊斯特博洛公司设计并生产了许多机械零件,包括金属冲床和模具。20 世纪 40 年代,公司的大型制造厂生产坦克、军用汽车零件和其他各种军用设备,包括铆钉枪和焊机。第二次世界大战后,公司集中生产工业上用于制造塑料和金属产品的冲床及模具。1975 年,公司已经树立了其作为工业机械和机床制造商的声望。

20 世纪 70 年代末期,伊斯特博洛公司进入了崭新的计算机辅助设计与制造(CAD/CAM)领域。通过与一家小型软件公司合作,它开发了冲床生产线,通过计算机指令制造金属零件。伊斯特博洛公司兼并了这家软件公司,并且在之后的数年里,完善了计算机辅助制造设备。与此同时,公司开发了计算机辅助设计软件和设备的高级生产线,使工程师能够在计算机上精确地按照规格设计零件。设计方案会被输入公司的计算机辅助制造设备,这样,不需要蓝图或人工干预就可以制造零件。2000 年末,CAD/CAM 设备和软件占公司销售额的 45%,冲床和模具相当于 40%,各类机床相当于 15%。

大部分生产冲床和模具的公司是客户量少、规模小的本地或地区性公司。因此,伊斯特博洛公司是名副其实的行业领头雁。然而,在 CAD 和 CAM 行业,一些大公司,包括通用电气、惠普和数字设备公司也在这个成长迅速的市场中争夺主导地位。纵观 20 世纪 80 年代,伊斯特博洛公司使 CAD 和 CAM 得以普及,但外国大公司的大举进军和美元的升值降低了公司的销售收入。20 世纪 90 年代中后期,技术进步和积极扩张的风险资本加速了高度专业化、具有领先技术的 CAD/CAM 公司打入市场的进程。伊斯特博洛公司在便利软件的开发、设计与生产相结合的方面落后于竞争对手。结果是,公司的销售收入从 1994 年的 9.11 亿美元下降至 2000 年的 7.57 亿美元。

为了应对销售收入下降的局面和改善毛利微薄的状况,伊斯特博洛公司采取了双刃剑的办法。首先,公司增加了对 CAD 和 CAM 的研发预算,力图恢复在该领域的领先地位。其次,公司进行了两次大规模的重组。1998 年,公司以 5 100 万美元的价格出售了两条不赚钱的生产线,卖了两座厂房、淘汰了 5 套租赁设备,并进行了减员。重组费用合计 6 500 万美元。之后,在 2000 年,公司通过改变生产战略进行了第二轮重组。公司再次以营销方式为核心,采纳了可进一步削减员工和设施的管理程序。2000 年业务重组的总成本是 8 900 万美元。公司近期的损益表和资产负债表见表 15-1 和表 15-2。尽管两次重组在 1998 年和 2000 年产生了合计 2.02 亿美元的损失,2001 年,通过这些重组以及加强对 CAD 及 CAM 研究的重视,形势看似有了转机。公司不仅轻装上阵,其对 CAD 和 CAM 的研究还促成了一种新系统的成功开发。伊斯特博洛公司的管理层认为,该系统将使这一行业发生翻天覆地的变化。它被命名为人工模拟系统,是把信息传遍工厂各个角落的一系列先进的控制硬件、软件和应用设施。

表 15-1 合并利润表

单位：千美元，每股数据单位为美元

项目	截至 12 月 31 日的各年度			
	1998 年	1999 年	2000 年	预计 2001 年
净销售收入	858 263	815 979	756 638	870 000
销货成本	540 747	501 458	498 879	549 750
毛利润	317 516	314 522	257 759	320 250
科研开发费用	77 678	70 545	75 417	77 250
销售、一般及管理费用	229 971	223 634	231 008	211 500
重组费用	65 448	0	89 411	0
经营利润（亏损）	(55 581)	20 343	(138 077)	31 500
其他收益（费用）	(4 500)	1 065	(3 458)	(4 200)
税前收益（亏损）	(60 081)	21 408	(141 534)	27 300
所得税	1 241	8 415	(750)	9 282
净利润（亏损）	(61 322)	12 993	140 784	18 018
每股收益（亏损）	(3.25)	0.69	(7.67)	0.98
每股股息	0.77	0.25	0.25	0.39

注：2001 年的股息数据中假设了股息派发比率为 40%。

表 15-2 合并资产负债表

单位：千美元

项目	12 月 31 日		
	1999 年	2000 年	预计 2001 年
现金及等价物	13 917	22 230	25 665
应收账款	208 541	187 235	217 510
存货	230 342	203 888	217 221
预付费用	14 259	13 016	15 011
其他	22 184	20 714	21 000
流动资产合计	489 243	447 083	496 407
物业、厂房及设备	327 603	358 841	410 988
减：折旧	167 414	183 486	205 530
物业、厂房及设备净额	160 189	175 355	205 458

(续 表)

项　目	12月31日		
	1999年	2000年	预计2001年
无形资产	9 429	2 099	1 515
其他资产	15 723	17 688	17 969
资产合计	674 584	642 225	721 349
银行贷款	34 196	71 345	74 981
应付账款	36 449	34 239	37 527
长期债务到期部分	300	150	1 515
应计及其他	129 374	161 633	183 014
流动负债合计	200 319	267 367	297 037
递延税项	16 986	13 769	16 526
长期债务	9 000	8 775	30 021
递延养老金费用	44 790	64 329	70 134
其他负债	2 318	5 444	7 505
负债合计	273 412	359 684	421 223
普通股,每股面值1美元	18 855	18 855	18 835
股本溢价	107 874	107 907	107 889
累计汇兑调整	(6 566)	20 208	26 990
留存收益	291 498	146 065	156 875
减：以成本计的库藏股 1986——256,151,1987——255,506	(10 490)	(10 494)	(10 464)
股东权益合计	401 172	282 541	300 126
负债及股东权益总计	674 583	642 223	721 350

注：预测中假设股息派发比率为40%。

简单地说，人工模拟系统使工程师能够在CAD软件上设计零件，并在CAM中输入这些数据，操控机器用多种不同材料铸造零件。该系统还可以组装、罐装、盒装或收缩包装成品。人工模拟系统能够在复杂电路和先进软件的指令下运行，这些软件使机械与机械之间可以通过电子的方式进行交流。因此，不论产品有多么复杂，都可以完全采用计算机进行设计、生产和包装。

2000年，伊斯特博洛公司已经对该系统在油气炼制业和化工行业进行了应用开发，第二年则对卡车运输业、汽车零部件生产和航空业进行了应用产品的开发。

2000年10月,在第一套人工模拟系统发货的时候,伊斯特博洛公司的订单金额合计7 500万美元。而到了年底,积压未交的订货达到1亿美元。该产品看来前途似锦。几位证券分析员就其对公司的影响颇感乐观。他们对公司未来作出了评价:"人工模拟系统在竞争准入方面具有无可比拟的优势,这使伊斯特博洛公司能够提高市场份额,不考虑阶段性的骤增,以后几年公司的市场份额将以年均5%的速度增长。""公司正在用新自动化设备生产人工模拟系统,在达到满负荷生产的时候,公司会恢复其久违多年的毛利水平。""现在,重要的是伊斯特博洛公司能以多快的速度进行大规模生产。2001年5月,生产事故和零部件缺失已经拖延了产量增长的进度,比预期目标晚了6个月。启动成本是去年亏损的主要原因,并且仍在继续影响盈利。我们的预测假设:从现在开始,生产会顺利进行,并将在年底达到理想水平。"

伊斯特博洛公司的管理层预计,人工模拟系统在国内的销售收入将由2001年的9 000万美元增长到2002年的1.5亿美元。此后,销售的增长将依赖于更多的系统应用开发、系统提升和功能扩充。通过其设在法兰克福、伦敦、米兰、巴黎的代表处及新设在香港、汉城、马尼拉和东京的代表处,预计在2003年,伊斯特博洛公司的国际销售业务将增加1.5亿美元的销售收入。当前,国际销售收入占公司销售收入的15%。

两个可能影响销售收入的因素令伊斯特博洛公司多少有些担忧。第一,尽管公司已经成功获得了人工模拟系统采用的几个程序的专利,管理层通过行业观察家获悉,两个强大的竞争对手正在开发同类产品,并可能在12个月内面市。第二,模具、冲床、机床、CAD和CAM设备及软件的销售具有很强的周期性。当前,市场对美国经济的预期却并不乐观。如表15-3所示,实际GDP增长率预计将由过去3年的4%左右放缓至1.6%。工业产值将预计下降2.5%。由于成功推出人工模拟系统,不管宏观经济环境如何,伊斯特博洛公司的管理层还是对公司的前景保持乐观态度。

表15-3 经济指标及预测(均以百分比表示)

项　　目	1998年	1999年	2000年	2001年8月	预　　计	
					2002年	2003年
3个月短期国债收益率(竞价)	4.8	4.6	5.8	3.9	3.8	4.5
10年期国债收益率	5.26	5.64	6.03	5.17	5.7	7.2
AAA级公司债券利息率	6.5	7.0	7.7	7.6	7.9	8.0
以下各项的变化:						
实际国内生产总值	4.4	4.2	5.0	1.6	2.6	3.4
生产者物价指数	−0.9	1.8	3.7	2.7	0.5	1.2
工业产值	4.8	4.1	5.6	−2.5	2.6	5.9

(续 表)

项　目	1998年	1999年	2000年	2001年 8月	预　计	
					2002年	2003年
耐用品生产指数	9.1	8.2	10.0	−2.7	3.4	9.1
耐用品消费指数	10.6	12.4	9.5	4.6	6.1	4.2
消费者支出指数	4.7	5.3	5.3	3.0	3.0	3.1
价格平减指数	1.3	1.5	2.0	2.3	2.2	2.6

资料来源：*U. S. Economic Outlook*，WEFA Group，August 2001；*Value Line Investment Survey*，August 24，2001。

问题3：如果你是一个潜在投资者,你将认为该公司是一个日薄西山的企业、蓝筹公司,抑或是潜在的成长型公司? 你会购买这个公司的股票吗? 这会对公司的股利政策产生什么影响?

(三) 公司的目标

公司的许多目标源自于重组和近期的技术进步。首先,管理层希望并预期公司以年复合增长率15%的速度增长。过去3年,大量的公司计划都以这一目标为核心。事实上,第二季度的财务数据显示,2001年伊斯特博洛公司的销售收入将达到8.7亿美元左右,参见表15-1。如果伊斯特博洛公司的年复合增长率达到15%,至2007年,公司的销售收入将达到20亿美元,净利润将达到1.6亿美元。

要达到这个增长目标,伊斯特博洛公司的管理层提出依托于三个核心思想的战略。第一,大力转变产品结构。CAD/CAM和属于行业尖端技术的边缘产品应占公司销售额的3/4;公司的传统产品,冲床和模具占其余的1/4。第二,公司将积极拓展国际市场,到2007年,国际业务可望占到公司销售收入和利润的1/2。通过在世界各地增设代表处可以实现这一扩张。第三,公司将通过建立合资企业和收购小型软件公司进行扩张,至2007年,这些企业将生产1/2的新产品;而公司内部的研发部门将生产另外一半的新产品。

问题4：公司的经营目标会对现金股利政策产生什么影响?

自成立伊始,伊斯特博洛公司就厌恶债务。管理层认为,主要为满足公司营运资金的需求而发生少量债务是可以的。但用联合创始人大卫·彼得波罗经常挂在嘴边的话来说,任何超过40%的债务/股本负债率都"无法想象,代表了松散的管理和处理问题的不认真态度"。高级管理层十分清楚股本通常比债务更昂贵,但却对公司"自力更生"的精神引以为荣。过去的25年中,伊斯特博洛公司最高的债务对股本比率是22%,这发生在2000年,并且依然是高级管理人员之间谈论的话题。

尽管伊斯特和彼得波罗家族的11名成员拥有公司30%的股票,并且占有董事会的3个席位,管理层还是把公众投资者的利益放在第一位(股东数据见表15-4)。史蒂芬·伊斯特,联合创始人的孙子、公司的董事长,谋求长期内公司股票市值增长的最大化。

表15-4 1990年与2000年的股东对比数据 单位:千股

项 目	1990年		2000年	
	股 份	百分比(%)	股 份	百分比(%)
创始人家族	2 390	13	2 384	13
雇员及其家庭	3 677	20	3 118	17
机构投资者				
A. 成长型	2 390	13	1 101	6
B. 价值型	1 471	8	2 384	13
个人投资者				
A. 长期:退休	6 803	37	4 769	27
B. 短期:出于交易目的	919	5	2 384	13
C. 其他:未知	735	4	2 201	12
	18 342	100	18 342	100

投资者关系部门从公司的记录中进行上述分类。机构投资者的类别是通过这些机构的推销材料中获知,其材料表明了机构的投资目标。个人投资者的类别是通过对投资者的抽样调查认定的。

61岁的伊斯特积极投身于公司成长与发展的各类事务。他十分精通伊斯特博洛公司产品的技术细节,为提高公司在国内的市场份额寻找出路是他尤为关心的问题。最多4年之后他就要退休了,他希望留给公司的是雄厚的财务实力和技术成果。模拟人工系统是4年之前由他一手操持的项目,现在开始结出累累硕果。当前,他希望确保公司尽快支付股息。

问题5:公司高级管理层的偏好会对现金股利政策产生什么影响?

(四)公司股息政策

伊斯特博洛公司的股息和股价历史见表15-5,1995年以前,公司的每股收益和股息一直以相对平稳的速度增长。但是,20世纪90年代中后期,伊斯特博洛公司面临的困境使其利润遭受重大损失。结果是,1999年的股息削减至每股0.25美元,这是自1986年以来的最低水平。2000年,尽管公司公布了其历史上最大的每股盈利亏损,董事会还是宣派了每股0.25美元的股息,并且,实际上是使用贷款支付的股息。2001年的前两个季度,董事会没有宣派股息。尽管如此,在致股东的特别信函中,董事会宣布了他们将在2001年晚些时候继续派发年度股息的意向。

表15-5 每股财务及股票数据①

年度	每股销售额	每股收益	每股股息	每股现金流	股票价格			平均市盈率	股息派发比率(%)	平均收益率(%)	总股数(百万股)
					高	低	平均				
1985	14.52	0.45	0.18	0.97	20.37	9.69	14.48	32.4	40	1.2	15.49
1986	16.00	0.74	0.22	1.29	21.11	10.18	14.85	20.2	30	1.5	15.58
1987	22.25	0.89	0.27	1.43	21.23	8.20	13.50	15.1	30	2.0	16.04
1988	25.64	1.59	0.31	2.05	18.50	10.18	13.35	8.4	19	2.3	17.87
1989	27.19	2.29	0.40	2.83	22.48	12.17	18.36	8.0	17	2.2	18.08
1990	30.06	2.59	0.57	3.25	23.84	18.01	21.00	8.1	22	2.7	18.39
1991	31.66	2.61	0.72	3.34	26.70	18.25	22.73	8.7	27	3.1	18.76
1992	37.71	2.69	0.81	3.60	29.43	19.50	24.23	9.0	30	3.4	18.76
1993	40.69	2.56	0.86	3.62	39.74	20.12	29.48	11.5	34	2.9	18.78
1994	48.23	3.58	0.92	4.81	40.98	27.32	33.98	9.5	26	2.7	18.88
1995	43.59	2.79	1.03	4.25	38.74	21.36	31.82	11.4	37	3.2	18.66
1996	42.87	0.65	1.03	2.23	47.19	29.55	36.81	57.0	160	2.8	18.66
1997	41.48	0.35	1.03	2.00	40.23	26.82	31.26	89.9	297	3.3	18.66
1998	46.01	(3.29)	0.77	2.86	30.75	22.13	26.45	NMF②	NMF	2.9	18.85
1999	43.88	0.70	0.25	1.99	71.88	50.74	61.33	88.2	35	0.4	18.85
2000	41.26	(7.67)	0.25	-0.97	39.88	18.38	29.15	NMF	NMF	0.9	18.34

注:① 按1991年1月份的1股拆分3股及1995年6月份50%的股息派发比率进行了调整。
② NMF是指没有意义的数据。

2001年8月,坎贝尔考虑在三种备选的股息政策中选择一种向董事会推荐。

(1) 零股息。考虑到公司在先进技术和CAD/CAM方面的战略重点,以及该举措对现金的巨大需求,这个选择是可以说得通的。该政策的支持者提出,这标志着公司属于高增长、高科技的公司。一些证券分析员感到迷惑的是,市场会仍然把伊斯特博洛公司当作传统的电动设备制造商还是当作一个技术更先进的CAD/CAM公司?后者预示着市场预期强劲的资本增值,但也许对股息的预期可以少些。另外一些分析员则提到了伊斯特博洛公司近期的业绩问题。有人对公司"为摆出蓝筹股的姿态,忽视财务报表状况的做法"提出了质疑。高股息对公司和股东的长期利益而言是有益的吗?这种策略是否会取得适得其反的效果,反而使投资者心神不定?

坎贝尔想起最近发表的一份研究报告中说,当前,公司都倾向于支付较低的股息。该研究发现,公司支付现金股息的比例从1978年的66.5%下降至1999年的20.8%。在这种情形下,如果伊斯特博洛公司采取零股息的政策,也许市场不会作出不良反应。

问题6:坎贝尔为什么会想到投资者对公司的看法和市场对公司股利政策的反应?

(2) 40%的股息派发比率,或每股派发股息0.20美元左右。这将使公司的年股息派发水平恢复到每股0.80美元,这是1997年以来的最高水平。该政策的倡议者指出,在当前股价为32美元的情况下,市场无疑对公司有这样的股息预期,并且这也同预期的公司订单和销售增长相一致。伊斯特博洛公司聘请的投资银行建议,市场可能期待更多的股息分派,以使公司的股息派发水平恢复到与电动工业设备行业45%的股息派发水平,及机床行业29%的派发水平相一致。还有一些人认为,向股东传递强信号十分重要,高的股息派发水平(40%)将意味着公司已经克服了所面临的问题,公司董事会对未来的盈利有信心。这种观点的支持者指出,用贷款支付股息并不与大多数公司的做法相左。此外,一些年长的管理人员指出,在公司30%~50%的股息派发比率的基础上,还要有每年10%~20%的股息增长。

坎贝尔记起在几天前读过一篇《华尔街》杂志的文章。其中的评论员指出,由于科技及其他成长型股票的暴跌,投资者纷纷涌向支付股息的股票。该文章引述了沃顿商学院金融教授杰里米·西格尔的话:"仅仅一年多以前,人们还对股息表示不屑。我认为,在未来,人们会更多关注股息和当期盈利,而不是成长。"

问题7:在股票暴跌时,投资者为什么更多关注股息和当期盈利,而不是成长?

(3) 剩余股息派发政策。几名财务人员指出,伊斯特博洛公司应该在为所有具有正的净现值(NPVs)项目提供融资之后再支付股息。他们的观点是,投资者花钱聘请管理人员是要他们配置其资金的,以获得比其自己投资更高的回报,而这一思想的定义就是这些投资将产生正的净现值。通过对这些项目进行资金配置,或者将没有运用的资金以股息的形式返还给投资者,公司将与投资者建立相互信任的关系,并会以更高的估值倍数得到回报。通用汽车公司是遵循这一政策的绝佳例证,尽管以它为榜样的大型公众持股公司寥寥无几。

另外一个支持该观点的论据是,在成长型公司中,股息政策是"不相关"的:就任何现在支付的股息而言,公司都将为获取而补偿在未来的某一天通过发行新股的摊薄效应而将其抵消。该论点反映了两位金融学教授,默顿·米勒和佛朗哥·莫迪格兰尼关于完善市场的股息理论。对詹尼弗·坎贝尔而言,该政策的主要弊端是股息派发将无法预测。某些年,股息会被削减,甚至为零,这可能对公司的股价产生负面影响。坎贝尔对伊斯特博洛公司在其股息削减后的股价骤跌再清楚不过。她记起了另外一位金融学教授,约翰·林特纳。他发现公司的股息支付倾向于"黏性"向上,这是说,股息将在长期内上升并很少下降,并且成熟、缓慢增长的公司支付更高的股息,而高增长的公司却支付较低的股息。

作为对这次内部讨论的回应,坎贝尔的下属编制了表 15-6 和表 15-7,这些表展示了三个行业(CAD/CAM、机床和电动工业设备)公司的可比信息及一个含有派发高额和低额股息公司的一般样本。为检验 40% 股息支付率的可行性,坎贝尔对现金的来源和用途进行了预测,见表 15-8。她大胆假设公司将以 15% 的复合增长率增长,毛利将在以后的几年中得以改善并达到历史最好水平,公司的股息支付比率为每年 40%,尤其是,该预测假设了公司的净毛利率将在以后的 6 年内达到 4%~6%。并将在 2007 年达到 7.95%。公司的高级经营管理人员认为,一旦人工模拟系统实现了更高的产量,盈利的增长将与经济规模同步。

表 15-6　可比行业数据(按 2001 年 8 月的公开数据编制)

公司名称	销售收入(百万美元)	年现金流增长率(%) 前10年	年现金流增长率(%) 后3~5年	当前股息派发比率(%)	当前股息收益率(%)	股本负债率(%)	内部人所有权(%)	市盈率(倍)
Eastboro	757	−15.8	+15	0	0	28	30	NMF
CAD/CAM 公司(软件及硬件)								
Autodest	936	10.5	15.5	12.8	0.6	0	5.0	17.5
Brooks Automation	321	NMF①	30.0	0	0	0	7.7	NMF
Parametric Tech.	928	41.0	10.0	0	0	0	2.6	36.0
Intergraph	691	NMF	NMF	0	0	41.8	4.9	NMF
Mentor Graphics	590	−4.0	17.0	0	0	0.6	3.9	16.3
Moldflow Corp.	40	未知	21.0	0	0	0	14.9	32.5
Sun Microsystems	15 721	23.5	15.0	0	0	4.8	3.3	87.4
Gerber Scientific	554	3.0	3.0	0	0	68.0	16.9	33.4
Hewlett-Packard	9 601	29.5②	10.5	0	0	0.6	32.3	47.0

（续　表）

公司名称	年现金流增长率(%) 销售收入（百万美元）	年现金流增长率(%) 前10年	年现金流增长率(%) 后3~5年	当前股息派发比率（%）	当前股息收益率（%）	股本负债率（%）	内部人所有权（%）	市盈率（倍）
电子-工业-设备制造商								
Emerson Electric	15 545	9.5	7.5	47.9	2.9	21.0	0.8	18.8
General Electric	63 807	11.5	10.5	43.3	1.4	37.3	<1	30.8
Hubbell, Inc.	1 424	8.0	8.0	61.9	4.7	19.8	51.0	17.5
Honeywell	25 023	9.0	7.5	26.5	2.0	18.8	<1	16.7
Esterline Tech.	491	7.5	11.5	0	0	29.3	6.2	10.5
机床制造商								
Actuant Corp.	515	9.5	6.5	0	0	278.1	10.0	9.5
Lincoln Electric	1 059	8.0	10.0	27.7	2.5	8.8	22.3	11.9
Milacron, Inc.	1 584	11.0	1.5	23.3	2.8	93.9	4.2	NMF
Snap-On Inc.	2 176	5.0	4.0	37.3	3.6	34.2	4.8	15.3

注：① NMF 是指由于近期报告的亏损而没有意义的数据。
② 仅为前 5 年的数据。
资料来源：*Value Line Investment Survey*，August 24，2001。

**表 15-7　具有高股息及零股息派发比率、经营状况良好的几家公司
（按 2001 年 8 月的公开数据编制）**

公司名称	行业	预期总资本回报率(今后3~5年)	预期股息增长率(今后3~5年)	当前股息派发比率（%）	当前股息收益率（%）	预期销售收入增长率(今后3~5年)	当前市盈率（倍）
零派发比率的公司							
Scudder High Income	投资公司	未知	未知	108	11.2	未知	未知
Hospitality Properties	不动产投资信托	9.0	未知	124	9.9	未知	12.2
New Plan Excel Realty	不动产投资信托	8.0	未知	145	10.1	未知	13.1
DQE	电子设施	7.5	-4.5	122	7.9	5.0	19.7
Cedar Fair L. P.	娱乐	18.0	3.5	90	7.8	6.0	14.3
Plum Creek Timber	纸张及林业产品	19.0	0.5	185	8.0	NMF	27.0
Puget Energy Inc.	电子设施	7.5	0	85	7.7	13.0	12.0
National Presto Ind.	家用电器	7.0	1.5	97	7.0	12.5	18.1
高派发比率的公司							
Oracle Systems	软件	24.0	0	0	0	15.5	33.3

(续 表)

公司名称	行 业	预期总资本回报率(今后3~5年)	预期股息增长率(今后3~5年)	当前股息派发比率(%)	当前股息收益率(%)	预期销售收入增长率(今后3~5年)	当前市盈率(倍)
Novell	软件	15.5	0	0	0	9.5	NMF
AOL Time Warner	媒体与娱乐	6.5	0	0	0	NMF	31.8
Broadcom Corp.	电信	7.5	0	0	0	NMF	NMF
Advanced Micro Devices	半导体	15.5	0	0	0	12.5	35.2
Madden (Steven)	零售	18.5	0	0	0	19.5	10.9
Lands End	零售	14.0	0	0	0	8.0	23.1
Enterasys Networks	网络系统	7.5	0	0	0	8.0	NMF
Cisco Systems	网络系统	13.5	0	0	0	18.0	NMF

资料来源：*Value Line Investment Survey*，August 24，2001。

表 15-8 假设 40% 的股息派发比率，预测资金的来源与使用①

(单位：百万美元)

年份 项目	2001	2002	2003	2004	2005	2006	2007	合计
销售收入	870	1 001	1 151	1 323	1 522	1 750	2 013	9 630
来源：	18	40	58	73	91	98	160	538
净利润	23	26	30	35	41	47	53	255
折旧	41	66	88	107	132	145	213	792
使用：	44	50	58	66	68	79	91	456
资本支出	20	22	26	30	34	39	44	215
营运资金变化	63	73	83	96	102	117	135	669
多余现金/(借款需要)	(23)	(7)	4	12	29	27	78	120
股息②	7	16	23	29	37	39	64	215
派发股息后 多余现金/(借款需要)	(30)	(23)	(19)	(18)	(7)	(12)	14	(95)

注：① 本项分析忽略不计借款对利息及本金摊还的影响。分析包括所有除留存收益以外的长期负债及股本科目的增加。

② 股息按净利润的 40% 计算。

问题 8：请你对坎贝尔设计的几种现金股利政策作出评价。

（五）形象广告和名称变更

作为对公司在金融市场形象的总体介绍的一部分，伊斯特博洛公司的投资者关系部门经理卡西·威廉姆斯总结说，投资者没有正确认识到公司的前景，公司当前的名称与公司的历史产品结构和市场更为一致，而不是与未来一致。威廉姆斯对《财经》杂志的读者进行了调查，结果显示，市场对公司的及其业务的认识程度很低。对股票中间商的调查显示，他们对公司有更深的认识，但对伊斯特博洛公司可能给股东带来的回报和增长前景的预期是较低和中性的。威廉姆斯聘请了一家咨询公司，该公司提出了以意识超前的机构投资者和个人投资者为目标进行公司形象宣传的建议。目标是提高对伊斯特博洛公司的形象认识。通过锁定目标群，咨询顾问提出了"伊斯特博洛先进系统国际公司"的名称，它看似预示着公司那令人充满憧憬的战略。威廉姆斯估计，形象推广和公司更名将花费近1 000万美元。

史蒂芬·伊斯特还有一点怀疑。他说："你的意思是通过'推销'我们的股票来提高股票价格吗？这是一种新方法。你能够像宝洁公司销售香皂一样推销对一家公司的要求权吗？"就股票价格会由于公司形象或名称改变而作出正面反应这一点，咨询人员可能给不出经验性的证明，尽管他们的确提出了一些正面的趣闻。

问题 9：坎贝尔决定现金股利政策时，为什么如此重视形象广告和名称变更？

（六）结语

詹尼弗·坎贝尔陷入了困境。董事会成员和管理层对未来伊斯特博洛公司的确切特性存在分歧。一些管理层将公司看作是进入了新一轮快速增长阶段的公司。他们认为分派高额股息是不合适的。另外一些人认为，向公众做出一些强有力的姿态十分重要，这将显示管理层认为公司已经发生了转变，并将恢复其在20世纪七八十年代的增长水平。这种行动只有通过派发股息才能完成。然后，还有关于股票回购的问题困扰着她：伊斯特博洛公司是应该运用资金回购股票来替代派发股息吗？在她苦苦思考不同的观点时，她对管理层是否能够代表公司的股东感到疑惑。公司的大部分公众股东持有公司股票是出于同样的原因吗？还是他们持有公司股票的动机与管理层的思想一样五花八门？

问题 10：高现金股利政策和低现金股利政策的理由分别是什么？股票回购与现金股利政策之间存在什么关系？

四、案例分析

（一）坎贝尔的困惑——实现公司目标方式的选择

公司的目标决定了公司的行为，坎贝尔的决策将受到公司目标的约束。在本案例中，该公司的总目标是实现股东价值的最大化。如果要用股票价格来衡量股东的价值，那么，史蒂芬·伊斯特——联合创始人的孙子、公司的董事长"谋求长期内公司股票市值增长的最大化"的价值取向反映了公司的这一财务目标。事实上，公司的股利政策、股票回购方案、投资者对公司的看法和其他许多因素都会影响公司股票的价格，而每个因素对股票价格的影响又是那样的不确定，这样就使得坎贝尔的决策变得异常复杂。

坎贝尔的困惑之一：先发放现金股利还是先满足公司再投资的需要？

股利决策主要是权衡公司与投资者之间、股东财富最大化与提供足够的资金以保证企业扩大再生产之间、企业股票在市场上的吸引力与企业财务负担之间的各种利弊，然后寻求股利与留存利润之间的比例关系。因为"留存收益＝税后利润－股利"，这使得企业在股利问题上存在着两难选择。如果企业分配的股利很多，势必会加大企业股票在证券市场上的吸引力，能使企业顺利地在市场上筹措到所需资金，但这样也势必会减少留存收益，加重企业财务负担和货币资金周转的压力。若企业分配的股利较低，就会出现与之相反的结果。

从企业的经营目标来看，伊斯特博洛机床公司管理层要实现公司以年复合增长率15%的速度增长的目标，依托的三个核心战略：大力转变产品结构、积极拓展国际市场和通过建立合资企业和收购小型软件公司进行扩张，这些都需要大量的资金。不发放（低）现金股利可能会节约现金，以较低的成本和较低的财务风险满足这一需求，同时，也符合伊斯特博洛公司厌恶债务的一贯态度。如果不发放现金股利或低现金股利政策，又不能满足公司股东的偏好。因为，无论是要退休的61岁的伊斯特的愿望，还是在公司董事会对股东会的承诺，都看到了股东对支付现金股利的渴望。尤其是，在"9·11"之后，股票价格不断下降的情况下，股东的收益更依赖于股利的发放。

坎贝尔的困惑之二：如何向投资者传递信息，以提高公司股票价格？

要想提高股票价格，必须使投资者认识到公司的价值，在股票价格不断下降的整体环境下，这一点很重要。因为，对投资者而言，其收益来源于现金股利和股票价格的上涨。现在的问题是，从公司的历史以及最近几年的现金股利政策来看，投资者已经习惯地将公司看作一个日薄西山的公司。从公司的未来、公司目标和现在进行的一些经营项目来看，公司正在成为一个成长型公司，这一点投资者并没有认识到，也只有让投资者认识到这一点，股票价格才能上涨，以实现股东价值的最大化。所以，对坎贝尔来说，现在的关键如何让市场认识到公司正在成为一个成长型公司呢？也就是说如何向投资者传递这一信息呢？在本案例中，设计了三种方案：第一个方案是提高现金股利额。根据现金股利信号理论，公司的股利政策还能够向投资者传递关于公司经营业绩的信息，投资者可能从"高股利"政策中推断公司未来有一个美好的前景，而"低股利"政策可能意味着一个低增长的未来。这也是让坎贝尔矛盾的地方，是选择高现金股利传递"好消息"，还是选择低股利以满足投资的需要。第二个方案是股票回购。股票回购也能传递公司美好未来的信息，可以避免长期支付的财务压力，但是，需要一次性支付大量的现金，这对目前需要大量资金的公司来说确实存在一些困难。第三个方案是通过广告和更名改变公司的形象。这些方案都需要公司拿出足够的现金，关键问题可能是哪种方案需要支付较少的现金，同时，又能使投资者或市场重新认识公司的价值。这需要坎贝尔作出决策。

（二）可供坎贝尔选择的股利政策的类型

在西方，现金股利一般是指从利润中分配或返还给股东的现金部分，是一种最常见的股利支付形式。它可以根据企业要实现的目标来确定不同策略。坎贝尔在考虑选择怎样的现金股利政策的呢？

1. 剩余型股利政策

坎贝特及其他财务人员也正在考虑剩余股利政策。该政策是以 MM 理论及"剩余股利政策理论"为基础的。其特点是，留存收益首先满足于再投资的需要，这有助于降低再投资的资本成本，实现利益的长期性和最大化。但是，其缺点是，股利的支付与否及支付比率完全要根据投资机会的多少及其对资金的需求量来决定，并由此导致股利支付的经常性变动。例如，某年份可能因投资项目多或其资金需求量大而不发放股利，另一年份又可能因相反的原因而发放巨额的股利。由于这种现金股利的变化无常，投资者很难对未来将收到的现金股利金额做出预测，根据林特纳的现金股利的"黏性"理论，这种股利政策不可能向市场传递坎贝尔所要传递的信息。所以，坎贝尔要在满足投资与传递信息之间作出权衡。

2. 固定型现金股利政策

坎贝尔考虑的"40%的股息派发比率，或每股派发股息 0.20 美元左右"的现金股利政策是一种固定型的现金股利政策。固定性股利政策有两种应用形式：一是固定股利的发放比率，即规定股利支付率为每股收益的某一百分比；二是固定每股股利额。在第一种情况下，股利与公司盈余紧密配合，体现了多盈多分、少盈少分、不盈有分的原则；但是，其缺点是各年股利额随公司的好坏而上下波动，易造成公司不稳定的感觉，不易于稳定股票价格。这一点在坎贝尔来看是不希望看到的，尤其是，在目前经济不景气，股票市场大幅下跌的情况下，更是如此。在第二种形式下，公司一旦设定其年度的每股股利额后，就会一直维持此股利水平，这意味着公司无论将来经营状况如何都会面临着持续支付的压力。所以，只有在公司未来的留存收益足够长期维持新的股利时，才会提高每股股利额。因此，在最初设计股利水平时，既不可太高，也不能太低。太高无法达到，太低则缺乏吸引力。这种政策的优点是,投资者可较为准确地预知投资报酬中的每股股利的金额,其缺点是股利支付不能随留存收益的变化而变化,使股利政策失去了应有的弹性,并面临着较大的财务支付压力。何况伊斯特博洛机床公司新的人工系统开发成功对公司未来收入的影响面临很大的不确定性,因为,第一,公司两个强大的竞争对手正在开发同类产品,并可能在12个月内面市;第二,模具、冲床、机床、CAD和CAM设备及软件的销售具有很强的周期性。当前,市场对美国经济的预期却并不乐观。如果真的如此悲观的话,对坎贝尔来说,可能更多的要考虑如何让投资者改变对公司形象的认识。

坎贝尔考虑的零股息政策实际上是固定型现金股利政策的一种特殊形式,即股息派发率或每股派发股息为零。如果像坎贝尔预测的那样市场对此反映并不强烈,这不失为一种好的选择。

3. 稳定增长型股利政策

该政策的含义是,公司为股利增长设定一个比率(如10%),以后,每年的股利均按此增长率向上调升,即使公司的每股收益下降,而又不是不可逆转,公司也不会改变这一增长率。这种股利政策有其优点:① 从股利的信息含量来说,稳定增长型股利政策向投资者传递了这样一个信号:公司管理层对公司的未来充满了自信,这有助于稳定投资者心态,促使公司股票市价上涨;② 对那些依靠股利收入而生活的投资者来说,该政策可以满足其不断上涨的生活所需资金;③ 避免股利支付的大幅度、无序性波动,有助于预测现金流出量,便于理财和管理。但是,这种股利政策会给公司的财务运行带来压力,因此,很难长期采用该政策。目前,在西方国家,有些公司为应付股利增长带来的压力,建立了所谓的"股利平衡准备金"制度,以保证在留存下降的年份也有能力维持股利支付的增长率。

这一股利政策并没有被坎贝尔考虑,从伊斯特博洛机床公司经营的历史与未来的分析来看,这种现金股利政策似乎不合适,因为,这种股利政策需要未来有一个稳定的持续的现金流量的增长,这一点对公司未来的发展存在着风险。

4. 低经常性股利加额外支付型的股利政策

在该种股利政策下,公司事先设定一个相当低的经常性股利金额,该金额能保证即使公司的利润很低时也有能力分派股利。然后,在相当长时间内,公司都按此金额支付股利,只有当累积的盈余和资金相当多时,才额外地(通常较大金额)发放股利。这种股利政策,吸收了稳定型股利的优点,同时,又摒弃了其不足,使公司在股利发放上留有余地和保持弹性。因此,若一公司的盈余和现金流量经常变动,不易准确预测时,则此种政策不失为最佳选择。

从伊斯特博洛机床公司的发展预测来看,该公司未来的发展可能会形成一个上升阶段,虽然存在一个小的不确定,但是,与公司的过去相比,前景应该是比较乐观的,公司未来产生一个最低限的现金流量还是可以预期的,这一点也得到许多分析师的认同。因此,坎贝尔也可以考虑一下这个类型的现金股利政策。

从本案例的具体情况来看，坎贝尔要设计并决定一个适合本公司的现金股利政策确实需要考虑很多因素。

（三）坎贝尔制定现金股利政策应考虑的因素

公司在确定股利政策时必须小心谨慎，一方面，支付太多的股利可能会导致严重的问题，如公司会发现缺乏进行新投资所需的资金并不得不花费较高成本融资；另一方面，支付过少的股利也可能会产生问题，随着现金余额的不断增长，经营者有可能将其投资于"差项目"，尤其是在公司经营者和股东的利益不一致的情况下。目前，坎贝尔处在是支付较多的现金股利满足投资者的需要，还是支付较低或不支付现金股利以满足投资需要的两难选择之中。根据前人研究的结果，影响公司现金股利政策的因素很多，常见的有：公司净利润、现金流量的充足性、债务限制性条款、股东的特征、盈利的稳定性、资本结构、投资机会、资本成本、公司规模等。

在本案例中，坎贝尔考虑了如下因素。

1. 投资机会

因为股利的支付会减少公司用于投资项目的现金，所以公司股利政策受到可获得的投资项目及其收益率的显著影响。在其他条件不变的情况下，公司的投资机会越多，收益中用于股利支付的比例就应越小。

伊斯特博洛机床公司为实现15%的复合增长率而实施的三个核心战略，实际上，是对公司未来发展投资机会的一个把握。如公司管理层认为"伊斯特博洛是一家再度焕发出活力的公司，它展示出巨大的成长潜力和盈利前景。重组为公司的经营部门注入了活力。此外，有迹象显示，用最先进的计算机设计和开发的新机床颇受市场欢迎，并很有可能使竞争对手的产品成为明日黄花"。要实现这三个核心战略需要大量的资金投入，这必然会减少用于支付股利的现金。

2. 收益的稳定性

由于股利具有刚性，通常收益不稳定的公司用于股利支付的收益比例较低，因为它们担心是否会有能力维持股利的支付；相反，收益稳定并且可预期的公司股利支付率较高。收益的稳定性在很大程度上由三个变量决定：公司所处的行业、经营杠杆以及财务杠杆比率。

从坎贝尔考虑的三个不同类型的现金股利政策中，不难发现坎贝尔对未来收益或现金流的不稳定性或充足性的担忧。

3. 资本的其他来源

支付股利过高的一个后果是公司不得不通过外部融资来弥补资金缺口以进行新项目的投资，如果公司外部融资的成本较低，它就有可能支付较高的股利，否则，股利支付率较低。

伊斯特博洛机床公司对负债的厌恶态度制约了坎贝尔通过外部发行债券或其他借款

来发放现金股利的想法。

4. 资本结构

公司的财务杠杆比率越高,它就越有可能支付较少比例的收益作为股利,因为收益的波动性随着杠杆比率的上升而增大。财务杠杆是一把"双刃剑",在提高股东收益的同时,也会增加公司的风险,从而降低公司的价值。这一点公司管理层认识的非常清楚。在创始人大卫·彼得波罗看来,"任何超过40%的债务股本负债率都无法想象,代表了松散的管理和处理问题的不认真态度"。高级管理层十分清楚股本通常比债务更昂贵,但却对公司"自力更生"的精神引以为荣。过去的25年中,伊斯特博洛公司最高的债务对股本比率是22%,这发生在2000年,并且依然是高级管理人员之间谈论的话题。公司高层的这些认识必然反映到其对现金股利政策的决策的态度上。

5. 信号传递

公司经常利用股利变动向市场传递信息,股利的增加一般是关于未来现金流量的积极信号,导致价值上升;而股利的削减则作为负面信号并与收益下降相联系。这一因素可能是坎贝尔考虑的最多的因素之一,因为,她要思考的问题之一,就是通过什么样的方式让投资者改变对公司形象的认识,而现金股利政策又是一种信号传递机制。

6. 股东特征

公司的股利政策常受到它所吸引的股东类型的强烈影响,股东偏爱股利的公司的股利支付率一般会大大超过没有此类股东的公司。本案例中,公司控制性股东的两大偏好一直左右着坎贝尔对现金股利政策的选择。一是管理层对负债的厌恶和一贯的低股权与负债率;二是股东们对发放现金股利的强烈的需求。

(四) 坎贝尔为什么决定股利政策时,要考虑股票回购之事

股票回购是指上市公司将已发行在外的股票购回的行为。公司在股票回购完成后可以将所回购的股票注销,但在绝大多数情况下,公司将回购的股份作为库藏股保留,仍属于发行在外的股份,但不参与每股收益的计算和收益分配。库藏股日后可作他用。例如,雇员福利计划、发行可转换债券等,或在需要资金时再将其出售。

1973~1974年,美国政府对公司支付现金股利施加了限制条款,许多公司转而采用股票回购方式,向股东分配现金股利。进入20世纪80年代后,特别是1984年以来,由于敌意并购盛行,股票回购规模持续增长,逐步成为美国上市公司的"家常便饭",几乎每天都有公司股票回购事件发生。坎贝尔考虑股票回购的原因如下。

1. 股票回购——现金股利的一种替代

企业管理当局通常把股票回购当做现金股利的一种替代。在这种情况下,把股票回购称作资本收益型的现金股利。当公司有多余的现金,却没有较多的有利可图的投资机会,那么为了股东福利起见,公司可以把这笔资金分配给他们,分配方式可以是现金股利,也可以是股票回购。在没有个人所得税与交易成本的情况下,这两种方式在理论上对股

东来说应该没有什么区别。股票回购使流通在外的股票数量减少,最终使得每股盈利与每股现金股利增加,从而每股市面上价也随之上升。因此从理论上说,股票回购给投资者所带来的资本利得应等于企业选择发放现金股利的情况下所得的股利金额。当存在个人所得税的情况下,公司通过股票回购向投资者支付现金,而投资者无须就此纳税。另外,由股票回购引起的股票价格上升而带来的资本利得税,可以递延到股票出售之后才交纳。而现金股利所交纳的税则是在当期就发生了。

股票回购经常出现在有以下特征的公司:① 由高速成长阶段进入盈利增长率逐渐下降的稳定阶段,或已处于成熟阶段,缺乏预期收益超过资本成本的投资机会;② 经营净现金流入及现金储备规模大大超过能够为股东创造价值的投资机会所需资金。在这种时候,公司有大量超额现金可供分配。假如说以额外股利的形式发放这一笔资金将使股东在当期必须交纳个人所得税,而不能递延。如果说在一段时期内每期以额外股利的形式支付部分资金,尽管可以在一定程度上减轻税收的影响,但这种行动可能导致投资者产生错误的预期,而指望公司在未来连续不断的发放额外股利。

对坎贝尔来说,股票回购有其优势:一是可以替代性满足股东对现金股利的强烈要求;二是一次性或以后连续回购股利而支付现金,避免了系列支付现金股利的财务压力,及未来经营风险所带来的支付困境。但是,从公司的未来看,这种做法似乎不合时宜,因为公司正在处于可能高速增长的时期,而目前需要大量投资,股票回购必然导致投资资金来源的减少。

2. 传递公司信息

在信息非对称的情况下,股票回购可能产生一种有利的信号传递作用。当经理认为本公司普通股价值被低估时,在这种情况下,向投资者怎么解释通常是没用的,此时他们往往采用股票回购来向市场预测表达股票价值被低估的信息。因为实际行动比评议更响亮,事实胜于雄辩。一些实证研究也发现了支持股票回购的正面信号传递作用的证据。

尽管现金股利与股票回购都能通过运用现金向市场传递积极的信号,它们在这方面的信息内容是相似的,但是它们也能够反映不同的信息。稳定的现金股利表明公司潜在的产生现金的能力是在持续不断地增强,这就像企业每期对外披露的信息,能够使人形成习惯,产生惯性思维。与此相反,股票回购并不是经常发生的事件。人们通常把它看做是当管理当局认为普通股价值大大低估的时候而宣布的"额外"消息。因为现金股利与股票回购都需要支付现金,所以管理当局不能故意传递虚假的信号,他们必须保证有足够的现金流量来印证这一信号。

从传递信息的角度来看,坎贝尔是想通过发放现金股利还是股票回购来传递信息,必须想清楚她要向投资者传递信息的内容。

3. 稳定提高公司股票价格

当管理层认为本公司现行股票价值被市场严重低估时,可以通过股票回购来提高股票价格。正是因为这个原因,在1987年美国股市大跌后,有650家上市公司先后宣布回购其部分股票。实证研究结果也表明,在美国几次股市衰退期间,有很多上市公司回购自己的股票,并且回购的频率也逐渐增加。

公司之所以通过股票回购来稳定其股票价格,是因为过低的股价,将对公司经营造成严重影响。股价过低,使投资者对公司的信心下降,使消费者对公司产品产生怀疑,削弱公司出售产品、开拓市场的能力。在这种情况下,公司回购本公司股票以支撑公司股价,有利于改善公司形象。股价在上升过程中,投资者重又关心公司的运营情况,消费者对公司产品的信任增加,公司也有了进一步配股融资的可能。因此,在股价过低时回购股票,是维护公司形象的有力途径。

另外,过低的股价可能还将影响公司的融资决策,使公司难以从市场进一步融资。

五、案例讨论

1. 请评述坎贝尔设计的几种股利政策。
2. 如果您是坎贝尔,如何在股票回购与现金股利之间做出权衡。

六、案例拓展阅读

广东韶钢松山股份有限公司股利分配方案[①]

广东韶钢松山股份有限公司主营业务范围为:制造、加工、销售钢铁冶金产品、金属制品、焦炭、煤化工产品,技术开发、转让、引进与咨询服务。2004年,公司产钢350.26万吨,比上年增长21.77%;生铁287.10万吨,比上年增长19.38%;钢材291.04万吨,比上年增长23.83%。公司全年实现主营业务收入103.29亿元,比上年增长44.24%,主要原因是钢材价格提高和销量增加所致;主营业务利润12.08亿元,比上年降低20.76%,主要原因是本期销售毛利率比上年同期下降所致;净利润9.48亿元,其中含国产设备投资抵免所得税2.72亿元,比上年降低3.41%,主要原因是主营业务利润减少所致;现金及现金等价物比上年净减少3.22亿元,主要原因是本期采购货物及税费支出等增加使经营性活动产生的现金流量净额减少3.83亿元,本期工程投资支出比上年度增加使投资活动产生的现金流量净额减少5.18亿元,本期增加借款使筹资活动产生的现金流量净额增加5.79亿元。公司连续3年的重要财务指标如表15-9所示。

---

① 本案例来源于汤谷良:《财务管理案例》,北京大学出版社2007年版。

(续上)

表 15-9 公司连续 3 年的重要财务指标　　　　　　　单位：万元

项　　目	2004 年	2003 年	2002 年
主营业务收入	1 032 877	716 086	443 083
净利润	94 826	98 173	34 908
总资产	1 101 007	804 852	527 387
股东权益	501 571	431 892	272 890
摊薄后每股收益(元)	1.13	1.17	0.78
加权平均每股收益(元)	1.13	1.18	0.78
扣除非经常性损益后每股收益(元)	1.12	1.18	0.77
每股净资产(元)	5.98	5.15	6.10
调整后的每股净资产(元)	5.96	5.14	6.08
每股经营活动产生的现金流量净额(元)	1.17	1.62	1.86
净资产收益率(%)	18.91	22.73	12.79
加权净资产收益率(%)	20.32	25.24	13.28
扣除非经常性损益后的加权净资产收益率(%)	20.22	25.41	13.11

公司 2004 年度共实现净利润 9.48 亿元，加上年初未分配利润 9.70 亿元，可供分配的利润为 19.19 亿元，减提取 10% 的公积金和 5% 的公益金共计 1.42 亿元，本次实际可供全体股东分配的利润为 17.77 亿元。拟以公司 2004 年 12 月 31 日的总股本 83 820 万股为基数，每 10 股派 2 元(含税)，预计派发现金 1.67 亿元，余额 16.09 亿元滚存至下年度。公司连续 3 年股利分配方案如表 15-10 所示。

表 15-10 公司连续 3 年股利分配方案

年　度	每 10 股转增(股)	每 10 股现金红利(元)
2004	6	2
2003	0	3
2002	5	3

资料来源：广东韶钢松山股份有限公司 2002 年至 2004 年年报。

要求：如果你是公司的股东，如何评价公司的股利政策？

案例 16

银基发展股票回购[①]

一、本案例学习目标

通过本案例的分析和学习,掌握成熟资本市场股份回购的一般动机及经济效果,了解我国关于股份回购的立法情况及存在的问题,进而掌握我国上市公司实施股份回购的制度背景及特殊动因。

二、问题的引出

> 2003年以来,尽管沈阳银基发展股份有限公司各项经营指标呈现出了良好的增长态势,但公司股价表现却没有反映公司的基本情况。股价于2005年3月22日跌破公司每股净资产,2005年7月15日,公司股价跌至历史低位3.04元/股。股价持续低迷,成交量萎缩,一方面给股东造成了损失,误导了投资者的投资决策,另一方面也影响了公司的市场形象,不利于公司持续、健康、稳定的发展。基于此,公司管理层开始考虑应该通过什么方式向市场传递"信号"——公司管理层对公司的未来经营前景和盈利能力充满信心,公司价值目前被市场低估,公开从证券市场回购股份就是一种信号显示机制。
>
> 我们将关注公司实施股份回购的动机、经济效果以及我国制度背景对公司实施股份回购的影响。

三、案例陈述及阅读引导

(一) 公司背景简介

沈阳银基发展股份有限公司的前身为沈阳市物资回收公司,成立于1956年。经过

[①] 本案例来源于朱清贞等:《财务管理案例教程》,清华大学出版社2006年版。

30多年的努力,公司发展成为全国500家最大的服务企业之一。1988年改制为股份有限公司,更名为沈阳物资开发股份有限公司,并向社会公开发售股票。1992年开始对资产进行重估,1993年5月18日在深交所上市。因1996年和1997年连续两年亏损,深圳证券交易所于1998年4月对公司股票作出了"ST特别处理"。1998年6月3日,经沈阳市人民政府沈政[1998]343号文件和沈证监发[1998]329号文件批准,根据中国证监会证监上字[1998]26号文件的有关规定,经沈阳银基集团股份有限公司与沈阳物资开发股份有限公司协商,双方于1998年8月1日签署了资产置换协议书。按协议规定:以1998年8月1日为基准日,沈阳银基集团股份有限公司以其拥有的沈阳皇城商务酒店有限公司、沈阳银基置业有限公司(现已更名为沈阳银基置业装饰工程有限公司)和沈阳市海外旅游总公司3家子公司经评估后的全部净资产,与沈阳物资开发股份有限公司经评估后的全部净资产进行100%的资产置换,并变更了主营业务。1999年4月27日,经1998年度股东大会审议通过,公司更名为沈阳银基发展股份有限公司,注册资本为12 988万元。

2000年8月18日,经中国证监会证监公司字[2000]122号文批准,公司增发了5 000万股人民币普通股股票,注册资本变更为17 988万元。2001年4月8日,经公司2000年度股东大会审议批准,决定向全体股东每10股转增5股,并派现金1元(含税),公司总股本增至269 821 425股。截至2005年6月30日,公司总资产为273 942.91万元,净资产115 726.15万元。

公司主营业务为城市基础设施投资,以房地产开发销售为主,辅以物业管理、酒店经营。几年来,公司在沈阳市开发了大量的公建项目。随着土地整理项目的实施,公司的经营重点从公建开发转向住宅开发,公司开发建设的地王花园、五里河东方威尼斯等房地产项目在沈阳具有较高知名度。

2004年,公司销售房地产所取得的销售收入和利润分别占公司主营业务收入的98.19%、主营业务利润的85.92%。房地产的主营业务收入、主营业务成本、毛利率分别为72 106.89万元、51 602.23万元和28.43%。2004年全年公司实现主营业务收入73 435.64万元,比上年增长99.69%;实现主营业务利润16 254.32万元,比上年增长77.49%;实现净利润7 233.34万元,比上年增长165.33%。企业综合竞争能力进一步提高。

公司2002～2004年的主要财务指标如表16-1所示。

表16-1 公司2002～2004年的主要财务指标

年份 项目	2004	2003	2002
主营业务收入(万元)	73 435.64	36 774.07	26 692.11
主营业务利润(万元)	16 254.32	9 157.82	8 805.88
利润总额(万元)	11 235.99	4 921.99	5 117.03

(续表)

项目 \ 年份	2004	2003	2002
净利润(万元)	7 233.34	2 726.17	4 896.72
经营活动现金流量净额(万元)	15 493.62	−7 234.25	−6 372.28
每股收益(元)	0.27	0.10	0.18
每股净资产(元)	4.16	3.90	3.79
净资产收益率(%)	6.44	2.63	4.91
资产负债比率(%)	51.59	52.64	45.12
流动比率	2.41	2.36	2.03
速动比率	0.68	0.69	0.83

(二)股份回购的法律依据

关于股份回购的最高层次法律依据当属《公司法》。《公司法》最近的一次修订是在2005年10月,其中,关于股份回购的规定发生了显著变化。原《公司法》规定公司只有在减资和合并两种情况下可以回购自己的股份。新修订的《公司法》扩大了公司回购股份的范围,新《公司法》第143条规定,公司在① 减少公司注册资本;② 与持有本公司股份的其他公司合并;③ 将股份奖励给本公司职工;④ 股东因对股东大会作出的公司合并、分立决议持异议,要求公司收购其股份这四种情况下可以回购自己的股份。新《公司法》这样规定,一方面是为了实现职工持股计划,调动公司人才的积极性,另一方面是为了给持有异议的小股东提供退出通道,以保护小股东的利益免受大股东和管理层侵害。

2005年6月,为配合目前正在进行的股权分置改革,中国证监会制定了《上市公司回购社会公众股份管理办法(试行)》(以下简称《管理办法》),包括总则、回购股份的一般规定、回购股份的程序和信息披露、以集中竞价交易方式回购股份的特殊规定、以要约方式回购股份的特殊规定、监管措施和法律责任等内容。其中,第八条规定了上市公司回购股份应当符合的条件:① 公司股票上市已满一年;② 公司最近一年无重大违法行为;③ 回购股份后,上市公司具备持续经营能力;④ 回购股份后,上市公司的股权分布原则上应当符合上市条件,公司拟通过回购股份终止其股票上市交易的,应当符合相关规定并取得证券交易所的批准;⑤ 中国证监会规定的其他条件。此外,第十九条和第二十三条还规定:上市公司依法通知债权人后,可以向中国证监会报送回购股份备案材料,同时抄报上市公司所在地的中国证监会派出机构。中国证监会自受理上市公司回购股份备案材料之日起10个工作日内未提出异议的,上市公司可以实施回购方案。这样,上市公司回购社会公众股份就有了具体的操作程序和规范。邯郸钢铁2005年6月17日宣布将实施流通股回购并获得批准,成为自今年6月初中国证监会发布《上市公司回购社会公众股份管理办法(试行)》以来,首家实施股份回购的上市公司。至此,又一轮股份回购潮拉开了序幕,银基发展是继邯郸钢铁(600001)、华菱管线(000932)后第三家拟实施股份回购的公司。

> **问题1**:请查阅相关资料,分析我国股份回购制度的变迁及对上市公司实施股份回购影响。

(三) 具体回购方案

2005年7月20日,银基发展公布了《关于回购社会公众股份的预案》(以下简称回购预案)公告,预案包括如下主要内容。

1. 股份回购的目的

2003年以来,尽管公司的各项经营指标呈现出稳健增长的态势,但公司股价持续低迷,成交量萎缩。2005年3月22日公司股价首次跌破每股净资产,至今一直低于公司每股净资产。2005年7月15日,公司股价跌至历史低位3.04元/股,股价与净资产折扣率达71%,公司的市盈率水平尤其是市净率水平明显低于国内A股市场房地产板块的平均值。

公司董事会认为:公司目前的股价表现不能真实反映公司的基本面情况,有损包括公司中小投资者在内的全体股东利益和公司的市场形象。以低于净资产价格进行股份回购,必然提升公司每股净资产和每股收益,提升公司的整体估值水平,因此,股份回购将有利于维护公司全体股东尤其是长期投资者的利益,同时,股份回购具有稳定股价作用,树立公司良好市场形象,改善投资者关系,有利于公司持续、稳定、健康发展。

2. 回购股份的方式

通过深圳证券交易所以集中竞价交易方式回购本公司社会公众股股份。

3. 回购股份的定价原则

参照目前国内A股市场主要是房地产类上市公司的平均市盈率、市净率水平,结合公司经营状况和每股净资产值,以公司2005年中期每股净资产值的85%为基准,确定本次回购股份价格不超过每股3.65元。公司在回购期内送股、转增股本或现金分红,自股价除权除息之日起,相应调整回购价格上限。

4. 拟回购股份的种类、数量和占总股本的比例

回购股份的种类:社会公众股股份。

回购数量:不超过2 000万股,回购期内遇送股或转增股本则自股价除权之日起,相应调整回购股份数量上限。

回购比例:以回购2 000万股计算,回购股份比例为目前公司总股本的7.41%,占社

会公众股总额的 11.20%。

5. 拟用于回购的资金总额及资金来源

回购资金总额：预计不超过 7 300 万元。

回购资金来源：自有资金。

6. 回购股份期限

回购期限为回购报告书公告之日起 12 个月内。公司将根据股东大会和董事会授权，在回购期限内根据市场情况自主决定购买时机。

7. 预计回购后公司股权结构的变动情况

若以回购股份数量的上限 2 000 万股计算，回购完成后公司股本结构变化情况如表 16-2 所示。

表 16-2 股份回购前后股权结构的变化

项 目	回 购 前		回 购 后	
	股 数（股）	比 例（%）	股 数（股）	比 例（%）
非流通股	91 272 072	33.83	91 272 072	36.53
流通股	178 549 353	66.17	158 549 353	63.47
总股本	269 821 425	100	249 821 425	100

8. 本次回购股份对公司经营、财务及未来发展影响的分析

从 1998 年重组辽物资至今，经过 7 年的稳步发展，公司主营业务突出，财务状况良好，盈利能力稳步提高，现已步入良性发展轨道。

(1) 本次股份回购不会对公司的日常经营活动产生重大影响。随着公司目前重点项目地王花园、东方威尼斯项目全面进入销售期，公司的现金流状况逐步得到改善。截至 2004 年年底，公司实现主营业务收入 7.34 亿元，实现净利润 7 233 万元，公司经营活动产生的现金流量净额为 1.54 亿元，到 2005 年中期，公司实现主营业务收入 3.36 亿元，经营活动产生的现金流量净额为 2 045 万元。同时，公司财务结构比较稳健，具备良好的外部筹资能力。截至 2005 年 6 月 30 日，公司的资产负债率为 54.23%，2002~2004 年连续 3 年的平均资产负债率为 49.78%，远低于国内房地产行业整体的平均资产负债率。若在股份回购期间公司存在新的投资需求，公司完全有能力在保证以自有资金完成回购股份的同时，通过外部融资的方式满足正常的投资需求。

(2) 回购对公司财务的影响。假定本次股份回购价格为 3.65 元/股，回购数量为 2 000 万股，则回购方案全部实施后，预计股东权益减少 7 300 万元，预计年度每股收益提高约 0.02 元，净资产收益率提高约 0.45 个百分点。同时，回购后资产负债率仅提高约 1.49

个百分点,流动比率和速动比率下降幅度不大,回购股份不会对公司的偿债能力产生重大影响,不会损害公司债权人的利益。

回购前后公司主要财务数据如表16-3所示。

表16-3 回购前后公司主要财务数据

主要财务指标	回购前	回购后	变化率(%)
每股收益(元)	0.27	0.29	7.41
每股净资产(元)	4.29	4.34	1.17
净资产收益率(%)	6.44	6.89	0.45
股东权益(元)	1 157 261 471.49	1 084 261 471.49	-6.31
资产负债率(%)	54.23	55.72	1.49
流动比例(倍)	2.01	1.95	-2.99
速动比例(倍)	0.29	0.23	-20.69

上表中每股收益、净资产收益率指标均以公司2004年年度报告数据为基础并测算回购实施后的情况;每股净资产、股东权益、资产负债率、流动比率、速动比率指标均以公司2005年中期财务报告提供的数据计算得出。

(3) 回购对公司未来发展的影响。本次回购股份实施后,公司股票的单位估值得以提升,将对股价形成支撑,因此,股份回购将有利于维护包括中小投资者在内的公司全体股东尤其是长期投资者的利益,同时,股份回购将增强投资者信心,树立公司良好市场形象,改善投资者关系,有利于公司持续、稳定、健康发展。

问题2:银基发展实施股份回购的目的何在?经济效果如何?

(四) 独立财务顾问报告

根据《管理办法》第六条和第十五条规定:上市公司应当聘请独立财务顾问和律师事务所就股份回购事宜出具专业意见。独立财务顾问应当就上市公司回购股份事宜进行尽职调查,出具独立财务顾问报告,并在股东大会召开5日前在中国证监会指定报刊公告。银基发展委托北京清华紫光投资顾问有限责任公司担任本次回购股份的独立财务顾问。根据《管理办法》的规定,顾问公司对于公司回购股份是否符合《管理办法》的规定、股份回购的必要性、回购股份对公司日常经营、盈利能力和偿债能力的影响、回购方案的可行性等内容进行的详尽分析,具体内容如下。

1. 本次回购股份符合回购办法的有关规定

(1) 公司股票上市已满1年。经中国证券监督管理委员会证监发审字[1993]3号文复审批复和深圳证券交易所深圳所字[1993]第86号文审核批准,银基发展股票于1993年5月18日在深圳证券交易所挂牌交易。截至目前公司上市时间已超过1年,符合回购办法的有关规定。

(2) 公司最近1年无重大违法行为。经对证券主管部门及公司网站公开披露相关信息的查询,未发现银基发展在最近1年内有重大违法违规的行为,符合回购办法的有关规定。

(3) 回购股份后,公司具备持续经营能力。本次回购资金来自公司自有资金,回购股份占用资金总额有限,且公司回购股份采取渐进式分阶段实施的方式,将在回购报告书公告后的1年内实施,将不会对公司的生产经营产生重大影响,回购股份实施后,公司具备持续经营能力。具体参见本财务顾问报告第3部分"本次回购的可行性分析"中的第一条:关于"回购对公司日常经营的影响"的分析。

(4) 回购股份后,公司的股权分布符合上市条件。根据《中华人民共和国公司法》第152条第二款和第四款的规定,股份有限公司股票上市条件必须符合"公司股本总额不少于人民币五千万元"、"向社会公开发行的股份达公司股份总数的百分之二十五以上"的条件。截至2005年6月30日,银基发展总股本269 821 425股,其中已上市流通股为178 549 353股。参照公司的回购股份预案,按最高回购股份数量2 000万股计算,回购实施完成后,公司总股本为249 821 425股,流通股占总股本的比例为63.47%。因此,本次回购社会公众股后,公司的股权分布符合上市条件。综上所述,公司回购股份符合回购办法的有关规定。

2. 本次回购的必要性分析

(1) 公司股价被低估损害了全体股东的利益。2000年8月,银基发展增发新股投资土地整理项目,得到市场广泛认同,股价一度于2001年5月22日达到18.19元/股的高位。伴随着中国证券市场长达4年的调整,银基发展的股价也经历了持续调整。2004年1月,股价阶段性筑底结束,随着大盘展开了3个月近50%升幅的反弹,之后继续下跌調整,股价于2005年3月22日跌破公司每股净资产,2005年7月15日,公司股价跌至历史低位3.04元/股。2003年以来,尽管公司各项经营指标呈现出了良好的增长态势,但公司股价表现却没有反映公司基本面情况。股价持续低迷,成交量萎缩,一方面给股东造成了损失,误导了投资者的投资决策,另一方面也影响了公司市场形象,不利于公司持续、健康、稳定地发展。

为了说明公司的价值与二级市场股票价格的关系,我们对公司进行了价值评估。由于房地产企业的特殊性,其公司现金流随项目进展不同阶段呈现出不规则的变动,因此采用自由现金流估值法无法取得比较客观的估值结果。因此,我们选择了PE(市盈率)及PB(市净率)相对估值法,对银基发展的公司价值进行了估算,其结果显示公司的股价存在被低估的情况。按照最近3年连续盈利的原则,剔除了相关指标异常的公司,我们从国内 A 股市场房地产板块中选取了包括银基发展在内 16 家具有代表性的公司作为样本，利用 PE 和 PB 两种相对估值法，对公司的股票价值进行了估算。A 股市场主要房地产类上市公司估值水平如表 16-4 所示。

表 16-4　A 股市场主要房地产类上市公司估值水平

公司简称	每股收益(元) 2004 年年末	每股净资产(元) 2005 年第一季度	收盘价(元) 2005 年 7 月 5 日	P/E	P/B
万科 A	0.39	2.84	3.27	8.47	1.15
招商地产	0.58	5.70	6.79	11.69	1.19
光彩建设	0.30	3.78	3.32	10.94	0.88
金融街	0.68	4.33	8.00	11.76	1.85
银基发展	0.27	4.24	3.41	12.63	0.80
阳光股份	0.37	2.38	5.32	14.38	2.24
亿城股份	0.57	2.46	2.99	5.23	1.22
先锋股份	0.37	4.07	6.62	17.75	1.63
广汇股份	0.26	1.90	3.60	13.79	1.90
天鸿宝业	0.27	4.36	5.51	20.41	1.26
金地集团	0.67	6.70	4.27	6.41	0.64
栖霞建设	0.76	4.16	4.95	6.56	1.19
新黄浦	0.14	3.99	3.56	24.96	0.89
浦东金桥	0.23	3.06	4.60	20.09	1.50
陆家嘴	0.29	3.23	4.60	15.86	1.42
中华企业	0.31	2.52	3.80	12.26	1.51
平均值				13.32	1.33

上述数据显示，银基发展市盈率水平略低于样本平均市盈率水平。从市净率角度考察，则银基发展公司股价明显偏低，比样本平均市净率水平低近 40%。由于剔除了指标异常低或异常高的公司进入样本，以上样本的统计结果基本反映了目前我国房地产类上市公司的平均正常估值水平。因此，我们认为银基发展的估值水平低于行业平均水平，具有一定的成长空间。

(2) 通过回购提升股价，有利于维护长期投资者的利益。只有当公司股票市场价格低于或等于3.65元/股时,公司才实施回购计划。回购之后,假定公司基本面的其他因素不变,公司的总股本将减少,公司的每股收益将增加,且与每股净资产相比属于折价回购,回购实施后,公司的每股净资产必将提高,从而提升公司整体的估值水平。另外,回购有利于活跃二级市场,增强公司股票的流动性,有利于吸引更多外围资金的进入,对股价水平形成一定支撑,具有稳定二级市场股票价格的作用。因此,回购将有利于维护包括中小投资者在内的公司全体股东,尤其是长期投资者的利益。

3. 本次回购的可行性分析

1) 回购对公司日常经营的影响

我们认为,公司按照上限不超过3.65元/股的价格回购最多2 000万股社会公众股,所需资金最多7 300万元,占2005年6月30日公司资产总额的2.66%、流动资产总额的3.12%、股东权益的6.31%,且回购股份将在回购报告书公布后的1年内分阶段择机实施,不会对公司的日常生产经营活动产生重大影响:

(1) 公司内部具备一定的产生现金流的能力。随着公司土地整理项目完成,土地整理项目的成果——建设用地的开发逐渐进入批量开发阶段。房地产的开发需要大量的现金投入,尤其是国家关于房地产项目销售条件新政策的出台,使得公司房地产开发前期占用资金加大,现金回笼周期延长。通过对公司近3年的现金流状况的分析,我们发现随着公司地王花园、五里河东方威尼斯项目的全面销售,公司现金流状况得以改善,2004年取得了15 493.62万元的经营现金净流量,截至2005年6月30日公司取得了2 045.02万元的经营现金净流量。

(2) 公司具备良好的外部筹资能力。截至2005年6月30日,公司的资产负债率达到近年来的最高值为54.23%,2002~2004年连续3年的平均资产负债率为49.78%,显示公司一直保持着比较稳健的财务结构。2002年以来公司筹资活动现金流量数据显示,公司随着项目进展的不同阶段,采取了灵活的外部筹资策略,控制了财务费用的增长。伴随着公司投资项目进入全面销售期,公司投资支出需求减少,筹资需求也相应下降。结合本次回购股份,若公司存在新的项目投资需求,公司有能力以自有资金完成回购股份的同时,通过外部融资的方式满足公司正常的投资需要。

(3) 回购股份对公司日常经营影响有限。2004年公司产生了15 493.62万元经营净现金流,2005年中期也产生了2 045.02万元经营净现金流。现金及现金等价物净增加额继2003年16 641.56万元后,2004年下降到2 091.45万元,2005年中期为－24 601.57万元。公司2005年中期报表显示公司账面货币资金余额为9 088.76万元,未分配利润为27 605.16万元。作为房地产企业,公司的现金流状况将随着公司的开发建设项目进入不同阶段表现出较大的波动。目前公司的投资项目进入全面回收期且暂时没有更大项目投资需求,在这样的背景下,采取回购股份操作将不会对公司的日常经营活动产生重大影响。公司过去3年及最近一期现金流状况如表16-5所示。

表 16-5　公司过去 3 年及最近一期现金流状况　　　　　　　　　单位：元

项　　目	2005 年中期	2004 年	2003 年	2002 年
经营活动现金流量净额	20 450 201.47	154 936 162.82	−72 342 537.36	−63 722 844.21
投资活动现金流量净额	−148 954 755.26	−29 528 552.17	13 129 647.28	−5 381 516.16
筹资活动现金流量净额	−117 511 099.35	−104 493 074.48	225 628 465.28	−163 112 396.69
现金及现金等价物净增加额	−246 015 653.14	20 914 536.17	166 415 575.20	−232 216 757.06

2) 回购对公司偿债能力的影响

(1) 对公司资产流动性的影响。截至 2005 年中期，公司账面货币资金余额为 9 088.76万元，流动比率 2.01 倍，速动比率 0.29 倍。按回购股份动用资金总额 7 300 万元计算，回购之后公司的流动比率为 1.95 倍，速动比率为 0.23 倍，两个指标均有不同程度的下降。报表显示公司存货占流动资产比例较大，存货主要是待开发储备土地资产以及在建、完工房地产。目前，公司开发的房地产项目已经进入了全面销售阶段。由于公司开发的房地产项目均位于优良地段，目前市场情况仍是供需两旺，资金回笼情况良好。鉴于公司回购股份动用资金总额有限，且在不超过 1 年的时间范围内分阶段择机实施，加之公司地王花园、五里河东方威尼斯项目处于资金回收期，因此，回购股份不会对公司资产流动性造成重大影响。

(2) 对公司偿债能力的影响。根据回购预案，回购股份将使公司股东权益最多减少 7 300万元，使得公司的资产负债率由 54.23％上升至 55.72％，增加 2.75％。回购股份也将使公司产权比例、有形净值债务率有所提高。根据目前市场的平均资本成本和公司项目的平均回报率，资产负债率、产权比例、有形净值债务率尽管有所提高，但仍处于比较合理的范围之内。值得关注的是，回购客观上将减少公司的股东权益，在一定程度上会增加债权人的求偿风险。

总之，除公司存货比例较大导致公司速动比率偏低外，由于本次回购股份拟动用资金总额占公司总资产、流动资产、股东权益的比例较低，公司的其他各项偿债能力指标均处于比较合理的范围内，回购股份不会对公司的偿债能力造成重大影响。

回购前后公司偿债能力指标的对比如表 16-6 所示。

表 16-6　回购前后公司偿债能力指标

指　　标	回购前	回购后	变动比率（％）
流动比率（倍）	2.01	1.95	−2.99
速动比率（倍）	0.29	0.23	−20.69

(续表)

指标	回购前	回购后	变动比率(%)
资产负债率(%)	54.23	55.72	2.75
产权比率(%)	1.28	1.37	7.03
有形净值债务率(%)	1.33	1.42	6.77

注：以上指标根据银基发展2005年中期报告提供的数据测算而来。

3) 回购对公司盈利能力的影响

回购将直接减少公司的总股本和股东权益，使得公司的每股收益和净资产收益率相应提高。2004年公司每股收益0.27元，净资产收益率为6.44%，资产净利率为3.21%。假定公司按照3.65元/股的价格回购2 000万股社会公众股，回购股份后，公司每股收益将会增至0.29元，净资产收益率将增至6.89%，资产净利率将增至3.31%，分别提高7.41%、6.99%和3.11%。数据显示，在其他条件不变的前提下，回购股份将对公司的盈利能力产生明显的正向提升作用。回购前后公司盈利能力指标对比如表16-7所示。

表16-7 回购前后公司盈利能力指标

指标	回购前	回购后	变动比率(%)
每股收益(%)	0.27	0.29	7.41
净资产收益率(%)	6.44	6.89	6.99
资产净利率(%)	3.21	3.31	3.11

注：以上指标依据银基发展2004年度报告提供的数据为基础测算而来。

4. 回购方案的影响分析

(1) 回购对公司股价的影响。回购将减少公司的总股本，在公司利润不受影响的情况下，公司的每股收益将增加。如果回购后公司的市盈率水平保持不变，公司的股价将上升。公司回购方案正式实施之后，公司将有权在回购有效期内根据市场情况择机作出回购决策。届时若公司股价低于股东大会批准的回购价格上限，公司将买入一定数量的股票。公司买入股票的行为，一方面向市场传递了公司股价被低估的信号，同时也活跃了股票的二级市场交易，增加了公司股票的流动性，有利于吸引外围资金的进入。因此，回购股份将对公司股价形成一定的支撑，具有稳定股价的作用。

(2) 回购对公司财务的影响。本次回购股份预计占公司目前股本总额的7.41%。假定回购价格为3.65元/股，回购数量为2 000万股，则回购方案全部实施后，公司资产和股东权益预计分别减少7 300万元，股本总额减少到249 821 425股，流通股余额为158 549 353股。回购前后公司主要财务数据如表16-8所示。

表16-8 回购前后公司主要财务数据

主要财务指标	回购前	回购后	变化率(%)
每股收益(元)	0.27	0.29	7.41
每股净资产(元)	4.29	4.34	1.17
净资产收益率(%)	6.44	6.89	6.99
股东权益(元)	1 157 261 471.49	1 084 261 471.49	-6.31
资产负债率(%)	54.23	55.72	2.75
流动比例(倍)	2.01	1.95	-2.99
速动比例(倍)	0.29	0.23	-20.69

表16-8中每股收益、净资产收益率数据以2004年年度报告中提供的数据为依据并测算回购实施后的情况；每股净资产、股东权益、资产负债率、流动比率、速动比例根据2005年中期财务报告提供的数据计算得出。

根据上表，假定回购前后公司净利润不变，则每股收益增加0.02元，增长率为7.41%，净资产收益率增加0.45%，增长率为6.99%。由于回购使用公司现金使得流动资产减少，而流动负债没有变化，所以公司的流动比率和速动比率均有所下降。回购股份后，公司的资产负债率水平有所上升，但仍处于比较合理的范围内，显示公司仍旧具有一定的使用财务杠杆的空间和能力。尽管回购股份将减少公司股东权益，但是由于股本总额相应减少，同时回购单价低于每股账面净资产，因此，回购实施后，公司的每股净资产将增加0.05元。

(3) 回购对公司股本结构的影响。以回购方案上限计算，最多回购2 000万股社会公众股，则回购股份前后，公司股本结构变化如表16-9所示。

表16-9 公司股本结构变化

项目	回购股份前		回购股份后	
	股份数量(股)	比例(%)	股份数量(股)	比例(%)
未上市流通股份	91 272 072	33.83	91 272 072	36.53
社会公众股	178 549 353	66.17	158 549 353	63.47
总股本	269 821 425	100	249 821 425	100

公司未上市流通股比例增加了 2.7 个百分点,相应地社会公众股比例下降了 2.7 个百分点。回购股份对公司股本结构影响不大。

(4) 回购对公司股东的影响。回购股份减少了流通股数量,一定程度上改变了公司流通股份的供求关系,对公司股价水平形成一定的提升和支撑作用。同时,回购股份有利于提高市场交易的活跃程度,增加了公司股票的流动性,有利于股东自由交易股票。另外,由于回购股份对公司收益率指标形成了正向推动作用,公司的投资价值有所提升。因此,本次回购将有利于维护公司全体股东尤其是长期投资者的利益。

(5) 回购对债权人的影响。回购行为客观上将造成公司股东权益减少,资产负债率有所上升,流动比率和速动比率出现不同程度下降,在一定程度上影响了公司的偿债能力。然而,回购股份进一步优化了公司的股权分布结构,有利于公司的长期稳定发展,将有利于保护债权人的合法权益。本次回购股份将涉及资金 7 300 万元,占 2005 年 6 月 30 日公司资产总额的 2.66%、流动资产总额的 3.12%、股东权益的 6.31%,全部来源于公司自有资金,且公司回购股份将在 1 年内渐进式分阶段实施。因此,本次回购股份不会对债权人的利益造成重大影响。

5. 独立财务顾问意见

根据《中华人民共和国公司法》、《中华人民共和国证券法》、《股票发行与交易管理暂行条例》、《深圳证券交易所股票上市规则》等相关法律法规,以及回购办法的有关规定,本财务顾问认为本次回购股份符合上市公司回购社会公众股份要求的有关条件。

近期,由于公司股价低于每股净资产,估值水平低于同行业平均标准,与公司经营业绩平稳上升势头的现状不符,导致包括中小投资者在内的公司全体股东的利益受到损害,并对公司的市场形象造成了负面影响。本次回购股份将在公司股价出现低于每股净资产一定比例的情况下由董事会择机实施,不但有利于提高公司每股收益、每股净资产和净资产收益率,也促进了公司股票二级市场交易的活跃程度,从而有利于公司树立良好资本市场形象、促进公司股票价格回升至合理的估值水平,达到提升公司价值和保护公司全体股东尤其是长期投资者利益的目的。本次回购股份的资金将全部来源于公司自有资金。公司前期投资的房地产项目已经进入全面销售期,目前公司现金流状况正常,拥有一定数量的账面货币资金余额。加之国家实施宏观调控,公司对房地产项目投资更加慎重,在没有更好的房地产投资项目前,回购股份将有利于提高公司资金的使用效率。公司实施股份回购后,依然具有较好的流动性和稳健的财务结构,具备一定的筹资能力和筹资空间,有利于保证公司的正常生产经营活动不受到重大影响。

6. 特别提醒广大投资者注意的问题

(1) 本次回购预案尚需银基发展股东大会表决通过,并报中国证监会备案无异议后方可正式实施。

(2) 公司股票价格波动是多种因素共同作用的结果,不仅有来自公司自身基本面因素的影响,也受到商品市场、货币市场以及资本市场周期性波动因素的影响,回购股份仅是公司股价波动的影响因素之一。因此,提请广大投资者关注国家宏观政策对房地产行业的影响、公司的应对策略、发展战略以及经营业绩。

(3) 公司股票价格将可能因回购股份消息的影响而有所上涨,但由于国内尚无回购社会公众股份的案例,因此其具体效应并未得到市场统计结果的验证,因此提请广大投资者注意股价短期波动的风险。

(4) 公司本次回购股份预计为股本总额的 7.41%,根据回购办法的要求,在回购期间的每月前 3 个交易日要公告截至上月末的回购情况,且回购股份占上市公司总股本比例每增加 1‰,应当自该事实发生之日起两个交易日内予以公告。若公告信息导致公司股票频繁临时停牌,必将影响投资者的正常交易,提请投资者注意公司股票的流动性风险。

(5) 公司实际回购数量以 2 000 万股为上限,根据我国股票市场的发展演变和回购股份实施过程中的具体情况,回购股份的价格和数量会有所波动,从而导致其实际结果与前述测算结果不完全一致。

(6) 本独立财务顾问报告仅供投资者参考,不作为投资者买卖股票的依据。

问题 3:实施股份回购对银基发展有何影响?

四、案例分析

(一) 银基发展实施股份回购的目的何在?最终的经济效果如何?

所谓股份回购(Share repurchase)是指上市公司为减少注册资本,而采取证券交易所集中竞价交易或者要约的方式,购买本公司流通在外的股份,将其作为库存股或依法予以注销的行为。在西方,股份回购已经发展成为一种十分常见的资本运作方式和公司理财行为,是规避政府对现金红利的管理、对抗其他公司的敌意收购、完善公司治理结构、优化资本结构、为员工激励作铺垫的一种重要方法。股份回购在资本运作市场相当活跃的美国、中国香港等地发生得非常频繁。20 世纪六七十年代全美国每年发生股份回购的公司数量一直徘徊在 20 家以下,而进入 90 年代以后,每年宣布股份回购的公司数量和回购金额都呈现逐渐上升的态势。在 1998 年,据新泽西州 Newak 证券数据公司统计,美国公司在这 1 年中公布的回购金额更是高达 2 200 亿美元之巨。在香港地区,长江实业、新鸿基地产业曾经纷纷实施过大量的股份回购举措。从发达资本市场的经验来看,上市公司进行股份回购,其目的在于:

(1) 谋取税收利益。一方面,股份回购可以作为公司股利分配的替代手段。若公司分派现金股利,则股东必须全额缴纳个人所得税。而如果公司进行股份回购,股东不仅可以获得现金,而且可以按扣除股票购买成本的资本利得纳税,且资本利得的税率要低于个人所得税税率。① 另一方面,如果公司通过举债来进行股份回购,可以起到调整资本结构的作用,这时,公司的资产负债率提高了,债务的税盾作用得以充分发挥,从而使公司获得税收利益。

(2) 向投资者传递信号。在市场出现持续下跌、绩优公司股价跌破净资产的情况下,实施股份回购将向市场传递公司管理层认为股价已被严重低估的明确信号,有利于恢复市场信心,维护市场稳定。1987年10月美国发生股灾时,以花旗银行为代表的600多家公司在两周内公布了股份回购计划,有效阻止了股市的持续下跌,避免市场恐慌和股灾的发生。

(3) 股份回购是实施反收购、维持公司控制权的重要武器。为了维护目标公司股东的利益,公司通常以股份回购的方式抵御恶意收购。当公司以高于收购者出价的溢价进行股份回购,一方面提醒公司股东注意公司价值增长的潜力,另一方面也提高了收购方的收购成本,并且通过对外界股东的回购,公司大股东或管理层持股比重相应提高,控制权进一步加强。此外,储备大额现金的公司易受收购者的青睐和袭击,在此情况下,公司将大量现金用于股份回购,可减弱收购者的兴趣,这是反收购策略中的"焦土战术"。

(4) 运用股份回购,执行职工持股计划和股票期权制度。信息不对称和契约的不完全性,使公司所有者与经营者之间存在目标函数的差异,即代理成本,包括经营者偏离股东财富最大化目标产生的成本以及股东对经营者的监督成本,矫正偏差仅依靠诸如公司治理结构、资本市场、产品市场和劳动力市场的竞争等外部约束远远不够,尚需要设计出一套成果分享方案,使职员和管理者的努力与公司财富增大建立相关性,职工持股计划和股票期权制度就是比较有效的内部激励机制之一。由于新股发行手续烦琐,程序复杂,成本较高,因此解决职工持股计划与股票期权制度的股票来源的较好途径就是股份回购,公司选择适当的时机从股东手里回购本公司股票作为库藏股,依程序交给职工持股会管理或直接作为股票期权奖励给公司管理人员。

(5) 基于少数异议股东的回购请求权,回购公司股份,保障中小投资者权益。现代公司实行"资本民主"原则,即一股一票,重大事项的表决适用单纯多数或绝对多数,因此绝对或相对控股的股东,不惜损害中小股东的权益,操纵公司,谋求自我利益最大化,少数股东的"以手投票"权利因此受限,法律为平衡双方力量往往赋予其诸如股东诉讼权等权能,但实施成本较高,而股份回购请求权则是股东"以脚投票"的权利强化,重大事项表决时,

---

① 值得注意的是,在我国,资本所得和股利所得并不存在所得税差异。

多数股东与少数股东利益发生严重冲突,少数股东可以要求公司以公平合理价格回购股份,这样一方面减少公司经营中的摩擦与冲突,降低协调成本,另一方面充分保障了少数股东权益使之免受不公平待遇。

除上述功能外,股份回购还常常运用于公司合并以及上市公司转为非上市公司的重组计划中,因此股份回购是具有多种功能的资本运作和企业经营的重要手段。不过,除了上述比较光明的目的外,由于股份回购是影响公司股价的重大敏感信息,巨大的利益可能会导致事先知情的内部人士在股份回购计划公布前以低价买入股票,并在股份回购计划公布后借高价抛出,甚至可能出现散布回购股份的虚假消息,操纵股票价格,趁机牟利。这就需要监管层建立、完善并严格执行股份回购制度。

银基发展在其回购股份的预案中说得很明白,实施股份回购是因为"公司目前的股价表现不能真实反映公司的基本面情况,有损包括公司中小投资者在内的全体股东利益和公司的市场形象。以低于净资产价格进行股份回购,必然提升公司每股净资产和每股收益,提升公司的整体估值水平,因此,股份回购将有利于维护公司全体股东尤其是长期投资者的利益,同时,股份回购具有稳定股价作用,树立公司良好市场形象,改善投资者关系,有利于公司持续、稳定、健康发展"。显然,基于上述目的中的第二条——向投资者传递信号,银基发展的股票价值被严重低估。在独立财务顾问的报告中,将银基发展与同行业公司进行了对比,银基发展的市盈率和市净率均低于行业平均水平,因此认为银基发展的股价具有一定的成长空间,目前的股价与其真实价值相比明显偏低。

那么,银基发展股份回购的经济效果如何呢?即市场是否理解并认可了银基发展传递的信号,使银基发展的股价回归其自身价值呢?从国外的经验研究来看,在采用公开市场回购和要约回购的情况下,股份回购实施后股票价格确实提升了。但如果采用的是协议回购方式,股份回购则降低了公司的股票价格,"管理者防御假说"对这种现象做出了解释。与公开市场回购和要约收购不同,协议回购只是针对少数重要股东,而且,在此类回购中,溢价通常相当丰厚。也就是说,在协议回购中,管理者通过以高出市场价格的溢价从重要股东手中回购相当数量的股票,从而避免公司被收购的威胁。"管理者防御假说"认为,这种私下协议回购损害了其他股东的利益,理由如下:其一,收购威胁本来是对公司管理层的一种约束行为,它可以促使管理层减少在职消费和偷懒行为,提高公司经营效率,从而增加股东财富,现在管理层故意阻挠收购的成功,不能不说是降低了公司的经营效率,牺牲了其他股东的利益。其二,管理者为了回购股票,必然要向重要股东支付高过市场价格的溢价,这部分溢价显然迎合了重要股东的利益要求,但却违反了"同股同权、同股同利"的一般法则,损害了其他股东的财富利益。因此,按照"管理者防御假说",这种私下协议回购实质上是管理层为了"防护"他们自身利益的需要,它减少了其他股东的利益,股票市场对它的反应自然是负面的。不过在我国尚缺乏这方面的经验证据。

对于银基发展来说,它采用公开市场回购,因此按照国外的经验,股票市场对它的反应应该是正面的。我们来看看银基发展股份回购的后续情况。2005年度第一次临时股东大会审议通过了回购预案后,公司向中国证监会递交了有关申请,中国证监会于2006年2月8日予以受理。但是,自2005年12月下旬起,银基发展的股价稳步上涨,并始终超过此次回购股份的价格上限即3.65元/股。尤其自2006年4月下旬启动股改以来,公司股价已远远超过回购股份的价格上限,银基发展因此表示,目前已不具备实施股份回购的条件。2006年10月23日,银基发展董事会审议通过了《关于公司申请终止回购股份的议案》,并向中国证监会递交了《关于申请撤回回购股份申报材料的报告》。2007年2月28日,公司正式收到了《中国证监会行政许可申请终止审查通知书》。

也就是说,银基发展最终并没有真正实施股份回购,因为自2005年下半年起,银基发展的股票价格就开始稳步上涨并始终超过回购股份的价格上限,最终导致银基发展终止了此次股份回购。那么,银基发展股票价格的上升是否是因为公司宣称要实施股票回购,从而向市场传递了股价被低估的信号,并被市场所接受和认可呢?正如独立财务顾问报告中所提示的:"公司股票价格波动是多种因素共同作用的结果,不仅有来自公司自身基本面因素的影响,也受到商品市场、货币市场以及资本市场周期性波动因素的影响,回购股份仅是公司股价波动的影响因素之一。因此,提请广大投资者关注国家宏观政策对房地产行业的影响、公司的应对策略、发展战略以及经营业绩。"

事实上,从2005年下半年起,中国资本市场结束了长达5年的漫漫熊市,开始出现强劲的反弹,从而开始了一轮牛市行情。而2005年、2006年也是中国宏观经济和房地产业高速扩张的时期。处在这样的经济环境中,虽然我们不能否认股份回购的意向对推动银基发展股价上涨或许发挥了一些作用,但环境和制度因素的作用比起股份回购来要更为直接、更为关键。或许这也正是银基发展的股份回购最终只停留在意向上,而没有真正实施的原因。

(二)请结合我国制度背景对银基发展的股份回购进行评述

早期对上市公司股票回购行为的制度规范,主要包括国家体制改革委员会于1992年5月15日发布的《股份有限公司规范意见》及国务院于1993年4月22日颁布的《股票发行与交易管理暂行条例》,其中对股份公司"购回股票"的态度是原则禁止的。1993~1994年,中国刚刚诞生的股票市场出现剧烈下跌趋势,从1993年2月到1994年7月,股市跌幅高达79.09%。由于股份回购在成熟资本市场被视为拉升股价、拯救市场的有力武器,1993年12月29日的《公司法》,对股票回购行为做出了一定让步,允许"为减少公司资本而注销股份或者与持有本公司股票的其他公司合并时"收购股票,并对相关程序进行了简单规定。同年9月,国务院证券委员会和国家体制改革委员会联合发布《到境外上市公司章程必备条款》(以下简称《必备条款》),《必备条款》中的"第四章减资和购回股份"专门规定了公司进行股票回购的条件,相对于早期的规定,《必备条款》对股票回购的规定更加具有可操作性。虽然《必备条款》的制定对象为境外上市公司,但对规范国内上市公司股票回购运作也起到了相当的引导作用。随着证券市场的不断发展,以及整个市场经济制度的变迁,1994~2005年,以证监会为代表的中央政府对股票回购的态度逐渐发生转变。1996年12月16日,《人民日报》发表题为《正确认识当前股票市场》的特约评论员文章,自此中国股市开始了又一个长达两年半的低迷时期。如何从上市公司的角度提高投资者的信心,显然是当时中央政府为增加证券市场的活力,保持社会稳定的重要问题。1997年12月16日,证监会发布《上市公司章程指引》(以下简称《章程指引》),要求在沪、深两市上市公司对公司章程进行起草或修订,《章程指引》的第二十三条、二十四条、二十五条、二十六条对股票回购条件、方式等进行了明确规定。在《章程指引》中,中央监管当局对股票回购的态度出现了明显转变,由过去的"原则禁止"变成了"有条件许可",股票回购的实施条件、方式等也具有一定的可操作性,至此股票回购实施在法律法规方面的障碍已经基本扫除。1999年5月中国证监会出台了《关于进一步规范和推进证券市场发展的若干政策意见》,其中包括改革股票发行体制、保险资金入市、逐步解决证券公司合法融资渠道、允许部分具备条件的证券公司发行融资债券、扩大证券投资基金试点规模、搞活B股市场、允许部分B股H股公司进行回购股票的试点等6条主要政策,这给日后的上市公司实施股票回购进一步提供了政策依据。

随着监管层态度的破冰,一些上市公司开始尝试股份回购这个新型的资本运作方式,如陆家嘴于1994年、云天化和申能股份于1999年、冰箱压缩和长春高新于2000年分别成功实施了股份回购。但考察这些案例的情况,发现能够成功实施股票回购的股份性质,皆为国家股或国有法人股,这在一定程度上体现了中央政府对股票回购行为的倾向。谭劲松、陈颖(2007)通过案例研究和事件研究法,结合我国的制度背景,对上市公司股票回购动因进行了分析。他们的研究显示,我国上市公司股份回购的目的与西方成熟资本市场股份回购的动因有所不同,上述5起国有股回购的成功实施,其主要动因在于满足地方政府实现地区经济发展等公共治理目标的功能诉求,是上市公司向国有股控股大股东的利益输送,而流通股股东从股份回购中并未获得利益,甚至遭受了一定程度的损失。

可见,我国资本市场的股份回购从一开始就带有我国独特的制度烙印,分析我国上市公司的股份回购离不开有关的制度背景。众所周知,我国的上市公司主要由国有企业改制而来。一方面,国有企业在改制上市过程中,通常会将原来的资本存量作为不可流通的股份,新发行的股份作为可流通的股份,而且不可流通的股份以国有资产评估出资得来的庞大股份占据了大部分企业的控股地位,这就产生了国内证券市场所特有的股权分置和国有股"一股独大"现象,导致了非流通股股东和流通股股东之间的利益冲突;另一方面,由于上市相关政策的原因,大多数上市公司都是从原企业集团中剥离出的优良资产,将劣质资产或非经营性资产留在了母公司(大股东),导致上市公司剥离后,母公司(大股东)资金周转困难,相当一部分存续企业必须不断从上市公司中获得资源供应,否则就难以生存(吴敬琏,2004)。基于上述背景,2005年以前上市公司把股份回购当作向国有控股大股东进行利益输送的工具就不足为奇了。

2005年是我国股份回购制度改革的一个分界点。2005年6月6日11时03分,上证指数跌至998.22,千点魔咒终于成真。至此,股票市场已经经历了五年的漫漫"熊市",先后有数百家公司的股价跌至净资产以下,广大投资者承受了巨大的经济损失。为了维护市场及社会的稳定,当晚,《上市公司回购社会公众股份管理办法(试行)》征求意见稿就挂上了证监会网站。如在案例资料中所述,《管理办法》的颁布为上市公司回购社会公众股份提供了进一步的具体的操作程序与规范。中国证监会在这一特殊时期积极抛出《管理办法》就其目的而言救市的目的非常明显。几乎与此同时,《关于上市公司控股股东在股权分置改革后增持社会公众股份有关问题的通知》(证监发[2005]52号)一起出台。可见,2005年股份回购制度的改革之所以如此迅速,除了救市的目的外,还适应了股权分置改革的大背景。为了配合股改,《公司法》和《证券法》也在2005年进行了重新修订,新《公司法》中对股份回购的限制进一步放松,从原来的两种情况(减资和合并)增加为四种情况,增加了股份激励和回购异议股东股份。其中,回购异议股东股份的规定意义重大,能够推动股权分置改革顺利进行。目前股权分置改革方案的表决方式违背了自愿原则,侵犯了异议股东的权利,因此方案存在被追诉的风险,异议股东很可能将上市公司推向被告席。同时,由于上市公司流通股股东的分散性,在众口难调的情况下,实现全体流通股股东一致通过股权分置改革方案是不切实际、缺乏效率的。因此,一方面要充分尊重异议股东的自主权,同时也不能以牺牲股权分置改革为代价来保护异议股东的权利。股份回购则为协调这一矛盾提供了一个很好的途径。股份回购是上市公司与异议股东自行解决争议的一种方式,这一方式将减少解决争议的成本,又有明显的效率优势,能够推动股权分置改革的顺利进行。可见,在制度层面上,监管者乃至立法者都在为股权分置改革开道,上市公司难道还有理由不积极响应吗?

如果我们将银基发展的股份回购纳入中国资本市场的特殊制度背景中去进行分析的话,就会发现,对于在2005年实施股份回购的公司(包括银基发展),其股份回购更大的作用在于给流通股股东对股权分置实施后的股价以正面的预期,从而增加股权分置改革方案通过的概率。在股权分置改革中,非流通股股东要想获得股份的全流通,必须向流通股股东支付一定的对价,[①]包括送股、派现、认股权证等,这些对价中除了直接派现以外,大

[①] 非流通股股东之所以要向流通股股东支付对价,原因在于:其一,非流通股进入流通违背原先承诺;其二,股权分置导致股价过高,非流通股一旦流通势必破坏原先的市场预期,造成股价下跌,使流通股股东蒙受损失;其三,国有企业在发行上市时,非流通股股东以每股净资产为成本换取股份,流通股股东以发行价格认购股份,持股成本大不相同,非流通股价值低,进入流通后必然获得溢价,由此构成不公平。

多都是以股票的形式支付的(认股权证是以将来的股票支付),如果能够在股权分置改革前提升股价并营造一个对未来股价的良好预期,非流通股股东支付的对价就会显得更有价值,从而使股权分置改革能够顺利进行。

此外,应该注意的是,我国上市公司还没有形成投资者文化,其圈钱动力远远超出其对股价的关心程度,因此动用大量资金回购股份维持股价显然缺乏重要动力。股份回购是资本市场的重要金融工具和手段,救市仅仅是其中的一项功能,而且需要诸多约束条件,特别是估值到底是否合理需要很多的主观判断,这将在很大程度上影响股份回购救市的效果。比如,在银基发展之前实施股份回购的邯郸钢铁和华菱管线,就被评论为其回购目的是为了促进其可转债转股的顺利进行,与其所宣称的稳定股价、保护投资者利益的目的相违背。

那么,银基发展的股份回购是否也真的如其所述是为了稳定股价、保护投资者利益呢?显然,在中国,决定上市公司财务政策和经营政策的是大股东(非流通股东),银基发展也不例外,在股权分置改革的前夕对外宣称要进行股份回购,应该不是一个纯粹的巧合。也正因为如此,在股价节节上涨后,不管是什么因素造成的,当然也就乐得不再掏出大笔的现金去回购什么股票了。

 知识点

股权分置与股权分置改革

所谓股权分置,是早先在股市制度设计上,为了防止国有资产流失,只容许占股市总量36%的社会公众股上市自由交易,属于流通股;另外64%的国有股、法人股、原始股东及公司经营阶层的持股则属于不流通股,不在股市中买卖。其价值估算不是按照流通股的交易价格,而是按照公司的净资产。股权分置是中国内地资本市场所独有的现象,造成上市公司的股权结构极不合理、不规范,表现为:上市公司股权被人为地割裂为非流通股和流通股两部分,非流通股股东持股比例较高,约为2/3,并且通常处于控股地位。其结果是,同股不同权,上市公司治理结构存在严重缺陷,容易产生一股独大现象,使流通股股东特别是中小股东的合法权益遭受损害。股权分置已经成为制约我国资本市场发展的瓶颈,必须进行改革。

2004年1月31日,国务院发布《国务院关于推进资本市场改革开放和稳定发展的若干意见》(以下简称《若干意见》),明确提出"积极稳妥解决股权分置问题"。经中国国务院批准,中国证券监督管理委员会2005年4月29日宣布启动股权分置改革试点工作,陆续进行第一批及第二批股权分置改革试点计划。第一批有4家试点上市公司,第二批扩增至43家试点上市公司。2005年8月23日中国国务院正式宣布股权分置改革正式结束试

点,进入全面推动的阶段,将允许超过1 300家国有企业的非流通股陆续进入股市。目前,股改已经基本完成。

最后,值得一提的是,《公司法》(2005年修订版)和《管理办法》对我国股份回购制度的规定尚存在一些问题。比如,关于股份回购的立法模式,国际上有两种立法模式,即德国模式和美国模式。德国模式采取"原则禁止,例处许可"的模式,即在公司法规定股份有限公司原则上不得收购自己发行在外的股份,但同时又列举了允许股份回购的法定情形。美国模式则是美国《公司法》仅就不得进行股份回购的例外情形作出规定,除此以外对股份回购不加任何限制,即允许基于"合法正当的商业目的"的股份回购原则上许可的模式。

我国股份回购立法基本采用"原则禁止,例处许可"的立法模式,例如我国《公司法》规定"公司不得收购本公司股份。但是,有下列情形之一的除外……"。

本次正是因为《管理办法》带有救市的目的,出台匆忙而考虑不够周详,《管理办法》虽然遵循《公司法》沿用了德国模式,即"原则禁止,例处许可",但是由于对例处许可几乎没有任何约束,事实上直接过渡到了美国的原则上许可的模式,在股份回购目的或者说什么条件才允许股份回购方面没有做太多的限制,几乎是放开了一个大口子,没有对股份回购的目的性给予相应约束,也未对公司回购股份的资金来源作出规定,仅以合法合规粗粗约束,超越了世界各国法律允许股份回购的条件。如不能尽快完善将给市场留下较大的后遗症。

五、案例讨论

1. 结合本案例,谈谈你对我国股份回购制度的看法。

2. 股份回购的方式有哪些?对股份回购的实施效果有何影响?请搜集一下我国在这方面的经验证据,并与国外进行对比。

六、案例拓展阅读

邯郸钢铁公司股份回购案例[①]

(一)公司基本情况

邯郸钢铁是国内主要钢铁企业之一,公司第一大股东邯郸钢铁集团是河北省政

---

① 本案例来源于汤谷良:《公司财务管理案例评析》,北京大学出版社2008年版。

(续上)

府授权经营的企业集团,2004年年底合并报表显示集团总资产304亿元,净资产58亿元,账面现金50亿元,主营业务收入261亿元,实现利润13亿元,集团主要资产包括邯郸钢铁、舞阳钢铁和衡水薄板。

2000年以来,上市公司邯郸钢铁加大产品结构调整和技术改造力度,随着产品结构的调整和经营管理的进一步改善,公司业绩稳步提升,财务状况良好。2004年公司主营业务收入194亿元,净利润9.17亿元,同比增长52.79%和46.34%;2004年经营活动产生净现金流入为24.5亿元。截至2005年6月30日,公司总资产达到1 928 970万元,净资产845 560万元。公司2002~2005年的主要财务指标如表16-10所示。

表16-10 邯郸钢铁经营业绩简况

项 目	2005年中期	2004年	2003年	2002年
主营业务收入(万元)	1 096 789	1 945 300	1 273 189	787 547
主营业务利润(万元)	156 432	204 588	136 502	95 861
利润总额(万元)	96 898	140 987	97 987	74 461
净利润(万元)	76 582	91 679	62 647	48 484
经营活动净现金流(万元)	−112 824	245 660	91 382	71 930
每股收益(元)	0.339	0.410	0.281	0.217
每股净资产(元)	3.733	3.500	3.253	3.013
净资产收益率(%)	9.06	11.72	8.63	7.21
资产负债比率(%)	56.17	61.03	56.22	31.49
流动比率(倍)	2.09	1.70	1.52	1.47
速动比率(倍)	1.04	1.11	1.03	0.99

注:表中每股收益和每股净资产指标已经根据公司实施每10股送5股的分配方案进行了调整。

(续上)

(二) 公司历次融资情况

邯郸钢铁股份有限公司1997年12月首次公开发行3.5亿股股票,发行价7.5元,并于1998年1月在上海证券交易上市。2000年5月公司实施配股,配股数量12 104.5万股,配股价格5.5元。2003年11月公司发行20亿元的可转债。

公司股本结构:截至2005年8月15日,公司总股本2 263 038 461股。公司非流通股股东共有两位,其中,大股东邯钢集团持股1 458 184 650股,占总股本的64.43%;河北省信息产业投资有限公司持股36 645 000股,占总股本的1.62%。2005年中报显示公司前10大流通股股东持股情况如表16-11所示。

表16-11 截至2005年7月19日前十名流通股东持股情况

股东名称	持有流通股的数量(股)	占总股本比例(%)
通用技术集团投资管理有限公司	5 952 380	0.394 5
兴业可转债混合型证券投资基金	3 890 000	0.257 8
博时裕富证券投资基金	3 042 653	0.201 7
华安上证180指数增强型证券投资基金	2 058 486	0.136 4
杨建梅	1 839 253	0.121 9
翁史锋	817 902	0.054 2
王娟	750 000	0.049 7
杭州特种水暖工贸有限公司	701 273	0.046 5
中国银行——天同180指数证券投资基金	682 073	0.045 2
深圳市君恒投资有限公司	659 100	0.043 7

注:表中股票数量是公司8月12日实施10股的分配方案之前的数据。

(续上)

(三) 股份回购方案

2005年9月1日,邯郸钢铁发布回购股份公告书,公告公司将在其后6个月内,以不高于每股3.77元的价格,回购不超过9 000万股,股份回购后将依法予以注销,所需资金大约在3.5亿元左右。回购目的、回购方式和定价、资金安排以及预计对公司的影响大致内容如下。

1. 回购目的

近几年来邯郸钢铁实现盈利持续稳定增长,2004年末公司每股净资产已达到3.5元(按照每10股送5股方案除权后),而公司股价却长期处于下跌趋势。特别是2004年下半年以来公司股价更是跌破每股净资产,市盈利率和市净率低于同行业上市公司平均水平。公司董事会认为公司股票市场表现与经营状况不相符,投资价值被严重低估,有损全体股东的共同利益和公司的良好形象。通过股份回购使得公司价值提升,有利于保护投资者特别是社会公众股东的利益,维护公司资本市场的良好形象。

2. 回购股份的方式

通过上海证券交易所,以集中竞价交易方式回购本公司社会公众股份。

3. 回购价格及定价原则

回购价格不超过3.77元。参照国内证券市场和钢铁类上市公司整体市盈率、市净率水平,结合公司经营状况和每股净资产值,公司董事会和股东大会决议确定的本次回购价格为不超过每股5.8元。由于公司2005年8月12日实施每10股派1.5元送5股的分配方案,因此回购价格上限相应调整为3.77元。

4. 回购股份的种类、数量和占总股本的比例

回购股份的种类:社会公众股份。

回购数量:不超过9 000万股。公司董事会和股东大会决议确定的回购数量为不高于6 000万股,由于公司于2005年8月12日实施了每10股派1.5元送5股的分配方案,因此回购数量调整为不超过9 000万股。

回购比例:以回购9 000万股计算,回购比例为目前总股本的3.977%,流通股本的11.716%。

5. 回购资金总额及来源

回购资金总额:预计不超过3.5亿元。回购资金来源:自有资金。

6. 回购股份期限

回购期限为回购报告书公告之日起6个月内。公司将根据股东大会和董事会授权,在回购期限内根据市场情况自主决定购买时机。

要求：1. 根据中国资本市场股份回购的特殊动机，说明邯郸钢铁回购股份的动机。
2. 比较邯郸钢铁股份回购与银基发展股份回购的异同。

公司并购与重组案例

第五章

案例 17

花旗集团公司(Citigroup)收购耐特交易公司(Knight)[①]

一、本案例学习目标

通过本案例的分析和学习,应掌握企业并购的目标和动机,企业如何通过并购实现公司价值的增值和企业是如何选择并购时机的等。

二、问题的引出

> 2004年8月9日,花旗集团公司(Citigroup,简称花旗集团)宣布将以2.25亿美元现金收购耐特交易公司(Knight Trading Corp)。这一交易将成为花旗集团公司扩展其衍生工具造市能力计划的一部分。该计划还包括在芝加哥期权交易市场(Chicago Board of Options Exchange)上担任电子交易经纪的权利。通过收购耐特公司旗下的衍生工具业务,花旗集团将获得在权益和固定收益期权市场上的造市能力,这为花旗集团成为美国期权市场的领军者提供了便利条件。作为收购的一部分,花旗集团同时收购了耐特公司在国际证券交易市场(International Securities Exchange)的交易资格。然而对于耐特公司来说,出售其衍生工具业务将是一个重要的转折点。考虑到管理衍生工具业务的资本要求和所承担的风险,耐特公司的净资产收益率并没有达到要求的水平。这一交易将帮助耐特公司的业务集中在权益交易和资产管理上。
>
> 我们将关注收购双方的动机及收购对交易双方的影响。

[①] 本案例来源于陈超等:《公司财务管理案例》,人民邮电出版社2005年版。

三、案例陈述及阅读引导

(一) 收购公司与目标公司的背景

1. 花旗集团

花旗集团总部设在纽约,是金融服务界的巨擘。花旗集团是花旗公司(Citicorp)和旅行者集团公司(Travelers Group)在 1998 年 4 月合并组成的。花旗集团是世界最大、获利能力最强的金融服务公司,股东权益和信托—优先股合计达 1 040 亿美元,净资产收益率长期稳定保持在 20% 的水平。由于其成功的商业合并历史,花旗集团从 1998 年开始推行通过一系列收购而进行的扩张计划。在投资银行领域中,花旗集团的战略收购是非常成功的。

作为一个卓越的金融服务公司,花旗集团在超过 100 个国家和地区拥有超过两亿个客户。它为消费者、企业、政府和机构提供广泛的金融产品和业务,包括零售银行、消费者信贷、企业和投资银行、保险、证券交易以及资产管理。由于财务报告和内部运营的原因,花旗集团主要分为五个下属集团:花旗全球消费金融集团,全球企业金融和投资银行集团,花旗全球资产管理,花旗集团国际事业部以及史密斯美邦(私人客户服务)。

当今的经济全球化使小公司的生存非常艰难。首先,市场竞争激烈、迅速变化,并日趋全球化的趋势要求企业拥有强大的规模和实力。其次,客户也要求机构在全球的任何一个地方都能提供广泛的服务,并希望从多种产品的整合中受益。这样广泛的产品和全球化的能力要求公司本身拥有大量的资本。花旗集团则很好地迎合了市场经济所带来的挑战。纵观整个资本市场,花旗集团是唯一一个集全球化、本地化、专业化和高标准为一身的公司。为了更好地提供服务,它改善了旗下的全球交易服务业务,为企业提供现金管理、贸易融资和证券服务。这样的调整使其客户债务余额以及托管的资产分别增加到 1 080 亿美元及 64 000 亿美元。

2. 耐特交易公司

耐特交易公司总部设在新泽西州的泽西市。该公司代理芝加哥期权交易市场上大约 180 个期权,其中包括热门的半导体持有信托(Semiconductors Holders Trust)。作为一家控股公司,其旗下的证券经纪主要在美国和欧洲市场上进行场外和上市股票的交易以及个别股票期权、权益指数期权、固定收入工具和商品的期权交易。自从在 2000 年年初收购了 Arbitrage Holdings——一家主要在美国及欧洲从事以科技为主的期权造市和资产管理的公司后,从合同交易量来看,耐特交易公司已经成为美国最大的权益期权造市商之一。

自 2000 年被收购后,耐特公司在其期权业务上有了显著的进步。同时通过提高效率和引进新产品,很好地适应了不断变化的期权市场。由于拥有赢利的运营系统、强大的品牌以及业界领先的科技和交易专家，耐特公司已成为美国的一个重要的造市商。

耐特公司通过提供全面的权益和衍生工具交易服务，致力于满足机构和经纪人—交易商客户的需要。作为领先的执行经纪人，耐特公司提供资本承诺以及进入整个权益市场的各种流动性工具。耐特公司同时还为机构和高净值的个人提供资产管理业务。为了成为一个良好的合作伙伴，耐特公司努力提供卓越的客户服务，并将继续为适应客户的需要而完善自身的服务。

造市是指市场的形态开发建设，是兴市的初始定位和物质基础条件。造市主要分两个阶段：一是项目的可行性研究、论证；二是基建上马，实施硬件设施建设。

问题1： 分析花旗集团对收购时机的选择。

（二）收购动机

这桩收购交易凸显出了电子交易在机构市场上日益增长的重要性。近些年来，深入资本化的事务所通过整合来削减成本，并且致力于以电子交易取代其参与多个美国期权市场的交易。美国股票交易市场出现越来越多的大型经纪商，包括耐特公司，Vander Moolen 和 Interactive Brokers Timber Hill 都开始放弃或减少其在第三期权市场上的运营。

这一交易使花旗集团进一步地走进了机构和零售消费者快速增长的期权交易市场。这也是该公司在利润丰厚的衍生工具领域里扩张战略的一部分。通过收购耐特公司旗下的衍生工具业务，花旗集团将获得在权益和固定收益期权市场上的造市能力。

作为该协议的结果，花旗集团距离成为美国期权市场的领军者更近了一步。鉴于耐特公司是业界顶尖的期权执行提供商，并且为约500种期权类别、覆盖美国期权交易市场近3/4的权益期权提供经纪服务，这桩交易将使花旗银行得以直接进入各个重要的美国期权交易市场。

花旗集团全球权益部的首席长官及常务董事詹姆斯·福里斯（James Forese）说："这桩交易将在很大程度上扩张我们在美国权益市场上的业务，并且为花旗集团不断增长的衍生工具业务提供顶级的下订单和造市能力。"

从耐特公司的角度来看，该交易将使它们从一桩高资本需求的业务中脱身，并帮助它们将业务集中在权益交易和资产管理上。

耐特公司作为美国顶尖的期权造市商和特种经纪商，主要从事纳斯达克市场上的造市和资产管理。它通过2000年1月对Arbitrage Holdings价值4亿美元的收购而进入衍生工具交易业务。此后,该公司在衍生工具业务上有显著的增长。然而,在仔细地检视了衍生工具市场业务和整个期权领域的风险和回报,以及衍生工具业务在耐特公司长期战略中所扮演的角色后,最终管理层认为耐特公司最有利的增长机会应该在权益市场和资产管理领域中。他们还发现该公司的资产负债表的数额并不能达到衍生工具市场所要求的水准。只有作为一个大企业的一个部分,衍生工具市场的潜力才能得到更进一步的开发。拥有着不断扩张的衍生工具业务,花旗集团有能力为耐特公司的衍生工具市场员工提供更高回报的工作环境。

首席执政官和主席托马斯·M·乔伊斯(Thomas M. Joyce)在一个会议上对分析家们说:"这是一个将这项业务出售给一个能将其进一步拓展的公司的合适时机。"他同时还认为,耐特公司的股价是被低估了,而这桩交易将帮助改善耐特公司资产负债表的表现。"在宣布出售之前,我们的现金形势非常乐观。加上这桩交易,情况将更加良好。"他说道。

耐特公司近来正受到监管部门的调查及多周以来低交易量的困扰。而交易的过程将为耐特公司的各种运营目的带来可观的现金流,包括回购股票并投资于其核心业务及收购,从而为股东们带来更多的回报。

问题2:花旗银行和耐特公司的收购动机分别是什么?为了实现自己的发展两者在资本运营上分别采取了什么策略?

(三) 收购对股价的影响

花旗集团的股价在交易宣布的前一天、宣布当天及宣布后第二天分别为43.19美元、43.47美元及44.18美元。从以上数据可以看出,花旗集团的股价上扬了28美分(+0.648%)(见表17-1),在纽约证券交易所以每股43.47美元的价格成交。为了了解这一收购对股价所造成的影响,我们还必须计算出这期间的回报率。我们可以看到,在交易宣布当天及宣布后第二天,回报率分别为正的0.648%及1.633%。根据如上计算,花旗集团通过这桩交易赚取了2.281%的利润。纵观过去52周的历史数据,该公司的股价在2004年4月2日最高达到52.88美元,而在2003年8月28日达到最低点42.55美元。

表17-1 花旗集团市场表现

日期	开市	最高价(美元)	最低价(美元)	收市(美元)	交易量(股)	回报率(%)
2004.8.31	46.56	46.63	46.17	46.58	9 171 700	0.366
2004.8.30	46.72	46.73	46.41	46.41	7 088 500	-0.664
2004.8.27	46.46	46.81	46.23	46.72	7 541 200	0.560

（续　表）

日　　期	开市	最高价(美元)	最低价(美元)	收市(美元)	交易量(股)	回报率(%)
2004.8.26	46.3	46.57	46.09	46.46	8 590 500	0.346
2004.8.25	46.03	46.39	45.85	46.3	9 658 300	0.828
2004.8.24	46.1	46.18	45.73	45.92	7 614 100	0.218
2004.8.23	45.9	46.01	45.48	45.82	11 154 100	−0.283
2004.8.20	45.46	46.04	45.28	45.95	9 510 500	0.828
2004.8.19	45.41	45.55	45.12	45.46	8 120 700	−0.394
2004.8.18	45.16	45.65	45.05	45.64	10 286 300	1.063
2004.8.17	44.95	45.24	44.88	45.16	10 295 200	0.877 1
2004.8.16	44.02	44.84	44.01	44.77	10 026 600	1.727
2004.8.13	44.03	44.28	43.8	44.01	10 026 600	44.77
2004.8.12	44.35	44.53	43.82	43.9	9 716 000	−1.015
2004.8.11	44.15	44.42	43.87	44.35	8 909 400	0.385
2004.8.10	43.73	44.18	43.61	44.18	9 393 500	1.633
2004.8.9	43.25	43.75	43.25	43.47	10 583 300	0.648
2004.8.6	43.61	43.93	42.99	43.19	15 505 700	−1.460
2004.8.5	44.4	44.49	43.77	43.83	9 102 900	−1.284
2004.8.4	44	44.59	43.81	44.4	9 863 400	0.817
2004.8.3	44.32	44.74	43.96	44.04	10 548 800	−0.632
2004.8.2	43.17	44.64	43.17	44.32	15 867 800	0.522

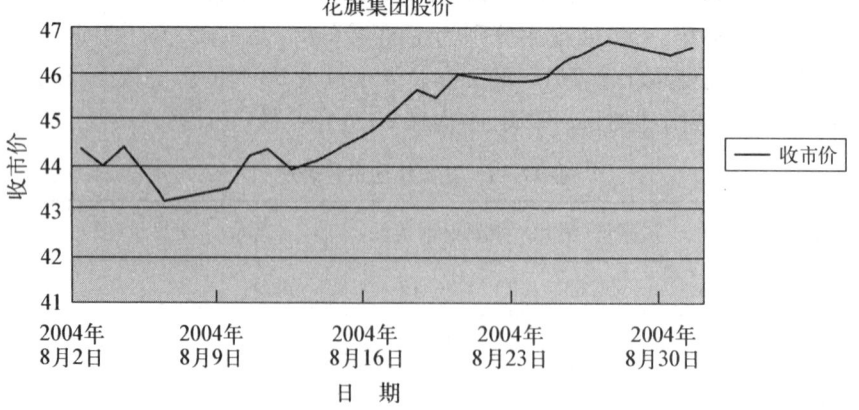

花旗集团股价

耐特公司的股价在交易宣布的前一天、宣布当天及宣布后第二天分别为8.29美元、8.76美元及8.98美元。在交易宣布当天,耐特公司的股价上涨了47美分(+5.7%)(见表17-2),在纳斯达克市场上以每股8.76美元成交。我们可以看到,在交易宣布当天及宣布后第二天,回报率分别为5.67%及2.51%。根据如上计算,耐特公司通过这桩交易赚取了8.18%的利润。纵观过去52周的历史数据,该公司的股价在2004年1月21日最高达到17.27美元,而在2004年6月25日达到最低点8.03美元。

表17-2 耐特交易公司市场表现

日期	开市	最高价(美元)	最低价(美元)	收市(美元)	交易量(股)	回报率(%)
2004.8.31	9.22	9.28	8.94	9.06	1 432 900	0.883
2004.8.30	9.28	9.36	9.14	9.14	719 900	1.969
2004.8.27	9.43	9.43	9.23	9.32	758 100	0.644
2004.8.26	9.56	9.56	9.3	9.38	1 648 800	1 279
2004.8.25	9.53	9.57	9.35	9.5	2 050 600	−0.421
2004.8.24	9.5	9.6	9.35	9.46	681 300	−0.846
2004.8.23	9.55	9.7	9.38	9.38	819 100	2.665
2004.8.20	9.34	9.69	9.22	9.63	1 925 600	−3.323
2004.8.19	9.46	9.5	9.19	9.31	1 276 400	0.967
2004.8.18	9.31	9.52	9.23	9.4	1 811 900	−0.745
2004.8.17	9.23	9.44	9.2	9.33	1 338 700	−2.465
2004.8.16	8.81	9.53	8.8	9.1	1 920 700	−3.077
2004.8.13	8.94	8.94	8.8	8.82	1 836 500	−0.133
2004.8.12	9.13	9.22	8.8	8.81	2 515 900	4.086
2004.8.11	8.85	9.18	8.81	9.17	2 628 600	−2.072
2004.8.10	8.81	8.98	8.76	8.98	2 149 500	−2.450
2004.8.9	9.08	9.21	8.64	8.76	6 000 900	−5.365
2004.8.6	8.25	8.45	8.22	8.29	1 371 700	0.965
2004.8.5	8.46	8.52	8.3	8.37	946 700	0.119
2004.8.4	8.45	8.5	8.21	8.38	851 100	0.835
2004.8.3	8.52	8.61	8.41	8.45	1 096 900	0.828
2004.8.2	8.6	8.6	8.33	8.52	1 682 900	−0.117

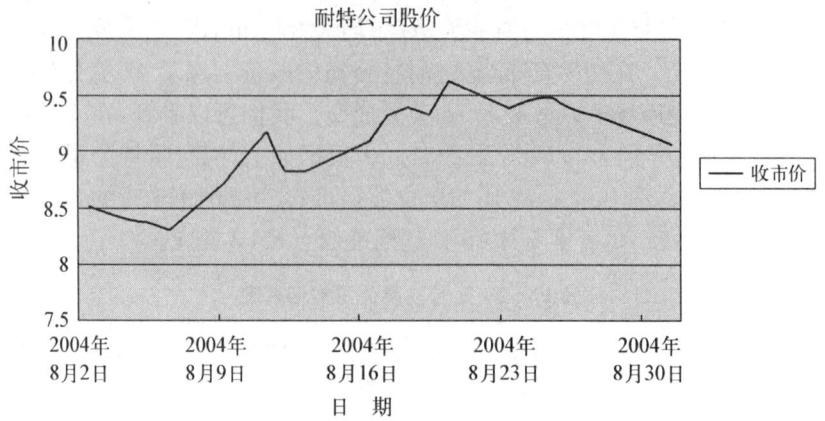

问题 3：收购为什么会使双方的股价上升？

（四）收购过程

这桩并购交易终于在 2004 年 12 月 10 日完成。他在收购过程中，该交易受到各种例行因素的影响，包括反托拉斯法案及监管机关的批准。作为收购的一部分，花旗集团同时收购了耐特公司在世界上最大的权益期权交易市场——国际证券交易市场的交易资格。但耐特公司还将保持其在电子期权交易市场上的份额。耐特公司是国际证券交易市场上主要的造市者，为包括戴尔集团和埃克森美孚等 88 个权益期权造市。在整个收购中，花旗集团的收购包括两个部门的运营：Knight Financial Products LLC（KFP）和 Knight Execution Partners LLC（KEP）。

通过一系列对于期权业务的深入调查，包括检视整个市场的风险以及回报，耐特公司发现只有作为像花旗集团这样的大企业的一个部分，衍生工具市场的潜力才能得到更进一步的开发。而销售衍生工具业务也可以使耐特公司将业务集中在权益交易和资产管理上。由于缺乏对交易价格谈判过程的信息，我们假定双方都满意 2.25 亿美元的收购价格，而且认为这是一次善意的收购。

知 识 点

收购按收购的程序分为善意收购和敌意收购。善意收购是指购并企业与目标企业双方就购并事宜通过友好协商达购并协议的一种购并行为；敌意收购是在友好协商遭到拒绝时，收购方不顾对方的意愿强行收购，即收购方避开目标企业的管理层，直接向目标企业的股东发出收购要约。

(五) 收购后的协同效益

这项新的衍生工具业务,外加从先前公司带来的246名员工,将使花旗集团参与到这一利润丰厚而竞争激烈的领域中来。近来各家银行都在积极地涉足此领域。作为收购的一部分,花旗集团同时收购了耐特公司在国际证券交易市场的交易资格。而耐特公司将保持其在该市场上的权益投资。花旗集团并不打算中止这个新收购的衍生工具部门的运营,而是将其加入到原有的美国期权运营中。耐特公司衍生工具业务的长官皮特·桑托罗(Pete Santoro)将继续领导该部门,并一同向花旗集团的全球权益衍生工具部门的领导汇报。这种尝试将使这些有才华的雇员们继续为新的公司工作并创造更多的利润。

花旗集团近来公布了其截至2004年9月30日3个月的净收益和每股盈利分别为53.1亿美元及1.02美元/股。与2003年第三季度的46.9亿美元和0.9美元/股相比,净收益和每股盈利分别增长了13%。今年第三季度的净收益是公司历史上记录的每季度净收益中最高的。

问题4: 你认为这桩收购是如何产生协同效益的?

四、案例分析

企业收购是市场经济下实现资源有效配置的一种重要手段,无论在国内还是在国外都已经形成了活跃的收购市场,针对活跃的收购市场,人们普遍关注两个问题:企业的收购动机和收购效应。

(一) 花旗集团公司收购耐特交易公司动机

花旗集团公司收购耐特交易公司的动机可以分为两类:股东价值最大化动机和经理人机会主义动机。

1. 股东财富最大化动机

企业并购的一个重要动机是实现股东财富的最大化。并购可以通过实现协同效应,提高公司经营效率,使资源得到最充分和最有效的利用,从而增加所有股东的财富。从花旗银行收购耐特交易公司的过程和内容来看,双方主要实现了协同效应,进而提高了各自股东的财富。在激烈的市场竞争中,客户要求金融机构在全球的任何一个地方都能提供广泛的服务,并希望从多种产品的整合中受益,为此,花旗集团作为全球金融界的巨擘,世界最大、获利能力最强的金融服务公司,通过收购耐特交易公司扩大了的规模、实力和经营业务范围。而耐特公司通过出售一部分业务不仅得到其发展所需要的现金流,而且更为重要的是,将业务集中在权益交易和资产管理上。事实上,双方通过收购的协同效应,实现了企业的发展。

(1) 谋求管理协同效应。管理的协同效应是指，如果收购企业有一支高效率的管理队伍，其管理能力超出管理该企业的需要，但这批人才只能集体实现其效率，企业不能通过解聘释放能量，那么，该企业就可并购那些由于缺乏管理人才而效率低下的企业，利用这支管理队伍通过提高整体效率水平而获利。

如果把收购企业与被收购企业作为一个整体的话，管理协同效应就是要实现双方管理资源的互补与充分利用。对花旗银行来说，在收购耐特交易公司的衍生工具市场时，让耐特公司衍生工具业务的长官皮特·桑托罗(Pete Santoro)继续领导该部门，并一同向花旗集团的全球权益衍生工具部门的领导汇报，也继续雇佣其264名具有专业才能的员工，并"为耐特公司的衍生工具市场员工提供更高回报的工作环境"。而耐特交易公司中具有衍生工具业务专长的人员也将帮助花旗集团加入到"这一利润丰厚而竞争激烈的领域中来"。这里需要说明的是，花旗公司过去没有这样的业务，这意味着花旗银行在收购了衍生工具业务后，缺乏专业管理人才。于是，花旗银行通过保留被收购公司的专业技术人员，弥补了专业管理上的不足。对于耐特交易公司来说，既然把衍生工具业务出售给了花旗集团，并将业务集中于权益交易和资产管理上，那么，公司未来不再经营衍生工具业务，与之相对的具有专业技术管理人员将成为公司"富余"人员，其专业技能便不能得以发挥，如果继续保留在耐特交易公司对员工个人和公司都将是一个压力。于是，连同出售的业务一起将管理人才输送给花旗集团无疑是一个明智之举。

(2) 谋求经营协同效应。经营协同效应是指，由于经济的互补性及规模经济，两个或两个以上的企业合并后可提高其生产经营活动的效率。

花旗集团通过收购耐特交易公司的衍生业务实现了两个层次的协同效应：

一是业务上的协同效应。花旗集团的收购扩大了企业的业务经营范围，获得了在权益和固定收益期权市场上的造市能力。这项收购获得的业务与花旗集团原来业务相比，几乎不相关，适应了激烈的市场竞争和满足了客户不断增长的需要，这样既可以分散风险，又能够扩大集团收入来源，增强了花旗集团的安全性。所以，"这桩交易将在很大程度上扩张我们(花旗集团)在美国权益市场上的业务，并且为花旗集团不断增长的衍生工具业务提供顶级的下订单和造市能力"。

二是规模上的协同效应。花旗集团收购耐特交易公司的衍生工具业务更是一个面临变化了的环境而做出的战略调整，通过这项收购，使花旗集团以较低的成本迅速进入被并购企业所在的增长相对较快的行业，并在很大程度上保持被并购企业的市场份额以及现有的各种资源，从而保证企业持续不断的盈利能力。同时，花旗集团是唯一一个集全球化、本地化、专业化和高标准为一身的公司，通过一系列对于期权业务的深入调查，包括检视整个市场的风险以及回报，耐特公司发现，收购耐特交易公司的衍生业务之后，只有作为像花旗集团这样的大企业的一个部分，衍生工具市场的潜力才能得到更进一步的开发。如同耐特交易公司分析的那样,"该公司(耐特交易公司)的资产负债表的数额并不能达到衍生工具市场所要求的水准。只有作为一个大企业的一个部分,衍生工具市场的潜力才能得到更进一步的开发"。这桩交易将使花旗银行得以直接进入各个重要的美国期权交易市场。

企图获取某项特殊资产往往是并购的另外一个重要动机。特殊资产可能是一些对企业发展至关重要的专门资产,还可能是为了得到目标企业所拥有的有效管理队伍、优秀研究人员或专门人才以及专有技术、商标、品牌等无形资产。花旗银行无疑在这项收购中获得了发展所需要的特殊资产——衍生工具业务及其管理人才。耐特交易公司获得了花旗集团的运营环境、品牌等。

对耐特交易公司来说,不是通过业务范围和规模的扩大来实现协同效应的,而是通过剥离业务来实现价值的提升。在耐特交易公司管理层仔细地检视了衍生工具市场业务和整个期权领域的风险和回报,以及衍生工具业务在耐特公司长期战略中所扮演的角色后,认为耐特公司最有利的增长机会应该在权益市场和资产管理领域中。该交易将使它们从一桩高资本需求的业务中脱身,并帮助它们将业务集中在权益交易和资产管理上。

(3)谋求财务协同效应。一般情况下,合并后企业整体的偿债能力比合并前各单个企业的偿债能力强,而且还可降低资本成本,并实现资本在并购企业与被并购企业之间低成本的有效再配置。对花旗银行来说,以2.35亿美元的收购价收购了耐特交易公司衍生市场业务的所有资产和运营,使花旗集团进一步地走进了机构和零售消费者快速增长的期权交易市场,该收购成为该公司在利润丰厚的衍生工具领域里扩张战略的一部分。

对耐特交易公司来说,近来正受到监管部门的调查及多周以来低交易量的困扰,这桩交易将帮助改善耐特公司资产负债表的表现。而交易的过程将为耐特公司的各种运营目的带来可观的现金流,包括回购股票并投资于其核心业务及收购,从而为股东们带来更多的回报。

2. 经理人机会主义动机

经理人机会主义动机是企业收购的另一类目的。所谓机会主义动机是指公司经理人通过并购活动扩大企业规模,最大化自身的控制权收益,但是,这一行为可能会降低企业价值。从本案例的前例分析来看,花旗集团收购耐特交易公司显然不是此动机。

(二)并购对花旗集团和耐特交易公司是否能产生财富效应

并购的财富效应是指企业并购是否能够提高企业效率,能否增加股东财富。收购会为花旗集团和耐特交易公司带来财富吗?

1. 并购产生财富的途径

并购可以通过创造交易绩效和整合绩效为企业带来增量价值,从而为股东增加财富。交易价值与整合价值密不可分,交易价值反映了公司并购整合绩效和社会绩效的预期,整合价值则是公司并购的核心,并且要最终反映在市场评价中。

所谓交易价值,是指并购交易发生时,市场评估给并购交易双方带来的价值增值。交易价值主要反映为收购方得到的财务收益,投资者认为这些财务收益主要来源于:① 当收购净资产与市值的比率低于目标公司时,收购会增强收购方的资产质量以支持其股价,从而产生收购溢价,使所持股票价格上涨。② 提高公司的每股收益。每股收益是公司净利润与发行在外的普通股的数量之比,所以这一点要依赖于目标公司的利润和购买价格;③ 收购可以改善并购双方的收益质量。④ 收购能使目标企业获得更优的现金流量和流动性或融资来源。

所谓整合价值是指并购带来的协同效应,一般通过公司在较长一段时间的业绩提升及核心竞争力的培育和增强来反映。整合价值主要源于并购后收购企业与目标企业的资源成功融合后带来的协同效应。协同效应是并购中财务成功的实质部分。当然不成功的并购是不会产生协同效应的。

2. 收购给花旗集团与耐特交易公司的股东带来了财富

并购通过交易价值和整合价值为并购双方带来价值增值。其中,并购是否带来整合价值主要看是否具有协同效应。关于花旗集团与耐特交易公司并购的协同效应前面已经分析。下面主要分析一下该项并购的交易价值为两个公司带来的价值增值。从交易价值含义上来看,交易价值为花旗集团和耐特交易公司主要从股票价格累计收益与公司每股收益的变化上反映出来。

(1) 花旗集团。花旗集团的股价在交易宣布的前一天、宣布当天及宣布后第二天分别为 43.19 美元、43.47 美元及 44.18 美元。可以看出,花旗集团的股价上扬了 28 美分(+0.648%)(见表 17-1),在纽约证券交易所以每股 43.47 美元的价格成交。为了了解这一收购对股价所造成的影响,我们还必须计算出这期间的回报率。我们可以看到,在交易宣布当天及宣布后第二天,回报率分别为正的 0.648% 及 1.633%。根据如上计算,花旗集团通过这桩交易赚取了 2.281% 的利润。纵观过去 52 周的历史数据,该公司的股价在 2004 年 4 月 2 日最高达到 52.88 美元,而在 2003 年 8 月 28 日达到最低点 42.55 美元。

花旗集团近来公布了其截至 2004 年 9 月 30 日 3 个月的净收益和每股盈利分别为 53.1 亿美元及 1.02 美元/每股。与 2003 年第三季度的 46.9 亿美元和 0.9 美元/每股相比,净收益和每股盈利分别增长了 13%。今年第三季度的净收益是公司历史上记录的每季度净收益中最高的。

(2) 耐特交易公司。耐特公司的股价在交易宣布的前一天、宣布当天及宣布后第二天分别为 8.29 美元、8.76 美元及 8.98 美元。在交易宣布当天,耐特公司的股价上涨了 47 美分(+5.7%)(见表 17-2),在纳斯达克市场上以每股 8.76 美元成交。我们可以看到,在交易宣布当天及宣布后第二天,回报率分别为 5.67% 及 2.51%。根据如上计算,耐特公司通过这桩交易赚取了 8.18% 的利润。纵观过去 52 周的历史数据,该公司的股价在 2004 年 1 月 21 日最高达到 17.27 美元,而在 2004 年 6 月 25 日达到最低点 8.03 美元。

由于缺乏相关资料,对耐特交易公司的每股收益难以作出评价。

五、案例讨论

1. 本案例中的并购交易对花旗集团和耐特交易公司都至关重要吗？为什么？
2. 这桩并购交易可能带来协同效应吗？
3. 讨论花旗集团选择购买耐特交易公司的时机是否合理。

六、案例拓展阅读

青岛啤酒股份有限公司：成长与融资战略[①]

(一) 公司简况

青岛啤酒股份有限公司（以下简称为"青岛啤酒"或者"公司"），前身为青岛啤酒厂，1903年由英、德两国商人合资兴建，是中国历史最悠久的啤酒生产企业。工厂成立之初，其主营产品青岛啤酒就于1906年获得慕尼黑国际博览会金奖。百年以来，青岛啤酒的风味、品质和操作工艺一直享有盛誉。青岛啤酒1991年荣获"中国十大驰名商标"（全国啤酒行业仅此一家获此称号）。近年来，青岛啤酒在全国啤酒质量评比中屡夺金质桂冠，多次在海外获得较权威的国际质量大赛的金奖。2003年10月，青岛啤酒在啤酒行业率先通过了HACCP国际食品安全控制体系认证。根据2003年7月3日《中国经营报》所做的"酿酒食品行业上市公司竞争力指数"评价，青岛啤酒位于五粮液股份有限公司、光明乳业股份有限公司之后，名列第三。

1993年6月16日，青岛啤酒厂吸收合并了青岛啤酒第二有限公司、青岛啤酒第三有限公司、青岛啤酒四厂，组建青岛啤酒股份有限公司。当年6月29日公司在中国香港发行H股，7月15日在中国香港证券交易所挂牌交易，并通过美国存托凭证(ADR)在纽约交易所上市交易，成为中国内地国有企业第一家在香港上市的公司。1993年7月30日，公司又在国内发行A股股票，8月27日在上海证券交易所上市，为啤酒行业第一家国内上市公司。1995年12月27日，公司取得按照中外合资股份有限公司注册的营业执照。

随着国内经济的发展，公司规模也在不断扩大，但公司规模快速发展是在1999年之后。1993～1998年，公司啤酒产销量占全国市场份额基本上在2%～3%，与全国市场大致保持了同步增长。1999年之后，公司规模成长速度加快，所占市场份额稳

---

① 本案例来源于陈超等：《公司财务管理案例》，人民邮电出版社2005年版。

步提高。尽管公司净利润增长滞后于销售收入增长,但 2000 年之后也开始以较快速度增长。从 1999 年开始,公司成为国内规模最大和市场占有率最高的啤酒生产商。

2003 年,公司啤酒产量达 326 万吨,销售市场以华北和华南为主,占全国市场份额的 12.8%;主营业务收入达 75.08 亿元,实现净利润 2.54 亿元。青岛啤酒于 20 世纪 40 年代开始出口东南亚,目前远销世界 30 多个国家和地区。2003 年出口增长到 7.8 万吨,占全年总产量的 2.39%,占当年全国啤酒出口量的 50% 以上。截至 2004 年 6 月 30 日,公司在全国拥有主要控股生产子公司 50 家,资产总额达 99.54 亿元,净资产达 34.78 亿元。

(二) 行业状况与竞争分析

啤酒是世界上产量、消费量最大的酒类饮料。根据《世界啤酒发展趋势》报告,1999 年全球人均啤酒消费约为 23 升,中国人均消费为 15～16 升。国际著名啤酒企业生产规模都在 100 万吨以上,规模大、装备好、产能大、效率高。生产集中化是啤酒生产的又一个特征,例如美国 Anhenuser-Busch 公司和 Miller 公司的啤酒产量相当于美国全国啤酒产量的 77%。同其他行业一样,国际上著名啤酒生产企业也在实施着国际化发展战略。

改革开放以后,中国经济全面飞速发展,啤酒行业也经历了一个高速发展时期。2002 年,我国啤酒年产量在持续九年位居世界第二之后,首次超越美国居世界第一,达到了 2 386.83 万吨,成为全球最大的啤酒产销国。1980～1992 年,国内啤酒行业年产量由 68 万吨增长到 1 005 万吨,平均年增长率达到 25%。1994 年之后,全国啤酒产量增长率放慢,但到 1995 年之前增长率仍达两位数。1996～2003 年全国啤酒产量年均增长率降低到 6.8%。尽管增长速度放缓,但根据目前全国人均啤酒消费量与发达国家之间的比较仍有不小的距离,随着人均收入水平的提高,预计中国啤酒市场还有很大的发展空间。据有关专家预计,我国未来啤酒消费年平均增长率可达到 5%～7%,年新增啤酒需求将达 120 万～170 万吨。1993 年之后全国各年啤酒产量以及增长情况如表 17-3 所示。

表 17-3 全国啤酒产量以及增长率

年度	1993	1994	1995	1996	1997	1998	1999	2000	2001	2002	2003
产量(万吨)	1 230	1 400	1 500	1 631	1 875	1 987	2 088	2 231	2 274	2 387	2 540
增长率(%)	28.3	13.8	10.4	8.7	14.9	6.0	5.0	6.8	1.9	5.0	6.4

注:表中数据根据青岛啤酒年报计算及整理。

(续上)

20世纪80年代初期,随着人均国民收入水平的迅速提高,啤酒消费急剧增加,啤酒产品供不应求。"七五"和"八五"期间,国家对于啤酒工业的发展给予了大力支持,大大促进了啤酒行业的发展,生产能力和产量迅速提高。也正是由于巨大的市场吸引力,使许多地方纷纷投资建设啤酒生产线,1988年全国啤酒生产企业达813个,啤酒品牌曾达1 500多个。1995年,在全国数百家啤酒厂中,年产20万吨以上的仅有7家,前十大啤酒厂家的总产量只占全国总产量的17%。啤酒保鲜问题导致长距离运输困难,销售半径较小,跨地区销售会使产品价格在外地市场失去价格优势。许多地方政府为发展地方经济,实施地方保护,人为设置政策性壁垒。因此,从20世纪80年代一直到20世纪90年代初期,全国啤酒行业形成了"地方割据,诸侯纷争"的竞争格局。

进入20世纪90年代后,全国啤酒市场出现供过于求的状况,各生产商为了获取市场份额,配合其他竞争手段,大幅降价。其结果使企业利润下滑,后继发展乏力。1996年平均每吨啤酒销售收入为2 159元,1997年降为1 998元,1998年继续降为1 903元。在产销量增长的同时,利润并没有同步提高,很多小啤酒厂甚至连续出现亏损。

在"九五"和"十五"期间,中国轻工总会决定将啤酒工业的重点放在结构调整上,设立结构调整改革专项投资,择优扶强,重点支持十个民族品牌大型企业集团的发展,使其在国内市场集中度达40%以上;支持国内知名品牌企业集团跨地区、跨行业联合兼并,优化资源配置。

20世纪90年代后期以及21世纪初期,国内的几大啤酒集团踏上了大举收购兼并之路。大企业集团收购兼并使行业集约化程度不断提高。2002年,国内前十大啤酒生产商已占全国市场份额的42.9%,比2001年提高5.8个百分点。2003年,我国啤酒行业的集中度进一步提高,前十名啤酒集团所占市场份额上升到52%,前3名啤酒集团产量已占全国总产量的31.6%。国内市场基本上形成了青岛、燕京和华润等几大集团领先的竞争格局。然而在并购高峰期,一些因市场狭小、技术滞后、设备陈旧本来应该淘汰的小啤酒厂,一度成为大企业竞相并购的对象。扩张的代价是并购企业后期整合成本的加大,并购过程不仅存在管理整合问题,也存在品牌整合问题、企业文化整合问题。很多被并购的小企业仍然使用自己的品牌,并在企业文化上与并购方产生冲突。因此,在并购初期大企业效益提高并不明显。

随着国内啤酒市场的发展,国外著名啤酒品牌也先后进入中国。然而,由于国外原装啤酒在价格上缺乏竞争力,对国内市场影响很小。统计表明,2000年1~10月,通过海关正式进口啤酒5.92万吨,仅占国内市场的1%。预计未来5年内,随着进口啤酒关税的下降,进口啤酒的占有率可能会上升到5%左右。但是,由于啤酒不易长途运输的特殊性,以及国民消费习惯等因素,预计啤酒进口量增长不会很快。不仅如

（续上）

此，一些世界著名啤酒公司为了进入和占领中国市场，采用多样化的手段开拓市场。目前我国年产5万吨以上的啤酒企业80%都与国外知名啤酒企业合资，目前合资企业的啤酒产量已占全国啤酒产量的31%。

（三）融资与并购

1. 公司发展目标

1993年青岛啤酒上市时提出的发展战略为："利用境内外社会资金，发展民族啤酒工业，开拓国内国际两个市场，以质量为中心，以名牌为先导，以市场为依托，以效益为目的，创世界一流公司，并使全体股东获得满意的经济利益。"

显然，当时公司的发展状况与所提出的目标有很大距离。改革开放以后，巨大的啤酒需求市场拉动了啤酒的生产。然而在同一时期，青岛啤酒并没有与市场同步增长。1986年青岛啤酒在全国市场的占有率为13.6%，1992年降低为1.3%。规模的停滞不前与国际化啤酒生产商大规模生产形成了鲜明的反差。

尽管在十几年的时间内，国内啤酒生产迅速增长，但主要是粗放式的发展。小啤酒生产厂大量涌现，全国市场严重分割，部分企业亏损严重，资源无效配置。在这种情况下，国家出台了"择优扶强"这一政策，鼓励通过重组，发展大企业集团，优化资源配置。

有利的政策，以及当时的行业状况，为公司迅速扩张发展提供了机遇和挑战。为了能够获得扩张发展所必需的充足资本金，规范公司管理，提升品牌价值，公司从1992年开始了上市的准备工作。

2. 公司融资

1993年7月公司在中国香港联交所发行H股3.176亿股，发行价格为2.8港元，共筹集资金8.89亿港元。1993年8月，公司在上海证券交易所发行A股1亿股，发行价格为6.38元，共筹集资金6.38亿元人民币。公司在香港和上海的筹资折合成人民币合计16亿元。2001年2月，公司再次发行A股，增发1亿股，发行价格为7.87元，筹集资金7.87亿元。在首次发行和此次发行之间，公司未进行任何增发、配股。2002年10月22日，公司与世界最大的啤酒生产企业——美国Anhenuser-Busch公司（简称AB公司）签署了战略投资协议，向AB公司定向发行7年期、总金额为14.16亿港元的强制性可转换债券。如果此次转债全部转股后，AB公司将持有青岛啤酒公司27%的股份，并将按比例进入公司董事会、监事会及下设的专门委员会。

3. 并购大事记

同业间并购，无疑是迅速扩大市场份额的便捷方式。公司除投资进行老厂技术改造、引进新技术之外，还进行了一系列的兼并与收购活动。可以说，在上市之后，公司走过了一条典型的以兼并收购为主的扩张发展之路。公司从事的主要并购活动如下：

(续上)

　　1994年10月28日,公司与江苏省扬州市政府和扬州啤酒厂签订合同,以承担扬州啤酒厂负债为条件,拥有扬州啤酒厂全部资产,合同于1994年12月31日生效;

　　1995年12月18日,公司与西安汉斯啤酒饮料总厂签订合资成立青岛啤酒西安有限公司的合同,公司投资8 250万元,占55%股份;

　　1997年11月22日,公司与山东日照市人民政府签订协议,以1 000万元收购日照啤酒厂,该厂于1996年年底破产,无债务负担,年产啤酒3万吨;

　　1997年11月22日,公司与山东平度市人民政府签订协议,以承担负债接受资产形式兼并青岛北海啤酒厂;

　　1998年4月2日,公司出资1 250万元收购山东花王集团啤酒厂60%股份;

　　1998年7月1日,公司出资1 313万元收购山东平原县啤酒厂破产财产,更名为青岛啤酒(平原)有限公司;

　　1998年11月28日,以承担负债接受资产形式兼并黑龙江鸡西兴凯湖有限公司;

　　1999年2月12日,公司以承担负债和安置职工为代价,受让安徽马鞍山功勋啤酒厂破产财产,成立由公司控股95%的青岛啤酒(马鞍山)有限公司,当年7月26日出资1 000万元购买土地使用权投入马鞍山公司;

　　1999年2月27日,公司以承担债务形式,接受原山东荣成东方啤酒厂70%股权;

　　1999年3月19日,公司以3 150万元收购山东南极洲集团与啤酒生产相关的全部破产财产,成立由公司控股70%的青岛啤酒(薛城)有限公司;

　　1999年6月15日,公司以承担债务接受资产形式兼并湖北黄石市啤酒厂;

　　1999年6月29日,公司以承担负债安置职工为代价受让山东安丘啤酒厂;

　　1999年9月9日,公司出资3 000万元收购广东皇妹酿酒有限公司60%股份;

　　1999年9月10日,公司出资800万元收购湖北应城市啤酒厂全部资产;

　　1999年9月26日,公司出资3 800万元收购上海啤酒有限公司经评估的全部清算资产,成立青岛啤酒上海有限公司;

　　1999年10月27日,公司出资10 005万元,设立由公司控股80%的青岛啤酒(蓬莱)有限公司;

　　1999年11月4日,公司出资4 500万元与加拿大EVG公司成立由公司控股75%的青岛啤酒(三水)有限公司;

　　1999年11月18日,公司出资1 100万元收购山东滕州市啤酒厂全部资产;

　　1999年11月21日,公司出资1 420万元,收购江苏徐州市金波啤酒厂破产资产,成立由公司控股60%的青岛啤酒(徐州)有限公司;

（续上）

　　1999年12月18日，以承担负债方式受让安徽芜湖大江啤酒厂全部资产，并出资1 800万元成立由公司控股90％的青岛啤酒（芜湖）有限公司；

　　1999年12月30日，公司出资1 833万元设立青岛啤酒（郴州）有限公司，公司持股70％；

　　1999年12月30日，以安置职工为代价，出资350万元收购山东潍坊啤酒厂70％股份；

　　2000年4月24日，收购江苏徐州市汇福集团啤酒厂全部资产，成立青岛啤酒（徐州）彭城有限公司；

　　2000年5月18日，收购河北廊坊市啤酒厂，成立青岛啤酒（廊坊）有限公司；

　　2000年5月，收购山东枣庄市台儿庄麦芽厂全部财产；

　　2000年6月，出资2 000万元收购陕西渭南市秦力啤酒厂72％股权；

　　2000年7月11日，与辽宁鞍山轻工公司共同出资成立青岛啤酒（鞍山）有限公司；

　　2000年8月9日，收购香港嘉士伯持有的上海嘉酿75％股份；

　　2000年8月18日，收购ASIMCO所持有的北京亚洲双合盛五星啤酒有限公司37.64％股权及ASIMCO对五星公司的全部应收账款，本公司全资子公司青岛啤酒香港贸易公司收购五星公司25％股权；

　　2000年8月30日，收购重庆垫江啤酒厂，成立青岛啤酒（重庆）有限公司；

　　2000年9月1日，收购山东卢堡啤酒厂，成立青岛啤酒（寿光）有限公司；

　　2000年9月13日，出资1 900万元收购黑龙江龙泉啤酒厂并成立由公司控股95％的青岛啤酒（密山）有限公司；

　　2000年12月6日，出资1 580万元，承担债务，接受浙江海尔波酒业有限公司，成立公司控股的青岛啤酒（台州）有限公司；

　　2000年12月8日，公司出资349万美元收购广东珠海斗门南星麦芽生产设备，成立公司控股子公司青岛啤酒斗门麦芽有限公司；

　　2000年12月16日，出资8 000万元受让哈尔滨金都啤酒有限公司和黑龙江玉泉啤酒厂，成立公司控股的青岛啤酒（哈尔滨）有限公司；

　　2000年12月21日，公司出资4 000万元，受让四川火炬化工厂及泸州啤酒厂资产后，成立由公司控股55％的青岛啤酒（泸州）有限公司；

　　2001年3月21日，公司出资950万元受让江苏省宿迁市啤酒厂并成立由公司控股95％的青岛啤酒（宿迁）有限公司；

(续上)

2001年5月18日,受让江苏苏州太仓啤酒厂资产,成立青岛啤酒(苏州)有限公司;

2001年6月28日,购买第一家(福建)啤酒有限公司51%股权,更名为青岛啤酒(福州)有限公司;

2001年11月13日,以出资510万元、转让2 290万元债权为代价,购买湖北随州公司90%股权,更名为青岛啤酒(随州)有限公司;

2001年11月13日,公司以出资389万元、转让2 711万元债权为代价受让安徽天门公司90%股权,更名为青岛啤酒(天门)有限公司;

2001年11月16日,公司下属华南投资公司出资9 600万元购买广西南宁万泰30%股权,公司更名为青岛啤酒(南宁)有限公司;

2002年4月4日,收购厦门银城股份有限公司拍卖资产,成立青岛啤酒(厦门)有限公司,公司持股80%。

几年时间内,公司并购了40多家啤酒生产企业,这些并购的一部分以承担债务受让资产方式进行。因此,自首次上市以来,公司以较低成本实现规模扩张,从一个地方性啤酒公司,一跃成为全国性的青啤集团。公司在2003年有部分股权调整,但没有发生新的并购事件。

(四) 公司成长与业绩

1. 成长状况

表17-4和表17-5分别描述了1994~2002年间公司总资产、销售量、销售收入、市场占有率以及各项指标的年增长率。根据表中的数据,在全部9年期间公司成长呈现了以下几方面特点。

表17-4 公司资产及其销售业绩变化情况

年 度	1994	1995	1996	1997	1998	1999	2000	2001	2002	2003
总资产(亿元)	26.98	28.85	32.25	38.24	39.32	51.65	69.79	82.44	89.39	90.02
净资产(亿元)	19.56	20.25	20.79	21.39	22.48	22.30	22.05	29.65	29.77	35.14
销售量(万吨)	31	35	35	41.6	55.7	108.6	180	251	298.7	326
销售收入(亿元)	11.13	14.72	15.16	14.84	17.23	24.45	37.76	52.77	69.37	75.08
市场占有率(%)	2.21	2.26	2.15	2.22	2.8	5.2	8.3	11.0	12.5	12.8

注:表中数据根据各年度公司年报整理。

（续上）

表 17-5　公司资产以及销售年增长率　　　　单位：%

年　度	1994	1995	1996	1997	1998	1999	2000	2001	2002	2003	平均
总资产增长率	3.44	6.94	11.77	18.58	2.81	31.36	35.12	18.12	8.43	0.70	13.73
净资产增长率	4.77	3.48	2.66	2.92	5.06	−0.78	−1.13	34.47	0.42	18.04	6.99
销售量增长率	9.5	12.8	0	18.9	34	94.9	65.7	35	21	9.14	30.09
销售收入增长率	6.15	32.22	2.97	−2.08	16.07	41.95	54.01	40.11	31.46	8.23	23.11
市场占有率增长率	−3.91	2.26	−4.87	3.26	26.13	85.71	59.62	32.53	13.64	2.4	21.68

2. 绩效

表 17-6 为公司 1994～2003 年净资产收益率、销售净利率、资产周转率和负债率几项指标情况。

表 17-6　公司部分绩效指标

年　度	1994	1995	1996	1997	1998	1999	2000	2001	2002	2003
净利润(亿元)	2.26	1.66	0.73	0.60	0.99	0.80	0.92	1.03	2.31	2.54
净资产收益率(%)	8.67	6.92	3.41	2.85	4.31	3.61	4.01	3.56	7.49	7.21
销售净利率(%)	14.89	9.52	4.81	4.05	5.75	3.26	2.43	1.95	3.33	3.38
资产周转率(%)	41.27	51.02	47.00	38.51	43.81	47.35	53.97	64.01	77.60	83.40
负债率(%)	27.49	29.83	35.55	44.06	42.84	56.82	68.41	64.03	66.69	60.97

表 17-7 为啤酒行业六家上市公司（含青岛啤酒）近五年来的净资产收益率和每股盈余简单算术平均值，以及青岛啤酒的两项指标值。

表 17-7　与啤酒行业指标比较数据

指　标	1998 年	1999 年	2000 年	2001 年	2002 年	2003 年
行业净资产收益率(%)	13.92	9.46	6.67	−2.07	5.71	3.46
行业每股收益(元)	0.4	0.31	0.23	−0.03	0.18	0.14
青岛啤酒净资产收益率(%)	4.31	3.61	4.01	3.56	7.49	7.21
青岛啤酒每股收益(元)	0.11	0.1	0.11	0.1	0.23	0.24

图 17-1 为截至 2003 年年底上市的六家啤酒行业上市公司与青岛啤酒公司净资产收益率的比较结果。其中粗实线为啤酒行业上市公司净资产收益率的变化情况，细实线为青岛啤酒净资产收益率变化情况。每股盈余的比较图形与此类似。比较结果表明，公司在 2001 年业绩下滑与全行业业绩下跌吻合。然而，从 1998～2001 年，公司净资产收益率下跌幅度远小于行业指标下跌幅度。总体看来，公司的业绩较全行业平稳。

3. 股票市场表现

图 17-2 为青岛啤酒公司股票市场价格与上海和深圳两个股票市场综合指数走势的比较。根据 CSMAR 数据库以及股票待他耳系数的定义，以上海或者深圳综合股票价格指数作为市场指数，计算得出青岛啤酒股票 β 系数均为 0.81。公司股票价格没有比市场指数表现出更大的波动性，表明在考察的期间内公司股票价格表现相对平稳。

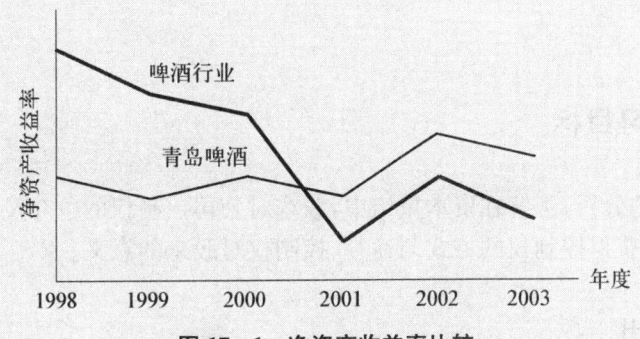

图 17-1　净资产收益率比较

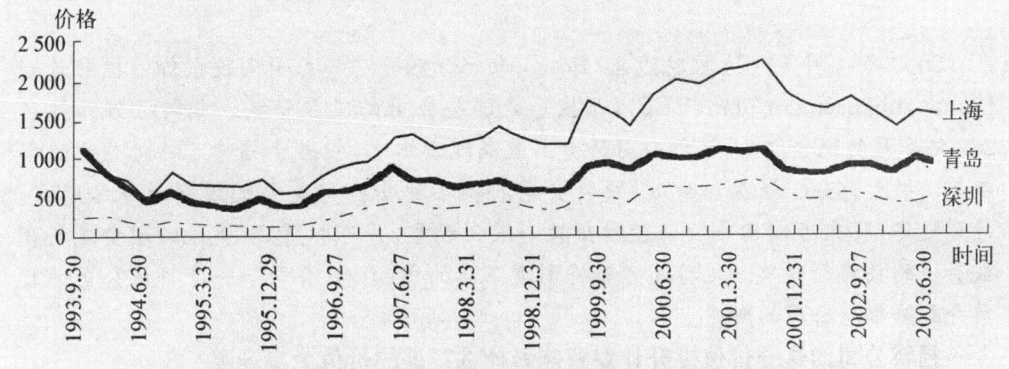

图 17-2　青岛啤酒股票价格与股票市场价格指数走势

注：① 图中最上边一条线为上海证券市场综合指数走势，第二条线为青岛啤酒价格走势，最下边一条线为深圳证券市场综合指数走势。
② 数据取自于 CSMAR 数据库。
③ 图中的数据为 1993 年下半年开始到 2002 年末每季度最后一个交易日的价格或者指数。
④ 图中青岛啤酒股票价格走势为股票价格乘以 100 后所形成的曲线。

要求：1. 讨论青岛啤酒并购选择的时机及并购类型。
2. 分析青岛啤酒并购的动机及其并购效应。

案例 18

福特汽车公司的价值提升计划——资本重组[①]

一、本案例学习目标

通过本案例的分析,了解在资本重组中,股东对公司控制权的争夺及其股东之间的利益不一致性、公司获得控制权的方式与途径、控制权对股东的意义。

二、问题的引出

> 2000年4月14日,福特汽车(Ford Motor)公司宣布了一项股东价值提升计划(value enhancement plan,VEP),以显著地调整公司的股权结构。福特已经积累了230亿美元的现金储备,接近公司历史上最高现金水平,相当于福特570亿美元股票市值的很大部分。根据该计划,福特公司将把多达100亿美元的现金返还给股东。计划规定,股东可以用一股旧股票交换一股新股票,并可取得20美元的现金或折合成等值的福特新股票。福特还宣布将剥离下属的Visteon公司——即将该公司的股票分配给福特公司的股东。
>
> 福特公司的这一价值提升计划意味着什么?谁的价值会提升呢?

三、案例陈述及阅读引导

(一) 福特汽车公司

总部位于密歇根州迪尔伯恩市(Dearborn)的福特汽车公司是世界最大的卡车制造商、仅次于通用汽车公司的世界第二大轿车制造商。福特公司还经营其他业务,包括制造

[①] 本案例来源于李常青译:《公司财务管理》,中国人民大学出版社 2005 年版。

汽车配件和系统,从事汽车及其设备的融资及租赁服务。在20世纪50年代和60年代,福特公司曾经进行了有限的多元化经营,但是到90年代又重新将注意力专注于汽车生意和金融服务业务。福特公司也依靠收购兼并获得了高速的发展,近期的主要购并业务包括1987年收购Hertz公司,1989年收购美洲虎汽车公司(Jaguar),1999年收购瑞典沃尔沃汽车公司(Volvo),2000年初收购英国兰德·路华越野车公司(Land Rover)。

问题1:福特并购业务属于哪种并购类型?这种并购可能给福特公司带来什么好处?

福特公司所在的汽车行业对经济周期非常敏感。汽车公司的现金流量随着经济增长率和利率的波动而剧烈变动。在20世纪70年代末和80年代初的石油危机中,汽车工业遭受了重创,当时美国经历了创纪录的两位数的通货膨胀,国库券的利率曾超过20%。1980年,克莱斯勒汽车公司由于获得了美国政府15亿美元的贷款担保而免于破产。在1981年12月31日之前的5年内,福特公司的股票市值从58亿美元跌至20亿美元。第二年,随着经济状况的好转,股票市值又迅速反弹了1倍以上。

福特公司的历史可以追溯到亨利·福特和11位投资者一起创办公司的1903年。在那个时代,轿车是按照顾客要求定制的、质量不可靠且价格昂贵的新奇产品。福特希望能制造出简单、便宜、作为生活必需品的汽车。当公司成立时,亨利·福特说:"制造汽车的方法就是要使一部车与另一部车一模一样,要使所有的汽车一模一样,要使汽车出厂时没有区别,就像从别针厂出来的每只别针都一样。"由于亨利·福特坚定地相信自己的远见,因此很难与他人分享对公司的控制权,到1906年,他已经拥有公司的绝对控股权。1919年,当小股东们阻碍其在密歇根州迪尔伯恩市建造巨大的(也是昂贵的)River Rouge工厂时,亨利·福特买下了他们的全部股份。因此,亨利·福特、他的妻子克拉拉(Clara)和他们的儿子埃兹尔(Edsel)取得了福特公司的全部股权。不久,福特成为排名仅次于安德鲁·卡内基(钢铁)和约翰·D·洛克菲勒(石油)的第三大亿万富翁。"洛克菲勒在最多时拥有标准石油公司不超过27%的股权,但亨利却拥有整个福特公司,这使他拥有超过其他任何一位美国实业家的权利。"

问题2:你认为亨利·福特偏好控制权对公司的资本重组可能产生什么影响?

1956年1月,福特汽车公司向公众发行股票。在此之前,福特家族和福特基金会(成立于1936年)一直是公司唯一的股东。福特基金会当时持有大部分已发行的股份,这些股份是在1942年和1947年当埃兹尔·福特和亨利·福特相继去世后收到的没有投票权的A股股票。福特基金会向公司施加压力,要求为福特公司的普通股票创造一个公开的市场,以便其出售股份,减少对福特公司分配现金股利的依赖。福特基金会持有的 A 股一经售出即转变成为有投票权的普通股。福特基金会最终在 1973 年将所有股票处置完毕。

公开上市也使得公司能够充分利用资本市场。当时,福特公司正在进行埃兹尔车型的大规模研究与开发活动,公司希望该车型能使福特恢复与通用汽车的平等地位。1957 年,埃兹尔车型被强势推入市场,但到 1959 年被迫停产。福特公司承认在此项目上净亏损 3.5 亿美元,这一项目是迄今为止世界工业史上最大的失败项目之一。

福特汽车公司的董事长和首席执行官一直由福特家族成员亨利·福特和他的孙子亨利·福特二世担任,直到 1979 年由菲利普·考德威尔(Philip Caldwell)接任。但是福特家族一直继续担任董事会成员,1999 年 1 月,小威廉·克莱·福特被任命为董事长,该职位再次回到福特家族手中。

1999 年,福特公司实现了创纪录的 1 626 亿美元的收入和同样创纪录的 72 亿美元的净利润。福特美国公司的汽车和卡车的销售占美国市场的 24.1%。公司在六大洲的 25 个国家拥有生产基地,生产工人占福特公司全部大约 335 000 名员工的 80%。福特现在是世界上最赚钱的汽车公司,并且许多人相信公司已有的高效率将使其能够永远保持这一地位。

(二) 股权结构

福特公司为了保证家族的控制权,在首次公开上市时修改了公司多类型股权的结构。特别地,B 股具有特殊的投票权,且只能被福特家族成员持有。只要他们持有不低于一个最小数量的 B 股,福特家族就能够保持 40% 的投票权。当 B 股被卖给家族成员以外的投资者时,就转换成普通股。1956～2000 年,股票分拆还权后的流通 B 股减少了大约 50%,与流通在外的总股本比较减少的比例更大。每股 B 股收到的现金股利与普通股一样。

截至 2000 年 2 月,福特流通在外的普通股和 B 股分别为 11.5 亿股和 7 090 万股。只要福特家族持有 6 070 万股以上的 B 股,就能保持 40% 的投票权。如果 B 股减少到 3 370 万～6 070 万股,家族将只拥有 30% 的投票权。如果 B 股减少到少于 3 370 万股,家族就会失去所有的特权。

福特公司特殊的股权结构意味着福特家族的利益在决定公司的财务政策时会发挥一定的作用。例如,机构投资者数年来一直力劝福特公司用股票回购代替现金股利。但是,福特家族非常偏好现金股利,尽管现金股利对于许多投资者来说在税收上不划算。① 现金股利使家族成员不必依靠出售 B 股就可以获得流动资金,从而避免承担稀释家族控制

---

① 股东收到的现金股利应缴税,所得税税率与普通收入相同,但是股票回购实现的增值可以按照资本利得享受优惠税率。美国联邦政府 2000 年个人纳税人普通收入的最高档税率是 39.6%,但是长期资本利得最高税率是 20%。对于公司而言,以现金股利或股票回购的方式支付现金在税收上没有差别,因为任何一种情况都不允许税前扣除。

权的风险,当发生离婚或家族继承人去世需要缴纳不动产税时,对流动资金的需要可能异常巨大。截至2000年2月,福特公司共有101位B股股票持有人。

> **问题3**:本案例中提到了哪些股票类型?他们对资本重组会产生什么影响?

(三)价值提升计划

按照价值提升计划的规定,股东将把目前持有的普通股和B股股票按照1:1的比例相应地置换成新的普通股和B股股票。另外,所有股东将收到每股20美元的现金,或者按照2000年7月下旬的福特股票价格折算成等值的新普通股股票。例如,假设分配前原有股票的价格是每股60美元,则新股票的价格就是40美元,因此,股东们将选择接受20美元的现金或半股的新福特普通股票。股东们还可以投票选择接受部分现金和部分新股票,但是现金和股票的价值合计为20美元。不进行投票的股东将被视为愿意接受20美元的现金。

福特公司的高级职员表示,40%的股东将会选择全部现金的方案。如果出现选择现金的比例过高,公司将按照比例分发每股20美元的现金,以保证最多分配100亿美元现金。新股票的每股现金股利将有所减少,以至于那些选择只接受股票的股东将得到的现金股利总量与现有水平不相上下,目前股票的现金股利是每季度每股0.50美元。

公司不久之后修改了VEP计划,给股东提供第三种选择:股东可以投票选择现金和股票的结合,两者合计价值等于每股20美元,现金/股票的比例将达到使股东保持其现有的权益份额。这个比例只有在股东投票完成后才能决定。这一选项是面对那些消极投资者,包括指数投资基金,他们按照股票总市值的固定比例进行投资。观察家认为20%或以上的福特股东可能投票选择这个方案。

关于税收,公司称由于接受现金分配的股东将遭受持股比例的"大幅减少",这部分金额将按资本利得征税。那些接受股票而不是现金的股东,只有当出售股票时才需要按照资本利得缴税。①

> **问题4**:税收对股东决策可能会产生什么样的影响?

作为价值提升计划的一部分,福特公司还宣布将剥离其年收入190亿美元的零部件单位Visteon公司(实际剥离工作将在2000年7月28日进行,届时其股票市值将大约是20亿美元)。Visteon公司是仅次于(Delphi)汽车系统公司的第二大汽车零部件供应商,

---

① 这一特殊的按照资本利得而不是普通收入征税的待遇,并不必然地适用于持股比例超过1%的福特股东和对公司事务行使控制权的股东。

后者原属于通用汽车公司,在 1999 年被剥离。剥离 Visteon 的决策已经被期待了数月,但遭到了由汽车工人联合会代表的美国雇员的反对。反对者担心工会成员的工作机会将减少、工资将降低。在福特公司同意保留 Visteon 的现有员工,以及保证现有合同的工资和福利水平之后,罢工计划被挫败。

剥离是将企业的一部分出售给外部的第三方,进行剥离的企业将收到现金或与之相当的报酬。

Visteon 公司的剥离计划是两年之内福特对下属单位进行的第二次主要的剥离活动。1998 年 4 月,福特曾以 266 亿美元的价格将下属 Associates First Capital 的 80.7% 的权益分配给了股东。

问题 5:Visteon 公司的剥离对公司价值可能产生怎样的影响?

(四) 对员工储蓄计划和股票期权的影响

通过各种员工储蓄计划,福特公司的雇员现在持有大约 2 亿股福特公司的普通股票。与其他投资者一样,参加储蓄计划的员工如果缺席投票将得到现金。然而,没有投票的员工收到的现金将被用于在公开市场上以他们的名义买进福特的股票。

员工购买福特普通股的股票期权将被按照投票选择全部股票的方式进行调整。例如,按照 1 股旧股票换 1.5 股新股票的方式,一名员工现在拥有以每股 30 美元的行权价格购买 100 股旧股票的期权,他将得到一个新的期权,即以 20 美元的行权价格购买 150 股新股票。截至 1999 年 12 月 31 日,员工共持有购买 7 530 万股股票的期权,平均的行权价格是 32.66 美元。

员工持股制度是指企业职工通过持有本企业一部分特殊股票,以此参与企业经营管理和剩余利润分配所形成的企业管理制度。

（五）福特公司对资本重组所做的解释和说明

福特公司对这次资本结构重组做出了以下解释：

福特公司相信本次资本重组将提高公司的价值、灵活性、流动性和促进福特股东的团结，并将更紧密地将管理层与福特公司股东的利益结合起来。福特公司相信，公司的股票价格被低估了，并且限制公司用股票进行并购的能力，也限制了吸引、保持和激励员工的能力。福特公司相信，此次资本重组将突出其现金储备和获取现金的能力，而这个能力并没有在公司的当前股票价格上得到充分的反映。

随着福特的股东投票增加或减少其在公司相对的权益投资，在修改后的公司资本结构中，本次资本重组将导致所有权利益的重组。此外，按照福特的判断，本次重组的某些目标，例如股东的流动性，无法通过常规的股票回购有效地实现。特别地，本次资本重组对那些通常不愿意出售任何现有的福特股票的股东的利益作出了响应。这些长期股东包括现有和退休的员工、B股股票的持有者、某些个人和机构投资者，他们对福特公司的承诺是公司战略优势的源泉。最后，由于允许将额外的新普通股票分发给B股持有者，此次资本重组将使福特的股东们更加团结。

在本次资本重组中，福特的高层管理人员一般预期投票只接受股票。更广泛地，福特的员工股票期权和受限制的股票计划将被调整以反映新股票的发行。高层投票及员工激励计划调整的结果，将使福特管理层的报酬更加紧密地与福特的股票价格相联系。

在VEP计划首次宣布的公司记者招待会上，主席比尔·福特评论道："这个创新和空前的计划反映了我们对商业前景的信心以及对回报投资者的高度重视。这一行动表明了福特汽车公司的新思想和我们对未来的信心。它对股东是友好的，因为它赋予所有股东以选择现金或增加所有权的权利。"他补充道，通过允许将普通股股票分发给B股持有者，此次的VEP计划将使所有的福特股东的利益更加一致。

关于Visteon公司的剥离，福特先生说："我们相信Visteon公司的独立将增强其竞争力，这既是为了Visteon公司的员工，也是为了福特公司股东的最大的长远利益。"他还说此次剥离将使汽车制造商专注于其核心业务，并给予Visteon公司在福特公司以外发展客户的机会。

福特公司的CEO兼总裁雅克·纳什说："这些首创的行动将使我们能够迅速回报投资者，并加速成为一家领先的以消费者为导向的公司。今天的行动反映出我们在转变和加强全面业务、发动福特团队精神、加强与消费者的联系、保持战略灵活性的同时回报股东等方面所做出的积极努力。"

> 问题6：你同意福特公司对其价值提升方案所做的解释与说明吗？请说明你支持或反对的理由。

(六) 外界的迅速反应

福特公司的股票价格在过去的几年内表现不佳,该计划得到了连续数月敦促公司向股东派发现金的证券分析师的正面评价。有些人评价,这项计划是福特公司的董事长小威廉·克莱·福特(William Clay Ford Jr.)和首席执行官雅克·纳什(Jacques Nasser)做出的最大胆的决定,并且它使投资者相信他们低估了福特这个世界第二大汽车厂商的股价。

华尔街的反应整体而言是非常正面的。摩根斯坦利公司的汽车行业分析师斯蒂芬·格斯凯(Stephen Girsky)说:"这是十多年来福特公司第一次将多余的现金回馈给股东,这传递了一个信息:管理层对商业前景充满信心。"

格斯凯还说,这次交易比传统的股票回购能够更快地回报股东,后者在不剧烈影响股价的条件下可能需要长达1年的时间才能执行完毕。在公开市场回购股票的公司无论如何必须受到美国证券交易委员会(SEC)规则的限制,即在任何一天回购的股票不得超过此前四周日平均交易量的25%。福特公司在2000年3月的日均交易量是830万股。实施股票回购的可选机制还包括固定价格收购(通常在当前市价以上)或拍卖收购(按照市场价格收购)。

高盛公司(Goldman Sachs)的汽车行业分析师加里·拉皮德斯(Gary Lapi-dus)说:"这是福特汽车公司新商务模式所具备实力的有力证明。伟大的产品,强大的品牌,以股东和消费者为中心,在全球都有影响,资产密集化降低,商业周期缩短,再投资不是追求简单的增长而是盈利性的增长。"拉皮德斯还说:"福特公司拥有大量的现金,并具有强大的现金流量,他估计每年是50亿美元,但是还没有得到市场应有的认可"。他认为,福特的股票价格应该达到70美元。高盛公司与福特的关系可以追溯到福特公司首次公开发行股票之时,并且建议福特进行此次的VEP计划。

分析师进一步强调此次VEP计划规避了股票回购可能对福特家族带来的困难。如果参加股票回购,家族将承担在公司的投票权减少的风险。福特先生已经说过家族已经同意以新的普通股股票而不是现金的方式接受分配。家族于是将拥有几千万股在需要现金时可以出售的普通股,而不必减少其所持有的B股股票。

有些分析师想知道分发现金是否意味着福特不再需要支付大量的现金进行收购兼并。既然全球汽车工业已经发生过多起重大的购并,可供兼并的候选对象已所剩无几。然而,纳什先生在一个新闻发布会上坚持认为公司将保持进行更多交易的灵活性。事实也是如此,在2000年6月,福特公司宣布用69亿美元的价格竞标购买陷入困境的韩国大宇汽车公司(大宇公司在2000年11月申请破产,此交易最终未完成)。

在2000年4月14日的股票市场上,投资者一开始是欢迎这个公告的,纽约证券交易所交易的福特股票在上午的交易中上涨了2%,每股价格达55.56美元。但是由于市场在快速下跌,标准普尔500指数当天下跌了5.8%,福特股票收盘价也下跌了3.07美元,或 5.6% 至 51.38 美元。

信用评级机构在 VEP 计划宣布后,下调了福特的债券级别(从 A+ 调至 A 级),并警告说资本重组降低了公司经受低迷时期的能力,但是福特官方说它们已经预期到这样的反应,并对新的评级感到满意。

> **问题 7**:信用评级机构为什么会将福特的债券级别由 A+ 调至 A 级?

(七)股东的反对

部分福特股东对该交易的结构进行了激烈的批评。特别地,分别持有福特公司 840 万股和 650 万股普通股的教师年金与保险协会高校退休权益基金(TIAA-Cref)和加利福尼亚公共雇员退休系统基金(Calpers)宣布,它们将当场反对 VEP 计划,因为这笔交易不公平,有利于福特家族,而不利于普通股股东。

在 2000 年 7 月 18 日的股东签署的委托书中,TIAA-Cref 和 Calpers 提出:

交易完成后,福特家族将能够以 3.6% 的持股比例而保持 40% 的投票权,而此前的持股比例是 5%。这显然与同股同权的原则不一致,而该原则是建立良好的公司治理的也许是唯一最重要的原则……此次资本重组的完成将为公司将来进行类似的重组树立一个恶劣的先例,每次都允许福特家族在不放弃投票权的基础上减少权益比例。建立这样的先例明显违反普通股股东的利益,并使公众承担不断稀释投票权的风险。

我们还怀疑管理层将本次交易区别于股票股利的企图。事实上,B 股股东将在重组中接受普通股股票,这违背了禁止向 B 股股东支付普通股股票股利的精神(尽管不是书面的)。我们认为普通股股东至少应该有权独立地表示接受或拒绝向福特家族发行普通股股票的交易。

最后,我们认为福特公司可以通过许多其他的方法,来达到其所声称的实施 VEP 的基本目标——增加股东的价值,而不必采用稀释普通股股东权益的 VEP。比如,一个直接的股票回购或宣告发放现金股利,就可以满足投资者并潜在地恢复市场的信心。管理层有意识地选择推行 VEP 而不是这些更加基本的方式,目的显然是保持福特家族的投票权。

> **问题 8**:你能理解股东的这种反应吗?为什么普通股股东的反应与公司(福特家族)的反应不同?

(八)最后的期限

2000 年 7 月 28 日,福特公司宣布那些投票选择股票的股东将收到 0.748 股新的福特普通股股票以代替 20 美元现金。这一折算率是基于此前五个交易日的加权平均价格每股 46.731 7 美元。

在 8 月 1 日星期二,福特股票的收盘价是 46.875 美元。股东们必须投票决定是否同意资本重组的建议,并投票以何种形式接受 20 美元的现金。投票和选择的截止日期是第二天早上 8:30。

四、案例分析

(一) 公司的控制权——资本重组的核心利益

1. 福特家族为什么要坚持拥有公司控制权

公司控制权争夺是公司资本重组的核心内容。在公司中,掌握公司控制权的人往往对公司重要的人事安排、经营战略、财务政策等具有决策权,谁实际上控制了公司,才能够成为事实上的决策者,可以享有各种收益,尤其是,控制权私人收益,这一部分收益是只有公司控制权人才能够得到,而其他股东是不能分享的,更为甚者,控制权私人收益可能成为控制权人收益的主要组成部分。所以,掌握公司控制权是实现控制权人信念、理想与自身利益最大化的基本前提。这就是亨特·福特"坚信自己的远见而很难与其他人分享控制权"以及从收益上宁愿过度"依赖于公司的现金股利也不愿意出售其具有表决权股票"的原因所在。

2. 福特家族怎样获得与保持控制权

控制权的实质是董事会多数席位的选择权。从现实来看,谁掌握了董事会的多数席位,谁就获得了公司的控制权,为此,股东与股东之间、股东与管理者之间以及管理者相互之间常常展开激烈的争夺。公司的控制权一般通过控股权取得,即通过持有上市公司具有表决权的股份,并达到表决权优势比例。实现拥有多数控股权的途径又有:收购目标企业的表决权股份、发行具有特种表决权的股票、协议控股等。本案例中,1906 年亨利·福特已经拥有了公司的绝对控制权,在 1919 年又通过收购小股东股份,强化了这一控制权。福特公司为了保证家族的控制权,在首次公开上市时修改了公司的多类型股权的结构。特别是设计了具有特殊投票权的 B 股股票,且只能福特家族成员持有。只要他们持有不低于一个最小数量的 B 股,福特家族就能够保持 40% 的投票权。当 B 股被卖给家族成员以外的投资者时,就转换成普通股。每股 B 股收到的现金股利与普通股一样。这种 B 股的特殊性在于持有少数股份,便可以获得具有控制性的表决权,使得获得控制权的成本非常小。所以,既使在这次股东价值的提升中,福特家族也不愿改变其所持的 B 股股份的性质。

(二) 亨利·福特家族与其他普通股股东的冲突——对价值提升计划不同反应的根源

当福特公司公布了其价值提升计划后,不同的人有不同的反应,这些反应基本上分为赞成与反对两类。两类不同的反应实质上反映了控股股东——福特家族与小股东之间的利益冲突。

在现代公司中，股权结构决定了公司治理中权利结构，不同的权利结构最终产生了不同的代理问题。当股权结构比较分散时，由于公司权力旁落于公司经营者，公司的代理问题主要表现为经营者与全体股东之间的利益冲突；当股权较为集中时，公司出现了兼任或控制经营者的大股东，这时的代理问题主要表现为大股东与小股东之间的利益冲突。也就是说，现代企业中的委托代理问题或利益冲突问题不仅存在于股东与管理层之间，而且也存在于大股东与股东之间。原因在于，在股权集中的股份公司中，大股东与小股东的利益实现途径和经营理念很难从根本上保持一致。拥有公司中较大比例股份的大股东依法享有更多的投票权，因此，可以更大程度上对公司的人事安排、经营决策、日常管理以及财务政策等产生影响，决定公司的发展方向与利益的处置，表现的越来越不愿意与其他小股东分享公司的利益，偏好于控制权私人收益。这因为，大股东所有权集中度的提高可以提高公司的价值，在提高公司价值过程中，大股东承担了为此付出的所有成本，如果按比例分配收益，则只能享有持股比例的部分收益，所以，随着公司价值的提高，大股东不愿与小股东分享的控制权私人收益也随之增加，大股东有能力也有动力侵占小股东的利益。大股东与小股东之间的利益冲突变得突出了。

大股东现象的一个直接后果就是，在公司中容易产生大股东滥用其控制权，通过与公司管理层串谋的方式，以损害其他分散的小股东利益来获取自身利益的情况。具体而言，股权滥用就是在存在控股股东或控制性股东的公司中，由于其他股东拥有的股权较为分散，控股股东或控制性大股东通过在公司股东大会中及董事会中的投票权，使公司的经营决策服从大股东的意志。在法律和相关监管措施不严格的情况下，大股东利用自己的表决权优势在筹资、投资、经营管理、收益分配、股权转让等各方面将公司的利益转移至自己的手中，从而损害了小股东、债权人或其他利益相关者的利益，而且控股股东对公司的控制的权力越大，所有权股份越小，由此获得的收益就越大。

在本案例中，福特家族拥有公司的绝对控制权，拥有整个福特公司，成为公司的唯一一个大股东。更为重要的是，在福特公司首次上市时，福特家族通过修改多类型的股权结构成为唯一可持有具有特别表决权的B股股票的股东，从而使其持少量的股份就可以拥有公司相对多数的表决权，从而使其家族控制福特公司的成本降低，也使得福特家族在公司中的控制权与现金流权严重分离，这种分离越大越增加他追求私人收益的激励，增加他与小股东的利益冲突。如果价值提升计划能够实施，福特家族将能够以3.6%的持股比例而保持40%的投票权，而在此之前只有5%的所有权（普通股股份）份额。这样，福特家族拥有的公司的所有权与控制权高度不一致，且控制权份额高于所有权份额，这种股权结构会使作为公司控制权人的福特家族的利益与广大分散的普通股股东的利益形成机制不一致，可能会导致为了自己的利益损害其他小股东的利益的行为。小股东（即本案例中普通股股东)之所以反对这一价值提升计划的原因概源于此。而公司也估计到了小股东可能存在着这种看法,所以,对此价值提升计划有了一个公司管理层——大股东(福特家族的代言人)的解释与说明,强调"本次资本重组将提高公司的价值、灵活性、流动性和促进福特股东的团结,并将更紧密地将管理层与福特公司股东的利益结合起来"。强调公司管理层与公司股东的利益结合起来,实质上是在弱化福特家族与小股东利益的冲突。当然,这种说法的道理在于价值提升计划实施后,福特家族持有的普通股份额提高了,这种股票份额的提高会提高福特家族与小股东利益的一致性,让小股东享有"搭便车"的好处。但是,我们也看到了,在不降低控制权份额的情况下,其持有的特别表决权的B股股数减少了,这便会为其获得相同的公司控制权节约一笔不小的费用,同时,B股转化为普通股增加了他的流动性。

(三)福特公司认为价值提升计划可能在几个方面会提升股东价值

从案例中,可以看到,福特公司的价值提升计划具体有三项内容:换股、分配股利和剥离子公司。

内容一:股东将把目前持有的普通股和B股股票按照1∶1的比例相应地置换成新的普通股和B股股票。从形式上看这种换股似乎没有任何意义,但是事实上对强化福特家族在福特公司的控制权意义非凡。首先,普通股与B股1∶1的分类换股保证了福特家族在公司的原有表决权的比例不变,稳定了其控股股东的地位。其次,在先换股的前提下,进行股利分配,即使其他股东接受了普通股股利的方案,对福特家族的表决权份额也不会有所削弱。通过内容一,我们可以看到,只要不是所有的其他股东全部选择接受股票,普通股的表决份额就会继续相对地集中到福特家族,而且还给福特家族留下了一个是选择现金股利还是选择股票的空间。

内容二:所有股东将收到每股20美元的现金,或者按照2000年7月下旬的福特股票价格折算成等值的新普通股股票。例如,假设分配前原有股票的价格是每股60美元,则新股票的价格就是40美元,因此,股东们将选择接受20美元的现金或半股的新福特普通股票。股东们还可以投票选择接受部分现金和部分新股票,但是现金和股票的价值合计为20美元。不进行投票的股东将被视为愿意接受20美元的现金。

福特公司的高级职员表示,40%的股东将会选择全部现金的方案。如果出现选择现金的比例过高,公司将按照比例分发每股20美元的现金,以保证最多分配100亿美元现金。新股票的每股现金股利将有所减少,以至于那些选择只接受股票的股东将得到的现金股利总量与现有水平不相上下,目前股票的现金股利是每季度每股0.50美元。

公司不久之后修改了VEP计划,给股东提供第三种选择:股东可以投票选择现金和股票的结合,两者合计价值等于每股20美元,现金/股票的比例将达到使股东保持其现有的权益份额。这个比例只有在股东投票完成后才能决定。这一选项是面对那些消极投资者,包括指数投资基金,他们按照股票总市值的固定比例进行投资。观察家认为20%或以上的福特股东可能投票选择这个方案。

分析这个分配内容需要首先了解一下控股股东与小股东获得收益的方式差异。一般来说,控股股东获得的收益包括三部分:现金股利、资本利得和控制权私人收益,而控制权私人收益是通过转移公司财产和"自利性消费"来实现的。"自利性消费"通常会发生在控制权人手中控制大量现金的情况下发生。即控制权人手中的现金越多,可能意味着获得私人收益的可能性越大。小股东的收益包括两部分:现金股利和资本利得。

本部分的分配内容,福特家族限制了两件事:一是福特家族的表决权份额的不被削弱;二是保证发放现金股利的现金总量不变——100万美元,这保证了公司不至于流出太多的现金。其家族价值在保证与小股东共享公司利益的同时,保证了控制权私人收益。

对于小股东来说,无论是获得现金股利还是股票股利,都将可能增加其价值,只不过对这种分配方案是否满意,取决于其偏好,以及对其他因素的考虑,如现金股利所得税与资本利得税的差异。

那么,为什么小股东还反对这个价值提升计划呢?主要源于小股东对这个分配方案可能带来的福特家族作为控股股东对他们利益侵占的预期。

内容三:福特公司将剥离其年收入190亿美元的零部件单位Visteon公司。

公司剥离是公司资本紧缩战略的方式之一。从根本上说,剥离是将企业的一部分出售给外部的第三方,进行剥离的企业将收到现金或与之相当的报酬。这样的剥离会因出售资产而产生现金流入。剥离的另一种变形称为"股权剥离",即将公司的某一下属机构分设成为一个具有独立法人地位的子公司,并将其一部分权益通过发行股票的方式出售给外部人士,而公司仍然拥有子公司的相当一部分权益。公司剥离可以集中优势资源,提升核心竞争力。从这个意义上来说,福特公司的剥离计划可能更多地体现了公司的一种未来的战略布局,这个布局能提高公司的行业竞争力,进而增加公司的价值。无论是大股东还是小股东都将会从这一计划中受益。所以,无论是媒体还是公司中的大小股东,对这一计划并没有不同的反应。

五、案例讨论

1. 为什么福特公司推出此项计划,而不是采用传统的股票回购或现金股利方式?该项交易对于福特家族未来对公司的影响意味着什么?

2. 为什么福特公司在现在这个时候分配大量的现金?该项分配是否预示着公司的并购政策或未来资本性支出发生了变化?

六、案例拓展阅读

TCL 集团的 MBO 模式①

一、TCL 的 MBO 之路

(一) 1997 年以前

TCL 集团早在 1993 年就在深华、华通等下属生产性公司和销售系统开始了股权多元化、经营者持股的尝试,经营者的积极性被很好地调动起来,企业业绩也大幅增长。

(二) 1997 年至 2002 年 4 月

TCL 集团层面上的 MBO(经营者没权激励)则始于 1997 年惠州市政府与 TCL 集团管理层签订的授权经营合同。

该合同规定:TCL 集团从创建伊始到 1996 年的数亿元资产全部归惠州市政府所有,创业者不得有任何异议;1997 年后,以净资产增长率为标准予以奖惩;TCL 集团的净资产年增长率如果超过 10%(为当时假设的彩电行业平均资本报酬率 5% 的两倍),其超出部分按一定比例以现金形式奖励给管理层,但奖励只能用于认购公司增发的股份;如果增长达不到 10%,则管理层应受到相应的处罚。合同为期 5 年。

这种股票期权方式,成功地保证了 TCL 集团中国有资产的保值增值,同时又大大激发了管理层的积极性和经营潜能。因业绩突出,TCL 集团的管理层连年得到奖励用于认购公司股权。到 2002 年 4 月 TCL 集团改制时,包括管理层在内的 TCL 集团内部员工持股已达到 42%,国有股则从 100% 下降到 58%,即 TCL 集团的股权结构为:惠州市投资控股有限公司持股 58%;包括管理层在内的 TCL 集团内部员工持股 42%。

(三) 2002 年 4 月以后

2002 年 4 月 16 日,TCL 集团召开了创立大会暨首届股东大会,在原有限责任公司的基础上将原"TCL 集团有限公司"变更为"广东 TCL 集团股份有限公司",注册资本仍为人民币 159 193.52 万元,发起人股东为:代表市政府的惠州市投资控股有限公司(简称"惠州投资"),新引进的 6 个战略性股东,即南太电子(深圳)有限公司、Philips Electronics China B. V.、Lucky Concept Limited、Ragal Trinity Limited、东芝株式会社、住友商事株式会社,以及李东生等 42 名自然人。自此,TCL 集团的 MBO 宣告完成。

---

① 本案例来源于郑雄伟、卢侠巍:《财务管理案例教程》,经济科学出版社 2004 年版。

(续上)

综观 TCL 集团的 MBO,有几个突出的特点:

第一,在增量的基础上开展 MBO,实现了各方利益主体的利益平衡和共赢局面。TCL 集团 MBO 的具体操作采取的是管理层以现金认购、增资扩股的方式,而现金的来源则是净资产年增长率超过 10% 以上的部分。这种增量基础上的改革是可以达到多方利益平衡和共赢的"帕累托改进"。

李东生说,"1997 年的改革很及时","改晚了难度就很高","为什么春兰改制的方案不成功,因为要动存量资产。所以,要在增量资产那里动脑筋。因为最敏感的问题是国有资产有没有流失。只要我没有动你的,那何来流失呢?应该让国家得大头,个人得小头。"

第二,引进了战略投资者,将 MBO 与改善公司治理结构、优化产业结构以及实施国际化战略有机地结合在一起。

第三,为整个 TCL 集团上市打造了一个良好的平台,也为战略投资者的退出提供了一条较好的途径。

二、TCL 揭示 MBO 的成功要件

几年前,云南红塔集团的褚时健所引发的对"59 岁现象"的争论言犹在耳。2002 年,杨融和李经纬的先后落马又吹响产权魔笛的颤音。

比他们幸运的是"光荣"退休的陈荣珍、张巨声们。2002 年 7 月 7 日,安徽知名家电企业——荣事达集团和美菱集团同时接到合肥市委下达的通知:荣事达董事长兼总裁陈荣珍、美菱董事长张巨声退休。两大家电企业集团的创始人和"精神领袖"就这样被市委的一纸通知而不是董事会的决议而免职。据说,陈荣珍的退休"安置费"约为 100 万元,张巨声的数据则不详。

对比上述人等,李东升无疑是更幸运的,甚至当海尔的张瑞敏、长虹的倪润峰、春兰的陶建幸、海信的周厚健无法决定自己的上与下,无法争取、确认自己的产权利益时,李东生等 TCL 集团的高管层却得天时地利人和,成功地实现了法律意义上规范的持股。TCL 集团的改制相当成功,也恰到好处。

(一) 实现各方利益的绝妙平衡是 MBO 成功的关键

只有在原大股东(国有企业中一般是政府)、管理层、一般员工、企业本身、战略投资者等各方利益主体之间寻求一种绝妙的平衡,才能获得 MBO 的最大成功。

在 TCL 集团的 MBO 案例中,各方的利益都得到较好的保护和体现,实现了平衡、多赢的局面:

(1) 惠州市政府从 1997 年开始,以合同的形式,对 TCL 集团管理层授权经营、放权让利,结果是收获了一个企业龙头、数十亿元的利税、数万人的就业、国有资产的巨

额回报和增值：除了每年获得1亿多元分红外，据评估，TCL集团2002年4月改制时的国有股权价值比1996年增长了2倍。

(2) 管理层取得了他们所期待的经济利益，且其利益得到了法律意义上的规范和保证，管理层团队的稳定性也得以制度性提高（李东生"保位"成功，避免了调任它职的无奈）。

(3) 企业本身更是获得了长足的发展，且为今后的发展奠定了良好的制度基础。

(4) 与TCL集团合作，战略投资者也获得了深入中国市场、分享中国成长的机会。

平衡是多赢的前提。惠州市政府的"开明"、充分授权即是一种平衡。让李东生扮演多重角色：既是国有资产的代理者，又是国有资产的经营者，还是民营化的推动者，让他将TCL集团MBO的关键点始终牢牢锁定在增量资产上，在"做大了蛋糕"上寻找政府、企业、管理层、员工之间利益的共赢。而李东生在其间的平衡术让人叹服，最终使分享TCL成为可能。

（二）安全第一，规范操作，将MBO安放于经得起考验的制度基础之上

李东生总结出TCL集团MBO的实施法则是：恪守政治安全的底线、结合法性的坚持和寻找利益共赢的智慧。这无疑对他人的MBO具有意义重大的参考价值。

李东生要求TCL集团所进行的一切股权改革都要按章出牌，不钻政策的空子，保证"一百年有效"。比如用奖励的现金购买公司的股份，是否要交税？按照广东的"红股"惯例是可以不交税，但如果占这个便宜、不交税，将来的股权可能不保。于是，TCL集团的员工奖励购股全部交税。

另外，管理层全部以自然人的身份持股，没有匿名持股，也是安全、规范、可以得到法律保护的做法。

（三）引进战略投资者，将产业升级及企业的国际化战略与MBO有机结合

创建世界级的中国企业是李东生作为TCL集团当家人的梦想，于是他在MBO改制的同时引进了境外战略投资者。

TCL集团的国际化走的是"以农村包围城市"的道路。在与中国文化背景比较相近的东南亚市场小有收获后，李东生尝试着把成功模式克隆到欧洲、日本、美国去，战线在悄无声息中被拉长，而李东生和TCL集团的风险系数也在不知不觉中加大。五大战略投资者在各自的领域都是技术研发能力很强、与TCL互补性很好的国际性大公司，如东芝的国际竞争力和创新能力很强，而住友与TCL早有很好的合作，南太电子在数码、信息产品方面较强，金山在相关的电子产品、零部件上能力比较强。加盟后，它们会加强与TCL集团的研发、生产、销售、采购甚至渠道等方面的互利合作，有

（续上）

助于解决 TCL 集团在国际市场上的营销网络优化、企业文化兼容等问题，提升 TCL 集团的国际竞争力与创新能力。

（四）改善公司治理结构是 MBO 的着眼点，也是 MBO 的目标之一

TCL 集团由一个地方政府从全资拥有再到绝对控股的国有企业，演变成地方政府相对控股、外资战略投资者加盟、管理层持股的国际化企业，标志着 TCL 集团多元化股权结构的初步建立和法人治理结构的初步完善，对公司的长远发展意义非常重大。

惠州市政府还有意在将来根据情况进一步减持、稀释所持 TCL 集团的股份，可以进一步增加管理层持股的范围及幅度，更加激励其工作积极性；扩大外资股东在股份公司的股份，可以进一步增强外资参与公司的管理和技术支持；另外，TCL 集团的改制也为其在国内发行 A 股整体上市打下了良好的基础。2004 年 1 月 30 日，TCL 集团吸收合并 TCL 通讯后，实现了在深圳交易所整体上市。

要求：1. 什么是 MBO？TCL 集团如何通过 MBO 进行控制权的转移？
2. 请讨论 TCL 集团的 MBO 是否造成了国有资产流失？
3. 搜集国内外 MBO 的有关资料，分析中外 MBO 是否一样。

案例 19

希尔顿与 ITT 公司之战
——设定收购的竞价策略[①]

一、本案例学习目标

通过本案例的分析与学习,了解恶意收购的特点及目标公司的选择,掌握目标公司应对恶意收购的防御措施以及对目标公司的估价,掌握收购公司的竞价策略。

二、问题的引出

1997年7月17日,希尔顿酒店公司财务总监马修·J·哈特,对ITT公司的重组议案公告感到吃惊,他浏览了对ITT公司的估值分析(见附件),思索着公司应如何就恶意收购ITT公司开展下一步的工作。希尔顿公司的要约收购始于1997年1月27日,金融界的反应是正面的,但ITT公司的管理层对此坚决抵制。他们出售资产,甚至拒绝召集股东年会。由于ITT公司具有现成的防御恶意收购的强效"毒丸术",希尔顿公司要想收购ITT公司,就得替换ITT公司的董事,并由董事会取消毒丸术。但是,ITT公司推迟了可能选举新一届董事的股东年会。在希尔顿公司初次提出要约后的6个月里,ITT公司已经拟订了"三家分立"的议案,希望借此成功地赶走希尔顿公司。

ITT公司免税的"三家分立"议案将把公司分成三个独立的公司:

(1) ITT终点公司,包括博彩和酒店业务,并且拥有恺撒和喜来登品牌;

(2) ITT信息服务公司,出版国际电话簿;

(3) ITT教育服务公司,拥有和经营连锁技术学校。

按照该项议案,ITT公司的股东将获得ITT终点公司和ITT信息服务公司各1股,并获得ITT教育服务公司0.25股。ITT还宣布自认购3 000万股票(占总股数的

[①] 本案例来源于Rorbert F. Bruner 著、潘国英译:《金融案例研究》,清华大学出版社2005年版。

(续上)

25%)，报价为每股 70 美元，对公司债券余额的报价为 20 亿美元。该议案将在即将召开的 ITT 公司股东年会上投票决定。重组后，任何收购 ITT 终点公司的行动都将危及三家分立公司的免税现状，而且收购方将面临 14 亿美元的税项负债。同时，ITT 终点公司每年仅有 1/3 的董事成员退休，从而放缓了任何潜在的恶意收购该业务部门的进程。看来，三家分立是通过有税效的分立创造三个高度行业集中的公司来提高 ITT 公司的股价，然后通过回购向股东提供现金。

我们将关注目标公司应对恶意收购的防御措施以及收购公司的竞价策略。

三、案例陈述与阅读引导

(一) 收购公司和目标公司的背景

1. 收购公司——希尔顿酒店公司

希尔顿酒店公司是美国第七大酒店公司，1996 年的销售收入约为 39 亿美元，资产约为 76 亿美元。公司开发、拥有、管理和特许酒店兼赌场、度假胜地、酒店物业和假期所有权度假村。该公司在 41 个州内经营 241 家希尔顿酒店、赌场兼度假胜地和游艇赌场，并在全世界的 10 个国家经营 11 家港丽酒店。

2. 目标公司——ITT 公司

ITT 公司原是德拉瓦公司(Delaware)全资拥有的子公司，名为 ITT 公司(原 ITT 公司)。1995 年 12 月 19 日，原 ITT 公司(重新命名为 ITT 工业公司)向其股东派发 ITT 公司和 ITT Hartford 集团公司的全部普通股。1998 年，ITT 公司不再与 ITT 工业公司或 ITT Hartford 集团公司联营。

1996 年，ITT 公司是全世界最大的酒店和博彩公司。其销售收入约为 66 亿美元，资产约为 93 亿美元。核心资产包括 ITT 喜来登公司，全球最大的酒店公司之一，在 60 个国家大约拥有 410 家酒店和度假场所。此外，核心资产还有博彩业的领袖品牌——恺撒世界，在大西洋城、拉斯维加斯和太浩湖拥有大型赌场。其他资产包括 ITT 教育服务公司、ITT 世界电话簿公司，并拥有麦迪逊广场花园公司(与有线电视公司合营)和纽约 WBIS 电视台(与道琼斯公司合营)的权益。

问题 1：希尔顿为什么会选择 ITT 进行收购？ITT 作为目标公司有何特征？

(二) 希尔顿公司的恶意报价以及 ITT 公司的最初反应

1997 年 1 月 27 日，希尔顿公司提出以每股 55 美元的现金要约收购 ITT 公司 50.1%

股份,并按每股 55 美元的股票要约收购其余股份。该项收购可以被当作是一项购买交易(要约的完整概要见表 19-1)。如果成功,该交易将成为酒店和博彩业规模最大的恶意收购。许多分析员认为,收购 ITT 公司将使希尔顿成为全球最大的酒店和博彩公司。有了 ITT 喜来登品牌大规模的国际业务,希尔顿将增强其在全球酒店行业的战略地位。此外,ITT 公司的"恺撒"品牌将巩固希尔顿公司在亚特兰大和拉斯维加斯城的市场地位。所罗门兄弟公司的博彩与酒店行业分析员布鲁斯·特纳说:"希尔顿和 ITT 公司结合是一次千载难逢的机会,这将创造出一家独一无二的全球性特许经营商,其规模两倍于任何一家酒店同行,四倍于任何一家博彩公司。"

华尔街对这项要约收购兴奋异常。公告发布之后,希尔顿公司股价上升了 10%,这对买方公司的股票来说是不同寻常的走势(图 19-1 给出了在要约收购期间两家公司的股票价格)。特纳认为,"这标志着市场对该项提议以及希尔顿能够创造的价值持乐观态度。"

ITT 公司和希尔顿公司都力争在酒店和博彩行业独占鳌头。在主要业务板块——酒店和博彩业,他们或多或少在争夺相同的客户。两家公司都在高档和中档市场收购酒店资产。20 世纪 90 年代,收购比建造便宜。在博彩业,ITT 公司于 1995 年收购了恺撒世界公司。1996 年,希尔顿公司击败 ITT 公司收购了巴利娱乐公司。这并不是 ITT 公司和希尔顿公司唯一的一次正面交锋。1960 年 ITT 公司为收购希尔顿的酒店业务与其接触,并于 1994 年为收购希尔顿公司的酒店和博彩业务与其再次接触。ITT 公司的这两次提议均遭拒绝。

这次恶意要约收购并不令人吃惊,因为 ITT 公司的管理层曾拒绝希尔顿公司提出进行善意收购的谈判。即使在发布收购要约之后,ITT 公司管理层依然拒绝与希尔顿公司的管理层见面。他们之间没有谈判,只有斗嘴。ITT 公司的董事长、兰德·阿拉斯科格说:

我们根本不必与希尔顿公司商谈,本公司董事会已经拒绝了他们的报价。原因是,鉴于本公司酒店和博彩设施的优良品质及其优越的地理位置,我们是一家更好的公司,有着更光明的前景。本公司的喜来登品牌是四季酒店级别的品牌,在博彩业中,我们恺撒品牌下的经营具备独一无二的市场形象。

希尔顿公司的首席执行官史蒂芬·博伦巴克说:

自从我们在 1 月末提出第一份要约以来,阿拉斯科格的所作所为无不显示出他将不惜一切代价把我们拒之门外,以保住他自己的饭碗。这包括出售所谓的核心资产、以 65% 的总部员工做牺牲品、无视股东利益和将 ITT 变成垃圾债信级别的公司。他的整个事业就是作 ITT 公司资产的受益人而不是受托人。他在整个过程中像个超级小人,躲在董事会和顾问的身后,拒绝与我们对话。

希尔顿公司提出的要约是每股 55 美元,比 ITT 公司当前 43 美元的股价溢价了 29%。所设定的时间正是要利用 ITT 公司即将召开股东年会的时机,届时 ITT 公司的所有董事都将面临重新选举。在股东年会上,伯伦巴克计划动员 ITT 公司股东提名 25 名希尔顿公司的人选加入ITT公司董事会。预计这些被提名人会促成所建议的合并。希尔顿公司还计划动员ITT公司股东取消ITT公司在召开股东年会之前可能做出的章程修改，这些修改内容可能用来干预要约、合并或选举希尔顿公司的提名人。其中的核心问题就是终止启动ITT公司行使毒丸术的反收购防御措施。

1997年2月12日，ITT公司管理层拒绝了希尔顿公司的要约，公司声称："ITT公司股东的利益以及ITT公司员工、供应商、债权人和客户的利益将通过ITT公司的持续、独立经营得以最佳体现。"他们提出了以下支持其决定的原因：

（1）希尔顿的报价没有反映出ITT公司的内在价值。ITT公司的回答是："我们的财务顾问，高盛和拉扎德公司的观点是，希尔顿的报价是不够的。"

（2）收购将导致内部吞噬效应和喜来登与希尔顿管理下的物业之间的利益冲突。

（3）希尔顿关于特许使用喜来登(Sheraton)和福朋(Four Points)名称的建议将导致许多合同终止执行。

（4）该要约引发了若干可能出现的反托拉斯法和博彩法的问题。

为了进行自卫，ITT公司管理层将股东年会推迟了6个月，并就希尔顿公司近期收购巴利娱乐公司之后滥用ITT公司机密信息一事提请了诉讼。

希尔顿公司对ITT公司的回绝立即做出了回应。它正式要求法律强制ITT公司在5月份召开股东年会。并就以下方面与资本市场进行了沟通。

第一，在该交易中潜在协同效应的年现金流将达到1亿美元以上，意指伯伦巴赫有能力从巴利收购中挤出年6 000万美元的现金流，将此作为说明其有能力实现协同效应的一个例证。

第二，通过ITT公司非核心资产的货币化和出售为ITT公司的股东创造价值。

第三，ITT公司管理层创造股东价值的历史表现很差，他们对利用公司自己赚钱的兴趣高于对公司业绩表现的关注。①

在希尔顿公司未经邀约提出恶意收购之后，ITT公司开始大力出售资产——目的是提高股票价格，使希尔顿公司无法在恶意收购中得逞。事实上，ITT公司管理层力图采取那些希尔顿公司管理层想在合并之后采取的行动。2月：总部员工从200人减少到75人；2～3月：以8.3亿美元出售在阿尔卡特公司(Alcatel Alsthom)的投资；4月：以6.5亿美元出售在麦迪逊广场花园公司的权益；5月：以1.287 5亿美元出售在WBIS的权益，以2亿美元的价格出售在五家喜来登酒店的权益。

ITT公司采取的这些行动导致股票价格上升至63.5美元。同时，管理层拒绝举行聆听希尔顿公司提议并进行投票的股东年会。1997年4月4日，美国内华达法院否决了希尔顿公司初次要求ITT公司在5月份召开股东年会的动议。

---

① 在阿拉斯科格担任董事长的16年里，ITT公司可以实现的年回报率仅在10%左右。而同期标准普尔指数的年收益率为16%。尽管ITT公司的业绩表现平平，阿拉斯科格在1990年获得的薪酬是1 140万美元。同时ITT公司给股东的回报在美国排名前406家大公司中名列倒数30%以内。1995年，他提议给自己1 350万美元的薪酬。

问题2：什么是恶意收购，与善意收购相比有何特点？

问题3：目标公司在应对恶意收购时，一般都会采用何种防御对策？ITT公司采取了什么策略？有何效果？

（三）应对三家分立

1997年7月17日，马修·哈特知道希尔顿公司将在法院和资本市场两条战线上作战。分析员与套利者的预期、白衣骑士的担忧和ITT公司以每股70美元回购股票的行为，使得哈特相信希尔顿公司将不得不提高对ITT公司的报价。尽管如此，他不确定下一次应该报出多高的价格，应该采取什么法律行动，以及应该向投资者和金融界传递什么信息。

作为考虑下一个步骤的基础，有必要了解持有ITT公司股票的投资者和套利者。首先需要按照目标公司估计的内在价值来评估对目标公司股票的报价（附件展示了在开始报价之前与分析员预期一致的价值评估）。哈特将希望更新该项分析以反映近期事件和ITT公司的新闻发布。其次，有必要就投资者的决策建立模型，并倒推出反映哈特关于第三方对ITT公司更高报价估计的希尔顿公司的报价——这是基于无售股的预期价值（EVNT）进行分析的。简言之，内在价值和预期不出售股份的价值（EVNT）会提供基准，哈特可以基于这些基准评估希尔顿公司过去对ITT公司的报价以及未来报价的区间。哈特希望确保他的下一个报价能够使ITT公司董事会接受希尔顿公司的要约。实际收购要约与提议收购要约的对比见表19-1。1996年1月1日至1997年7月17日公司股份及标准普尔500指数见图19-1。

表19-1 实际收购要约与提议收购要约的对比

项目	1997年1月28日的实际收购要约	建议的要约条款在附件中列示的原要约提议
报价条款	每股55美元的现金和股票报价 以每股55美元的现金收购ITT公司50.1%的股份。以价值55美元的希尔顿公司股票交换ITT公司其余49.9%的股份	以每股65～70美元的现金和股票报价 对ITT公司50.1%的股份以每股65～70美元的价格现金支付。以价值65～70美元的希尔顿公司股票交换ITT公司其余的49.9%股份
债务承担	40亿美元	40亿美元
价值总额	105亿美元	117亿至123亿美元
报价到期日	1997年2月28日	自报价日期起一个月

(续表)

项　目	1997年1月28日的实际收购要约	建议的要约条款在附件中列示的原要约提议
批　复	希尔顿公司和ITT公司的股东 博彩业监管机构 反托拉斯监管机构 全美篮球协会 全美曲棍球协会 联邦通讯委员会	希尔顿公司和ITT公司的股东 博彩业监管机构 反托拉斯监管机构 全美篮球协会 全美曲棍球协会 联邦通讯委员会
区　间	待定	已定,基于希尔顿公司于要约公告之后预期的股票价格

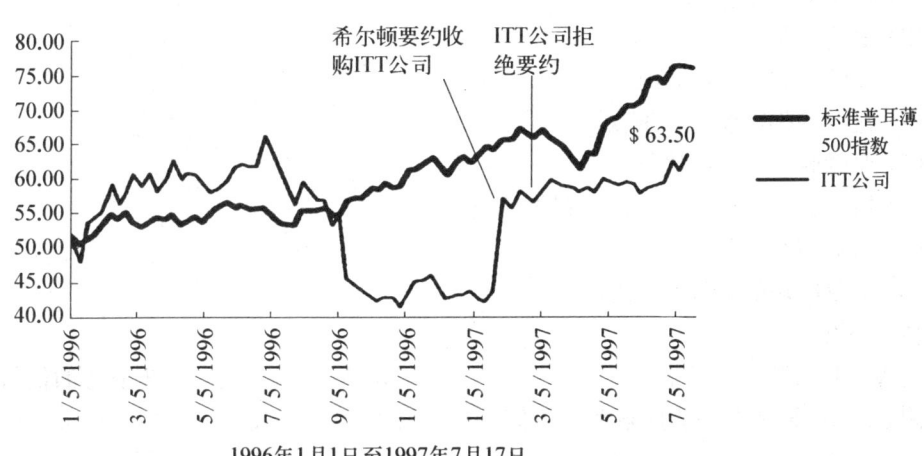

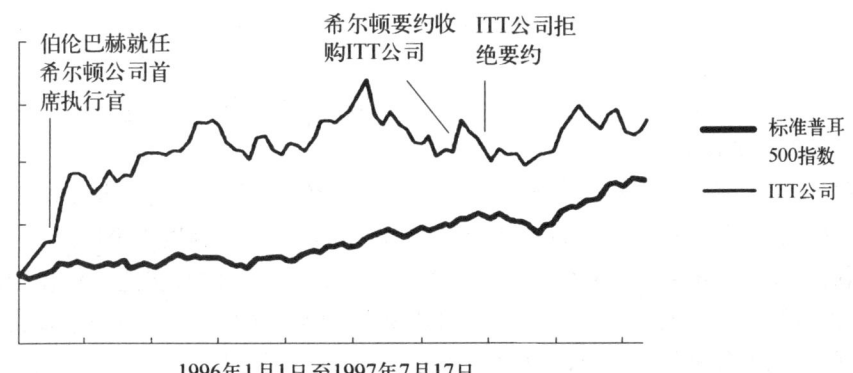

图19-1　1996年1月1日至1997年7月17日公司股价及标准普尔500指数

问题 4：ITT 公司进行重组后,希尔顿公司第二次要约报价应如何确定？

附件

致：马修·J·哈特
希尔顿酒店公司财务总监
自：简·史密斯
公司计划部主管
主题：对 ITT 公司的要约收购
日期：1996 年 12 月 31 日
本备忘录概括了我们对 ITT 公司的估值和我们建议收购公司的策略。
(1) 收购的战略动机。
(2) 要约收购。
(3) 要约收购的定价和时机。
(4) 建议的收购要约与条款。
(5) 要约收购战略的执行。
(6) ITT 公司和希尔顿酒店公司的比较。
(7) 行业与竞争前景。
(8) 提议收购的 ITT 公司的估值。

估值方法：

附表 A1—ITT 公司的估值	附表 A6—ITT 公司娱乐业务的估值
附表 A2—ITT 公司酒店业务的估值	附表 A7—ITT 公司投资的估值
附表 A3—ITT 公司博彩业务的估值	附表 A8—ITT 公司费用的估值
附表 A4—ITT 公司教育业务的估值	附表 A9—该项收购的整合效应的估值
附表 A5—ITT 公司电话簿业务的估值	

额外的财务数据：

附表 A10—公司交易	附表 A11—可比公司

1. 收购的战略动机

该交易与希尔顿公司在酒店业务的全球扩张战略和领先博彩业市场的战略一致。收购喜来登酒店、豪萃酒店(Luxury Collection)、喜格酒店(Ciga)和福朋酒店之后,希尔顿公司在酒店行业中的国际业务将大大增强。扩张后 230 973 间的客房能力将使希尔顿公司成为全世界第六大的酒店公司。同时,与 HFS 公司拟签订的特许协议将确保喜来登和希尔顿品牌在国内外的扩张。收购恺撒品牌将壮大希尔顿公司现有博彩业务的实力。所实现的规模将使希尔顿公司成为博彩行业的新巨人。其品牌有：恺撒、巴利、喜来登和博彩资产组合中的希尔顿赌场。此外,合并带来的巨大规模和国际业务将使以下方面的整合效益得以实现。

(1) 通过喜来登的全球业务实力拓展国际业务,给公司带来全球业务分布多元化的好处。

(2) 预订服务、承办宴会、营销和西点服务的整合将带来年税前成本节约达1亿~1.5亿美元。同时,公司将提高和食品与饮料供应商、保险中介、电话与电信公司、计算机硬件和软件零售商的谈判优势。

(3) 资本支出的减少会增加现金流。这使希尔顿公司可以给股东派发更多的股息。

2. 要约收购

建议希尔顿对ITT公司部分或全部的股份进行未经要约的恶意收购。如您所知,我们已经同ITT公司的管理层接触,努力就善意的合并进行协商。尽管ITT公司的管理层不愿意商谈,我们坚持认为这项合并将带来可观的经济利益,为希尔顿和ITT公司的股东增加财富。藉此,我们建议采用恶意收购方式,并建议采取以下战略:

• 把ITT公司酒店和赌场并入希尔顿体系。
• 消除重复性的销售、一般及管理费用,部分通过解雇ITT公司的高级管理人员得以实现。
• 把喜来登品牌特许给HFS公司。
• 非核心资产的出售和/或货币化(通过分拆或者股权转让)。

要想取得成功,必须在恰当的时机提出这一要约,而且必须对ITT公司股票的市场价格有明显的溢价。还必须符合证券交易委员会的信息披露要求、《1968年威廉姆斯法案》第13和14章、《内部人交易许可》、《1970年诈骗腐败组织集团犯罪法》、《内华达州商业法》、《1934年证券交易法》、ITT公司内部规定以及反托拉斯法规。

3. 要约收购的定价和时机

根据当前博彩业和酒店行业的发展动向,我们认为具备财力和管理能力来经营ITT公司的竞争报价方很少。尽管如此,以可比交易为基础,我们觉得在其当前43~46.5美元股价区间的基础上加50%的溢价是合理的,所蕴含的价格区间为每股65~70美元。该区间的报价高于ITT公司各板块单独估值后加总的价值,这对ITT公司的股东有吸引力,并且会打消其他收购方介入竞价的念头。此外,价格高,要约收购才更可能取得成功。概率高会吸引风险套利者,在提出要约收购之后不久,他们就可能成为控制权角逐中重要的摇摆不定的"投票人"。如果我们能够获得套利者的支持,要约收购就可能取得成功。

1月末是向ITT公司股东提出要约收购的理想时间。原因在于:

(1) 预期ITT公司的股票将继续低估。

(2) 届时，ITT 公司的整个董事会将重新选举，这是在下一次股东年会上驱逐所有 ITT 公司的董事的绝好机会。

(3) ITT 和希尔顿公司的合并将使 ITT 公司的坦帕酒店（Tampa）项目被迫取消。围绕合并的不确定性将对 ITT 公司的预期利润和股票价格产生负面影响。

4. 建议的收购要约与条款

报 价	每股 65～70 美元的现金和股票报价
条件	就 ITT 公司 50.1% 的股份，现金支付。ITT 公司其余 49.9% 的股份，按每股 65～70 美元的价格以希尔顿公司的股票交换。
债务承担	40 亿美元
价值总额	117 亿至 123 亿美元
性质	恶意收购要约
报价到期日	报价日之后的一个月，1997 年 6 月之前
交易的完成取决于获得这些批复	希尔顿和 ITT 公司股东 博彩业法规 反托拉斯法规 全美篮球协会 全美曲棍球协会 联邦通讯委员会
区间	已确定，基于希尔顿公司在要约公告后预期的股票价格。

5. 要约收购战略的执行

(1) 在公告之前购买 ITT 公司 4.9% 的股份。要购买 5% 的股份，希尔顿公司就必须在证券交易委员会以 13-D 表格备案，藉此向公众宣布其在 ITT 公司中拥有的权益。通过购买低于 5% 的股份，希尔顿公司获得了一些投票权，并且如果另外一家公司的报价高于希尔顿公司，他们也拥有从中获利的股份。

(2) 以公告要约价格和直接向 ITT 公司的主要机构股东进行要约作为恶意收购的开始。策反的关键点在于要约的吸引力（每股 65～70 美元）和现任 ITT 公司管理层糟透了的历史业绩。在希尔顿公司可购买股份之前，要约必须保留 20 个工作日。

(3) 对 ITT 公司的董事会实行重组，取消反恶意收购的毒丸术防御措施：在股东大会上，希尔顿公司管理层必须要求 ITT 公司股东：

• 选举 25 名希尔顿公司的提名人进入 ITT 公司董事会。这些提名人将促成所建议的合并。

• 取消 ITT 公司管理层在股东年会之前可能做出的旨在干预报价、合并或者选举希尔顿公司提名人的章程修改，进而批准合并。

关键是要取消 ITT 公司的毒丸术——不这样做,收购 ITT 公司的价格就会昂贵得根本无法操作。ITT 公司的章程赋予 ITT 公司董事会取消毒丸术的权利。因此,重组 ITT 公司董事会十分必要。

重组董事会需要注意其他几个方面的问题:
- 可能要限制"金色降落伞"付款,这是一笔因所有权改变而对 ITT 公司管理层支付的赔偿金。
- 可能要限制因 ITT 公司所有权和管理层的改变而引起的股票期权的行权。
- 因 ITT 公司所有权和管理层的改变而管理债券的赎回。
- 限制那些不符合合并公司利益的合同谈判。
- 中止防御性诉讼。

(4) 将喜来登品牌特许给 HFS 公司。在收购 ITT 公司之后,希尔顿公司将考虑把喜来登品牌特许给 HFS 公司,该公司特许了 Ramada、Days Inn、Howard Johnson 酒店。HFS 将许可喜来登公司的特许专营和管理体系。与 HFS 的协议将保证 HFS 就喜来登商标支付费用和与希尔顿公司就特许和管理费分享收益。该项协议将给希尔顿公司带来 HFS 公司稳定的现金流并促进希尔顿公司和喜来登品牌之间的良性竞争。

(5) 非核心资产的出售或货币化。ITT 公司有四种类型的业务:博彩、酒店、娱乐(麦迪逊广场花园)和信息系统(ITT 教育和 ITT 电话簿公司)。他们还在一家名为阿尔卡特的法国化学公司拥有 5% 的股权。由于希尔顿公司对 ITT 公司的博彩和酒店资产感兴趣,把信息系统资产货币化、并出售非核心资产(娱乐业务和在阿乐卡特公司的投资)是一种在财务上保持谨慎的做法。出售与非核心资产货币化所获得的现金将用于偿还收购期间发生的债务。

(6) 为收购进行融资。以内外资源相结合的方式为收购融资。我们建议希尔顿公司采用可动用现金、营运资金、现有贷款额度以及向公众发行债券的方式进行融资。以这种方式对收购进行融资是可能的,并将保持希尔顿酒店公司"Baal"的债信评级。

6. ITT 公司和希尔顿酒店公司的比较

(1) 公司战略

ITT 公司	希尔顿酒店公司
为股东实现短期内的价值,同时保持和建立长期内高增长和高盈利的平台	• 进入形势有利的资本市场,利用强健的资产负债表。 • 利用当前的经济形势收购全方位服务的酒店。 • 成为博彩业合并中的赢家。 • 通过国内特许和拓展国际业务进行品牌投资。

(2) 投资者基础

股本所有权	ITT公司(%)	希尔顿酒店公司(%)	股本所有权	ITT公司(%)	希尔顿酒店公司(%)
管理层	4	27	资产管理公司	40	30
银行	12	11	共同基金	22	23
保险公司	13	3	其他	9	6

(3) 各种所有权类型下的物业

项目	ITT公司		希尔顿酒店公司	
	物业	客房	物业	客房
拥有或者部分拥有的酒店	68	22 856	31	23 092
经营的酒店	135	50 415	28	16 776
特许的酒店	208	51 691	177	45 050
拥有或者部分拥有或者经营或者特许经营的赌场	11	3 179	13	17 914
游艇赌场	1	0	5	0
合计	423	128 141	254	102 832

(4) 财务业绩[①]

单位：百万美元，每股数据单位为美元

项目	ITT公司		希尔顿酒店公司	
	1996年	1995年	1996年	1995年
销售收入	6 597	6 252	3 940	3 555
经营收益	728	568	329	355
净利润	249	147	82[②]	173
总资产	9 275	8 692	7 577	3 433
长期债务	3 894	3 575	2 606	1 070
股东权益	3 074	2 936	3 211	1 254
总股数	117	117	194	194
每股收益	2.11	1.26	0.42	0.89

注：① ITT公司的财务数据是根据1995年的重组进行调整后的数据。
② 包括7 400万美元的非经常性损失。

(5) 近期的公司事件

ITT 公司	希尔顿酒店公司
1995 年 1 月,ITT 公司以现金约 17.6 亿美元完成了对恺撒世界公司所有股份的恶意收购,恺撒世界是一家博彩公司。 1995 年 3 月,MSG,一家由 ITT 的附属公司和有限电视系统公司合伙经营的公司以 10 亿美元收购了麦迪逊广场花园公司的业务。 1996 年 7 月,ITT 公司与道琼斯公司以 2.07 亿美元从纽约市政府收购了 WNYC-TV(现在称为 WBIS)电视台。	1996 年 2 月,史蒂芬·F·伯伦巴克被任命为希尔顿酒店公司总裁兼首席执行官。 1996 年 6 月,希尔顿公司收购了巴利娱乐公司,成为全世界最大的卡西诺博彩公司。 1996 年 8 月,希尔顿与兰德布鲁克集团公司结成了战略联盟,在全球范围内统一希尔顿品牌。

(6) 股票价格分析

ITT 公司	希尔顿酒店公司
基于附图 A1 我们可以得出结论,1996 年,ITT 公司的股票跑输标准普尔指数 32%。在此期间对股东的总回报率是 -16%。股价表现不佳主要是由于股东对博彩行业预期的盈利较差。	基于附图 A1 我们可以得出结论,1996 年,希尔顿公司的股票跑赢标准普尔指数 50%。在此期间对股东的总回报率是 68%。主要是由于公司积极增长的战略和市场预期该行业整体经济效益将持续增长。

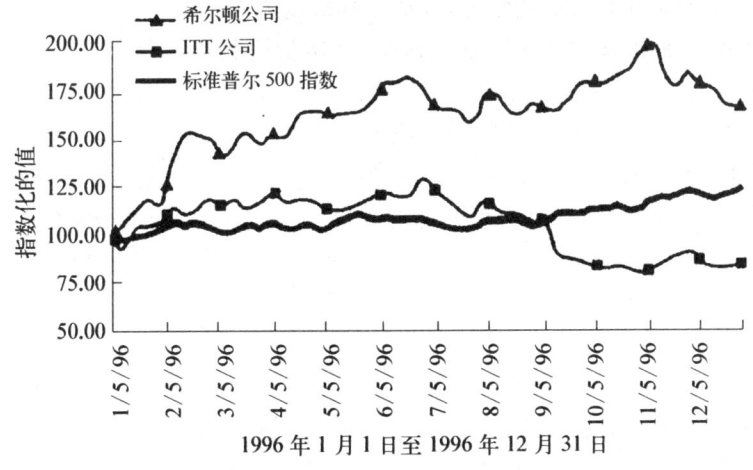

附图 A1　希尔顿酒店公司、ITT 公司和标准普尔 500 指数

7. 行业与竞争前景

(1) 酒店经营。我们预期日均入住率(ADR)的增长将高于美国通货膨胀率的速度。适度增长的经济将带动酒店客房的需求量。尽管如此,有迹象显示,该行业在1995和1996年所经历的强劲增长将很快平息。美国5.5%的失业率将导致联邦最低工资水平的飙升,并将严重影响人工成本和毛利水平。同时,预期1996年投资于酒店建设的52亿美元将带来能力的增长和竞争的加剧。这会降低日均入住率的增长率。

从国际来看,拉丁美洲、东欧、东南亚国家和中国这些新兴国家将拉动该行业的世界性增长。由于外国在不同地区的直接投资出现增长,应存在对高、中低档酒店的需求。新建项目、战略性合资项目或者跨国收购以及当地旅店连锁业的发展将满足这一需求。

许多分析员认为,由于高、中档全方位服务酒店的能力短缺,对公司而言,收购现有资产更具吸引力(花费较少)。这一市场机遇造成了大量的股票发行和并购活动。最近,双树公司(Double Tree)以12亿美元购买了红狮公司(Red Lion),而万豪国际酒店以10美元收购了万丽酒店集团(Renaissance)。现在,旅店公司和REIT公司正集中精力收购同业公司。放眼未来,他们还将收购其他与滑雪胜地和卡西诺赌场业务等相关的不动产。

(2) 博彩业的经营。博彩业的销售收入继续增长。但在美国,其长期、持续性的两位数增长趋势已经减弱。自1993年起,没有一个州批准设立非本土的卡西诺赌场。尽管拉斯维加斯和大西洋城引人入胜的新设施将吸引更多赌博游客,对许多美国人来说,去卡斯西赌场的长途旅行依然需要乘坐飞机、汽车或者公共汽车才能到达。由于依利诺伊、印第安纳、衣阿华、路易斯安纳、密西西比和密苏里州批准了经营游艇赌博业务,游艇赌博在过去10年可谓是遍地开花,这是差别化的业务领域,长期内将是一个很赚钱的行业。

尽管博彩业的地域扩张前景看起来很黯淡,并且分析员认为该行业已经遭受了能力过剩的打击,博彩公司却有长期的眼光,并通过建成度假点开始吸引家庭消费者。博彩公司摇身一变成为"出售惊喜的公司",食品价格、客房价格和娱乐收入都飞速增长,而且现金流开始大笔流入。这样,如果赌场业务不赚钱,博彩行业将随着客房入住率的上升、食品成本的下降和源自非赌博娱乐业的销售收入而免遭亏损。

(3) ITT 世界电话簿公司的评估。当前影响ITT国际电话业务最重要的因素是其电话簿出版业务所在的欧盟成员国变幻不定的竞争环境。以前,欧盟国家的全国性电话服务供应商赋予提供电话簿的独家合约。1993年和1994年,ITT国际电话簿公司分别失去了其在比利时(Belgacom 电信公司)和荷兰(PTT 电信公司)的全国性电信服务供应商的合约。在比利时,ITT国际电话簿公司与BDS公司展开激烈竞争,BDS是当地一家名为Belgacom电信公司的电信服务供应商和GTE的一个附属公司的合资公司。在荷兰,ITT世界电话簿公司与当地一家名为PTT公司的电信服务供应商和Telemedia公司的合资公司就电话簿出版业务进行竞争。尽管在ITT国际电话簿公司开展业务的其他主要国家尚不存在实质性的竞争,但无法保证这种情况还将继续下去。

(4) 对 ITT 教育公司的评估。美国的高等教育市场高度分散,而且竞争激烈。没有一家私立或者公立机构拥有显著的市场份额。ITT 技术学院与那些授予四年和两年学位的机构(包括非营利的公立、私立大学以及私有机构)争夺生源,并就那些服军役和直接工作等相对于高等教育的其他选择进行竞争。

教育机构的竞争基于教育项目的质量、机构的声望、项目费用和毕业生的就业率。某些公立和私立大学由于拥有政府补贴、基金赠款、抵税捐赠或者其他私有机构无法获得的财务来源,而以较低的学费提供与 ITT 技术学院类似的教育项目。另外,一些私有机构提供与 ITT 技术学院相互竞争的教育项目。在私立和公立部门,竞争对手在资金和其他资源方面比 ITT 教育公司具有更大的优势。

8. 提议收购的 ITT 公司的估值

由于 ITT 公司包括四个战略业务单元,分拆估值法被用于公司的估值。我们通过综合权衡可比公司、可比交易和现金流贴现等几种估值方法分别得出的各业务单元的估值,再确定各业务单元的价值。

可比公司和可比交易估值法涉及企业价值估值倍数的应用(销售收入、经营收益、息税折旧摊销前利润、经调整的息税折旧摊销前利润、净利润)以及股本价值估值倍数(市盈率和市净率)。为了确保估值的准确性,这些倍数取自各板块中业务单一的公司的财务数据。

现金流贴现估值法采用资本资定价模型确定贴一率。所有贴率计算是基于业务单一性公司的风险系数贝塔和目标资本结构。出于估值的目的,终值是基于持续增长模型得出的。此外,还运用了其他计算终值的方法进行验证。

附表 A1 ITT 公司的估值   单位:百万美元

业务单元	估值		
	悲观估计	最佳估计	乐观估计
1. 酒店	4 200	6 000	7 000
2. 博彩	2 300	2 800	3 300
3. 信息服务			
教育	330	425	498
电话簿	880	1 050	1 280
4. 娱乐			
MSG	500	500	500
WBIS	104	104	104
5. 投资	877	877	877

(续 表)

业务单元	估值		
	悲观估计	最佳估计	乐观估计
6. 公司层面的费用	(999)	(999)	(999)
企业价值	8 193	10 757	12 559
减：债务价值	(4 000)	(4 000)	(4 000)
无整合效应的股本价值	4 193	6 757	8 559
总股数（百分股）	116.37	116.37	116.37
无整合效应的每股价值（美元）	36.04	58.07	73.55
整合效应的价值	900	1 149	1 300
有整合效应的股本价值	5 093	7 906	9 859
总股数（百分股）	116.37	116.37	116.37
有整合效应的每股价值（美元）	43.77	67.94	84.73

附表 A2　ITT 公司酒店业务的估值　　　单位：百万美元

项　目	1997 年	1998 年	1999 年	2000 年	2001 年
EBIT	465	577	645	707	763
（减）税金	(186)	(231)	(258)	(283)	(305)
（加）折旧	173	189	209	229	249
小计	452	535	595	653	707
非流动资产及负债的变化	(21)	7	12	11	10
营运资金变化	390	16	30	28	26
净资本投资	(465)	(431)	(534)	(532)	(530)
自由现金流	355	127	102	159	213
终值					5 882
ITT 公司酒店业务的现金流贴现	4 009				

WACC	10.90%	终值的现值（永续增长模型）	3 507
W_e	84.46%	$[CF_n(1+g)/(K-g)]/(1+K)^5$	−200
W_d	15.54%		
K_e	12.07%	增长率(%)	7.01
K_d	7.55%	通货膨胀率(%)	2.70

(续表)

项目		1997年	1998年	1999年	2000年	2001年
R_f	6.44%	实际增长率(%)				4.20
R_p	5.40%					
Beta	1.04	其他终值估计				
		NOPAT/K				3 853
		NOPAT$(1-i)/(K-g)$				10 815

估值概要——酒店

	倍数		价值	
	低	高	低	高
自由现金流估值			3 100	4 500
以1996年下方各指标的倍数表示的企业价值				
1. 销售收入	1.03	12.45	4 566	55 191
2. 经营收益	16.71	31.49	6 199	11 683
3. 净利润	34.35	58.87	6 321	10 833
4. 息、税、折旧、摊销前利润	13.39	25.71	6 641	12 752
5. 经调整的息、税、折旧、摊销前利润	23.14	30.80	3 271	4 354
6. 净资产	2.19	3.67	—	—
以下方各指标的倍数表示的股本价值				
1. 1996年每股收益(实际)	29.24	32.00	5 380	5 888
2. 1997年每股收益(预计)	21.43	27.21	5 161	6 553
3. 1998年每股收益(预计)	16.57	22.35	5 102	6 882
综合权衡得出的企业价值			4 200	7 000

资料来源：案例作者分析。

附表A3 ITT公司博彩业务的估值　　　　　　　　单元：百万美元

项目	1997年	1998年	1999年	2000年	2001年
EBIT	233	254	271	306	327
(减)税项	(93)	(101)	(108)	(122)	(131)
(加)折旧及摊销	120	131	135	139	143

（续表）

项　　目	1997 年	1998 年	1999 年	2000 年	2001 年
小计	260	283	298	323	339
非流动资产及负债的变化	26	5	7	5	8
营运资金变化	31	(4)	(3)	(6)	(3)
净资本投资	(914)	(297)	(108)	(108)	(109)
自由现金流	(598)	(11)	195	213	235
终值					3 929
ITT 公司博彩业务的现金流贴现	2 361				

WACC	9.11%	终值的现值（永续增长模型）	2 540
W_e	77.54%	$[CF_n(1+g)/(K-g)]/(1+K)^5$	
W_d	22.46%		
K_e	10.44%	增长率（%）	2.96
K_d	7.55%	通货膨胀率（%）	2.70
R_f	6.44%	实际增长率（%）	0.25
R_p	5.40%		
Beta	0.74	其他终值估计	
		NOPAT/K	1 286
		NOPAT$(1-i)/(K-g)$	1 904

估值概要——博彩

	倍　　数		价　　值	
	低	高	低	高
自由现金流估值			2 300	3 000
以 1996 年以下指标的倍数表示的企业价值				
1. 销售收入	1.72	3.64	2 210	4 677
2. 经营收益	8.97	16.30	1 893	3 439
3. 净利润	21.73	35.21	797	1 292
4. 息、税、折旧、摊销前利润	6.72	12.47	1 902	3 529
5. 经调整的息、税、折旧、摊销前利润	9.78	13.26	1 762	2 389
6. 净资产	1.34	2.40	—	—

(续 表)

	倍 数		价 值	
	低	高	低	高
以下面指标的倍数表示的股本价值				
1. 1996年每股收益(实际)	16.51	23.58	606	865
2. 1997年每股收益(预计)	13.31	22.73	365	624
3. 1998年每股收益(预计)	11.60	19.23	852	1 413
综合权衡得出的企业价值			2 300	3 300

资料来源：Casewriter analysis。

附表 A4　ITT 公司教育业务的估值　　单位：百万美元

项 目	1997年	1998年	1999年	2000年	2001年
EBIT	24	27	31	35	40
(加)折旧	7	8	9	10	11
(减)税金	(9)	(11)	(12)	(14)	(16)
小计	21	24	27	30	34
非流动资产及负债的变化	0	0	0	0	0
营运资金变化	6	8	9	10	11
净资本投资	(8)	(8)	(9)	(10)	(10)
自由现金流	19	24	27	31	35
终值					637
ITT 公司教育业务的现金流贴现	485				

WACC	9.77%	终值的现值(永续增长模型)		400
W_e	100.00%	$[CF_n(1+g)/(K-g)]/(1+K)^5$		
W_d	0.00%			
K_e	9.77%	增长率(%)		3.98
K_d	0.00%	通货膨胀率(%)		2.70
R_f	6.50%	实际增长率(%)		1.25
R_p	5.40%			
Beta	0.61	其他终值估计		

(续 表)

项　　　目	1997年	1998年	1999年	2000年	2001年
NOPAT/K					244
NOPAT$(1-i)/(K-g)$					412
NOPAT$[1/K+i(R-K)/K(K-g)]$					465

估值概要——教育

	倍　数	价　值 低	价　值 高
自由现金流估值		400	550
于1996年12月31日的市值			642
以1996年以下指标的倍数表示的企业价值			
1. 销售收入	2.92		678
2. 经营收益	25.08		441
3. 净利润	38.47		456
4. 息、税、折旧、摊销前利润	20.25		468
6. 净资产	4.13		536
以下面指标的倍数表示的股本价值			
1. 1996年每股收益(实际)	36.21		429
2. 1997年每股收益(预计)	30.00		424
3. 1998年每股收益(预计)	23.33		376
4. 1996年账面价值	16.91		1 162
综合权衡得出的企业价值		400	600

资料来源：案例作者分析。

附表A5　ITT公司电话簿业务的估值　　　　　　单位：百万美元

项　　　目	1997年	1998年	1999年	2000年	2001年
EBIT	218	215	209	203	203
折旧＋资本投资	1	57	1	1	0
减：税金	(87)	(86)	(84)	(81)	(81)
营运资金变化	1	57	1	1	0

(续表)

项　目	1997年	1998年	1999年	2000年	2001年
自由现金流	133	243	127	124	122
终值					1 268
ITT公司电话簿业务的现金流贴现	1 378				

WACC	9.76%	终值的现值(永续增长模型)		796
W_e	78.03%	$[CF_n(1+g)/(K-g)]/(1+K)^5$		
W_d	21.97%			
K_e	11.03%	增长率(%)		0.00
K_d	8.69%	通货膨胀率(%)		0.00
R_f	6.50%	实际增长率(%)		0.00
R_p	5.40%			
Beta	0.84	其他终值估计		
		账面价值		317
		NOPAT/K		1 251

估值概要——电话簿板块

	倍　数		价　值	
	低	高	低	高
自由现金流估值			1 000	1 400
以1996年以下指标的倍数表示的企业价值				
1. 销售收入	0.76	2.24	491	1 449
2. 经营收益	11.73	16.29	2 503	3 477
3. 净利润	13.92	21.68	1.755	2.733
4. 净资产	1.04	1.89	421	766
以下面指标的倍数表示的股本价值				
1. 1996年每股收益(实际)	12.80	13.00	1 613	1 639
2. 1997年每股收益(预计)	11.82	12.66	1 544	1 653
3. 1998年每股收益(预计)	10.82	10.33	1 399	1 336
综合权衡得出的企业价值			1 100	1 600

资料来源：Casewriter analysis。

附表 A6　ITT 公司娱乐业务的估值　　　　单位：百万美元

MSG 体育物业	
账面价值	500.00
WBIS 电视台	
账面价值	103.50

由于两次收购都是在 1995～1996 年完成的，假设其账面价值提供了合理的公平市场价值估计。

资料来源：Financial statements and 10-K statement。

附表 A7　ITT 公司投资的估值　　　　单位：百万美元

阿尔卡特公司 750 万支股票的公平市场价值	599
在持股 20% 至 50% 的公司中的股本	261
其他投资	17
总投资价值	877

资料来源：Financial statements and 10-K Report。

附表 A8　ITT 公司费用的估值　　　　单位：百万美元

项目	1997 年	1998 年	1999 年	2000 年	2001 年
公司费用的税前影响	100	104	108	112	117
公司费用的税后影响	60	62	65	67	70
公司费用的终值					1 216
公司费用的现值	999				

假设
加权平均资本成本　10.00%
增长率　4.00%
税率　40%

资料来源：Casewriter analysis。

附表 A9　该项收购的整合效应估值　　　　单位：百万美元

项目	1997 年	1998 年	1999 年	2000 年	2001 年
整合效应的税前影响	115	120	124	129	135
整合效应的税后影响	69	72	75	78	81
整合效应的终值					1 398
整合效应的现值	1 149				
	低	高			
整合效应的估值空间	900	1 300			

假设
加权平均资本成本　10.00%
增长率　4.00%
税率　40%

资料来源：Casewriter analysis。

附表 A10 可比交易
部分博彩与酒店业的并购交易
（单位：百万美元，每股数据单位为美元）

公告日	收购公司与目标公司	隐含的每股购买价格	隐含的合计股本购买价格	公告交易价值合计	按以下指标的倍数表示的企业价值				
					长期 EBITDA	当年全年 EBITDA	下一年全年 EBITDA	下一年全年净利润	长期净利润
酒店可比交易									
1997 年 1 月	Extended Stay America/Studio Plus Hotel	22.86	287.00	253.60	26.4	22.6	11.1		55.2
1996 年 12 月	Marriot International/Renaissance Hotel Group	32.70	1000.00	1061.90	16.4	16.5	13.9		30.0
1996 年 8 月	Double Tree Corporation/Red Lion Hotels	30.49	977.60	1154.40	15.8	10.0	9.3		30.3
	最低				5.6	15.8	10.0	9.3	30.0
	最高				11.1	26.4	22.6	13.9	55.2
	均值				5.3	19.5	16.4	11.4	38.5
博彩业可比交易									
1996 年 8 月	Sun International Hotels/Griffin Gaming & Entertainment	22.00	198.10	271.80	5.6	6.5	6.5		20
1996 年 5 月	Hilton Hotels/Bally Entertainment	26.59	2050.30	3097.00	11.1	10	9.1		58.8
1996 年 4 月	Boyd Gaming Corporation/Par A Dice Gaming Corp	18.25	174.60	186.00	5.3	未知	未知		未知
1996 年 3 月	Hollywood Park/Boomtown	6.33	56.80	147.80	6.3	未知	未知		未知
1995 年 3 月	Circus Circus/Gold Strike Resorts	未知	443.50	590.40	8.3	未知	未知		未知
1994 年 12 月	ITT Corporation/Caesars World	67.50	1754.00	1824.50	9.6	7.7	7		23.8
	最低				5.3	6.5	6.5		20.0
	最高				11.1	10.0	9.1		58.8
	均值				7.7	8.1	7.5		34.2

附表 A11 可比公司
部分博彩、酒店、教育和出版业可比公司 (单位：百万美元，每股数据单位为美元)

	按以下指标的倍数表示的企业价值						按以下指标的倍数表示的股本市值			
	销售收入	经营收益	净利润	EBITDA	经调整的EBITDA	净资产	1996(实际)每股收益	1997(预计)每股收益	1998(预计)每股收益	账面价值
酒店业:										
Marriott International 1996	0.91	14.64	30.09	11.73	24.35	1.92	24.67	22.10	18.73	5.58
HFS Inc 1996	13.00	32.87	61.46	26.84	32.15	2.45	46.32	22.46	17.37	3.83
Promus Hotel Corp 1996	7.49	18.94	27.34	14.94	17.77	2.82	23.70	20.15	16.55	6.15
Double Tree Hotels 1996	7.73	60.82	09.17	46.34	79.82	1.37	44.55	28.48	22.17	2.23
博彩业:										
Circus Circus 1996	3.50	17.24	46.27	12.46	17.42	1.76	34.72	20.22	17.63	3.30
Mirage Resorts 1996	3.19	14.31	21.04	10.95	15.08	2.10	20.40	19.66	19.63	3.00
MGM Grand 1996	3.09	13.31	22.35	10.00	13.49	2.03	17.10	15.85	14.53	2.08
Harrah Entertainment 1996	1.82	9.53	29.26	7.14	10.39	1.56	20.92	17.28	13.25	2.73
出版业:										
McGraw-Hill 1996	1.67	12.16	10.39	9.65	未知	1.41	9.30	8.54	7.82	3.35
Donnelley 1996	1.03	15.99	29.55	17.47	未知	1.41	21.03	20.48	16.71	2.91
Dun & Bradstreet 1996	2.39	14.40	38.60	10.02	未知	2.39	30.45	13.57	12.50	−9.39
教育业:										
National Education Corp 1996	2.21	18.99	29.13	15.33	未知	3.13	26.29	21.79	16.94	12.28
娱乐业:										
Florida Panthers 1995−96	19.75	未知	未知	未知	未知	14.20	未知	未知	未知	1.61
Boston Celtics 1995−96	2.62	10.67	10.74	10.47	未知	1.22	8.64	372.92	未知	7.25
传媒业——电视台										
King World Productions 1995−96	2.05	7.08	9.05	7.05	未知	2.66	9.27	9.65	9.83	1.84
Paxon Communications Corporation 1995−96	4.32	未知	未知	22.84	未知	1.29	未知	未知	未知	0.53

资料来源：Bloomberg、*Value Line*, and casewriter analysis。

四、案例分析

(一) 应对恶意收购的反收购策略分析

1. 收购前防御对策

(1) 分期分级董事会(staggered board)。董事会被分成规模大概相同的三个部分。在第一年只能选举第一部分的成员,在第二年只能选举第二部分的成员,在第三年才选举第三部分的成员。即在任何特定的年限里,最多只能选举董事会1/3的成员,因此,任何潜在的收购者如果想控制董事会的话,至少得花两年的时间。这通常要长于收购者愿意等待的时间,从而能起到阻碍潜在收购的作用。ITT为了赶走希尔顿,将公司分成三个独立的子公司,其中,负责博彩和酒店业务的ITT终点公司就采取了这样的防御对策,每年仅有1/3的董事成员退休,从而放缓了任何潜在的恶意收购该业务部门的进程。

(2) 超多数条款(supermajority)。它是指在目标公司的章程中规定,凡任命或辞退董事、决定公司合并或分立、出售公司资产等重大事项,必须经过公司绝大多数股东投票通过,比如66.7%、75%或80%,方可实施。因此,在这个超多数条款的限制下,如果只获得股东票数60%的简单多数会仍不起作用。

(3) 公平价格条款(fair price amendment)。它要求收购者向所有股东支付相同的价格,否则就限制其收购要约。该公平价格通常由特定的公式或独立的评估师来决定。

(4) 限制表决权(restricted voting rights)。如果没有得到董事会的批准,高于某个门槛水平(threshold level)的股权将失去表决权。这将大大降低一项收购要约的有效性,并且迫使出价人直接与董事会协商。

(5) 设定等待期(waiting period)。在完成合并之前,没有经过批准的出价人必须等待一段时间。虽然出价人拥有表决权,但长时间延后其获得控制权能阻止他的收购企图。

(6) 毒丸(poison pill)计划。毒丸是极其有效的反收购对策,但自面世以来一直是许多争议的焦点之一。毒丸品种现在已有很多,但基本的前提是相同的,即赋予目标公司股东以极具吸引力的价格购买额外股份的权利。当收购者的股权超过某个比例时,毒丸计划就开始启动,从而达到股权稀释的目的。这就大大增加出价人获取流通股份的成本。在ITT的防御对策中,毒丸计划是非常有效的,也是希尔顿公司最为担忧的,否则收购ITT公司的价格就会昂贵得无法操作。要想取消ITT公司的毒丸计划,就必须通过股东大会重新选举董事会,由希尔顿公司的人替换ITT公司原有的董事,从而再由董事会取消毒丸计划。但由于ITT的管理层推迟了股东年会,使得希尔顿重组董事会的时间不得不向后拖延,也给ITT公司赢得了反收购的宝贵时间。这也是导致希尔顿公司第一次要约收购ITT公司不成功的重要原因之一。

(7) 降落伞(darachvet)计划。在目标公司被收购前公司与董事会、管理人员签订

"金、银、锡"降落伞协议,保证当董事和管理人员因控制权的改变选择(或被迫)离职时向董事和管理人员提供较高利益的补偿。实质上,降落伞计划只是对现有工作合同的追加补充条款。据统计,1982年,美国1 000家最大公司中有10%的公司对其高级管理人员提供了"金色保护伞"。ITT公司也有降落伞计划,这也是希尔顿公司重组董事会的一个目的,即限制"金色降落伞"付款,并限制ITT管理层对股票期权的行权。

(8) 绿色邮件(greenmail)。"绿色邮件"是定向回购的别称,常指目标公司通过私下协商从单个股东或某些股东手里溢价购回大量股份,以消除大股东或绿色邮递员的敌意接管威胁。

2. 收购方出价后的反击对策

(1) 资产重组与股份回购。回购股份在实战中往往是作为辅助战术来实施的。比如杠杆收购。当目标公司得知被收购的消息时,其管理层可立即与外界金融机构合作,大举借债,然后向公司股东发出股票回购通知,同收购方展开竞争。通过这种回购竞争,有可能迫使收购者停止收购,或者在升水的诱惑下将已收购的股票转卖给管理层获利了结。不过,ITT公司回购公司股票的资金来源并非举债,而是通过一系列资产重组来获得的,如缩减员工规模以节省管理费用,出售投资和非核心资产,甚至是出售核心资产。ITT公司的资产重组不仅为股份回购筹集了资金,而且使公司业务更加集中化,与股份回购共同发挥了提高公司股价的作用。此外,ITT公司还将公司分成三个独立的子公司——ITT终点公司、ITT信息服务公司和ITT教育公司,利用三家独立公司的免税现状加大希尔顿公司的收购成本。

(2) 皇冠明珠(crown jewels)出售。从资产价值、盈利能力和发展前景诸方面衡量,在公司内经营最好的子公司或资产被喻为"皇冠上的珍珠"。这类公司通常会诱发其他公司的收购企图,成为兼并的目标。公司卖出一项或多项出价方极想得到的资产或子公司,从而降低目标公司对某个特定的出价方的价值,使其放弃收购念头,从而起到反收购作用。ITT公司在反收购中就采取了这样的策略。作为酒店业和博彩业的巨头,希尔顿公司收购ITT公司的一个重要目的就是把ITT公司的酒店和赌场并入希尔顿体系,以实现规模效益和协同效应,增强核心竞争力。而酒店业务也是ITT公司的核心资产,尤其是ITT喜来登公司,是全球最大的酒店公司之一,在60个国家大约拥有410家酒店和度假场所,是核心中的核心,可谓是ITT公司的"皇冠明珠",自然令希尔顿垂涎三尺。因此,为了应对希尔顿的恶意收购,ITT公司以2亿美元的价格出售了在五家喜来登酒店的权益,一方面试图打消希尔顿的收购念头,另一方面筹集资金以回购本公司股票,加大收购难度。

(3) 寻找"白衣骑士"(white knight)。在收购者的敌意收购行动开始后,目标公司主动寻找友善的第三方即"白衣骑士"来与袭击者争购,这样导致目标公司的股价上升,加大了收购难度。著名"股神"沃伦·巴菲特任首席执行官的伯克夏哈萨维公司就持有多家公司的可转换优先股,成为震慑潜在恶意收购者的"白衣骑士"。我们在前面案例中提及的杜邦公司,其1981年应邀收购科纳克公司时,就是充当了科纳克公司的白衣骑士。ITT公司也在积极寻找"白衣骑士",也正是最终的白衣骑士——斯塔伍德饭店及修养地集团所属的不动产信托投资击败了希尔顿公司,成功收购了ITT公司。

(4)寻求股东支持。寻求股东支持通常有两种途径:1.改善公司业绩,提升公司价值,或为公司计划光明的前景,赢得包括机构投资者和中小股东的信赖和支持;2.公开征集其他股东投票代理权,取得股东大会上表决权的优势。ITT公司显然也采取了这样的措施。

(5)帕克曼(PAC-MAN)战略。帕克曼一词来源于20世纪80年代初美国一度流行的电子游戏。帕克曼战略是一种以进为退、反守为攻的反收购战术。当目标公司获悉收购方试图启动收购目标公司的计划时,目标公司则针锋相对地宣布对目标公司实行标购,积聚对手的股票以期夺取公司的控股权,从而迫使收购公司转入防御,或者至少可以赢得一段时间重新制定防御对策。该对策要求目标公司具备足够的实力、充足的现金和灵活的融资渠道。并且,该对策是所有对策中风险最高、争夺最为激烈的一种方式。

(6)提起诉讼。一般的做法是通过诉讼收购者违反了反垄断法或证券法,法院可能禁止该项收购,或者发布延后收购的禁令。这样目标公司管理层可以争取到更多的时间采取对策来防御收购或者寻找一个白衣骑士(即友善的出价者)。

通过以上的反收购措施,最终使ITT公司的股票价格从希尔顿公司提出要约时的43美元上升到63.5美元,高于希尔顿公司第一次要约收购价格55美元,使希尔顿公司的第一要约收购失败。

(二)目标公司估价

希尔顿公司第一次现金要约收购ITT公司的出价是每股55美元,共计收购ITT公司50.1%的股份,其他股份按照每股55美元的股票要约收购。这属于经典的"二阶段"要约。针对公司第一批50.1%的股份以现金支付股东,而其余拖延、后招标的49.9%的股份以股票方式支付。显然,现金支付对于股东和套利者更有吸引力。这种不对称的付款激励机制能够促使股东"叛变"并接受报价。而目标公司股东由于人数众多而难以采取联合行动,面临"囚徒困境"。但是,ITT公司在希尔顿公司宣布收购后采取了一系列包括资产重组在内的反收购措施,最终导致公司股价提升,希尔顿公司第一次要约收购失败。那么,面对ITT公司的反应,希尔顿公司第二次要约价格应该如何确定呢?

确定要约价格,首先要对目标公司进行估价。估价方法很多,主要包括:

(1)自由现金流贴现方法。自由现金流量(Free Cash Flow)是企业经营带来的现金流量满足企业再投资需要的现金后,尚未向股东和债权人支付现金前的剩余现金流量。

对自由现金流量采用适当的折现率进行贴现，即为目标公司的内在价值。折现率的选择通常采用资本资产定价模型和套利模型等方法。预测目标企业的现金流通常运用5年或10年的自由现金流量。

(2) 可比公司法。可比公司法是市场途径定价的典型方法，它是通过选取与目标企业具有可比性企业和变量(包括销售收入、经营收益、息税折旧摊销前利润、净利润、市盈率和市净率等)来评估目标企业价值。其基本假设前提是同一行业中其他公司与被估价公司具有可比性，并且市场对这些公司的定价是正确的。

(3) 可比交易法。可比交易法指目标公司的价格是基于市场上最近发生的其他相似公司并购价格而来的。如一家轮胎公司计划并购与自己处于不同地理市场的另一家同行业公司，恰在此时有与自己目标公司规模和经营范围相似的公司以某一价格被并购，根据可比交易法，目标公司的价格即为这一价格。

一个企业的价格与企业的内在价值密切相关，一个好的估价方法首先应当能够反映企业内在价值。从这个意义上来说，自由现金流贴现方法是最佳选择。因为并购方购买目标公司的目的就是希望其产生正的现金流。一致的、可预期的现金流从长远来看对一个企业是非常重要的。

可比公司法与可比交易法的关键在于"可比"性是否真正成立。任何一个企业都有与其他企业不同的特点，而且相似的交易也可能有着本质的区别。用这两种方法评价企业自身价值风险太大，但他们可以作为为目标企业定价的参照，因为，没有一家企业愿意接比另一家相似公司或相似交易低的价格。

本案例中对ITT公司的估价用的就是自由现金流贴现法。在附表A1中，对公司有内在价值的评估为67.94美元/股(最佳估计)，最乐观估计为84.73美元/股，悲观估计则为43.77美元/股。而希尔顿公司第一次的要约报价仅为55美元，显然，希尔顿公司采用的是报低价策略。这样，如果要约收购成功，希尔顿公司可以获得最大的收益，但也很可能会吸引竞争报价方，并且会引发目标公司宣布内部重组。果然，ITT公司在收到希尔顿公司的要约后，进行了一系列重组活动，包括：

- 2月：总部员工从200人减少到75人；
- 2~3月：以8.3亿美元出售在阿尔卡特公司(Alcatel Alsthom)的投资；
- 4月：以6.5亿美元出售在麦迪逊广场花园公司的权益；
- 5月：以1.2875亿美元出售在WBIS的权益；以2亿美元的价格出售在五家喜来登酒店的权益。

而最重要的还是把公司分成三个独立的公司——ITT终点公司、ITT信息服务公司和ITT教育服务公司。重组后，任何收购终点公司的行动都会危及三家分立公司的免税现状，而且收购方将面临14亿美元的税项负债。ITT公司采取的这些行动导致股票价格上升至63.5美元。这将成为希尔顿公司第二次要约报价区间的下限。

现在，我们需要重新估计一下 ITT 公司重组后的内在价值，以确定报价区间的上限。报价区间的上限应该是对目标公司乐观估计下的内在价值。计算过程如下：

重组后 ITT 公司的估值（按照乐观估计）

（总股数为百万股，每股价值为美元） 单位：百万美元

业务单元		重组前	调整数	重组后
1. 酒店		7 000	−200	6 800
2. 博彩		3 300	0	3 300
3. 信息服务				
	教育	498	0	498
	电话簿	1 280	0	1 280
4. 娱乐				
	MSG	500	−500	0
	WBIS	104	−104	0
5. 投资		877	−599	278
6. 公司层面的费用		−999	624.38	−374.63
企业价值		12 560		11 781.38
减：债务价值		−4 000	0	−4 000
无整合效应的股本价值		8 560		7 781.38
总股数		116.37	−30	86.37
无整合效应的每股价值		73.56		90.09
整合效应的价值		1 300	0	1 300
有整合效应的股本价值		9 860		9 081.375
总股数		116.37	−30	86.37
有整合效应的每股价值		84.73		105.15

注：① 酒店减少的 2 亿美元为出售五家喜来登酒店的现值收入。
② MSG 和 WBIS 已经全部出售，因此重组后价值为零。
③ 投资减少的 5.99 亿为出售阿尔卡特公司的投资。
④ 公司层面费用减少根据总部员工人数计算得出，374.63=75×999/200。
⑤ ITT 公司回购股份 3 000 万股，因此股份总数为 86.37 百万股（116.37−30）。
⑥ 假设整合效应的价值不变。这是由于 ITT 所采取的重组措施也正是希尔顿公司收购成功后想要采取的，因此不会影响整合效应。

ITT 终点公司的估值

（总股数为百万股每股价值为美元）　　　　　单位：百万美元

业务单元	乐观估计	最佳估计	悲观估计
1. 酒店	6 800	5 800	4 000
2. 博彩	3 300	2 800	2 300
小计	10 100	8 600	6 300
3. 投资	236.39	237.30	233.209 05
4. 公司层面的费用	−318.55	−319.78	−314.266
企业价值	10 017.84	8 517.52	6 218.94
减：债务价值	−4 591.68	−4 591.68	−4 591.68
无整合效应的股本价值	5 426.16	3 925.84	1 627.26
总股数	86.37	86.37	86.37
无整合效应的每股价值	62.82	45.45	18.84
整合效应的价值	1 300	1 300	1 300
有整合效应的股本价值	6 726.16	5 225.84	2 927.26
总股数	86.37	86.37	86.37
有整合效应的每股价值	77.88	60.51	33.89

注：① 投资、公司层面费用和债务价值是按照终点公司（包括酒店和博彩）、教育服务公司（教育）和信息服务公司（电话簿）业务的内在价值的比例计算得出的。但债务价值中还加上了分立后收购方将承担的 14 亿美元的税项负债。

② 按照分立议案，ITT 公司的股东将以 1∶1 的比例获得 ITT 终点公司的股票，因此终点公司的股份总数为 8 637 万股。

③ 由于终点公司的业务就是希尔顿公司要整合的业务，因此整合效应的价值不变。

根据上面的计算，希尔顿收购 ITT 公司的报价区间上限应为 105.15 美元/股，ITT 公司重组后的股价 63.5 美元/股为报价区间的下限。如果 ITT 公司的分立议案获得通过并分立成功，则收购 ITT 终点公司的报价区间上限应为 77.88 美元/股，下限为 33.89 美元/股。

为了确定最终的报价，还需要考虑竞争报价方的报价以及介入竞争的概率，据以估算预期不出售股份的价值（EVNT），其计算公式为：

$$EVNT = (股票价格_{没有竞争报价} \times 概率_{没有竞争报价}) + (股票价格_{存在竞争报价} \times 概率_{存在竞争报价})$$

EVNT 计算表

竞争报价

		60	65	70	75	80	85	90	95	100	105	110	115	120	125
竞争报价的概率	10%	63.15	63.65	64.15	64.65	65.15	65.65	66.15	66.65	67.15	67.65	68.15	68.65	69.15	69.65
	25%	62.63	63.88	65.13	66.38	67.63	68.88	70.13	71.38	72.63	73.88	75.13	76.38	77.63	78.88
	50%	61.75	64.25	66.75	69.25	71.75	74.25	76.75	79.25	81.75	84.25	86.75	89.25	91.75	94.25
	75%	60.88	64.63	68.38	72.13	75.88	79.63	83.38	87.13	90.88	94.63	98.38	102.13	105.88	109.63
	90%	60.35	64.85	69.35	73.85	78.35	82.85	87.35	91.85	96.35	100.85	105.35	109.85	114.35	118.85

希尔顿公司需要仔细思考有可能参加竞价的其他潜在收购者、他们可能的报价及其概率,设定稍微超过表格中 EVNT 的报价。

五、案例讨论

1. 什么样的公司容易成为恶意收购的目标?它们具有什么特征?

2. 如果 ITT 公司最终没有被任何公司收购,ITT 公司的股票价格会是多少?是回到收购前的 43 美元,还是重组后的 63.5 美元,还是 ITT 公司的回购价格 70 美元?为什么?

六、案例拓展阅读

美国钢铁公司与 MO 的并购案[1]

1981 年夏天,MO 公司委托第一波士顿公司依据其公开发布的信息对 MO 公司的资产价值进行评估。在第一波士顿公司完成这项研究之前,美孚公司就宣布要约收购 MO 公司的普通股权益,由此掀开了美国公司并购史上最富戏剧性的并购案例的序幕。

1981 年 10 月 30 日,美孚公司宣布以每股 85 美元的价格收购 MO 公司 4 000 万股的普通股。在宣告前,在纽约证券交易所上市的 MO,其股价大约以每股 64 美元的价格交易。在新的信息公布前,MO 公司的管理层以信息不充分为理由拒绝了美孚公司的收购要约,并开始寻找白衣骑士。当 1981 年 11 月 2 日交易所重新开始交易时,

---

[1] 本案例来源于 Ross 等著、吴世农等译:《公司理财》,机械工业出版社,2007 年版。

MO的股价立刻上升到每股90美元,涨幅达到了30%。而市场对这一收购要约的另一反应是,当日美孚公司的股价下跌到25.375美元,跌幅—4.26%(1981年11月2日,也是美孚公司宣布派发股利的宣告日,每股股利为0.50美元。然而,股价下跌了0.375美元)。这些数据表明市场认为美孚公司以每股85美元的价格收购MO的这场交易,对美孚公司而言净现值为零。MO股价的戏剧性上升可能是市场期待更多的投标企业出现。市场投资者认为在这场收购案中,他们都不会失望,能够取得理想的投机收益。

11月9日,美国钢铁公司的管理层表示出对收购MO公司感兴趣。可能的接管价格上升到了100美元,可以以现金和票据支付。大概是因为市场对这一收购要约的股价低于MO的出价,MO的股价当日下跌了2.91%。美国钢铁公司股价的上升却十分不明显。因此,可以得出结论,市场的反应是在每股100美元上交易,对于美国钢铁公司而言同样也是净现值为零。

在随后的协商过程中,美国钢铁公司继续提高收购价格。11月18日,收购价格达到125美元,以收购3 000万股MO股票。在下一交易日,MO的股票迅速上涨了35%,这说明市场重新对MO股票进行了估计。但针对此消息,美国钢铁公司的股价却大幅度下降,这表明市场认为美国钢铁公司对MO估价过高。美孚的股价在11月18日、19日两天没有明显波动。

然而,11月25日,美孚公司将收购价格提高到126美元,市场对此的反应是同时下调了美孚公司和美国钢铁公司的股价。很明显,市场认为在这一价位上交易,兼并活动对美孚公司和美国钢铁公司都是不利的。对于美孚公司的再次出价,MO公司的股价却大幅下跌,这可能是因为美国钢铁公司和美孚公司的收购要约被市场认为是几乎相同的。这也意味着收购的结束和对MO公司股票进行投机交易的完结。

要求:1. 你认为市场对MO公司股票的估值是否准确?为什么?
    2. 如果你拥有10股MO股票,你会出售吗?如果出售,你会选择在何时出售?

参 考 文 献

1. Robert F. Bruner. 金融案例研究[M]. 潘国英,译. 北京:清华大学出版社,2005.
2. Ross,等,著. 公司理财[M]. 吴世农,等,译. 北京:机械工业出版社,2007.
3. 凯斯特,等,著. 财务案例[M]. 冯梅,等,译. 北京:北京大学出版社,1999.
4. 沈艺峰,沈洪涛. 公司财务理论主流[M]. 大连:东北财经大学出版社,2004.
5. 汤谷良. 财务管理案例[M]. 北京:北京大学出版社,2007.
6. 徐子尧. 国内外对可转债发行动机理论研究的诸说梳理[J]. 国外经济管理,2007(3):30~35.
7. 尹晓冰,姚建文,冯景雯. 公司财务案例[M]. 天津:南开大学出版社,2007.
8. 朱传华. 财务管理案例分析[M]. 北京:清华大学出版社、北京交通大学出版社,2007.
9. 朱清贞,等. 财务管理案例教程[M]. 北京:清华大学出版社,2006.
10. 迟国泰. 财务管理案例[M]. 大连:大连理工大学出版社,2003.
11. 王化成. 财务管理教学案例[M]. 北京:中国人民大学出版社,2001.
12. 杰克·R·梅雷迪思(Jack R. Meredith),斯科特·M·谢弗(Scott M. Shafer). MBA运营管理[M]. 焦叔斌,等,译. 北京:中国人民大学出版社,2007.
13. 张大威,刘百花,等,著. 突破财务重围[M]. 北京:中国经济出版社,2003.
14. 理查德·派克. 公司财务与投资——决策与战略[M]. 孔宁宁,译. 北京:中国人民大学出版社,2006.
15. 斯蒂芬,等. 公司理财[M]. 吴世农,沈艺峰,等,译. 北京:机械工业出版社,2003.
16. 杨雄胜. 高级财务管理[M]. 大连:东北财经大学出版社,2004.
17. 荆新,王化成,刘俊彦. 财务管理学[M]. 北京:中国人民大学出版社,2007.
18. 李常青,译. 公司财务管理[M]. 北京:中国人民大学出版社,2005.
19. 陈超,等. 公司财务管理案例[M]. 北京:人民邮电出版社,2005.
20. 李克穆,等. 中国公司财务案例[M]. 北京:北京大学出版社,2006.
21. 李维安,等. 现代公司治理研究[M]. 北京:中国人民大学出版社,2003.
22. 陈工孟,高宁. 中国股票一级市场发行抑价的程度与原因[J]. 金融研究,2000

(8):35～44.

23. 黄勇民.我国可转换债券融资选择问题研究,暨南大学博士学位论文[D].2007.

24. 蒋顺才,等.中国A股IPO抑价率很高的一个新证据[J].湖南大学学报(社科版),2006(5):60～65.

25. 刘娥平.可转债融资的比较研究[J].学术研究,2006(6):54～58.

26. 谭劲松,陈颖.股票回购:公共治理目标下的利益输送——我国证券市场股票回购案例的分析[J].管理世界,2007(4):105～117.

27. 王一平,何亮.我国上市公司可转债发行动机探析[J].特区经济,2005(1):67～68.